HEYNE ‹

HANNAH LUIS

Spanische Orangenküsse

ROMAN

WILHELM HEYNE VERLAG
MÜNCHEN

Der Auszug aus dem Gedicht auf S. 253 stammt aus Federico García Lorca. *Die Gedichte. Spanisch – Deutsch.* Hg. im Auftrag der Heinrich Enrique Beck-Stiftung, Basel, von Ernst Rudin und José Manuel López. 2008.

Trotz intensiver Recherche konnte der Verlag nicht alle Rechtegeber ermitteln. Bitte wenden Sie sich gegebenenfalls an den Wilhelm Heyne Verlag in der Penguin Random House Verlagsgruppe GmbH.

Penguin Random House Verlagsgruppe FSC® N001967

2. Auflage
Originalausgabe 05/2025
© 2025 by Wilhelm Heyne Verlag, München,
in der Penguin Random House Verlagsgruppe GmbH,
Neumarkter Str. 28, 81673 München
produktsicherheit@penguinrandomhouse.de
(Vorstehende Angaben sind zugleich
Pflichtinformationen nach GPSR)

Redaktion: Tamara Rapp
Umschlaggestaltung: zero-media.net, München,
unter Verwendung von © FinePic®
Satz: Satzwerk Huber, Germering
Druck und Bindung: GGP Media GmbH, Pößneck
Printed in Germany
ISBN: 978-3-453-44263-4

www.heyne.de

1

Wäre ihr Postbote ein hämischer König gewesen, hätte der Wind seinen perfekten Statthalter abgegeben.

Sofie wollte nach dem Umschlag greifen – der wieder mal nur mit einer Ecke in ihren Briefkasten geschoben worden war und träge gegen das Metall schlug –, als ihn eine Böe erwischte und durch die Luft wirbelte, bis er auf der Straße liegen blieb.

»Nein, nein, nein!« Sie rannte ihm hinterher, musste aber auf eine Lücke im Verkehr warten. In der Zwischenzeit beobachtete sie, wie der Umschlag zweimal durch die Fahrzeuge aufgewirbelt und einmal überfahren wurde. Endlich war die Straße frei. Sofie sprang vor, bekam eine Kante zu fassen und zog sich schnell wieder zurück, als ein Motorrad um die Ecke schoss. Seufzend betrachtete sie die Spuren auf dem zerknitterten Weiß. Zum Glück hatte es seit Tagen nicht geregnet, und sie war gerade rechtzeitig aus dem Haus gekommen, um den Brief zu retten.

Jetzt musste sie sich beeilen, wenn sie pünktlich bei ihrem Termin sein und sich vorher noch ein letztes Mal mit Fabian absprechen wollte, damit sie bei ihrer Präsentation ein in allen Punkten einheitliches Bild ablieferten. Schnell warf sie einen Blick auf die Rückseite des Briefs – er stammte von Frau Maldewiky, ihrer Vermieterin, sicher eine Information zur Nebenkostenabrechnung –, stopfte ihn in ihre Handtasche im Fahrradkorb und stieg auf. Sie musste dringend mit dem Postboten reden. Herr Semmer war neu im Viertel, stand aber kurz vor der Rente und sah nicht ein, warum er sich mehr anstrengen sollte als nötig. Zumindest waren das seine Worte gewesen, als Frau Mertens aus dem Erdgeschoss ihn vor drei Wochen darauf angesprochen hatte, dass die Post in den Kasten gehörte »und nicht irgendwie darauf oder daran wie eine Fahne, wir sind hier doch nicht in der Kunstgalerie!« Sofie wollte gar nicht darüber nachdenken, was der Wind noch alles aus ihren Briefkästen gepflückt und über die Dächer von Osnabrück getragen hatte.

Kurz darauf radelte sie die Süntelstraße entlang, am Hasefriedhof vorbei. Normalerweise machte sie einen Schlenker durch den Bürgerpark, um vor der Arbeit die Ruhe zwischen Grün und altem Baumbestand zu genießen. Ihr gefiel die Vorstellung, dass dieses über hundert Jahre alte Fleckchen sich seit seiner Entstehung kaum verändert hatte. Doch heute hatte sie dafür keine Ruhe und wählte den kürzesten Weg. Als das Gelände anstieg, stellte sie sich in die Pedale, überquerte kurz darauf die Hansastraße und bremste wenige Minuten später vor dem Gebäude, in dem sich ihre Firma befand.

Der April zeigte sich bereits seit Tagen freundlich, aber vormittags war es noch frisch, und Sofie war froh, ihren roten Kurzmantel zur Röhrenjeans gewählt zu haben. Sie strich sich mit den Händen über die Haare, deren Spitzen bereits die Schultern berührten, zumindest wenn sie sie glatt trug, so wie heute.

Von Fabian war nichts zu sehen. Sofie warf einen Blick auf die Uhr – noch blieb etwas Zeit –, schob ihr Rad zu den

Ständern neben dem Gebäude und schloss es ab. Zunächst wartete sie am Eingang und grüßte Kollegen, die nach und nach eintrudelten, aber dann lief sie an der Straße auf und ab, eine Hand fest um den Träger ihrer Tasche geschlossen. Normalerweise wurde sie vor wichtigen Ereignissen erst dann nervös, wenn es richtig ernst wurde. Ihre Oma Anneliese behauptete steif und fest, dass es Sofie im Blut lag, sich stets auf neue Menschen und Situationen einzustellen, da bereits ihre Urgroßeltern Obst und Gemüse auf Märkten verkauft hatten, so wie Oma und Opa Nando nach ihnen. Die beiden hatten im Laufe der Jahre genug gespart, um einen kleinen Laden eröffnen zu können. Auch Sofies Eltern waren in der Branche geblieben, nur hatten sie ihr Sortiment in Richtung Feinkost erweitert.

»Wir hatten nie Zeit, um vor einem Verkaufsgespräch nervös zu sein«, sagte Sofies Opa gern. »Hätte ja auch nichts gebracht.«

Mit Letzterem hatte er vermutlich recht, aber allmählich wurde sie doch unruhig.

Noch fünf Minuten. Sie hasste es, zu spät zu kommen, vor allem da sie sich noch mit Fabian abstimmen musste. Heute stellten sie Karsten, einem ihrer beiden Chefs bei GenioTeam, ihr Konzept für neue Prozesse im Personalmanagement vor. In den vergangenen Wochen hatten Sofie und Fabian Workshops besucht, Bücher gewälzt und an einem Businessplan gefeilt.

Sie hatte bereits während ihres Studiums des Human Resource Managements als Personalerin gearbeitet, ehe sie vor vier Jahren zu GenioTeam gewechselt war, einer Firma für Personalmanagement und -vermittlung. Fabian war ein alter Bekannter von Karsten und hatte eine beratende Stabsstelle inne. Niemand wusste genau, was er tat, aber er saß in allen wichtigen Meetings, und ihr Chef hielt große Stücke auf ihn.

Auf der letzten Weihnachtsfeier waren sie ins Gespräch gekommen, und Fabian hatte ihr erzählt, dass er ebenfalls eine Weile als Personalmanager tätig, aber nicht immer glücklich mit den Vorgehensweisen gewesen war. Er hielt viele Bewerbungsprozesse für veraltet und glaubte, dass die interne Struktur, vor allem bei schnell wachsenden Firmen, auf besondere Weise unterstützt werden sollte.

Sofie war ganz seiner Meinung. Seitdem sie zu GenioTeam gestoßen war, hatte sich die Belegschaft mehr als verdoppelt, und oft wusste der eine Bereich nicht, was der andere tat. Da waren Probleme vorprogrammiert.

Dem ersten Gespräch mit Fabian waren weitere gefolgt, und da sie ähnliche Vorstellungen von der idealen Personalbetreuung hatten, war vor einem Jahr die Idee entstanden, sich mit der Personalberatung für andere Firmen zu befassen und das als neuen Geschäftszweig von GenioTeam zu etablieren. Karsten und Mirjam, die beiden Köpfe der Firma, waren noch immer im Start-up-Fieber und aufgeschlossen für Ideen, zumal sie gute Zahlen schrieben und sich Experimente leisten konnten.

Noch vier Minuten. *Wo bleibst du nur?*

Sie zog ihr Handy heraus, wählte Fabians Nummer, hielt es ans Ohr und zählte mit. Sechs, sieben, acht. Elf. Fünfzehn. Mit gerunzelter Stirn betrachtete sie das Display und beendete den Anruf. Ob er im Verkehr feststeckte? Aber dann würde er doch die Freisprechanlage nutzen und rangehen? Sie schob das Handy zurück in die Tasche ihres Mantels. Ihre Hand zuckte, als es im selben Moment vibrierte und kein Sekundenbruchteil später der Klingelton ertönte.

Sofie nahm den Anruf an, ohne hinzusehen. »Wo steckst du? Der Termin ist in drei Minuten!«

»Ich stehe vor dem Arco«, sagte eine vergnügte Stimme. »Das ist ein Restaurant direkt am Douro mit einem schrulligen Inhaber, aber es gibt großartiges Frühstück, und außerdem hat man einen tollen Blick auf die Häuser drüben auf der anderen Seite. So viele Farben! Und deshalb, Schwesterherz, schaffe ich es nicht zu unserem Termin, von dem ich übrigens gar nichts wusste.«

»Simon!« Sofie verdrehte die Augen, musste aber grinsen. »Warum bist du schon wach? Ist es in Portugal nicht eine Stunde früher als hier?« Sie spähte ein weiteres Mal auf die Uhr, dann die Straße entlang. Noch eine Minute. Es half alles nichts, sie würde reingehen und Karsten sagen müssen, dass es eine Verzögerung gab. Hoffentlich war nichts passiert!

Ihr Bruder gab einen Laut von sich, der irgendwo zwischen Gähnen und Brummen rangierte. »Jepp, aber was tut man nicht alles für die Frau seines Lebens, nicht wahr?«

Pünktlichkeit wäre wenigstens schon mal etwas.

»Du, tut mir leid, aber ich hab einen Termin, und zwar jetzt, ich ruf dich zurück. Sag mir nur schnell, von welchen Frauen du redest.«

»Frau, Singular. Ich habe Tereza kennengelernt, und ab sofort wird es keine andere mehr geben.«

Das waren ja ganz neue Töne! Simon hatte zwar schon einige Beziehungen hinter sich und keine Probleme, Frauen zu treffen, aber bislang war die Richtige nicht dabei gewesen – weshalb er sich auf diesem Feld eine gewisse Rastlosigkeit bewahrt hatte. Simons Fluch lag darin, allzu schnell Charme, Witz oder einem hübschen Gesicht zu verfallen, nur um dann festzustellen, dass er und die aktuelle Dame seines Herzens nicht zusammenpassten.

Sofie konnte sich kaum vorstellen, dass sich das ausgerechnet auf der Europareise geändert haben sollte, zu der er vor zwei Monaten mit seinen Freunden Ben und Lukas aufgebrochen war. »Okay, das erzählst du mir später genauer.« Sie entdeckte Karsten, der ihr vom Eingang des Gebäudes aus zuwinkte. »Ich muss los. Wünsch mir Glück!«

»Ich wünsch dir alles Glück der Welt, Sof.« Damit legte er auf.

Sofie eilte die Treppen zum Haupteingang hinauf, während Sorgen in ihrem Hinterkopf pochten. War Fabian wirklich etwas zugestoßen?

In jedem Fall wirkte ihr Chef, als wüsste er mehr als sie.

»Hallo, guten Morgen.«

Man sah Karsten Schiermeier nicht an, dass er ein mittlerweile erfolgreiches Unternehmen leitete. Wenn keine Kundentermine anstanden, kleidete er sich meist in Jeans und Freizeithemd, so wie jetzt. Dazu kamen die verstrubbelten blonden Haare und die Tatsache, dass er mit seinen achtunddreißig gerade einmal zehn Jahre älter war als Sofie. Mit seiner aufrechten Haltung strahlte er die Entschlossenheit und Überzeugungskraft aus, die er auf seinem Posten brauchte.

»Guten Morgen, Sofie.« Er nickte in Richtung Eingang. »Gehen wir.«

Sie blickte sich um. »Ich warte auf Fabian. Keine Ahnung, was da los ist.«

Karsten schüttelte knapp den Kopf. »Da ist alles in Ordnung.« Ja, er wusste definitiv mehr als sie. Bloß – warum rückte er dann nicht mit der Sprache heraus?

»Es geht ihm gut?«, fragte sie sicherheitshalber nach und betrat das Gebäude, als er ihr die Tür aufhielt. Marmorboden und hohe Wände sorgten dafür, dass sich die Geräuschkulisse schlagartig veränderte. Vom Eingangsbereich war ein Teil der oberen Ebenen einsehbar, trotzdem hielt sich die Lautstärke in Grenzen.

Sie nahmen die Treppen, und Karsten machte in der Kaffeeküche halt. »Für dich auch einen?«

»Ja bitte.« Sofie betrachtete die Büros mit ihren Glastüren und das noch verhaltene Treiben auf den Fluren. Alles war so vertraut, fühlte sich aber trotzdem seltsam an, schließlich hatte sie ihren Posten in der Personalabteilung aufgegeben, um etwas Neues auf die Beine zu stellen. Es war ihr schwergefallen, ihre Abteilung zu verlassen, vor allem, da Elke ihr den Posten der stellvertretenden Personalleitung in Aussicht gestellt hatte. Sie fühlte sich hier wohl und war froh über den lockeren Umgang miteinander, der schnell dafür gesorgt hat, dass man auch mal nach Feierabend zusammen in der Altstadt etwas trinken ging.

Das Surren der Kaffeemaschine verstummte, und Karsten reichte ihr einen Becher, um dann seinen zu füllen.

»Na, du Abtrünnige?« Elke trat zu ihnen in die kleine Küche, lehnte sich an die Wand und strich sich eine ihrer Locken hinters Ohr.

Sofie verzog das Gesicht. »Nenn mich nicht so, sonst bekomme ich ein schlechtes Gewissen.«

Elke musste lachen. »Quatsch, brauchst du nicht. Ich hätte dich zwar gern weiter an meiner Seite gehabt, aber du gehst uns ja nicht verloren.«

Sofie atmete insgeheim auf. Es war gut zu wissen, dass die ehemalige Vorgesetzte ihr die Entscheidung nicht nachtrug. »Und bei euch geht's nun los?« Elke nickte in Karstens Richtung.

Der gab Milch in seinen Kaffee und wirkte dabei, als wäre er nicht ganz wach. Ungewöhnlich für ihn.

Sofie sah zur Treppe, noch immer in der Hoffnung, dass Fabian auftauchte. »Eigentlich schon, nur Fabian fehlt noch.« Zum ersten Mal meldete sich ein seltsames Gefühl in ihrem Bauch. Ein Ziehen, wenn auch sehr dezent.

Elke hob die Brauen. »Warum machst du es der armen Sofie so schwer, Karsten? Segne den neuen Bereich ab, und fertig ist die Sache! Du bist doch sonst nicht zimperlich.«

Er schenkte ihr ein Grinsen, ehe er die Milch wegstellte und dabei den Inhalt des Kühlschranks inspizierte. *Wenn ich es nicht besser wüsste, würde ich denken, er schindet Zeit.*

Elke legte ihr eine Hand auf die Schulter. »Viel Glück.« Sie schnappte sich einen Apfel und machte sich auf den Weg in ihr Büro.

Sofie nippte an ihrem Kaffee und wartete.

Karsten rührte noch einige Sekunden in seiner Tasse herum, legte den Löffel in die Spülmaschine und nickte ihr zu. »Gehen wir.«

Na endlich. Sie folgte ihm. Allzu lange würde sie jetzt nicht mehr auf Aufklärung warten müssen.

Karsten ließ ihr den Vortritt in sein Büro und schloss die Tür hinter ihnen. Auch das war ungewöhnlich. Er umrundete seinen Schreibtisch, der vor Papieren und Kabeln nur so überquoll. »Bitte, Sofie, setz dich.« Er deutete auf die beiden hellen geschwungenen Stühle, während er sich in seinen Ledersessel fallen ließ, der so groß war, dass er mühelos jeden verschluckte. Karsten aber saß kerzengerade. »Du fragst dich sicher, was mit Fabian ist«, sagte er, klickte etwas auf einem Laptop an und las, ehe er seine ungeteilte Aufmerksamkeit endlich Sofie schenkte. »Er kommt heute nicht her, aber er hat mir gestern Abend euren Businessplan mit den gewünschten Aktualisierungen geschickt.«

Sofie stutzte. Warum hatte Fabian das getan, ohne es mit ihr abzusprechen? Darum waren sie doch heute hier: um Karsten zu zeigen, dass sie einen Weg gefunden hatten, all seine Wünsche mit ihren Vorschlägen zu vereinen. »Okay …«

Er hob die Hand mit einer Geste, die ihr bedeutete, dass er noch nicht fertig war. »Du weißt, ich war vorher schon interessiert, und ich bin es noch immer. Der neue Bereich passt perfekt zu uns als moderne Firma und *Great Place to Work*.« Stolz klang in seinen Worten mit. GenioTeam hatte das begehrte Zertifikat im vergangenen Jahr erhalten, und seitdem prangte es gerahmt neben dem Empfang im Erdgeschoss. Karsten musterte sie, nicht als wartete er auf eine Antwort, sondern als suchte er etwas in ihrem Gesicht.

Sofies Finger zuckten. Vielleicht war ja ihr Make-up verschmiert. »Genau das ist auch der Ansatz des neuen Beraterteams. Weil es ja nicht nur darum geht, veraltete Bewerbungsprozesse zu analysieren und durch Coaching zu modernisieren, sondern maßgeschneidert für jedes Unternehmen eine individuelle …« Sie brach erstaunt ab, als er erneut die Hand hob.

»Ich weiß, Sofie«, sagte er leise. »Ich habe mich mit allem sehr vertraut gemacht, und ich bin wie gesagt nach wie vor ein Befürworter der Idee.« Noch ein Blick auf den Laptop. »Daher tut es mir wirklich sehr leid, dass ich schlechte Nachrichten habe.«

Ein heißer Stich fuhr ihr in den Magen, aber sie schaffte es, äußerlich ruhig zu bleiben. »Dann raus damit.« In Gedanken überschlug sie die Eventualitäten. Vielleicht wollte er die Realisierung aus Budgetgründen nach hinten schieben – auch wenn sie das gewundert hätte. Aber gut, im Extremfall würde sie eben einige Wochen oder maximal zwei, drei Monate keinen Job haben; das konnte sie überbrücken. Oder hatte etwa Fabian einen Rückzieher gemacht? Das hätte zumindest erklärt, warum er Karsten gestern gemailt hatte und heute nicht aufgetaucht war. Allerdings schätzte sie ihn nicht als so unkollegial ein, sie darüber im Dunkeln zu lassen.

Aber wenn doch … Ihre Gedanken hasteten weiter. Würde sie das Projekt allein stemmen können? Aber das würde eine deutliche Verzögerung bedeuten.

Karsten stand auf, lehnte sich gegen die Fensterbank und verschränkte die Arme vor der Brust. »Wir stellen den Bereich wie besprochen auf, allerdings wird ihn keiner von euch beiden leiten.«

Moment, was? Sofie versuchte, das Gehörte einzuordnen. Wollte Karsten das etwa selbst übernehmen? Dazu hatte er doch überhaupt keine Zeit – und es war auch nicht sein Fachgebiet. »Ich gebe zu, damit habe ich nicht gerechnet. Wen hast du im Auge?«

»Einen alten Bekannten. Klaas und ich haben zusammen studiert und eine Weile in derselben Firma gearbeitet, ehe er in die Staaten gegangen ist, als Berater und Projektmanager. Seit vorletztem Jahr ist er zurück. Und er wird das Projekt übernehmen, er hat sich von Anfang an mit den Plänen vertraut gemacht.« Er löste die Arme. »Aber mehr als einen Mitarbeiter sieht er nicht, und ich bin da seiner Meinung.«

Das war sie auch, immerhin hatte sie genau das im Businessplan vermerkt. »Ich verstehe«, sagte sie tonlos.

Das tat sie wirklich, auch wenn sie es noch nicht wahrhaben wollte. Eigentlich war es ganz einfach: Wenn dieser Klaas mit Karsten zusammen studiert hatte, standen die Chancen gut, dass auch Fabian kein Fremder für ihn war.

Ihr Chef nickte. »Klaas kennt Fabian fast ebenso lange wie mich, und er möchte das Ganze gemeinsam mit ihm stemmen.«

Da war sie, die Wahrheit, in einem einzigen simplen Satz, ohne Entschuldigung oder andere freundliche Ausschmückungen, um sie leichter verdaulich zu machen.

»Das bedeutet also, ich bin raus. Korrekt?« Sofies Stimme war eine Nuance kühler geworden.

Er breitete die Arme aus. »In diesem Punkt ja, tut mir leid. Aber solche Dinge ergeben sich einfach.«

Am liebsten hätte sie sich selbst geohrfeigt. Die Atmosphäre bei GenioTeam war locker, kollegial, alle duzten sich, und wenn es Probleme gab, redete man einfach miteinander. Sie hatte sich so wohl gefühlt, dass sie vergessen hatte, was es überall gab, wo Menschen aufeinandertrafen: Konkurrenz, Neid und manchmal sogar Intrigen, um den eigenen Platz im Gefüge zu behaupten. Sie war schlicht zu gutgläubig gewesen.

»Das kommt überraschend, und es ist verdammt ärgerlich.« Jetzt gab es keinen Grund mehr, sich zurückzunehmen. »Du weißt, dass ich die Stelle als Elkes Stellvertreterin ausgeschlagen und bereits gekündigt habe? Und dass sie schon neu besetzt ist?«

»Natürlich, die ganze Sache hat mir ziemliches Kopfzerbrechen bereitet.«

Wenn dem so wäre, hättest du nicht alles diesem Klaas in den Hintern geschoben, was ich über Monate hinweg zusammengetragen habe!

Am liebsten hätte sie ihm genau das ins Gesicht geschleudert. »Und was heißt das jetzt für mich? Ich habe Pech gehabt?«

Damit hatte er offenbar nicht gerechnet. Normalerweise legte sie großen Wert auf Sachlichkeit, selbst in schwierigen Gesprächen. Aber sie war auch noch nie von jemandem, dem sie vertraute, so hereingelegt worden. »Tut mir leid, Sofie, ich habe euch nie eine hundertprozentige Zusage gegeben, sondern lediglich eine Chance.«

Das wurde ja immer besser! Eine Chance? Er hatte ihnen *versprochen*, dass er sie als Team auf jeden Fall einbinden würde! Das Einzige, was noch nicht genau festgestanden hatte, waren der Feinschliff gewesen, die genaue Ausrichtung und der Umfang des neuen Bereichs.

»Du weißt genau, dass das nicht stimmt«, sagte Sofie leise. »Aber so, wie unser Gespräch bisher verlaufen ist, gibt es dazu nicht mehr viel zu sagen.« Sie stand auf, nahm ihre Tasche und wandte sich zum Gehen.

Denn so sah es aus – sie waren geschiedene Leute. GenioTeam und sie, das war Geschichte. Äußerlich blieb sie absolut ruhig, während in ihrem Inneren ein Strudel aus Benommenheit, Fassungslosigkeit und Ärger Fahrt aufnahm.

»Sofie, warte«, sagte Karsten, als sie die Tür öffnete. »Wir finden schon einen Platz für dich. Du sollst ja nicht auf der Straße stehen. Kari sucht eine Assistentin, soweit ich weiß. Zwar nur Teilzeit, aber das wäre doch fürs Erste eine gute Lösung.«

Warum war ihr nie aufgefallen, wie gönnerhaft er klingen konnte? »Kari sucht eine studentische Hilfskraft«, erwiderte sie. »Und daran hab ich kein Interesse.«

Auf den Fluren herrschte die übliche Geschäftigkeit. Die meisten Kollegen aus anderen Abteilungen wussten nichts von Sofies Kündigung oder dem neuen Projekt, das nun nicht mehr ihres war, und grüßten freundlich. Für sie war das ein Tag wie jeder andere auch.

Sofie hingegen wollte nur noch eines: raus, so schnell wie möglich.

Erst als sie durch die Tür trat und die Sonne auf ihr Gesicht fiel, atmete sie durch. Noch immer konnte sie nicht glauben, was gerade passiert war. Fabian und Karsten hatten sie mit voller Absicht ins Messer laufen lassen. Die Idee, dem Kumpel aus alten Zeiten den Job anzubieten, war sicher nicht von heute auf morgen entstanden.

Sie ging zu ihrem Fahrrad, die Schritte so energisch, dass es bis in die Oberschenkel zog. Ehe sie das Schloss öffnete, nahm sie ihr Handy und schrieb Fabian eine Nachricht.

Feigling.

Die beiden Haken wurden fast augenblicklich blau; er hatte es also gelesen. Sofie wartete noch einige Minuten, aber Fabian schrieb nicht zurück.

2

Obwohl es absurd war, hatte Sofie ein schlechtes Gewissen, weil sie um kurz nach zehn in ihrer Küche hockte und den dritten Kaffee an diesem Morgen trank. Sie fühlte sich leer – und hatte noch immer nichts von Fabian gehört. Die Vorstellung, wie er mit anderen ihr Herzensprojekt in die Tat umsetzte, raubte ihr die Energie, um sich Gedanken über ihre Situation zu machen oder gar neue Pläne zu fassen.

Sie schob den Becher von einer Hand in die andere, fuhr mit einem Finger die Maserung des Tisches nach und sah aus dem Fenster. Sonnenstrahlen trafen die Pflanzen davor und ließen eine ganze Palette an Grüntönen aufleuchten, schafften es aber nicht, sich an ihnen vorbeizuschmuggeln. Daneben stand ein Glas mit Orangenmarmelade, das sie für ihre beste Freundin Nadja reserviert hatte. Das Rezept mit einem Schuss Orangenlikör hatte sie von Opa Nando und kochte jedes Jahr einen ganzen Schwung davon. Nadja liebte die Marmelade besonders und hatte neulich erwähnt, dass ihr Vorrat sich dem Ende zuneigte.

»Du wirst doch nicht so herzlos sein und mich in den Supermarkt schicken, um dort industriell hergestellten Nachschub zu kaufen, der durch irgendwelche Schläuche gelaufen und von Roboterarmen einsortiert worden ist?«, hatte sie gefragt und sich theatralisch einen Handrücken gegen die Stirn gepresst. Sie war nicht die beste Schauspielerin, brachte Sofie aber stets zum Lachen – und zudem hatte sie recht. Wenn man sich erst mal an den selbst gemachten fruchtigen Aufstrich gewöhnt hatte, schmeckte alles andere künstlich.

Sie schnipste gegen das Glas, seufzte und fragte sich zum wiederholten Mal, was sie tun sollte. An einem normalen freien Tag hätte sie sich nach dem Frühstück um ihren Balkon gekümmert und anschließend im Laden ihrer Eltern vorbeigesehen.

Schon als kleines Mädchen hatte sie es geliebt, an der Theke zu stehen und das sich je nach Saison verändernde Sortiment von *Feinkost Lenau* zu begutachten. Oder sie hatte hinten im Aufenthaltsraum gespielt, manchmal zusammen mit Simon, während sich ihre Eltern um die Kunden kümmerten.

Einmal, noch ehe sie in die Schule gekommen war, hatte sie sich in den Kopf gesetzt, die Welt zu erkunden. Also hatte sie ihren Proviant – zwei Orangen, eine Pampelmuse, eine Handvoll Nüsse und ihren kleinen Bruder – auf eine Decke gepackt und sie unter Aufbietung all ihrer Kräfte aus der Hintertür gezerrt. Obst und Nüsse waren davongerollt, noch ehe sie die Straße erreicht hatte, wo sie von einer amüsierten Stammkundin gestoppt worden war.

Je älter sie wurde, desto mehr Einblick in das Geschäft bekam sie, lernte, welche Kriterien beim Einkauf eine Rolle spielten, und fühlte sich mit all dem rundherum wohl. Sie liebte das gemütliche Holzinterieur mit den von Hand beschriebenen Schiefertafeln, die Düfte und Aromen, die ihr so vertraut waren, und vor allem die Spezialitäten aus anderen Ländern. Die spanische Sektion war besonders ausgefeilt.

»Ich kann ja schlecht einen spanischen Vater haben und weder Serrano noch Chorizo oder Roncal anbieten«, sagte ihre Mutter stets. »Er würde mir das Kassenbuch um die Ohren hauen.«

Was Opa Nando natürlich niemals tun würde. Aber manchmal ließ er sich im Feinkostladen blicken, beäugte das Sortiment und verriet durch das Heben oder Senken einer Augenbraue oder allerhöchstens einen knurrigen Kommentar, ob er zufrieden war oder nicht.

Er und Oma Anneliese hatten einen Obstladen geführt, nachdem ihre Eltern – Sofies Urgroßeltern – ihr Leben lang auf Märkten in der Region verkauft hatten. Opa Nando hatte seinen Enkelkindern schon früh eingebläut, dass die spanischen Zitrusfrüchte die besten waren, besonders die aus seiner Heimat, der Region um Valencia, und sie niemals – unter keinen Umständen –, Orangen oder Zitronen aus anderen Ländern kaufen durften.

Ein schwaches Lächeln stahl sich auf Sofies Gesicht. Sie erinnerte sich, wie er ihr einmal zwei Orangen unter die Nase gehalten hatte. »Riechst du das? Die da – Wasser, Wachs, Ende. Aber die hier, das ist eine Barberina und damit eine der besten Orangen der ganzen Welt. Die Sorte wird um deinen Geburtstag im Mai herum geerntet, allerdings werden auch viele Orangen im Winter gepflückt.« Damit hatte er sie zum Strahlen gebracht, weil sie geglaubt hatte, dass man im fernen Spanien extra abwartete, um die Ernte gemeinsam mit dem Geburtstag eines kleinen Mädchens zu feiern. Bis heute erinnerte sie sich an den Duft, der intensiv und süß gewesen war, und an das saftige Fruchtfleisch.

Lebensmittel und die Freude an kulinarischen Genüssen lagen ihrer Familie im Blut. Sie und Simon waren nach drei

Generationen die Ersten, die beruflich einen anderen Weg eingeschlagen hatten – auch wenn Sofie es liebte, in ihrer Freizeit zu kochen und zu backen.

Sie leerte ihre Kaffeetasse und betrachtete die gerahmte Schwarz-Weiß-Fotografie an der Wand. Sie zeigte ihre Großeltern in jungen Jahren. Sie standen in ihrem Laden, hoch aufgerichtet und stolz, umgeben von Körben voller Obst und Gemüse. Auf der Theke hinter ihnen befanden sich eine riesige Waage und eine Kasse mit einem Hebel an der Seite. Die alten Geräte lagerten heute im Keller ihrer Eltern.

»Ihr hättet euch nicht unterkriegen lassen, oder?«

Beide antworteten mit ernstem Blick, wobei Oma Anneliese ein wenig schüchtern wirkte. Sie hatte erst im Laufe ihrer Ehe mehr Selbstbewusstsein entwickelt und betonte stets, dass sie das ohne Opa Nando niemals geschafft hätte. Daher war es für alle eine Überraschung gewesen, als sie verkündete, sie würde sich von ihm trennen, weil sie sich in einen anderen Mann verliebt hatte. Zu Sofies Erleichterung waren die beiden Freunde geblieben, telefonierten regelmäßig miteinander und lieferten sich bei Familientreffen noch immer dieselben alten liebevollen Kabbeleien.

Sofie atmete tief durch. Sie würde sich ein Beispiel an ihrer Familie nehmen und weitermachen. Eine Lenau oder eine Montejo – der Mädchenname ihrer Mutter – warf die Flinte nicht ins Korn! Mit etwas Engagement würde sie einen neuen Job finden – sobald sie überwunden hatte, dass Fabian und Karsten sie quasi aus der Firma gedrängt hatten.

Zuerst würde sie im Feinkostladen vorbeifahren, ihre Eltern auf den neuesten Stand bringen und etwas aushelfen, um sich abzulenken und nicht tatenlos herumzusitzen.

Sie griff nach ihrer Handtasche, als ihr Blick auf etwas Weißes fiel, das daraus hervorlugte: der Umschlag, den sie heute Morgen von der Straße gerettet hatte. Durch die Ereignisse bei GenioTeam hatte sie ihn vollkommen vergessen.

Sie zog ihn heraus und öffnete ihn. Es handelte sich doch nicht um die Aufstellung der Nebenkosten, die Frau Maldewiky ihr üblicherweise schickte, sondern um einige Zeilen samt Unterschrift. Vielleicht stand eine Mieterhöhung an? Das käme ihr gerade jetzt mehr als ungelegen.

Wenige Sekunden später ließ Sofie die Hand sinken. Keine Mieterhöhung, sondern eine Kündigung wegen Eigenbedarf; Frau Maldewikys Tochter würde nach einigen Jahren aus München zurück in ihre Heimatstadt ziehen – und zwar bereits in drei Monaten. Was, wie ihre Vermieterin ihr mitteilte, die reguläre Kündigungsfrist wäre, da Sofie erst seit vier Jahren hier wohnte.

Sie stöhnte leise auf, trat ans Fenster und starrte auf die vorbeifahrenden Autos und eine Frau, die mit zwei kleinen Mädchen an den Händen vorbeispazierte. Wie sagte ihre Oma immer?

Wenn es kommt, dann richtig dicke.

Damit hatte sie eindeutig recht. Osnabrück hatte heute entschieden, es ihr schwer zu machen.

Das Handy riss sie aus ihren Gedanken, mit dem Folksong, den Simon vor Jahren für sich einprogrammiert hatte. Sofie verzog das Gesicht und überlegte, ob sie seiner guten Laune gewachsen war, entschied sich dann aber dafür. Schlimmer konnte es nicht kommen, und ihr kleiner Bruder würde sie vielleicht sogar aufheitern.

»Und, noch immer in Porto?«, fragte sie statt einer Begrüßung.

Lachen antwortete ihr. Simon klang so glücklich! Er war noch nie jemand gewesen, der Trübsal blies, aber so hatte sie ihn selten gehört. Plötzlich erinnerte sie sich daran, dass er ihr von dieser Frau erzählen wollte, die er unterwegs kennengelernt hatte. Tereza.

»Noch sind wir das«, sagte er geheimnisvoll. »Aber wir packen gerade. Wir haben uns nämlich entschieden, heute nach Spanien aufzubrechen.«

»Oha.« Dass ihr Bruder und seine Freunde noch vor dem Mittag weiterzogen, war ungewöhnlich. Die drei hatten sich eine Auszeit von mehreren Monaten genommen, um sich durch einen Teil Europas treiben zu lassen und dabei jede Art von Hektik zu vermeiden. »Wessen Idee war das? Deine? Oder stammt sie von Ben und Lukas?«

Simon gab einen Laut von sich, der an einen Hundewelpen erinnerte. »Die beiden bleiben noch in Portugal.«

Sofie stutzte. »Was ist los, habt ihr euch gestritten?« Sie hörte selbst, wie unpassend das klang, als wäre Simon ein kleiner Junge und keine fünfundzwanzig.

»I wo«, sagte er. »Die zwei haben einfach noch Lust auf Porto. Aber Tereza hat mich überredet weiterzuziehen. Rat mal, wohin!« Natürlich ließ er ihr keine Zeit für eine Antwort. »Wir fahren nach Valencia! Genauer gesagt nach Cielente.«

Das kam unerwartet. »Was, in Opas Dorf?«

»Ja. Tereza kann nicht verstehen, dass wir Wurzeln in Spanien haben und dort niemanden kennen. Oder dass wir die Gegend noch nie besucht haben, in der Opa Nando zu Hause war.«

Sofie schielte zu dem Foto an der Wand. »Das liegt womöglich daran, dass er keine Verbindungen mehr in seine alte Heimat hat. Er hat sich ein Leben hier in Deutschland aufgebaut.« Opa Nando redete nur selten über seine Jugend in Cielente und betonte stets, dass dieser Abschnitt seines Lebens vorbei war. Er hatte weder Familie in Spanien noch alte Freunde.

»Ja, aber bist du nicht neugierig? Willst du nicht irgendwann sehen, wo er aufgewachsen ist?«

Sofie starrte kurz auf ihr Handy, ehe sie es wieder an ihr Ohr presste. »Darf ich dich dran erinnern, dass ich dir diese Frage im Laufe deines noch jungen Lebens mehrmals gestellt und zur Antwort immer nur ein Schulterzucken bekommen habe?« Sie hatte sich als kleines Mädchen und später als Jugendliche oft gefragt, wie Opa Nando aufgewachsen war – und vor allem, wie die Orangenplantagen aussahen, von denen er so gerne erzählte. Es musste ein traumhafter Anblick sein. Simon hingegen hatte sich nie großartig dafür interessiert, dafür war sein Leben zu voll gewesen mit Freunden, Terminen und seinem Grafikdesign-Studium.

»Natürlich bin ich neugierig«, fügte sie hinzu und lächelte. »Aber mehr auf die Erklärung, wie es kommt, dass du einer Frau, die du gerade erst kennengelernt hast, quer durch Europa folgst.«

Simon gab erneut diesen Welpenlaut von sich, und es lag so eine Hochstimmung darin, dass Sofie sie spüren konnte. »Sie ist einfach die Richtige, Sof! Ich weiß es. Schon allein der Abend, als wir uns zum ersten Mal begegnet sind … es war magisch.«

Okay, das war bemerkenswert. Simon arbeitete zwar als Designer für Computerspiele, verwendete Wörter wie *magisch* jedoch im Grunde nie, wenn es um sein Privatleben ging.

»Und Tereza hat vollkommen recht, Große – wir sollten unsere Wurzeln erkunden, um mehr über uns selbst rauszufinden.«

Dem konnte sie nicht widersprechen. »Und ich stimme ihr da zu. Es überrascht mich nur, so was von dir zu hören, das ist alles. Aber ich freu mich für dich.« Wenn es in ihrem Leben schon nicht glatt lief, dann sollte zumindest bei ihrem kleinen Bruder alles klappen. Simon hatte es verdient. »Aber rufst du deshalb an? Um mir von Tereza vorzuschwärmen?«

»Auch. Und weil ich dich um einen Gefallen bitten will.«

»Schieß los.«

»Irgendwo in meinen Kartons müssen meine alten Alben sein. Kannst du bitte nachsehen und ein paar Bilder ablichten? Tereza würde so gern wissen, wie ich als Kind ausgesehen habe.«

»Simon!« Sofie verdrehte die Augen. »Weißt du eigentlich, wie viele Kartons das sind?«

Ihr Bruder und Lukas hatten ihre gemeinsame Wohnung aufgelöst, ehe sie zu ihrer Reise aufgebrochen waren, und da Sofies Keller riesig war, hatte sie ihm angeboten, seine Sachen bei sich unterzubringen. Bis auf die sperrigen Möbelstücke wie das Sofa oder das Bett – die er letztlich verkauft hatte – passte das auch wunderbar, allerdings stapelten sich die Kartons bis zur Decke.

»Ich weiß, aber … bitte, bitte?« Er wusste genau, dass sie ihm kaum etwas abschlagen konnte. »Die Alben müssten in den kleineren orangefarbenen sein. Die findest du sicher schnell.«

Sie ließ ihn ganze drei Sekunden zappeln. »Also gut.«

»Du bist die Beste! Und jetzt erzählst du mir, was passiert ist.« Auch das war typisch Simon. Er merkte oft, wenn etwas

25

nicht stimmte, und sprach sie dann darauf an, wenn sie nicht damit rechnete und bereits glaubte, dass ihre Unterhaltung beendet sei.

Da der Versuch, es vor ihm zu verheimlichen, sowieso nichts bringen würde, berichtete sie ihm alles – von der gescheiterten Präsentation bis zu der Tatsache, dass sie in spätestens drei Monaten eine neue Wohnung brauchte.

Simon sagte genau das Richtige. Zunächst ließ er sich über Fabian aus und bedachte ihn mit Bezeichnungen, die er in der Gegenwart ihrer Eltern niemals hätte fallen lassen. Danach bekam Karsten sein Fett weg, ehe Simon zu der Schlussfolgerung gelangte, dass alles seinen Sinn hatte und ihr diese Dinge nicht ohne Grund passiert waren. Für seine Verhältnisse klang das ungeheuer weise. »Du wirst was Neues finden, Sof, da mach ich mir überhaupt keine Sorgen.«

Das musste der Einfluss dieser Tereza sein.

»Ja, ich denke auch. Es kommt nur alles auf einmal – das ist ganz schön viel.«

»Zur Not lagerst du unsere Sachen in irgendeinem Container ein und ziehst zu Mama und Papa. Nur übergangsweise. Oder aber …« Sein Schweigen klang geheimnisvoll.

»Oder aber was?«

»Oder du nimmst dir auch eine Auszeit, setzt dich in den Flieger und triffst uns Spanien.« Kurze Pause. »Das ist überhaupt die Idee! Ich habe das nur so dahingesagt, aber wenn ich darüber nachdenke … das wäre ideal! Wir könnten zusammen Cielente entdecken und sehen, wo Opa aufgewachsen ist. Und du würdest Tereza kennenlernen! Na los, sag, dass du zumindest darüber nachdenkst.«

»Simon, das ist jetzt der denkbar schlechteste Zeitpunkt, um …«

»Ich denke, es ist der beste. Was kann dir denn passieren? Es wäre ja nicht so, als würdest du hier Urlaub machen.«

»Sondern?« Sie grinste, als er nicht sofort antwortete. Trotz allem hatte er es geschafft, ihre Laune zu heben. Draußen schien noch immer die Sonne, und allmählich hatten sich die Strahlen auch in ihre Küche vorgetastet.

»Na ja, du beschäftigst dich damit, neue Energie zu sammeln und über deine Zukunft nachzudenken. Du bist aus dem Trott raus und bekommst einen frischen Blick. Dazu beugst du einem Burn-out vor.«

»Den ich nicht haben werde.«

»Eben, weil du vorbeugst. Nicht zu vergessen die Tatsache, dass du endlich mal Opas Heimat besuchst. Vielleicht will er ja sogar mit.«

Sicher nicht. Sie hatte Opa Nando früher oft gefragt, ob er nicht mal wieder nach Spanien reisen wollte, und er hatte stets mit unbewegtem Gesicht geantwortet, dass kein Interesse bestünde. »Das bezweifle ich.«

»Egal, du tust es ja auch für dich. Komm schon, das wäre großartig! Ich bin sicher, dass du dich mit Tereza wunderbar verstehen wirst. Denk drüber nach, ja? Wir würden ein paar Tage in Cielente bleiben, vielleicht sogar einige Wochen – wenn wir uns einen Job auf einer Farm suchen. Nur vorübergehend, um die Reisekasse wieder aufzustocken.«

Schlagartig wurde sie hellhörig. »Was ist mit deinen Ersparnissen?« Hatte er sich so sehr verrechnet, was die Kosten betraf? Oder war er überfallen worden? Hatten Lukas und Ben ihn zu irgendwelchen Glücksspielen überredet, bei denen er all sein Geld verloren hatte? Normalerweise spielte Simon nicht, es sei denn, es hatte mit seiner Arbeit zu tun und er musste ein Produkt kennenlernen, aber man wusste ja nie, was passierte, wenn drei Freunde unterwegs waren. Sollte er dringend Geld benötigen, hatte sie zwar noch Rücklagen, die sie ihm leihen konnte, aber in Anbetracht der ungewissen kommenden Monate ...

»Nichts, alles in Ordnung«, sagte Simon so gelassen, dass ihre Aufregung verpuffte. »Tereza hat mich lediglich davon überzeugt, dass die Reise authentischer ist, wenn wir vor Ort Geld verdienen. So sind wir näher am Leben der Leute und bekommen viel mehr mit.«

»So, so.« Diese Tereza schien wirklich Einfluss auf Simon zu haben. Allmählich war sie ernsthaft gespannt auf diese Frau, die ihrem Bruder dermaßen den Kopf verdreht hatte.

Im Hintergrund rief jemand etwas, und Simon räusperte sich. »Also Sof, gib dir einen Ruck. Eine bessere Gelegenheit findest du nicht mehr, um dir eine Auszeit zu gönnen. Und ich verspreche, dafür zu sorgen, dass du diese Idioten von GenioTeam ganz schnell vergisst.«

Sofie trat zurück ans Fenster und musterte ihr Spiegelbild. Selbst der schwache Schemen ließ ihre Zweifel erahnen. »Ich weiß deine brüderliche Unterstützung zu schätzen. Aber es ist wirklich keine gute Idee.«

»Es ist eine super Idee«, keuchte Nadja und wuchtete mit vollem Körpereinsatz einen Karton zur Seite, um den dahinterstehenden zu öffnen und einen Blick hineinzuwerfen. Ihr heller Zopf schwang von einer Seite auf die andere. »Kabel und Computerkram«, sagte sie und klappte den Deckel wieder zu. »Simon hat gar nicht so unrecht. Manchmal hilft ein gewisser Abstand dabei, wichtige Entscheidungen zu treffen. Und du, meine Liebe«, sie beugte sich vor, um etwas aus Sofies Haaren zu zupfen, »hast gerade viel zu entscheiden,

28

denn du bist frei und ungebunden. Kein Job, kein Partner, bald keine Wohnung mehr. Du kannst also tun und lassen, was du willst. Sogar nach Australien ziehen, wenn dir danach ist, auch wenn ich dich dann sehr vermissen würde. Vor allem hätte ich Angst um dich wegen all der giftigen Tiere. Wie überleben Australier eigentlich länger als zwei Wochen in ihrem Land?«

Sofie richtete sich auf und streckte den Rücken, der vom Räumen und Heben allmählich schmerzte. »Wenn du gerade versuchst, mich aufzuheitern, hättest du das *kein Job, kein Partner und keine Wohnung* weglassen sollen.«

Nadja winkte ab. »Ach, komm schon. Sonst findest du doch auch das Positive in allem. Denk an meinen Laden, der hat sich anfangs auch eher geschleppt.«

Nadja war Inhaberin eines süßen kleinen Secondhandgeschäfts, dessen Angebot auf Kinder ausgerichtet war. Als sie es vor einigen Jahren übernommen hatte, war es nur mäßig gelaufen, aber Nadja war über die Runden gekommen und zufrieden gewesen.

Sofie hatte das nicht genügt, und sie hatte einen Ideenkreis ins Leben gerufen, bestehend aus Freunden, die sich des *Projekts Pepper Peas* annahm. Daraufhin hatten sie den Laden renoviert, in hellen, freundlichen Farben gestrichen und einen Onlineshop auf die Beine gestellt. Außerdem fanden regelmäßig Veranstaltungen wie Lesungen von Kinderbuchautoren oder Mitmachtheater für die Kleinen statt. Nadjas Einkünfte hatten sich deutlich erhöht, sogar so sehr, dass sie mittlerweile zwei Aushilfen in Teilzeit beschäftigte.

Sie hatten sich kennengelernt, kurz nachdem Sofie für ihr Studium nach Osnabrück gezogen war. Nadja hatte in einem Reformhaus gejobbt, sie waren ins Plaudern gekommen und hatten sich so gut verstanden, dass sie Nummern austauschten und Freundinnen wurden.

Nur wenige Minuten nach dem Telefonat mit Simon hatte Nadja angerufen und gefragt, wann sie mit einer Flasche Prosecco vorbeikommen sollte, um Sofies neue Position bei GenioTeam zu feiern. Als sie hörte, was geschehen war, hatte sie die Organisation für das anstehende Kinderfest zur Seite gelegt und war sofort losgefahren. »Anna steht im Laden, ich habe so lange Zeit, wie du möchtest.«

Also hatte Sofie entschieden, die Plauderei mit der Suche nach Simons Fotos zu verbinden – und da Nadja den Prosecco trotzdem mitgebracht hatte, perlte er jetzt in Gläsern auf einem Karton vor sich hin.

Sofie griff nach ihrem und nahm einen Schluck. »Ich könnte hier unten schon mal ausmisten, wenn ich ohnehin bald ausziehen muss. Ist dir das positiv genug?«

»Spinnerin!« Nadja warf einen von Simons Jonglierbällen und verfehlte Sofies Kopf um mehrere Handbreit. »Außerdem, bei all den Argumenten hat dein Bruder eines vergessen: Spanien. Valencia.« Sie riss die Augen auf und starrte ihre Freundin an, als würde sie ihr eine Idee per Gedankenübertragung in den Kopf pflanzen wollen. »Mensch, Sofie, du hast doch immer gesagt, dass es dort die besten Orangen der Welt gibt. Da kannst du so viel kochen und backen, wie du willst! Und mehr Orangenrezepte mitbringen … wobei Opa Nandos Marmelade schon ziemlich unschlagbar ist.« Sie legte einen Zeigefinger an ihr Kinn. »Ein Problem gibt es allerdings: Wenn du weg bist, weiß ich nicht, wem ich all meine Äpfel bringen soll.«

Nadja wohnte in einem alten Haus mit drei sehr ertragreichen Apfelbäumen und hatte es sich zur Gewohnheit gemacht, den Großteil ihrer Ernte Sofie zu überlassen, die das Obst einkochte oder anderweitig nutzte. Das hatte sie von Oma Anneliese, die großen Wert darauf legte, nichts zu verschwenden.

Sofie schob einen alten Monitor zur Seite. »Selbst wenn ich fahren sollte, wäre ich zum Herbst wieder zurück, und dann gibt es Apfelkuchen, Gelee und Chutney.«

»Aha! Du denkst also zumindest darüber nach.« Nadja hob das Glas, prostete ihr zu und nippte daran.

»Das hab ich nicht gesagt.« Sofie hielt inne. »Wobei ich Simons Ideen nicht mehr für ganz so abwegig halte. Zumindest werde ich wohl meine Eltern fragen, ob ich zur Not bei ihnen wohnen kann, bis ich was Schönes gefunden habe. Ich will schließlich nicht die erstbeste Wohnung nehmen müssen.«

Nadja lächelte. »Das ist die richtige Einstellung – abgesehen davon, dass du auch bei mir unterkommen könntest. Denk einfach in Ruhe drüber nach, dann wirst du sehen, dass dein Bruder recht hat. Und vielleicht sollte es ja auch einfach so sein.«

»Was, dass ich bei GenioTeam rausgedrängt werde?«

»Ja!« Nadja wölbte die Augenbrauen zu zwei goldenen Bögen. »Das Schicksal hat entschieden, dass es der falsche Platz für dich ist und du weiterziehen musst, um woanders Menschen mit deinen Obstkreationen zu begeistern. Vielleicht schließt sich ja sogar ein Kreis, wenn du dorthin fährst, wo ein Teil deiner Wurzeln liegt. Außerdem bist du, seit ich dich kenne, auf der Überholspur unterwegs. Du brauchst mal eine Pause, um durchzuatmen, und so eine Reise wäre die ideale Verbindung von beidem: zur Ruhe kommen und was Neues erleben. Oder was Altes ausgraben?« Sie runzelte nachdenklich die Stirn.

Sofie fuhr sich mit einer Hand über die Wange. »Du klingst schon wie mein Bruder. Woher habt ihr das so plötzlich? Seit wann glaubt ihr an solche Sachen? Steht der Mond anders zur Erde als sonst?«

Nadja winkte ab. »Ich habe gestern beim Physiotherapeuten in der Astrowoche geblättert, weil es neben der nur die Apothekenzeitung gab. Aber da könnte doch was dran sein, oder?«

»Falls ja, finde ich das Schicksal etwas rigoros. Es hätte mir doch erst mal einen Schuss vor den Bug verpassen können, anstatt gleich das ganze Schiff zu versenken.«

»Es weiß einfach, dass du dir ein neues bauen wirst«, orakelte Nadja, wandte sich dem nächsten Karton zu und öffnete ihn.

»Den brauchst du nicht zu durchsuchen, der gehört mir«, sagte Sofie und deutete auf ihren Namen, den sie säuberlich mit Edding auf eine Seite geschrieben hatte.

Aber Nadja hatte schon hineingesehen und runzelte die Stirn. »Was ist denn das?« Sie hob etwas in die Höhe, das Sofie erst auf den zweiten Blick erkannte.

»Ach, du meine Güte! Die Princesa hab ich ja vollkommen vergessen.«

»Die Princesa?« Skeptisch drehte Nadja die Holzfigur, um ihr ins Gesicht zu sehen. Sie war so lang wie ihr Arm und stellte eine Frau in einem bodenlangen weißen Gewand dar, unter dem nackte Zehen hervorblitzten. Die Kapuze war halb über ihr gescheiteltes dunkles Haar gezogen. Sie hielt den Blick gesenkt und hatte die Hände vor der Brust zusammengelegt, auf der ein großes rotes Herz prangte. »Ich bin nicht sicher, ob ich sie hübsch, unheimlich oder unglaublich kitschig finde. Welche Prinzessin soll das denn sein?«

»Gar keine.« Sofie winkte ab. »Ich hab die Figur als Kind von meinem Opa bekommen und war damals davon überzeugt, dass sie eine Prinzessin ist. Früher stand sie in meinem Kinderzimmer. Danach, in meiner Wohnung, wollte ich sie nie aufstellen, aber ich habe mich auch nicht davon trennen können. Opa hat ja keinen Kontakt mehr zu seiner alten Heimat, aber die Figur stammt tatsächlich aus Spanien und ist eine Art Erinnerungsstück.«

»Zum Spielen ganz schön unpraktisch.« Nadja schwankte zwischen Skepsis und Belustigung. Man sah dem Holz sein Alter an, und an manchen Stellen war die Farbe rissig oder abgeblättert. Nur das Rot auf der Brust strahlte mit unverminderter Eindringlichkeit, als wollte es verkünden, dass alles gut werden würde, wenn man nur auf sein Herz hörte.

Auf einmal fielen Sofie die Geschichten wieder ein, die Opa Nando ihr erzählt hatte. Es waren jene seltenen Momente gewesen, in denen er ihr einen Einblick in seine Vergangenheit gewährte – und damit kleine Kostbarkeiten.

Die Princesa hatte in ihrem Leben anderen Menschen viel Gutes getan. Sofie erinnerte sich nicht mehr an alles, wusste aber noch, dass sie einen kranken Mann geheiratet und durch ihre Liebe geheilt hatte, und ein andermal hatte Opa Nando ihr erzählt, dass sie sich um all die Waisenkinder gekümmert hatte, die niemand bei sich aufnehmen wollte.

Sie nahm Nadja die Figur ab, betrachtete sie eingehend und legte sie zurück in den Karton. »Machen wir weiter, und dann gehen wir nach oben und essen was. Ich habe allmählich Hunger.« Sie schloss den Karton und fragte sich, ob so etwas wie Schicksal nicht doch existierte – und ob Nadja die Princesa womöglich deshalb gefunden hatte.

Denn irgendwie hatten sie und Simon recht. Wenn es eine Möglichkeit gab, sich neu zu orientieren oder endlich etwas anzupacken, das in den vergangenen Jahren zu kurz gekommen war – so wie einfach mal länger Urlaub zu machen –, dann war jetzt die beste Zeit dafür. Und es reizte sie schon, zu sehen, wo Opa Nando aufgewachsen war. Es stimmte, die Frage war in den vergangenen Jahren nicht sehr präsent gewesen, da ihr Opa selbst sie immer abgeblockt hatte. Sofie war damit aufgewachsen, dass Cielente keine Bedeutung hatte – warum, darüber hatte sie nicht weiter nachgedacht.

Sie beäugte den Karton, öffnete ihn einer Eingebung folgend noch einmal, zückte ihr Handy und schoss ein Foto.

Womöglich spielte das Schicksal in ihrem Leben ja doch eine winzige Rolle.

3

»Kind!« Oma Anneliese stand an der Spüle und drehte sich um, als Sofie die Küche betrat. »Ich habe die Klingel gar nicht gehört.« Sie legte das Spültuch weg, trocknete sich die Hände an der Schürze ab und umarmte ihre Enkelin.

Sofies Oma reichte ihr bis zu den Schultern, machte ihre Zierlichkeit aber durch Energie wett. Sie hatte wie so oft rote Wangen, und im Ofen ging soeben ein Kuchen für das Familientreffen auf. Es roch herrlich, nach süßem Teig mit einer fruchtigen Note.

Am liebsten wäre Sofie in der Küche geblieben, um mit ihrer Oma zu plaudern oder ihr zur Hand zu gehen. Hier hatte sie sich schon immer am wohlsten gefühlt – Wärme, Duft und Gemütlichkeit ließen alle Sorgen zumindest vorübergehend verschwinden. Bereits als Kind war sie in die Küche geflüchtet, wenn sie sich beim Spielen das Knie aufgeschlagen hatte. Ihre Oma hatte ein Pflaster draufgeklebt, sie in den Arm genommen und ihr erklärt, dass alles wieder gut würde, weil nichts von Dauer war. Danach hatte sie ihr etwas Süßes auf einen Teller gelegt – ein Stück Kuchen, einige Kekse oder ein Brot mit frischem Gelee –, ihr ein Glas Milch eingeschenkt und sich zu ihr gesetzt. Die Magie hatte gewirkt, und nach kürzester Zeit war der Kummer jedes Mal verschwunden.

»Herbert hat mich reingelassen«, sagte Sofie, stellte die Jutetasche auf einen Stuhl und nahm die Schüssel heraus. Vor neun Jahren war Oma Anneliese mit ihrem Lebensgefährten zusammengezogen und wohnte in einem hübschen kleinen Haus in Bersenbrück, eine Dreiviertelstunde nördlich von Osnabrück. Anfangs war Annelieses neuer Lebensabschnitt seltsam gewesen für die Lenaus, besonders für Sofie und Simon, aber mittlerweile konnte sie es sich nicht mehr anders vorstellen. Herbert gehörte zur Familie. »Ich habe Fruchtgelee mit Prosecco zum Nachtisch mitgebracht. Nadja war neulich da, wollte mit mir feiern und hatte zwei Flaschen im Gepäck. Aber da es nichts zu feiern gab, haben wir uns auf eine halbe beschränkt.«

Oma Anneliese legte ihr eine Hand auf den Arm. »Deine Mutter hat mir erzählt, was passiert ist. Wie unverschämt von deinen Kollegen. Haben die denn keine Ehre im Leib? Eine Zusage ist eine Zusage, auch wenn sie mündlich erfolgt.« Die ohnehin roten Wangen verdunkelten sich, und die Augen hinter der Brille blitzten.

Vor vier Tagen hätte Sofie ihr unumwunden zugestimmt, aber mittlerweile war ihre Wut abgeklungen. Natürlich fand sie noch immer, dass Karsten und Fabian – von dem sie bis heute keinen Ton gehört hatte – sich ihr gegenüber falsch verhalten hatten, aber ihre Grübeleien drehten sich immer seltener um die Firma. Dafür hatten sich Simons Vorschlag und Nadjas Begeisterung darüber mehr und mehr in ihrem Kopf festgesetzt. Die Idee einer Auszeit erschien ihr plötzlich gar nicht mehr so abwegig.

Bei GenioTeam hatte sie ihren restlichen Urlaub genommen und Karsten per E-Mail gebeten, sie für die Zeit bis zum Ablauf ihres Arbeitsvertrags freizustellen. Er hatte ihr unverzüglich geantwortet, dass das kein Problem sei, und sie gebeten, noch einmal vorbeizusehen, damit sie über mögliche Alternativen reden konnten. Zweimal hatte er betont, dass er sie als Mitarbeiterin keinesfalls verlieren wollte.

Als sie die Zeilen las, hatte sie nichts gespürt, weder Freude noch Erleichterung, sondern es als Tatsache abgespeichert, so wie eine Information, die sie nicht persönlich betraf. Daher hatte sie sich bedankt und ihm mitgeteilt, dass sie auf ihn zukommen, aber erst andere Angelegenheiten klären würde.

»Ach, Oma«, sagte sie und drückte ihr einen Kuss auf die Wange. »Ich hab mich auch geärgert. Es war ja zum großen Teil meine Idee, die nun von jemand anderem umgesetzt wird, und ich war so begeistert davon, dass ich den Kollegen zu sehr vertraut habe. Aber mittlerweile …« Sie zuckte die Schultern. »Keine Ahnung, der Ärger ist weg. Simon hat vorgeschlagen, dass ich mir eine Auszeit nehme und ihn in Spanien treffe, und ich denke, das werde ich tun.«

»Das ist eine wunderbare Idee!« Von einer Sekunde auf die andere verschwand die Empörung aus Oma Annelieses Gesicht.

Sofie war verblüfft. »Echt? Ich hätte gedacht, du findest es besser, wenn ich mir erst was Neues suche.«

»Sofie.« Ihre Oma ließ sich auf einen Stuhl sinken. »Da mache ich mir doch überhaupt keine Gedanken. Du bist immer so zielstrebig.« Sie lächelte. »Manchmal zu sehr. So war ich auch eine lange Zeit, immer hatte die Arbeit Vorrang, und ich habe Dinge aufgeschoben, die ich unbedingt erleben oder ausprobieren wollte. Aber ich hatte Glück und habe deinen Opa kennengelernt, der mir gezeigt hat, dass man zwar hart arbeiten kann, aber auch mal eine Pause einlegen muss. Mit Zeit nur für sich selbst.«

Sofie wurde ganz warm ums Herz, wie immer, wenn ihre Großeltern trotz der Trennung so übereinander redeten. Gedankenverloren zog sie die Schüssel näher heran und schob sie auf dem Tisch hin und her. »Gut, dass du Opa erwähnst, über ihn wollte ich nämlich mit dir reden.« Ihre Oma verengte die Augen, als wüsste sie bereits, worum es ging. »Simon hat da diese Frau im Urlaub kennengelernt, und sie hat ihn quasi dazu bewegt, sich mit seinen spanischen Wurzeln zu befassen. Daher hat er vorgeschlagen, dass wir uns in Valencia treffen und von dort in Opas Dorf fahren.«

Ihre Oma gab ein »Hm« von sich, aber in ihren Augen blitzte Interesse auf.

Sofie zog eine Grimasse. »Du kennst Opa. Er hat nie viel erzählt über Cielente, und wenn wir ihn früher ausfragen wollten, hat er das Thema meist als uninteressant abgetan. Irgendwann haben wir dann nicht mehr darüber geredet. Selbst Mama nicht. Wir wissen nur, dass er keine Familie mehr dort hat und in den Sechzigern als Gastarbeiter nach Deutschland gekommen ist. Ich würde sagen, das ist nicht gerade viel.«

»Und jetzt hat dein Bruder dir diesen Floh ins Ohr gesetzt, und du möchtest das Thema nach all den Jahren noch mal aufrollen?«

»Ja, aber ich weiß, dass Opa allerhöchstens kurz von den spanischen Orangen schwärmen und dann sofort wieder dichtmachen würde. Hat er dir denn nie mehr aus seinem Leben vor Deutschland erzählt?«

Oma Anneliese schmunzelte. »Ach, Kind. Nach all den Jahren fragst du das nun?«

Sofie schob die Schüssel zurück. »Na ja, ich hab lange nicht daran gedacht, weil immer so viel los war in meinem Leben. Aber jetzt ...« Sie zuckte die Schultern.

»Dein Opa war zu mir nicht anders als zu euch. Er hat das meiste aus der Zeit vor 1965 für sich behalten. Weil er damit abschließen wollte, hat er gesagt – nur um immer wieder vom Obst seiner Heimat zu schwärmen und zu betonen, dass es viel besser schmeckt als das hier in Deutschland.« Sie lachte laut auf. »Ich erinnere mich genau, wie er am Marktstand meiner Eltern verkündet hat, unseren Zitrusfrüchten würde es an Aroma mangeln. Ihre Gesichter werde ich nie vergessen! Als er eines Tages wieder von den spanischen Orangen anfing, habe ich ihm dann gesagt, dass er nicht immer an die Vergangenheit denken, sondern in der Gegenwart leben soll.«

»Raffiniert.« Sofie stimmte in das Lachen mit ein.

Ihre Oma zwinkerte. »Ich habe lediglich seine Worte wiederholt. Also nein, ich weiß kaum mehr als ihr alle, meine Kleine. Nur, dass sein Abschied von Cielente kein guter war. Das hat er zwar nie zugegeben, aber ich habe es ihm angemerkt, und es muss ja einen Grund haben, warum er einfach so gegangen ist. Warum es danach keine Kontakte durch Briefe oder mal einen Besuch gab. Ja, seine Eltern waren damals bereits tot, aber man hat ja auch sonst Menschen, die einem lieb und teuer sind und die einen halten, dort, wo man lebt. Ich weiß nur, dass Fernando nicht wohlhabend war. Genauer gesagt hatte er keinen Pfennig in der Tasche, als er in Deutschland ankam.«

Sofie versuchte sich vorzustellen, wie es damals für Opa Nando gewesen sein musste, in ein völlig fremdes Land zu gehen, dessen Sprache er nicht kannte, mit dem Versprechen auf Arbeit sowie einem Anwerbeabkommen zwischen der alten und der neuen Heimat als einziger Perspektive. Zu jener Zeit fehlten Arbeitskräfte – wie schon in den Fünfzigerjahren, dem Jahrzehnt des Wirtschaftswunders nach der ungewissen Kriegszeit. Da unzählige Männer als Soldaten gefallen und so nicht mehr genug Leute auf dem inländischen Markt zu finden waren, schloss die Bundesrepublik zunächst ein Abkommen mit Italien und 1960 dann auch mit Spanien.

Sicher war es nicht leicht gewesen – die Ungewissheit, die Sprachbarriere, das Aufeinandertreffen unterschiedlicher Mentalitäten, die neue Umgebung … und ganz sicher auch das Heimweh. Oder hatte Opa Nando nie darunter gelitten? Hatte er sein sonniges Spanien nie vermisst? Vielleicht begab man sich ja gar nicht erst auf so ein Abenteuer, wenn zu Hause viele Möglichkeiten auf einen warteten? Nach all den Jahren wünschte sie sich plötzlich mehr denn je Antworten auf all diese Fragen. Vielleicht weil ihre eigene Zukunft zum ersten Mal unsicher war – auch wenn sich das natürlich nicht mit der Situation von damals vergleichen ließ. Ihre Oma hatte recht: Es musste einen wichtigen Grund für Opa Nandos Entscheidung gegeben haben, seiner Heimat derart radikal den Rücken zu kehren.

Einer plötzlichen Eingebung folgend, zog sie ihr Handy aus der Tasche und rief das Foto auf, das sie von der Statue der Princesa geschossen hatte. »Sieh mal. Erinnerst du dich an die Figur? Opa hat sie mir geschenkt, als ich klein war.«

Ihre Oma nahm das Handy und hielt es sich nah vor die Brille. »Aber natürlich, das war neben seiner Kleidung und den Papieren das Einzige, was er mitgebracht hat damals. Sie stand lange ganz hinten in unserem Schrank. Eines Tages habe ich sie abgestaubt und auf einem Beistelltischchen platziert, um ihm eine Freude zu machen, aber er war alles andere als begeistert und wollte sie nicht mal ansehen. Kurz darauf war sie weg, und dann habe ich erfahren, dass er sie dir geschenkt hat.«

»Was hab ich ihr geschenkt?«, dröhnte eine tiefe Stimme von der Tür zu ihnen herüber. Fernando Montejos Akzent hatte sich im Laufe der Jahrzehnte abgeschwächt, besaß aber noch immer diese ausdrucksvolle Energie, die Sofie so mochte.

Sie drehte sich um: Ihr Opa wirkte entspannt und für seine Verhältnisse gut gelaunt, und das Fernglas in seiner Hand verriet ihr auch den Grund. »Hey! Hast du wieder Vögel beobachtet?« Sie trat auf ihn zu und umarmte ihn.

Er drückte sie an sich, lange, wie sie es liebte, ehe er ihr zweimal auf den Rücken klopfte und sie von sich schob. Er war stets darauf bedacht, sich seine Gefühle nicht zu sehr anmerken zu lassen – insbesondere, wenn viele Menschen zugegen waren. »Natürlich. Anneliese und Herbert haben hier eine hervorragende Populationsdichte, nur leider absolut kein Interesse daran.«

»Trotzdem haben wir wegen dir überall am Haus Futterstellen angebracht«, sagte Sofies Oma zuckersüß. »Damit du dich unterhalten fühlst, wenn du zu Besuch bist.«

Er brummte etwas, doch sein Gesichtsausdruck wurde bereits weicher.

»Opa«, sagte Sofie und streckte ihm das Handy entgegen. »Sieh mal, was ich im Keller gefunden habe. Die Princesa. Weißt du noch? Also, sie ist vermutlich keine Prinzessin, aber …« Sie verstummte, als er die Stirn so sehr in Falten legte, dass die Augen beinahe unter den dichten Brauen verschwanden.

»Ich dachte, das Ding gäbe es längst nicht mehr.«

Sofie wechselte einen Blick mit ihrer Oma, die über die Reaktion nicht erstaunt schien. »Natürlich habe ich sie noch, du hast sie mir schließlich geschenkt. Erinnerst du dich, woher du sie genau hast? Ich meine, sie muss dir doch was bedeutet haben, wenn du sie mit hierher …«

Er schnitt ihr mit einer energischen Geste das Wort ab. »Sie hat keinen besonderen Wert. Ich war schlicht und einfach ein sentimentaler Idiot. Frag deine Oma.«

»Das stimmt«, sagte Anneliese mit todernster Miene. »Mir fallen mindestens drei Tage während unserer Ehe ein, an denen er mir Blumen gebracht hat.«

»Weil du es lieber mochtest, wenn ich für dich gekocht habe.«

»Das stimmt natürlich«, sagte sie und berührte flüchtig seinen Arm. Manche Gesten waren auch nach der Trennung geblieben. »Aber warum erzählst du deiner Enkelin nicht ein bisschen mehr? Sie und Simon überlegen nämlich, gemeinsam nach Spanien zu reisen.«

Ein todernster Blick traf Sofie.

Sie gab sich arglos. »Simon hat sich vorgenommen, Cielente zu besuchen, und mich gefragt, ob ich mitkommen möchte.«

»Wozu?« Opa Nandos Stimme war auf einmal so schneidend, dass sie zusammenzuckte. »Wozu wollt ihr in einer Vergangenheit wühlen, die nicht mehr existiert? Ihr habt beide ein eigenes Leben! Oder ist das so uninteressant, dass ihr eure Nasen in fremde Angelegenheiten stecken müsst?«

Sofie wusste nicht, was sie darauf erwidern sollte. Sie erinnerte sich nicht, dass ihr Großvater sie schon einmal so angefahren hatte.

Oma Anneliese trat zwischen die beiden. »Haben die Streitereien der Meisen um ein paar Körner da draußen dermaßen auf dich abgefärbt, dass du dich so im Tonfall vergreifst?« Ihre Stimme war ruhig, ihr Blick allerdings ein eindeutiger Befehl.

Er presste die Lippen aufeinander und atmete durch die Nase aus. »Du weißt doch, dass die alten Geschichten vorbei sind, Sofie. Ich verstehe nicht, warum du nach so vielen Jahren wieder davon anfängst.« Er drückte sie noch einmal, nur kurz, aber deutlich sanfter als zuvor. »Also, Liese. Bekomm ich hier nichts mehr zu essen, weil ich nur dein Ex-Mann bin?«

Sofie schmunzelte, als ihre Oma das Spültuch nahm, um damit besagten Ex-Mann aus der Küche zu scheuchen.

»*Mamá! Mamá!*« Das Mädchen auf dem Arm seiner Mutter deutete so aufgeregt nach vorn, dass seine kleine Hand im Gedränge auf Sofies Wange traf. Erschrocken hielt es inne und starrte sie aus großen Augen an.

Sofie schenkte ihm ein Lächeln. »*No pasó nada.*« Nichts passiert.

Das Kind antwortete mit einem entzückenden Lückengrinsen, griff nach den Haaren der Mutter und stopfte sie sich in den Mund, was einen Schwall spanischer Sätze zur Folge hatte.

Sofie atmete tief durch und ließ sich von den Menschenmassen bis in die Ankunftshalle des Flughafens von Valencia mitziehen. Der Flug war mit einer Dauer von zweieinhalb Stunden gut erträglich, die Maschine allerdings bis auf den letzten Platz ausgebucht gewesen. Neben ihr hatte ein Mann gesessen, der in Rekordgeschwindigkeit Snacks verdrückt und dabei eine beträchtliche Menge Krümel verteilt hatte, und die zwei Kinder in der Reihe hinter ihr waren bereits nach einer halben Stunde unruhig geworden. Ihr Geschrei schrillte Sofie noch immer in den Ohren, wurde jetzt aber von Stimmengewirr, Rufen und Durchsagen übertönt. Obwohl sich die Halle nicht sehr von denen in Deutschland unterschied, war die Atmosphäre eine andere, gefärbt von fremden Sprachen und den hohen Werbeplakaten mit sommerlichen Motiven aus der Region: silberblättrige Olivenbäume, historische Kirchen, das wundervoll blaue Meer.

Vor ihr wartete eine Menschentraube auf die Neuankömmlinge. Hier und dort wurden Schilder in die Höhe gereckt, auf die Nachnamen geschrieben oder Hotellogos gedruckt waren; andere hatten sich bereits gefunden, lagen sich in den Armen oder küssten sich auf die Wangen.

Ihren Bruder konnte Sofie nirgendwo entdecken, also zerrte sie ihren Koffer zur Seite, wo das Gedränge und Gemisch zahlreicher Parfums abnahmen, und stieß die Luft aus. Endlich kehrte ein Gefühl zurück, das ihr zwischenzeitlich abhandengekommen war: Vorfreude.

Sie war zuletzt vor zwei Jahren in den Urlaub geflogen, nach Griechenland, zusammen mit Nick. Da waren sie verlobt gewesen, aber sie hatte schon geahnt, dass etwas nicht stimmte. Zunächst hatte sie es nicht wahrhaben wollen und es auf die Umstände geschoben – viel Arbeit, sein Dauerstreit mit seinem Vater, eine schwere Grippe –, aber rückblickend lag klar auf der Hand, dass sich ihre Trennung bereits Monate zuvor abgezeichnet hatte. Sie hatte lediglich die Signale übersehen, vermutlich in der Hoffnung, dass alles wieder gut würde. Schließlich verlobte man sich nicht jeden Tag. Für Sofie war das etwas Besonderes gewesen, das

Versprechen einer gemeinsamen Zukunft, die man genießen, für die man aber auch kämpfen würde, wenn die Zeiten nicht ausschließlich rosig waren.

Nick hatte das leider anders gesehen, und bis heute fragte sie sich, warum er ihr überhaupt einen Antrag gemacht hatte. Wahrscheinlich war er bloß in die romantische Idee verliebt gewesen, an einem besonderen Ort vor seiner Freundin auf die Knie zu gehen, um dann wie seine Jugendfreunde groß und stilvoll zu heiraten, genau wie seine Mutter es erwartete.

In Griechenland hatte er ihr dann mitgeteilt, dass er doch noch nicht so weit sei, und sie hatten den Urlaub einvernehmlich drei Tage früher beendet als geplant. Damals war Sofie am Boden zerstört gewesen, aber rückblickend begriff sie, wie schnell sie darüber hinweggekommen war – und was das bedeutete. Denn Nick war nicht der Einzige gewesen, der in eine romantische Idee verliebt gewesen war: Sie hatte sich so dringend einen Partner an ihrer Seite gewünscht, dass sie einiges hinnahm, zu dem sie heute nicht mehr bereit wäre. Trotzdem glaubte sie noch an die wahre Liebe, auch wenn es kitschig klang. Nicht an große Gesten, rote Rosen und dauerhaftes Bauchkribbeln, sondern an eine Verbundenheit, die bis in die Tiefen der Seele reichte und einen dazu bewegte, die eigene Komfortzone zu verlassen, weil man dem wichtigsten Menschen im Leben näher sein wollte.

Nick hatte sie niemals dazu bringen können, ihre Komfortzone zu verlassen. Nadja hatte diese Beziehung immer als »nett« bezeichnet, und im Nachhinein musste Sofie ihr recht geben: Die Sache mit Nick war angenehm gewesen. Nicht mehr.

Seitdem hatte sie sich auf ihre Arbeit konzentriert und war Single geblieben. Zweimal war sie mit jemandem ausgegangen, weil ihre Freundinnen sie dazu überredet hatten, aber sie merkte schnell, dass sie eine Pause von diesem ganzen Beziehungswirrwarr brauchte.

Jetzt, wo die Sonne durch die hohe Glasfront des Flughafens fiel und die Palmen davor in Grün und Gold tauchte, musste sie zugeben, dass sie bei all dem Stress der vergangenen Monate vor allem das Reisen vermisst hatte.

»Sof, da bist du ja!«

Sie drehte sich um und lächelte. Simon sah gut aus. Er wirkte nicht nur erholt und gebräunt, sondern strahlte geradezu. Mit seinen Haaren, die noch einen Hauch dunkler waren als ihre, da ihnen der Kastanienton fehlte; hätte er auch als Vorzeigespanier durchgehen können – wären da nicht seine blauen Augen gewesen. Neben ihm wirkte sie beinahe schon blass, obwohl ihre Haut selbst im Winter niemals richtig weiß wurde – ein Geschenk von Opa Nando.

»Hey! Ich habe gerade gedacht, wie dankbar ich dir bin, dass du mich überredet hast herzukommen«, sagte sie und schlang ihm die Arme um den Hals.

Simon drückte sie an sich, klopfte ihr ein paarmal sanft auf den Rücken und trat dann zurück. »Gut, dass ich nicht auf Bens Angebot eingegangen bin, mit ihm zu wetten, ob du kommst, denn ich hätte verloren.«

Sie wollte protestieren, musste sich dann aber eingestehen, dass sie dasselbe getippt hätte wie er.

Simon drehte sich um, streckte die Hand nach einer jungen Frau aus und zog sie neben sich. »Aber das Wichtigste zuerst: Das ist Tereza«, sagte er, nun auf Spanisch.

Simon war eindeutig bis über beide Ohren verliebt. Sofie fiel es schwer, den Blick von ihrem verträumt dreinblickenden Bruder loszureißen, doch dann wandte sie sich der jungen Frau mit den hüftlangen dunklen Locken zu. »Hallo, ich freu mich. Simon hat dich so oft erwähnt«, sagte sie, ebenfalls in fließendem Spanisch und heilfroh, dass Opa Nando sich zumindest in dieser Hinsicht niemals in Schweigen gehüllt, sondern seinen Enkeln die Sprache seiner Heimat nähergebracht hatte. Vor allem ihr – Simon war weniger enthusiastisch gewesen, was den Sprachunterricht betraf, kam aber gut zurecht, auch wenn er hin und wieder Wörter verwechselte.

Tereza beugte sich vor, fasste Sofie an den Schultern und hauchte ihr einen Kuss auf die Wange. »Über dich musste ich ihm alles aus der Nase ziehen.« Sie schenkte ihm einen gespielt strengen Blick. »Deshalb bin ich froh, dass du mit uns reist und ich dich alles persönlich fragen kann!« Tereza war so zierlich wie Oma Anneliese, versprühte aber noch mehr Energie. Jede Silbe schien von unmerklichem Lachen begleitet. Sie hatte einen entschlossenen Zug um den Mund und riesige Augen in so klarem Grau, dass Sofie auf den ersten Blick glaubte, hindurchsehen zu können. Auf ihrer Stirn sammelten sich unzählige Sommersprossen.

»Vermutlich war mein Bruder zu sehr damit beschäftigt, seine Reisepläne umzuwerfen«, sagte sie und zwinkerte. Tereza sollte nicht glauben, dass sie ihr das vorwarf, denn das tat sie nicht. Im Gegenteil, sie war positiv überrascht.

Simons bisherige Freundinnen waren immer attraktiv gewesen, aber schweigsam oder an nur wenigen Dingen interessiert. Mit den meisten hatten sich Gespräche schwierig gestaltet, da sie sich nicht von ihrem Handy losreißen konnten, und nach maximal zwei, drei Wochen waren sie stets wieder aus Simons Leben verschwunden. Meist sah er mit einem Lächeln darüber hinweg, aber Sofie wusste, dass er manchmal durchaus darunter litt. Auch wenn ihr Bruder keine Probleme hatte, Frauen kennenzulernen, so wünschte er sich mittlerweile doch etwas Dauerhaftes.

»Und das ist gut so!« Terezas Hände flogen in die Luft. »Ich konnte es kaum glauben, als er mir erzählt hat, dass ihr spanische Vorfahren habt, aber noch nie in der Heimat eures Großvaters wart! Es ist so wichtig, die eigenen Wurzeln zu kennen! Ich kann zehn Generationen meiner Familie aufzählen, allesamt aus Puerto Rico, und ich kenne zu jedem meiner Vorfahren Geschichten. Nur deshalb weiß ich doch, wer alles Teil von mir ist.« Liebevoll knuffte sie Simon in die Seite. »Nachdem ich drei Abende auf ihn eingeredet habe, hat er endlich eingesehen, dass es gar keine so schlechte Idee wäre, nach Cielente zu reisen. Und als er dann noch sagte, dass du dich anschließt, war ich sehr froh. Für euch beide!« Ihre Begeisterung strahlte mit der Sonne um die Wette.

Plötzlich schien Sofie das Familientreffen bei Oma Anneliese vor vier Tagen schon Wochen her zu sein.

Während Opa Nando weiterhin wortkarg blieb und eindeutig nicht mit ihren Plänen einverstanden war, hatten ihre Eltern sie befürwortet. Dabei hatte Sofie zumindest mit dem Ratschlag gerechnet, dass sie sich erst einen neuen Job suchen sollte. Doch offenbar war nicht nur Oma Anneliese der Meinung, dass es für sie an der Zeit war, innezuhalten und durchzuatmen.

War sie selbst denn die Einzige, die nie bemerkt hatte, wie sehr sie durchs Leben gerast war, ohne nach rechts und links zu gucken?

Simon schien ihr die Gedanken am Gesicht abzulesen. »Wie hat Opa reagiert, als du ihm erzählt hast, was wir vorhaben?«, fragte er.

»Rat mal.«

»Er war nicht begeistert?«

Sofie schenkte ihm einen Blick, der Antwort genug war. »Ihm passt nicht, dass wir in seiner Vergangenheit wühlen.« Sie zögerte. »Und das ist noch weit untertrieben. Eigentlich war er richtig wütend. So habe ich ihn selten erlebt.«

Simon und Tereza seufzten synchron. »Euer armer Großvater muss hier irgendwas Schreckliches erlebt haben«, sagte Tereza. »Vielleicht könnt ihr ihm eine schöne Erinnerung zurückbringen und die alte damit verdrängen.«

Simon legte ihr einen Arm um die Schultern. »Unser Großvater ist einfach ein sturer Bock. Er hat damals entschieden, dass sein altes Leben keine Rolle mehr spielt, und kann es nicht pusten, wenn jemand an dieser Entscheidung kratzt.«

Jetzt warf Sofie Tereza einen Blick zu. Sie gab ihr Bestes, um ihr Lachen zu verbergen, aber Simons neue Freundin prustete ungeniert los. »Du meinst vermutlich, dass er es nicht *leiden* kann, mein Schatz«, sagte sie und drückte ihm einen Kuss auf die Wange.

»Verdammt«, murmelte er und wurde ein wenig rot, ehe er sein Handy aus der Tasche zog und die Übersetzungs-App öffnete. »Äh, ja, natürlich meinte ich, er kann es nicht leiden.« Er tippte noch einmal und bewegte die Lippen, als er sich die Vokabel einprägte. »Also«, sagte er dann und streckte eine Hand nach Sofies Koffer aus. »Tereza und ich haben einen Mietwagen, bis Cielente sind es nur knapp dreißig Kilometer. Fahren wir!«

Sofie schüttelte den Kopf. »Kleine Planänderung«, sagte sie und blickte in zwei irritierte Gesichter. »Opa hatte ein schlechtes Gewissen wegen seiner unfreundlichen Reaktion, als ich ihm von unserer Spanienreise erzählt habe, also spendiert er uns zwei Zimmer in einem Hotel in Valencia. Es ist bereits gebucht.«

»Das ist ja großartig!« Simon zerrte den Koffer mit so viel Enthusiasmus vorwärts, dass er beinahe umkippte. »Wir sollten ihm öfter ein schlechtes Gewissen machen, dann schaffen wir es vielleicht sogar bis Australien!« Er küsste Tereza so überschwänglich, dass sie ihn lachend abwehrte, gab Sofie einen Wink und hielt mit Riesenschritten auf den Ausgang zu.

4

»Dieses Gebäude hat keine Seele.« Tereza zog die Nase kraus, als sie sich im Schneidersitz auf ihrem Bett niederließ. Sie hatte Sofie die Tür geöffnet, da Simon noch unter der Dusche war.

Sofie war anderer Meinung. Das *Casual del Cine* lag mitten in Valencia und war keiner dieser Giganten, die den Betrachter schon von Weitem erschlugen, sondern ein freundliches Hotel mit einer Sandsteinfassade und Eisenbalkonen, grünen Vorhängen und Blumenkübeln in tiefstem Pink. Hinsichtlich der Inneneinrichtung hatte es sich der Filmwelt verschrieben und jede Etage sowie die Zimmer individuell gestaltet. Über Sofies Bett prangte ein großes Foto aus *Die zauberhafte Welt der Amélie*, während in Simons und Terezas Zimmer Humphrey Bogart und Ingrid Bergman in ihrer berühmten *Casablanca*-Pose auf sie hinabblickten. Die Möbel waren schlicht, aber ebenfalls speziell, es gab bunte Lampen und mit Holzschnitzereien verzierte Nachttische. Durch das einen Spalt geöffnete Fenster drang das Leben herein; Verkehrsgeräusche, Stimmengewirr und die Gitarrenklänge eines Straßenmusikers.

»Findest du?«, fragte sie erstaunt und blickte sich um.

»Ich finde es sehr hübsch. Unser Opa hatte meine Mutter extra gebeten, sich im Internet schlau zu machen, welches

Hotel zu uns passt, und dann versucht, für Simon das Harry-Potter-Zimmer zu buchen. Es war leider schon belegt.«

»Das stimmt, als Hotel ist es sehr schön, also richte eurem Großvater bitte auch meinen Dank aus, *vale*? Ich wollte mich ganz sicher nicht beschweren. Ich meine nur, dass ein Hotel in einer großen Stadt im Vergleich zu einer Pension in einem Dorf keine Seele hat. Es ist für Touristen gebaut und richtet sich nach deren Wünschen, und die Mehrheit möchte nun mal gemütliche Betten, ein großes Frühstücksbüfett und eine zentrale Anbindung an möglichst viele Sehenswürdigkeiten. So lernt man aber nicht das Land kennen und die Art, wie die Menschen in Spanien wohnen.«

»Hast du das denn bisher getan auf deiner Reise? Hotels wie dieses gemieden?«

Tereza nickte. »Ich bin seit zehn Wochen in Europa und habe meist in kleinen Pensionen übernachtet und auf Sofas oder in Gästezimmern von Menschen, die ich im Internet gefunden habe. Valencia ist nach Porto die zweite größere Stadt, in der ich bleibe – und Porto habe ich mir nur angesehen, weil ich vierzehn Tage zuvor deinen Bruder und seine Freunde getroffen habe und mit ihnen zusammen weiterreisen wollte.«

Sofie horchte auf. »Wo habt ihr euch denn eigentlich kennengelernt? Davon hat Simon noch nicht so viel erzählt.«

»In Odemira, im Süden von Portugal. Ich habe jemanden gesucht, der mich mitnimmt Richtung Norden, weil ich selbst nicht Auto fahre.«

»Von Odemira habe ich noch nie gehört.«

»Ich habe dort auf einer Farm Beeren geerntet.« Tereza schob sich eine Locke hinter das Ohr. »Dafür werden gern kleinere Leute eingestellt, da sie sich nicht so stark bücken müssen und dann weniger schnell Rückenschmerzen bekommen. Da war ich gut geeignet. Aber ich bin weitergezogen, als ich genug Geld für die nächste Strecke zusammenhatte. Ich habe mir nicht wie Simon vorher ein bequemes Polster angespart.« Sie verzog das Gesicht, doch das liebevolle Leuchten in ihren Augen war nicht zu übersehen. »Für den Start meiner Reise hatte ich zwar eine kleine Rücklage, aber ich will aus eigener Kraft weiterkommen, wenn ich unterwegs bin, und suche mir immer einen Job. Das gehört für mich einfach dazu. Zu Hause in Fajardo habe ich mit Kindern gearbeitet, als Erzieherin, aber dann …«, sie atmete tief ein, »wollte ich die Welt erleben. Nicht nur sehen, verstehst du? Mit den Leuten reden, rausfinden, was sie mögen oder nicht, woran sie glauben, worauf sie hoffen. Und das kann ich nur, wenn ich bei ihnen lebe. Nicht in einem Hotelzimmer, wo alle freundlich zu mir sind, weil das der Job nun mal verlangt.«

Sofie ließ sich in einen Sessel fallen. Sie begriff, worum es Tereza ging. »Ich kann noch immer nicht glauben, dass du meinen Bruder damit angesteckt hast. Simon hat lange für diesen Trip gespart und wollte einfach eine gute Zeit ohne Sorgen oder Termine erleben. Arbeit war vermutlich das Letzte, woran er gedacht hat.«

Tereza zog die Unterlippe zwischen die Zähne. »Ich habe mein Bestes getan, um ihn nicht zu überreden, seine Pläne zu ändern, weil ich nicht wollte, dass er, Ben und Lukas alles wegen mir umwerfen. Sie haben mir ja erzählt, wie lange sie darauf gespart haben. Zuerst sind wir zu viert weitergezogen, parallel zur Küste gewandert und geblieben, wenn es uns irgendwo gefiel. Ich habe mich ziemlich schnell in deinen Bruder verguckt. So bin ich eigentlich gar nicht, aber das Leben zeigt einem ganz gern, dass es das Sagen hat.« Sie schielte zur Badezimmertür, hinter der gerade die Dusche abgestellt wurde. »Dann hat Simon mir von eurem Großvater erzählt, von Cielente. Wir haben lange darüber geredet und entschieden, gemeinsam hinzufahren. Benny und Lukas wollten lieber weiter nach Madrid oder Barcelona. Wir haben ausgemacht, dass wir Kontakt halten und sehen, wann wir uns wo wiedertreffen.«

»Das klingt gut.«

Die Badezimmertür öffnete sich. »Was klingt gut?« Simon stand barfuß, in Shorts und Shirt und mit verstrubbelten Haaren in der Tür.

Sofie hob ihr Handy. »Dass wir ein Gruppenfoto machen und uns damit bei Opa Nando für den Aufenthalt hier bedanken.«

»Gute Idee!« Er nahm Anlauf, sprang zu Tereza aufs Bett, zog sie an sich und streckte eine Hand nach Sofie aus. »Also dann. Bitte alle lächeln für Opa Nando, den edlen Donut!«

»Den edlen *Spender*!«, riefen Sofie und Tereza, ehe sie für das Foto zusammenrückten.

Nach knapp einer Stunde hatte sich Sofie in Valencia verliebt. Sie besichtigten zunächst einige der historischen Sehenswürdigkeiten wie die Torres de Serranos – das zweitürmige ehemalige Stadttor und bekannteste Wahrzeichen Valencias – und die eindrucksvolle Kathedrale, deren Eingangsportal sie an die Cathedral Church of St. Andrew in der englischen Stadt Wells erinnerte, wo Nick ihr den Heiratsantrag gemacht hatte. Etwas, das sich heute so weit weg und unpersönlich anfühlte, als hätte sie es bloß in einem Buch gelesen.

Voller Begeisterung studierte sie die gotischen Elemente und Detailvielfalt der Außenfassade. Sie schoss Fotos, kam ins Gespräch mit einer Besucherin, die ihr die Namen sämtlicher Glocken aufzählte, und kletterte mit Simon und Tereza über zweihundert Stufen hoch in den Turm, von wo aus man eine unglaubliche Aussicht hatte.

Während sich die beiden nach kurzer Zeit wieder an den Abstieg machten, blieb Sofie noch oben und bestaunte den mit Palmen gesäumten Platz weit unter sich sowie die Mischung aus modernen und alten Gebäuden, in der immer wieder fröhliche Fassaden in Gelb oder Orange aufblitzten. In der Ferne zeigten sich die verschleierten Umrisse einer Hügelkette.

Sie atmete tief durch und lauschte den Klängen der Stadt in dem merkwürdigen Gefühl, Valencia zu beobachten und gleichzeitig Teil davon zu sein. Sie fragte sich, ob Opa Nando irgendwann auch all diese Stufen hochgestiegen war, um bei dem Anblick tiefe Ruhe und Zuneigung zu dieser Stadt zu empfinden, die mit so vielen Geschichten und Möglichkeiten aufwartete.

Zwei Doppeldeckerbusse hielten am Plaza de la Reina und entließen Menschentrauben, die sich rasch zerstreuten. Doch das hektische Treiben fand nicht den Weg nach hier oben. Sämtliche in den Straßen und auf den Plätzen Valencias erzeugten Geräusche wurden durch den Abstand gedämpft und fügten sich in die Kulisse ein, anstatt sie zu dominieren.

Sofie schloss die Augen und hielt das Gesicht in die Sonne. Vielleicht sollte sie sich zumindest teilweise ein Beispiel an Tereza nehmen und nur die nächste Etappe planen. Sich auf das besinnen, was die kommenden Stunden oder allerhöchstens dieser Tag bringen konnte. Natürlich stimmte es nicht, dass die Welt weit weg war, bloß weil man von hoch oben auf sie hinabblickte. Man fühlte sich ihr nur auf andere Weise zugehörig, bekam eine neue Sichtweise auf Aspekte des Lebens, auf Erlebnisse und Entscheidungen. Ein erwartungsvolles Kribbeln machte sich in Sofies Bauch breit, und auf einmal konnte sie es kaum erwarten, sich in dieser herrlichen Stadt weiter umzusehen.

War sie etwa schon auf dem besten Weg, um den Abstand zu finden, zu dem ihr alle geraten hatten?

Einer Eingebung folgend schoss sie ein Foto des Panoramas und schickte es mit einer kurzen Nachricht an Opa Nando.

Es stimmt, Valencia ist wunderschön.
Danke für dieses Erlebnis und liebe
Grüße.

Es dauerte keine fünf Minuten, bis er antwortete – was bedeutete, dass er ihre Nachricht sofort gelesen hatte. Ihr Opa brauchte lange, um auf seinem Handy zu tippen, wobei er ständig vor sich hinmurmelte und fluchte, wenn er die falschen Buchstaben traf.

Valencia hat viel zu bieten. Die Arena,
den Jardín del Turia. Seht euch da um,
dann fahrt zum Mittelmeer. Platja de
Pinedo. Bleibt dort.

Sie lächelte über seine Art zu schreiben, die beinahe wie ein Befehl klang. Ihre Entscheidung herzukommen, hatte wohl auch bei ihm etwas verändert – früher hätte er ihr niemals Reisetipps gegeben, wenn es um einen Ort in Spanien ging.

Nachdem sie wieder unten angelangt war, wo sie ihren Bruder und Tereza in einer innigen Umarmung vorfand, ließen sie sich so lange treiben, bis der Hunger sie in ein Restaurant in einer weniger belebten Gegend führte. Sie bestellten Cocas – Teigfladen, die an Pizza erinnerten, und mit einer Mischung aus Thunfisch, Zwiebeln und Pinienkernen gefüllt waren. Zu Sofies Erstaunen setzte die Dämmerung ein, als sie gerade die leeren Teller von sich schoben. Sie hatte nicht bemerkt, wie die Zeit verflogen war! Wieder informierte sie der Signalton ihres Handys darüber, dass eine Nachricht eingegangen war.

»Die ist auch von Opa Nando«, sagte sie und konnte ihr Erstaunen nicht verbergen, denn er nutzte Textnachrichten normalerweise nur, wenn es sein musste, und hatte in seinem gesamten Leben höchstens einige Dutzend verschickt. Rasch überflog sie die Zeilen. »Weitere Tipps für unseren Aufenthalt. Wir sollen uns die Ciutat de les Arts i les Ciències ansehen.«

»Die Stadt der Künste und Wissenschaften?« Simons Stimme kiekste, so skeptisch war er. »Wetten, dass Opa noch nie in seinem Leben dort war? Ich hab Fotos davon gesehen, das ist ihm doch viel zu futuristisch. Ehrlich, Sof, ich habe das Gefühl, dass er uns einfach alles schickt, was ihm einfällt. Vermutlich kopiert er einen Teil aus dem Internet.«

Der Gedanke war ihr auch schon gekommen, und jede Nachricht überzeugte sie mehr davon, dass Opa Nando sein Möglichstes tat, damit sie in Valencia blieben. Zwei Nächte im Hotel hatte er ihnen spendiert, aber wenn sie sämtliche

Orte aufsuchten, die er vorschlug, konnten sie locker eine Woche daraus machen.

»Ich glaube, das ist seine Art, um uns von seiner Vergangenheit fernzuhalten«, sagte sie leise. »Warum auch immer, er will sich weder an Cielente erinnern, noch darüber reden, deswegen versucht er, uns abzulenken.«

»Wir sollen also auf keinen Fall hinfahren«, bemerkte Tereza nachdenklich und fischte einen Eiswürfel aus ihrem leeren Glas. »Was ist denn damals bloß so Schreckliches passiert, dass dieses Dorf ihm solche Angst macht?«

Sofie musterte die anderen zwei nachdenklich. »Ich bin dafür, dass wir noch einen oder zwei Tage in Valencia bleiben. Opa hat ja nicht gelogen, als er sagte, dass es hier viel zu sehen gibt, und ich würde wirklich gern zum Strand fahren. Danach brechen wir auf nach Cielente, aber ich werde ihm nichts davon sagen und auch keine Fotos schicken.« Kurz regte sich in ihr das schlechte Gewissen. Sie wollte ihren Großvater nicht belügen, aber mittlerweile hatte seine Geheimniskrämerei Cielente in einen Ort verwandelt, dessen magnetischer Anziehungskraft sie sich kaum entziehen konnte.

»Du willst ihm verschweigen, dass wir seine alte Heimat besuchen?« Simon schien nicht überzeugt.

Sie zögerte. »Vorerst. Zumindest will ich es ihm nicht per Handy mitteilen, sondern wenn die Umstände passen. Wenn er gute Laune hat oder Oma dabei ist. Die kann ihn zumindest beruhigen, wenn er sich aufregt oder die Erinnerungen ihn traurig machen.«

Ihr Bruder dachte darüber nach, dann nickte er. »Gute Idee. Was denkst du?« Er wandte sich Tereza zu und pflückte ihr eine Locke von der Wange.

Sie hielt seine Hand fest und hauchte einen Kuss darauf. »*Vale*. Wie kann ich Nein dazu sagen, noch ein bisschen länger hier am Meer zu bleiben? Aber danach suchen wir uns was in der Heimat eurer Vorfahren. Eine schöne Unterkunft. Und einen Job.«

»Abgemacht.«

Sofies Handy meldete eine neue Nachricht, gerade als sie ihren Koffer in die Hotellobby rollte und neben einem alten Filmprojektor abstellte. Opa Nando hatte sie während ihres Aufenthalts fast schon mit Tipps bombardiert, wobei die letzten lediglich aus Schlagworten und Namen von Cafés, Restaurants oder winzigen Museen bestanden hatten. Ihm gingen eindeutig die Ideen aus, aber er gab nicht auf, und Sofies Verdacht erhärtete sich immer mehr: Er hoffte darauf, sie lange genug in Valencia halten zu können, bis ihr Pflichtgefühl sie zurück nach Deutschland trieb.

Heute war sie früh auf den Beinen gewesen und hatte die Zeit genutzt, um im Internet mehr über Cielente zu erfahren. Natürlich hatte sie bereits vor ihrem Flug nach Informationen gesucht, aber kaum etwas herausgefunden, und das hatte sich bis jetzt nicht geändert. Viel gab es dort nicht – ganz sicher war es kein Dorf, das Touristen anlockte. Die Bewohner sowie die Menschen in der Umgebung lebten vorrangig vom Obstanbau; meist Orangen und Mandarinen. Sofie war erstaunt, wie viele Sorten es gab, und letztlich auf eine Erntetabelle gestoßen – die Simon und Tereza allerdings nicht begeistern würde.

Wie aufs Stichwort hörte sie Terezas Stimme. Sie sprach noch schneller als sonst und schien aufgeregt zu sein. Als sie neben Simon am Treppenabsatz auftauchte, hatte sie die dunklen Brauen zusammengezogen.

»Guten Morgen«, sagte Sofie und winkte ihr zu. »Ist alles in Ordnung?«

Tereza trat zu ihr und drückte sie zur Begrüßung kurz an sich. Selbst ihre knallrote Bluse schien deprimiert herabzuhängen. »Wir haben uns mit Mirela unterhalten, dem Zimmermädchen. Ihr Onkel besitzt eine Orangenfarm, leider nicht in der Nähe.«

Sofie ahnte, worauf sie hinauswollte. »Und sie hat euch erzählt, dass die Orangenernte bereits seit letztem Herbst in vollem Gange ist und bald zu Ende sein wird.«

»Woher weißt du das?«

»Ich hab recherchiert.« Das hatten die beiden offenbar versäumt. Bei Simon erstaunte sie das nicht; ihr Bruder lebte, selbst wenn er nicht gerade eine Auszeit nahm, oft in den Tag hinein und kam damit überraschenderweise in den meisten Fällen gut zurecht. Tereza kannte sie noch zu wenig, aber auch wenn sie organisierter und zielgerichteter wirkte als Simon, hatte sie diesen Punkt offenbar in ihrer Planung übersehen. Oder sie war schlicht zu spontan und begeistert von der Idee gewesen, die Route zugunsten von Simons Vergangenheit zu ändern.

Tereza starrte zur Decke, als würde sie dort eine Lösung finden. »Das ist alles deine Schuld«, sagte sie zu Simon. »Normalerweise informiere ich mich über solche Dinge, aber du hast mich abgelenkt mit … dir.« Ihre Hand beschrieb einen Kreis.

»Das tut mir leid.« Er klang alles andere als schuldbewusst. »Ich verspreche, mich zu bessern. Aber erst mal guten Morgen, Schwesterchen«. Er überlegte kurz. »Wir fahren trotzdem, oder?«

»Natürlich«, sagte Tereza, ehe Sofie auch nur den Mund öffnen konnte. »Zur Not schlagen wir uns mit Plan B durch.

Meine Karten«, fügte sie auf Simons verwirrten Blick hin an, wühlte in ihrer Umhängetasche und zog ein dickes Bündel hervor, um das ein breites Seidenband geschlungen war. »Hier.« Sie reichte es Sofie.

Die knotete es auf. Die oberste Karte zeigte eine Frau mit schwarzen Zöpfen in einem langen roten Umhang. Sie goss Wasser aus einem Krug in eine Art Bassin, während hinter ihr die Sterne am Nachthimmel leuchteten. »Der Stern«, las sie die Zeile darunter und betrachtete das nächste Motiv. »Ist das ein Tarotdeck?«

Tereza nickte. »Ich lege die Karten schon seit Jahren. Wenn alle Stricke reißen, dann kommen wir damit vielleicht über die Runden.«

»Wenn alle Stricke reißen«, erklärte Sofie entschlossen und band den Stapel wieder zusammen, »dann leben wir von unserem Ersparten. Immerhin wollen wir Opas Heimatort kennenlernen, selbst wenn es dort für euch nichts zu tun gibt. Außerdem sagt das Internet, dass die späten Orangensorten noch bis Mitte nächsten Monats geerntet werden, ehe es im Herbst mit Mandarinen weitergeht. Es besteht also die Chance, dass ihr trotz allem etwas findet, und daher schlage ich vor, dass wir erst mal frühstücken und uns dann auf den Weg machen.«

»Einverstanden«, sagte Simon, nachdem Tereza ihm zugenickt hatte. »Vor allem das Frühstück ist eine großartige Idee. Ich verhungere nämlich gerade.«

»Wann ist das denn mal anders?«, fragte Sofie, erntete ein zutiefst entrüstetes Gesicht und marschierte dann leise lachend voran in den Frühstücksraum.

Zehn Minuten lang steckten sie die Köpfe über Sofies Handy zusammen. Bei Croissants und riesigen Tassen mit Milchkaffee betrachteten sie zunächst die Fotos, die sie während ihres Aufenthalts geschossen hatte, und sie wählte eine Handvoll aus, die sie in den Familienchat stellte sowie an Nadja und zwei weitere Freunde schickte. Keine zehn Minuten später kam eine Antwort von Opa Nando mit neuen Tipps – dieses Mal konzentrierten sie sich auf dem Parque Natural de l'Albufera, einen Naturpark südlich von Valencia.

»Spaniens größten See darf man auf keinen Fall verpassen, sonst hat man die Region nicht wirklich gesehen, geschweige denn ihren Zauber erlebt«, las sie laut vor. »Okay, das hat er hundertprozentig irgendwo kopiert. Das klingt absolut nicht nach ihm.«

Simon stopfte sich den Rest seines dritten Croissants in den Mund. »Jetzt versucht er also, uns noch weiter wegzulocken. Pfiffig.«

Cielente lag ungefähr dreißig Kilometer nördlich von Valencia.

»Wir können das ja im Hinterkopf behalten«, sagte Sofie und lehnte sich zurück. »Immerhin wissen wir nicht, was uns in Cielente erwartet. Online habe ich nur eine einzige Pension gefunden, aber auf der Website gab es keine Möglichkeit zur Buchung, und unter der Telefonnummer hab ich niemanden erreicht. Gut möglich, dass sie voll belegt ist.«

»Oder sie existiert nicht mehr«, nuschelte Simon, den Mund voller Croissant.

Sofie nickte. »Ich schlage vor, wir fahren hin, aber ohne großartige Pläne und Erwartungen. Wenn sich was ergibt, gut; wenn nicht, sehen wir uns eben einfach nur um. Vielleicht treffen wir sogar jemanden, der Opa Nando von früher kennt. Wenn gar nichts geht, ziehen wir weiter. Ich habe nämlich keine Lust, im Auto oder draußen zu schlafen.«

Simon legte seine Serviette zusammen. »Keine konkreten Pläne und keine Erwartungen? Eine Fahrt ins Blaue hinein, ohne auch nur eine Unterkunft gebucht zu haben? Was haben sie dir angetan, Sofie? War es eine Gehirnwäsche? Geht's dir gut?« Er beugte sich vor und versuchte, ihr eine Hand auf die Stirn zu legen, die sie lachend wegschlug.

Tereza trank ihren Orangensaft aus und klatschte in die Hände. »Einverstanden! Also, worauf warten wir noch? Checken wir aus und *vamos*!«

5

Kaum hatten sie Valencia hinter sich gelassen, breitete sich die überwiegend aus großen Feldern und Grasflächen bestehende Landschaft zu beiden Seiten der Straße aus. Dazwischen ragten immer wieder einzelne Palmen in die Höhe. Sie entdeckten alte Steinmauern, die hervorragend zu den von Kiefern oder Olivenbäumen eingerahmten sandfarbenen Häusern passten. Manche waren halb verfallen, andere so hübsch und pittoresk, dass sich Sofie vorstellte, wie es wäre, dort zu sitzen, einen Kaffee und ein frisch gebackenes Stück Orangenkuchen in der Hand, während der Blick über die endlos scheinende Landschaft schweifte.

Am blauen Himmel faserten Kondensstreifen aus, und die fröhliche Musik aus dem Radio sowie der spärliche Verkehr brachten Simon dazu, den Fuß auf dem Gaspedal des Mietwagens zu lassen.

Es dauerte nicht lange, bis die ersten Obstplantagen in Sicht kamen: schier endlose, gleichförmige Reihen niedriger Bäume, in denen es immer wieder farbig aufblitzte – unzählige Früchte tupften die Szenerie mit fröhlichem Orange und leuchteten im Sonnenschein. Zwischen den Stämmen waren Menschen unterwegs; schmale Schemen in all dem Grün.

»Seht mal! Da ist noch viel Obst übrig, das gepflückt werden will«, sagte Tereza hoffnungsvoll. »Wir werden Arbeit finden, Simon. Und du, Sofie«, sie blickte über die Schulter, »kannst wie geplant Urlaub machen und dich entspannen – oder dich bestimmt auch in irgendeiner Küche austoben und all die Orangen verarbeiten, die wir dir bringen werden. Simon hat mir erzählt, dass er der Einzige aus eurer Familie ist, der nicht gern in der Küche steht.«

»Hey«, rief Simon und versuchte vergeblich, empört zu klingen. »Ich mache ein super Rührei!«

Sofies Blick begegnete dem von Tereza, und sie zwinkerte. »Das stimmt, auch wenn er manchmal etwas zu großzügig mit dem Salz umgeht. Aber du hast recht, ich habe schon als kleines Mädchen gern geholfen, wenn es um Obst ging. Das liegt mir wohl im Blut. Unsere Oma Anneliese hat so ziemlich alles eingekocht, was sie in die Finger bekam. Opa Nando hat sich dagegen nur selten an den Herd gestellt, aber wenn, dann hatte es immer was mit Orangen zu tun. Kuchen, Salat oder auch seine spezielle Marmelade.«

»So hat er seine Sehnsucht nach seiner Heimat ausge-drückt«, sagte Tereza.

Sofie dachte darüber nach. Es erschien ihr nicht abwegig. Schließlich war es unmöglich, dass man einfach vergaß, wo-her man stammte, und all die Erinnerungen aus der Kindheit und Jugend so tief vergrub, dass sie geradezu verschwanden. Auf einmal machte diese Vorstellung sie traurig. Warum war sie nicht hartnäckiger gewesen, wenn sie ihren Opa über seine alte Heimat ausgefragt hatte? Andererseits – er wusste nur zu gut, wie man ein Gespräch in eine andere Richtung lenkte.

»Möglich«, murmelte sie. »Aber ja, mal wieder ohne Zeit-druck in einer Küche einen Kuchen mit frischem Obst zu backen, ist eine himmlische Vorstellung.« Das war es wirklich: Stunden voller Wärme und Aromen, in denen sie etwas Neues ausprobierte oder sich eines ihrer Stammrezepte vornahm, weil sich Besuch angekündigt hatte oder sie bei jemandem eingeladen war. Vor ihrem inneren Auge erschienen ein weitläufiger Raum in warmen Terracottafarben, ein alter, auf Hochglanz polierter Herd und eine Kücheninsel, auf der Körbe voller Zitrusfrüchte standen. Daneben ein dickes Buch mit Rezepten aus der Region, in dem sie ausgiebig blättern konnte, ehe sie sich an die Arbeit machte. Schon kribbelte es ihr in den Fingern. Ob die Menschen hier ihre Orangenmarmelade auch mit Likör versetzten, so wie Opa Nando?

Sie dachte an die Gläser mit Eingekochtem, die früher bei ihren Großeltern die Regale in der Abstellkammer gefüllt hatten. Oma Anneliese hatte streng darauf geachtet, niemals etwas zu vergeuden. Als kleines Mädchen hatte Sofie an ihrer Seite Obst geschnitten, püriert und abgefüllt. Manchmal hatte sich Opa Nando zu ihnen gesellt und ihr gezeigt, worauf sie achten musste, wenn es um die Qualität der Früchte ging. Sie hatte die Augen geschlossen, und er hatte sie an Orangen, Äpfeln und Birnen schnuppern lassen und gefragt, woran der Duft sie erinnerte. Anfangs war es ein Spiel für sie gewesen, und sie hatte mit *Prinzessinnenobst* oder *Zauberglitter* geantwortet, doch mit der Zeit hatte sie gelernt, auf die feinen Nuancen zu achten und darauf, dass es mehr gab als nur süß und säuerlich.

»Da vorn.« Terezas Stimme riss sie aus ihren Gedanken.

Simon war in einen Kreisverkehr gefahren, und an der Ausfahrt stand es auf einem der Schilder.

Cielente.

Simon setzte den Blinker und bog auf eine weitere kerzengerade Straße ab. Die Gegend war noch immer weitgehend flach, wenngleich sie hier deutlich lebendiger wirkte: Reihen oder Gruppen von Obstbäumen, Palmen, Pinien und Tamarisken leuchteten in der Sonne, und in der Ferne zeigten sich Erhebungen in schwachem Blaugrau. Nach einer Weile tauchte ein größeres Gebäude weit vor ihnen auf. Zunächst glaubte Sofie, dass es sich um eine Lagerhalle oder ein Industriegebiet handelte, begriff dann aber, dass es eine Häuseransammlung war. Das musste das Dorf sein! Kaum hatte sie es gedacht, entdeckte sie ein weiteres Schild mit dem Ortsnamen sowie mehrere kleinere aus Holz gefertigte Pfeile, die neben der Straße in die Erde gerammt und von Hand beschriftet waren.

Naranjas del Blanca. Doña Carmen – Frutas cítricas.

Sie setzte sich aufrecht, ließ das Fenster ein Stück runter, hielt die Nase in den Fahrtwind und genoss das Bild aus Grün und Orange. Bildete sie es sich nur ein, oder roch die Luft hier frischer?

Etwas regte sich tief in ihrem Bauch: eine Mischung aus Neugier und Aufregung. Sie stellte sich vor, wie Opa Nando auf dieser Straße gestanden und die Häuser und Obstfelder betrachtet hatte, so wie sie gerade. Vielleicht war er hier mit dem Rad entlanggefahren oder einem Motorroller oder hatte in einem Auto gesessen, gemeinsam mit seinen Eltern oder Freunden. Einer Freundin.

Plötzlich wurde ihr bewusst, wie viele Facetten sein Leben gehabt haben mochte – und dass sie keine einzige davon kannten! Zu gerne hätte sie einen Blick in die Vergangenheit geworfen, um festzustellen, ob der Ort damals bereits so ausgesehen hatten wie heute. Die Chancen standen gut, denn die Gegend um Cielente wirkte nicht, als hätte sie sich in den vergangenen Jahrzehnten groß verändert.

Sie ließen die Obstplantage hinter sich. Die Bäume wichen kleineren Höfen sowie Einfamilienhäusern, und dann, nach einem letzten, besonders kleinen Kreisverkehr, waren sie endlich am Ziel.

Cielente war nicht groß – die jüngste Angabe, die Sofie im Internet gefunden hatte, stammte aus dem Jahr 2011 und belief sich auf knapp achthundert Einwohner. Je näher sie dem Ortszentrum kamen, desto mehr wich das Grün den Gebäuden, ehe es völlig davon verschluckt wurde. Obwohl an den alten Wänden und Mauern der Putz bröckelte und zahlreiche Türen und Fensterrahmen einen Neuanstrich vertragen hätten, besaß das Dorf einen gewissen Charme; Straßen und Fassaden waren sauber, und auf schmalen gusseisernen Balkonen leuchteten Topfblumen.

Sie passierten zwei blinde Schaufenster, die halb mit längst unlesbaren Plakaten und Papier zugeklebt waren, und eine Ruine, die mitten in der Häuserreihe zusammengebrochen war. Zwei junge Hunde tobten herum, erstarrten aber und hoben die Köpfe, als das Auto vorbeifuhr.

Sofie sah von einer Seite zur anderen. »Wir wissen nicht mal, in welchem Haus Opa damals gewohnt hat«, sagte sie leise. »Dieser verdammte Dickkopf.«

»Nach Tourismus sieht es hier wirklich nicht aus.« Auch Simon hatte das Fenster heruntergelassen. Das Motorengeräusch hallte in der Straße wider. »Es scheint ja nicht mal einen Supermarkt zu geben. Wo kaufen die Menschen denn ein? Und was machen Besucher, wenn sie sich hierher verirren?«

»Warten wir es ab«, sagte Sofie. »Noch haben wir das Zentrum nicht erreicht.« Insgeheim stimmte sie ihm zu. Vermutlich gab es allerhöchstens einen winzigen Laden, oder die Einwohner bezogen ihre Lebensmittel von den umliegenden Farmen. Sie glaubte immer weniger daran, dass sie ein, geschweige denn zwei Zimmer für die Nacht fanden. »Dort«, sagte sie und deutete auf ein Schild, auf dem der Hinweis *Centro* kaum noch zu entziffern war.

Simon bog ab, ohne den Blinker zu setzen, was aber keine Rolle spielte, da außer den Hunden niemand in der Nähe war. Wo steckten nur alle? Es war kurz vor zehn am Vormittag, da war doch normalerweise der eine oder andere Einheimische unterwegs.

Die Straße wurde schmaler, sodass zwei Autos nur noch knapp nebeneinander gepasst hätten, und Simon drosselte das Tempo. Sie wurden durchgeschüttelt, als der Untergrund in Kopfsteinpflaster überging. Vor manchen Häusern standen unregelmäßige Sitzbänke aus Stein, die aus denselben Quadern gehauen zu sein schienen wie die Fassaden. Wetter und Zeit hatten an ihnen genagt und eine sogar in der Mitte durchbrechen lassen. Die Haustüren waren aus Holz, ebenso die überwiegend geschlossenen Fensterläden. An Balkonen hing reglos die Wäsche, da der Wind nur schwer in die engen Gassen fand. Die Sonne hingegen hatte es geschafft, sie beleuchtete die obere Hälfte einer Häuserreihe und verlieh ihr etwas Einladendes.

Die Straße beschrieb jetzt eine sanfte Kurve und führte auf einen Torbogen zu, der in einen Turm mit kaum erhaltenen Zinnen eingelassen war. Dahinter lag ein Platz, und sie bemerkten eine Kirche sowie ein größeres Gebäude mit dem hier so typischen flachen Spitzdach. Dort herrschte endlich das Leben, nach dem sie Ausschau gehalten hatten: Menschen waren unterwegs oder standen in kleinen Gruppen zusammen, man hörte Stimmengewirr, Kindergeschrei und Hundegebell. Irgendwo schlug ein Glöckchen, vielleicht eine Fahrradklingel, und ein Mann zog einen Holzkarren über die Straße.

»Das sieht nach einem Markt aus«, sagte Sofie. »Lasst uns einen Parkplatz suchen. Wir können Cielente ja locker zu Fuß erkunden.«

Simon nickte und bog in eine der Seitenstraßen ein, die noch schmaler waren und wo auf einer Seite Fahrzeuge parkten. Aber sie hatten Glück, und es dauerte nicht lange, bis sie eine Lücke fanden.

Sofie stieg aus, lockerte ihre Beine, streckte sich und legte den Kopf in den Nacken. Die Luft hier im Schatten war angenehm und nicht zu warm; trotzdem war sie froh, sich heute für einen knielangen Leinenrock, eine passende Bluse und leichte Sneaker entschieden zu haben. Ihr beinahe schulterlanges Haar hatte sie zwar hochgesteckt, aber ein Teil der Strähnen war der Spange entkommen.

Ihr Blick fiel auf die Mauer des Hauses neben sich. An manchen Stellen glänzte der Stein, als hätten Wind und Regen ihn glatt poliert. Nachdenklich fuhr sie mit den Fingerspitzen über die Oberfläche, die der Sonne mit energischer Kühle trotzte, fand hauchfeine Risse und fragte sich einmal mehr, ob Opa Nando vor vielen Jahren hier gestanden und gewartet hatte, auf Freunde oder seine Eltern, auf andere Verwandte oder jemanden, für den er arbeitete, dem er die Zeitung brachte oder einkaufte.

Vor ihrem inneren Auge entstand das Bild einer Straße, die weit in die Zeit zurückreichte – bis in die Fünfzigerjahre. Menschen unterhielten sich im Schatten ihrer Häuser; Frauen in dunklen Kleidern, die Köpfe gegen die Hitze der Sonne mit Tüchern bedeckt. Die eine oder andere hatte ein

Kind an der Hand oder trug einen Krug zum Brunnen am Marktplatz, weil noch nicht alle Häuser ans Wassernetz angeschlossen waren. Männer in Hemden und mit Strohhüten machten sich auf den Weg zur Arbeit auf den umliegenden Farmen – meist auf Fahrrädern, die wenigsten mit einem Auto. Jemand führte einen Esel durch die Gassen, auf dessen Rücken riesige Körbe mit Zitrusfrüchten geschnallt waren. Von irgendwoher schallte eine Melodie. Kein Radio, sondern Frauen und Kinder, die miteinander sangen.

Sofie zog die Hand zurück, rieb die Finger aneinander, blickte sich zu Tereza und Simon um, die sich Zeit für einen langen Kuss nahmen – und lächelte in sich hinein. Sie mochte Tereza; sie war fröhlich, offen und hatte mit Simon bereits diese Vertrautheit entwickelt, die verriet, wie tief ihre Beziehung gehen konnte, wenn beide es wollten und zuließen. Sie wünschte es ihrem Bruder, und ein bislang verborgener Teil von ihr war wie ein Echo dieser Gedanken und wünschte sich so etwas auch für sich selbst.

Sie schob diesen Anflug von Sehnsucht nach Zweisamkeit beiseite. So wie ihr Leben derzeit aussah, war eine neue Beziehung das Letzte, wonach sie Ausschau halten würde – schließlich gab es genügend andere Dinge, um die sie sich zuerst kümmern musste.

Sie bogen ab und erreichten nach kurzer Zeit den Torbogen. Von Nahem war deutlich zu erkennen, dass er seine besten Tage hinter sich hatte. Einige breite und unzählige kleine Risse zogen sich durch die Steine. Moos hatte sich darin festgeklammert, und an einer Stelle hatte jemand eine zerdrückte Getränkedose hineingeschoben. Abgesehen davon waren die Straßen von Cielente recht sauber; kein Müll, keine Graffitis, nicht einmal ein Hundehaufen, obwohl gerade ein weiterer Vierbeiner an ihnen vorbei in Richtung Markt rannte.

· Hinter ihnen hupte es, sie drückten sich eng an die Hauswand, und ein alter Lieferwagen holperte vorbei. Auf der offenen Ladefläche hüpften Körbe mit Obst und Gemüse, unter anderem Orangen – was dafür sorgte, dass Sofies Herz mithüpfte. Sie dachte daran, was Tereza gesagt hatte: dass sie sich in einer Küche austoben sollte. Jetzt, mit dem nötigen Abstand zum Alltag und der Urlaubsstimmung, in die sich ein Hauch Abenteuer mischte, bekam sie immer mehr Lust darauf.

»Du hast recht, es ist wirklich ein Markt!«, rief Tereza und deutete nach links. Jetzt konnten sie den großen Platz komplett überblicken. Er wurde an drei Seiten von zweigeschossigen, lang gezogenen Gebäuden eingefasst, die farblich nahtlos in das Kopfsteinpflaster übergingen. Eines war mit vier Flaggen geschmückt, die träge nach unten hingen – das musste das Rathaus von Cielente sein. Ein Dutzend Verkaufsstände brachte noch mehr Farbe in die Kulisse. Gestreifte Baldachine beschatteten das Angebot in den Kisten und auf den Tischen. Kinder rannten umher, zerrten an den Kleidern der Erwachsenen oder spielten Fangen. Die Hunde von zuvor drückten sich mit den Nasen auf der Straße durch die Menschenbeine, wohl in der Hoffnung auf einen Leckerbissen, den jemand fallen gelassen hatte. Auf einem Brunnen an der Seite saß eine Katze, beobachtete das Treiben mit überlegener Miene und hob eine Pfote, um sich zu putzen.

Sofie war begeistert. »Los, sehen wir uns das an.«

»Warte!« Tereza hielt sie am Ärmel fest und zeigte in Richtung Dorfkirche an der Kopfseite des Platzes. »Lass uns erst dort einen Blick reinwerfen. Mit dem Zentrum würde ich gern noch etwas warten. Du weißt schon, um die Seele von Cielente zu spüren, mit der euer Opa verbunden ist. Und damit auch ihr.«

Simons Gesichtsausdruck bewies, dass er eindeutig keine Ahnung hatte, was sie damit sagen wollte, aber er war natürlich einverstanden.

Sofie wies auf die fröhliche Szenerie. »Aber ist das für dich nicht die Seele des Ortes?«

»Das«, sagte Tereza, legte ihr einen Arm um die Taille und zog sie mit sich, »ist das Herz.«

Die Kirche war nicht sehr groß und bestand aus einem wuchtigen Hauptgebäude und einem hohen, schlanken Turm, in den auf jeder Seite vier Rundbögen eingelassen waren. Ihr fehlten die verspielten Elemente, die Sofie so oft an Bauwerken und den Kirchen in Valencia gefunden hatten. Auf dem Dach war ein großes Kreuz befestigt. Das hölzerne, von Laternen flankierte Eingangsportal bestand aus zwei Flügeltüren und war wohl vor nicht allzu langer Zeit dunkelblau gestrichen worden.

Tereza drückte die schwere Klinke nach unten, aber das Tor öffnete sich nicht. »Verschlossen«, sagte sie mit leiser Enttäuschung in der Stimme und versuchte es noch einmal. »Schade. Kirchen sagen immer so viel über Orte aus.«

»Wir bleiben ja eine Weile, bis dahin ist sie sicher mal offen.« Simon küsste sie auf den Scheitel. »Also, dann auf zum Markt, Mädels!«

Je näher sie den Ständen kamen, desto mehr nahmen die frischen, fruchtigen Aromen in der Luft zu. Manche Einwohner starrten ihnen entgegen, einige steckten die Köpfe zusammen und tuschelten. Eine Frau hielt inne, eine Mandarine in der Hand wie ein Begrüßungsgeschenk, ehe sie nickte und sich wieder der Kundin an ihrem Stand zuwandte. Allzu oft ließen sich hier sicher keine Fremden blicken.

Sofie verlangsamte ihr Tempo, um jedes Detail in sich aufzunehmen. Genauso hatte sie sich den Markt in einem Dorf wie Cielente vorgestellt. Das Angebot war schnörkellos; es gab keine Dekoration und auch keine Cremes oder billige Plastik- oder Wegwerfartikel, so wie sie es von den Wochenmärkten in Osnabrück kannte. Am ersten Stand waren Einmachgläser aufgereiht, schlicht mit roten Gummiringen: Kompott, Obst in Stücken, Eintöpfe sowie, in kleineren Gläsern, Marmeladen.

Lächelnd beobachtete sie, wie sich die Verkäuferin – eine Frau, die ungefähr so alt war wie sie, allerhöchstens Anfang dreißig – angeregt mit einem älteren Paar unterhielt und den beiden das eine oder andere Glas reichte.

Bei dem Anblick vermisste Sofie ihre Küche und die gemütlichen Tage, wenn sie sich dort ausgetobt hatte. Sie waren in den vergangenen Jahren immer weniger geworden, vor allem in der Zeit, da sie mit Fabian Fortbildungen und Workshops besucht hatte, um neue Einblicke zu erhalten und ihre Geschäftsidee samt Businessplan auszuformulieren. In ihrer alten Küche würde sie ohnehin nie wieder Marmelade einkochen. Ihre Wohnung war geräumt; die Möbel und Kartons hatte sie gemeinsam mit Simons Sachen in einem angemieteten Lagerraum untergestellt. Lediglich zwei Kartons mit grundlegenden Dingen standen im Keller ihrer Eltern.

Sie nahm sich vor, nach ihrer Rückkehr wieder öfter zu Oma Anneliese zu fahren, um gemeinsam mit ihr zu werkeln – und zu Opa Nando, um Orangenmarmelade zu kochen. Vielleicht konnten Nadja und sie sich auch wieder zum Backen treffen. Eine Weile hatten sie das regelmäßig getan, aber in den vergangenen Monaten war mal der einen, dann der anderen etwas dazwischengekommen.

Sie lächelte der Verkäuferin zu und schlenderte weiter. Der erste Eindruck hatte sie nicht getäuscht; bei dem Angebot handelte es sich entweder um Produkte aus der Region oder um Selbstgemachtes. An einem Stand mit Backwaren roch es so gut, dass sie am liebsten eine ganze Tüte voller Brötchen gekauft hätte, und an einem anderen sahen die eingelegten Oliven, Zwiebeln und Tomaten zum Anbeißen aus.

Das alles war jedoch kein Vergleich zu den Obst- und Gemüseständen. Die Tomaten besaßen eine volle Farbe und dufteten so intensiv, dass sie eine kaufte, um sie im Gehen zu essen, bis sie vor einem Stand mit Zitrusfrüchten stehen blieb, der ihr bereits die ganze Zeit über entgegengeleuchtet hatte. Hier gab es Unmengen an Obst. In Kisten auf dem Tisch. In Körben davor. In Körben daneben. In kleinen Körben, die von Holzlatten baumelten. Pappschilder mit den Namen der Sorten lagen darauf: Caracara, Navelate oder Late Lane für die Orangen, während die Mandarinen klangvolle Namen wie Fortune und Ortanique trugen.

Vor dem Stand hatte sich eine kleine Menschentraube gebildet, und der Betreiber war mit Abwiegen und Kassieren beschäftigt.

Sofie griff nach einer Orange und schnupperte daran. Sofort hatte sie Opa Nandos Stimme im Kopf, der ihr so und so oft erzählt hatte, wie gut das Obst aus seiner Heimat war. Es kribbelte ihr in den Fingern, ihm ein Foto zu schicken, aber damit hätte sie verraten, wo sie waren. Wenn sie keine Möglichkeit zum Übernachten fanden, würde sie auf jeden Fall hier einkaufen, ehe sie weiterfuhren.

Die beiden Frauen neben ihr beäugten sie neugierig, dann gab sich die kleinere von beiden einen Ruck. »Du bist nicht von hier, oder?« Ihre Stimme war hell und zart und ließ sie noch jünger wirken, als es die kurzen, glatten Haare und die feinen Gesichtszüge ohnehin andeuteten. Auf ihrer Nase tummelten sich helle Sprenkel.

Sofie legte die Orange zurück. »Erwischt. Ich mache Urlaub mit meinem Bruder und seiner Freundin.«

»Woher kommt ihr?«

»Aus Deutschland.« Sie zögerte, beließ es dann aber dabei. Es erschien ihr unpassend, direkt beim ersten Gespräch und mitten auf dem Markt damit herauszurücken, dass ihr Opa aus Cielente stammte. Zumal die zwei ungefähr in ihrem Alter waren, also viel zu jung, um ihn zu kennen.

Eines nach dem anderen.

Die Frau wirkte erstaunt. »Und da verschlägt es euch ausgerechnet zu uns ans Ende der Welt?« Sie blickte sich um, als sähe sie den Ort zum ersten Mal. »Hier gibt es doch nichts Interessantes. Wart ihr schon in Valencia?«

»Ja, da kommen wir gerade her. Aber Tereza, die Freundin meines Bruders, wollte etwas näher an der Seele des Landes sein. Erleben, wie das Leben fernab der Touristenrouten wirklich ist«, fügte sie an, als sich Ratlosigkeit auf den Gesichtern ausbreitete.

Dann prustete die größere der beiden, die ihr glänzendes dunkles Haar am Oberkopf in einem Knoten trug, auf ansteckende Weise los. »Die Seele kann ich euch innerhalb einer Minute zeigen. Mehr als den Platz hier und unsere Wohnhäuser gibt's hier nicht. Wir haben einen Lebensmittelladen, aber der ist klein und hat geschlossen, wenn Ana mies drauf ist. Das ist die Besitzerin«, fügte sie hinzu. »Alles Weitere spielt sich auf den Farmen im Umland ab.«

Sofie horchte auf. »Du meinst die Obstplantagen, oder?« Beide nickten. »Das klingt vielleicht etwas blöd, aber wisst ihr zufällig, ob jemand noch Erntehelfer sucht? Mein Bruder und seine Freundin möchten nämlich gern arbeiten, um sich die Weiterreise zu finanzieren, und ich habe gelesen, dass auf einer Plantage oftmals auch Schlafmöglichkeiten für die Helfer geboten werden.« Wo sie selbst in einem solchen Fall übernachten würde, wusste sie zwar noch nicht, aber darüber konnte sie sich später Gedanken machen.

»Dein Bruder?«, fragte die Frau mit dem Haarknoten. »Du nicht?«

Sofie schüttelte den Kopf. »Er hat sich eine längere Auszeit genommen, ich mache nur kurz Urlaub. Unsere Wege trennen sich also bald wieder.«

Die zwei blickten sich an und redeten dann so schnell und vor allem gleichzeitig aufeinander ein, sodass Sofie ihnen nicht folgen konnte. Es fielen einige Namen, in einem fragenden Tonfall, bis beide fast synchron die Schultern zuckten.

»Es gibt hier kein Schwarzes Brett oder Ähnliches. Die Besitzer regeln das meist persönlich«, sagte die Kleinere und rieb sich die feine sommersprossige Nase. »In der Regel haben sie Helfer aus dem Ausland, also am besten einfach mal nachfragen. Wir sind vorhin Santiago Martín begegnet, der hat eine Farm nur eine Viertelstunde von hier, vielleicht sucht er noch wen.« Sie stellte sich auf die Zehenspitzen und blickte sich um. »Aber offenbar ist er schon wieder weg.«

Sofie winkte ab. »Kein Problem, wir finden schon was. Ich bin übrigens Sofie.«

Die mit den Sommersprossen strahlte. »Marisa.« Sie beugte sich vor und gab ihr zwei Küsschen auf die Wangen. »Und das ist meine Schwester Elena.«

Auch die begrüßte Sofie herzlich, zog dann aber wieder ein skeptisches Gesicht. »Überlegt euch gut, ob ihr hierbleiben und arbeiten wollt. Da gibt's so viele bessere Orte, zum Beispiel an der Küste. Ich selbst bin nur noch hier, um aufzupassen, dass Marisa keinen Mist baut und dem falschen Mann den Kopf verdreht.« Sie lachte, und dann noch mehr, als ihre Schwester sie empört anblickte.

»Wir müssen alle dafür sorgen, dass die Liebe den Weg zurück nach Cielente findet«, sagte sie, und beide nickten sich zu, als teilten sie ein Geheimnis.

Sofie ließ sich ihre Irritation nicht anmerken. »Mal sehen, vielleicht bleiben wir auch nur ein paar Tage. Wir haben keinen Plan, sondern sehen einfach, wohin uns die Reise führt.«

»Das ist die beste Art, Urlaub zu machen«, sagte Elena. »Wenn man alles zu sehr durchstrukturiert, verpasst man womöglich die Hälfte.«

Sofie blickte sich um, entdeckte aber weder Simon noch Tereza. »Dann frage ich euch doch auch gleich, ob jemand hier ein Zimmer an Reisende vergibt. Besser noch zwei.«

Beide dachten kurz nach. »Meinst du, Señor Olante vermietet seinen Dachboden noch?«, fragte Marisa ihre Schwester.

Elena runzelte die Stirn. »Hat er das jemals getan?«

»Klar, kurz nachdem sein Sohn dort ausgezogen ist, für Pedros Helfer. Weißt du nicht mehr?«

»Nein. Und ich würde auch niemandem raten, dort zu übernachten. Er raucht wie ein Schlot«, sagte Elena. »Aber mir fällt tatsächlich niemand ein. Es gibt allerdings ein Hotel außerhalb von Cielente, ungefähr zehn Minuten Fahrt, sehr schön gelegen inmitten der Felder. Das *Plaza del Sol.* Ich hab dort zwei Sommer lang gejobbt, die Zimmer sind wirklich toll.«

Es konnte nicht schaden, einen Plan B zu haben, also ließ sich Sofie den Weg beschreiben, bedankte sich bei den beiden und verabschiedete sich. Anschließend schlenderte sie an den restlichen Ständen entlang. Es juckte ihr in den Fingern, sich mit den Verkäufern zu unterhalten und zu fachsimpeln, welche Obstsorten sich am besten auf welche Weise verarbeiten ließen. Vielleicht konnte sie auf dieser Reise ja wirklich neue Rezepte sammeln, wie Nadja vorgeschlagen hatte, um sie nach ihrer Rückkehr auszuprobieren!

»Sofie!« Das wohlige Gefühl in ihrem Bauch verschwand mit einem Schlag, als Simon neben ihr auftauchte und ihr ins Ohr brüllte.

»Mensch, musst du mich so erschrecken!«, sagte sie, die Hand auf die Brust gepresst, und drehte sich zu ihm um.

Er gab sich keine Mühe, unschuldig zu wirken. »Können wir weiter? Auf dem Markt kann ich auch zu Hause rumlaufen. Und hast du Tereza gesehen? Sie hat mir vorhin irgendwas zugerufen und ist dann hinter einem Stand verschwunden. Warum bitte ist es hier überhaupt so voll?«

»Vermutlich weil sämtliche Einwohner und die Leute aus dem umliegenden Land heute einkaufen. Außerdem ist das Angebot fantastisch. Sieh mal, wie viele Orangensorten es allein gibt – und sie duften tausendmal besser als im deutschen Supermarkt.«

»Du klingst schon wie Opa.«

Sofie lachte. »Wenn es um Obst geht, werte ich das als Kompliment. Na los, suchen wir Tereza.« Sie hakte sich bei ihm unter. Immer wieder wurden sie gemustert oder gegrüßt, doch Simon zog sie weiter, wenn sie stehen bleiben und das Angebot betrachten wollte. Endlich entdeckten sie Tereza: Sie plauderte angeregt mit einer Frau, die neben einem Stand saß und einen kleinen weißen Mischlingshund auf dem Arm hielt. Sie schienen sich bestens zu verstehen.

Tereza winkte, als sie die Geschwister bemerkte. »Simon! Sofie!«, rief sie so laut, dass sich ein paar Leute zu ihr umwandten. Dann lächelte sie und kraulte den Kopf des kleinen Hundes. »Ich habe großartige Neuigkeiten! Das hier sind Señora Landero und Osito.« Der Hund spitzte die Ohren. »Und das«, Tereza deutete mit großer Geste zur Seite, »sind mein Freund Simon und seine Schwester Sofie.«

Sofie trat zu der Señora, damit sie nicht von ihrem Klappstuhl aufstehen musste, und reichte ihr die Hand. Dabei ließ sie den Blick über die selbst gemachten Marmeladen und die Flaschen mit Fruchtsirup schweifen, deren Deckel mit kariertem Stoff und getrockneten Blumen hübsch dekoriert waren. Die Frau hinter dem Stand war in ein Verkaufsgespräch vertieft. »Schön, Sie kennenzulernen. Und dich auch, Osito.« Der Hund streckte sich, stellte die Ohren auf und schnupperte aufgeregt.

»Hallo«, sagte Simon, begrüßte zunächst die Señora und stupste dem Hündchen auf die Nase. »Was für eine niedliche Ohrfeige.«

Aus Terezas Richtung kam ein unterdrücktes Lachen, und auch Sofie musste die Zähne zusammenbeißen.

Die Señora blinzelte, nickte dann aber mit unverändertem Gesichtsausdruck. »Vielen Dank«, sagte sie, als hätte Simon ihr ein ganz normales Kompliment gemacht. Sofie schätzte sie auf Ende sechzig, vielleicht auch älter. Ihre Augen waren von unzähligen Falten umrahmt, aber mit ihren vollen Lippen und dem stolzen Lächeln wirkte sie in manchen Momenten wie eine weit jüngere Frau. Sie stach aus der Menge hervor mit ihrem dezent gemusterten Kleid, das nicht an einen Marktstand gehörte, sondern eine subtile Eleganz verströmte. Ihr Haar – dunkel und von zahlreichen silbrigen Strähnen durchzogen – trug sie zu einem Dutt im Nacken geknotet, in den sie Kunstblumen geflochten hatte, und neben ihr auf dem Boden stand eine riesige, bunt gemusterte Handtasche. »Herzlich willkommen in Cielente. Señorita Nevárez hier hat mir erzählt, dass Sie gern einige Zeit bleiben und sich vielleicht sogar Arbeit suchen wollen.« Sie lächelte Tereza an.

Simon öffnete den Mund, schloss ihn aber wieder. Womöglich hatte er im Nachhinein seinen Sprachpatzer bemerkt und entschieden, sich im Gespräch zurückzuhalten.

»Das war der grobe Plan«, sagte Sofie. »Aber ich habe bereits erfahren, dass es keine offizielle Übernachtungsmöglichkeit gibt, also werden wir uns ein bisschen umsehen und vielleicht morgen noch mal wiederkommen. Man hat mir den Tipp gegeben, Zimmer im *Plaza del Sol* zu buchen.«

»Was wir nicht müssen«, sagte Tereza und strahlte dermaßen, als hätte man ihr den größten Wunsch ihres Lebens erfüllt. »Señora Landero besitzt eine wunderschöne Finca ganz in der Nähe, und sie hat uns angeboten, bei ihr zu wohnen!« Sie klatschte in die Hände. »Ist das nicht großartig?«

Sofie zögerte. »Das ist sehr freundlich von Ihnen, Señora, aber wir möchten uns nicht aufdrängen.«

»Ach was.« Die Señora winkte ab und bewegte dabei die schmalen knochigen Hände, als wäre sie eine Künstlerin.

»Ich habe gern Gesellschaft und würde mich über Besuch freuen. Zwei Zimmer stehen ohnehin leer, und das finde ich jedes Mal schade, wenn ich durchputze. Mein Mann ist vor vielen Jahren gestorben, und eine lange Zeit hat eine liebe Freundin bei mir gewohnt. Seit sie weg ist, ist es an manchen Tagen etwas zu ruhig für meinen Geschmack, daher sitze ich auch hier und leiste Renata Gesellschaft.« Sie deutete auf die Frau mit dem grauen Pagenschnitt hinter dem Stand, die ihren Käufern soeben zwei Flaschen Öl überreichte. »In meiner Finca gibt es ein kleines Bad für Gäste, wir würden uns also nicht in die Quere kommen. Sie steht frei auf einem großen Stück Land, der Landero-Farm. Orangen. Was auch sonst. Mein Bruder lässt sie von einem Verwalter betreiben.« Ihr Lächeln veränderte sich, wurde wehmütig und auch etwas bemüht. »Ich habe nichts mit dem Farmgeschäft zu tun, und das Haupthaus liegt in Sichtweite, aber weit genug entfernt, um nichts von dem mitzubekommen, was dort vor sich geht. Ich bin nur selten unten bei Andrés; er soll sich bei all der Arbeit nicht noch um mich kümmern müssen.«

Die Aussage zwischen den Zeilen war deutlich: Die Señora war einsam, und Sofie ahnte, dass es ihr bei der Zimmervermietung nicht ums Geld ging. Dennoch wollte sie sich nicht aufdrängen. Würde sie allein reisen, wäre das eine gänzlich andere Sache, aber sie waren zu dritt, und das konnte die größte Gastfreundschaft strapazieren.

»Oh, kommt schon«, sagte Tereza und riss sie aus ihren Überlegungen. »Ich meine … wohnen auf einer Orangenfarm! So können wir endlich die Menschen und die Gegend kennenlernen! Und ich könnte Ihnen die Karten legen, Señora Landero.« Sie griff nach der Hand der Frau und drückte sie.

Deren Lächeln veränderte sich erneut. Sie hatte wirklich ein ausdrucksstarkes Gesicht. »Von mir aus können Sie das gern tun, Señorita Nevárez.«

»Ach, bitte nennen Sie mich Tereza. Und die anderen beiden brauchen auch keine förmliche Anrede.« Simons Freundin zwinkerte ihnen zu, sie vibrierte geradezu vor Energie. »Simon? Sofie? Na los, sagt, wie großartig diese Idee ist! Besser hätten wir es doch gar nicht treffen können.«

Wie erwartet zuckte Simon die Schultern. »Wenn Sie sich sicher sind, Señora Landero, dann sehr gern.« Natürlich schaffte er es nicht, Tereza zu widersprechen – seine Verliebtheit und ihr Enthusiasmus bildeten ein unschlagbares Team.

»Sofie?«

Drei Augenpaare ruhten auf ihr – oder vielmehr vier, denn nun hechelte ihr auch das Hündchen entgegen.

»Also gut«, sagte sie. »Aber wirklich nur, wenn es für Sie kein Problem ist. Und wir zahlen selbstverständlich für unseren Aufenthalt.«

Die Señora wehrte mit Worten und Händen ab, und das flüchtige, traurige Funkeln in ihren Augen verriet Sofie, dass sie mit ihrem Verdacht nicht so falsch lag: Die ältere Dame freute sich mehr über die Gesellschaft als über eine kleine Finanzspritze. Kurz darauf schüttelten sie sich die Hände und kraulten Osito, der zwar nicht verstand, was vor sich ging, sich aber so sehr über die Aufmerksamkeit und allgemeine Begeisterung freute, dass sein Hinterteil gar nicht mehr stillstehen wollte. Sie einigten sich darauf, sich am frühen Abend wieder hier zu treffen und gemeinsam zur Finca zu fahren, da die Señora nach Marktschluss noch eine Verabredung hatte.

Während Simon und Tereza noch einmal zur Kirche gingen, in der Hoffnung, jemanden zu finden, der sie aufschließen konnte, schlenderte Sofie an den restlichen Ständen vorbei. Sie war erleichtert wegen der Unterkunft – zumal die Señora ihnen mehrmals versichert hatte, dass sie auch ihre Küche benutzen konnten. Hatte sie sich nicht vorhin noch gewünscht, genau das hier in Spanien tun zu können? Sie strich sich die Haare aus der Stirn und blinzelte in den wolkenlosen Himmel. Vielleicht hatte Tereza mit ihrem unerschütterlichen Glauben an das Schicksal ja doch recht.

Sie nahm sich Zeit und kaufte ein Brot, das verführerisch duftete, ein Stück Käse sowie eine Auswahl an Obst und Gemüse, das sie am Abend als kleines Dankeschön für alle anbraten wollte. Bei den Orangen berücksichtigte sie, was sie von Opa Nando gelernt hatte, und griff nach den kleineren Früchten, da diese meist süßer waren. Sie untersuchte die Schale, achtete darauf, dass sie möglichst weder Flecken noch Druckstellen aufwies, und schnupperte daran. Ja, da war er, der frische Zitrusduft! Als würde sie einen Hauch Glück einatmen.

»Sie sind nicht von hier, aber Sie kennen sich aus«, sagte der Standbetreiber, ein Mann im hellen Hemd, dessen schwarzes Haar raspelkurz geschoren war. Dafür trug er einen umso imposanteren Schnauzbart.

Sofie freute sich über das Kompliment. »Ich habe von meinem Großvater ein wenig über Orangen gelernt.« Jetzt schien ein passender Moment gekommen, um nachzufragen. »Er wurde hier geboren. In Cielente.« Zwar schätzte sie ihren Gesprächspartner deutlich jünger ein als Opa Nando, aber es war ein kleines Dorf, und Dinge sprachen sich herum, möglicherweise auch über Generationen hinweg. »Sein Name ist Fernando Montejo. Er ist 1965 nach Deutschland gezogen, mit zwanzig Jahren.« Sie ließ das Ende des Satzes wie eine Frage klingen und ertappte sich dabei, wie sie den Atem anhielt.

Der Mann fuhr sich mit Daumen und Zeigefinger über den Bart. »Ich wurde ein Jahr später geboren und kenne hier jeden, Señorita, aber Montejos gibt's hier nicht mehr, tut mir leid. Die letzten sind schon vor Jahren weggezogen.«

Das bestätigte ihre Vermutung. Opa Nando hatte keine Familie mehr, vermutlich schon damals nicht mehr gehabt, als er sein Glück in der Fremde suchte. Bisher hatte sie das stets bedauert, aber nie ganz nachempfinden können. Erst jetzt, auf dem Markt von Cielente, in den Gesprächen mit realen Menschen, begriff sie, wie schwer es für ihn gewesen sein musste. Cielente war überschaubar, ein ruhiger kleiner Ort fernab der städtischen Hektik und noch halb in der Vergangenheit verhaftet. Vermutlich kannte hier wirklich jeder jeden, und die Menschen waren über verwandtschaftliche Beziehungen oder jahrelange Freundschaften miteinander verbunden. Wenn jemand durch diese eng geknüpften Maschen fiel, musste irgendetwas geschehen sein – und das bedeutete, Opa Nandos Zeit hier war nicht ausschließlich schön gewesen.

»So, bitte«, sagte der Mann und reichte ihr die Einkäufe in einer Papiertüte. »Bleiben Sie länger in der Gegend?«

»Vorläufig ja. Wir reisen zu dritt und werden bei Señora Landero wohnen.«

»Ah! Wunderbar. Etwas Gesellschaft wird Rosaria guttun dort draußen. Sie ist oft allein, seit ihr Tico gestorben ist.« Noch einmal wurde der Bart gezwirbelt, dann hob er die

Hand, um einen neuen Kunden zu begrüßen. »Einen schönen Aufenthalt, Señorita.«

»Danke. Ihnen noch gute Verkäufe!« Damit wandte sie sich um und suchte sich einen Platz am Rande des Marktes, um das bunte Treiben zu beobachten. Auf einmal konnte sie es kaum noch erwarten, die Finca der Señora zu sehen. Wenn sie Tereza glauben wollte, hatte sie soeben ein Stück von der Seele des Ortes gefunden.

6

Sofie wusste nicht genau, was sie geweckt hatte: die Wärme auf ihrem Gesicht – da sie den Vorhang am Fenster nicht ganz zugezogen hatte, stahlen sich einige Sonnenstrahlen daran vorbei –, das ungewohnte, leise Knarzen der Matratze, die fremden Geräusche im Haus oder aber die Tatsache, dass sie ein so schmales Bett nicht gewohnt war und sich gerade heftig den Ellenbogen angestoßen hatte.

Mit zusammengebissenen Zähnen rieb sie über die Stelle, bis sich der Schmerz in ein erträgliches Pochen verwandelte, und setzte sich auf. Der Plastikwecker neben ihrem Bett zeigte kurz vor acht, und sie nahm sich die Zeit, das Zimmer genau zu mustern, da die Morgensonne es völlig verwandelte. Gestern war es ihr klein und zweckmäßig erschienen, aber trotzdem völlig ausreichend. Jetzt entdeckte sie Details, die dem Ganzen ein gemütliches Flair verliehen.

Der Raum war schmal und nicht sehr groß, sodass neben dem Bett lediglich ein Tisch samt Stuhl, eine Kommode und ein Regal Platz fanden. Die Möbel aus dunklem Holz passten hervorragend zu den eierschalenfarben getünchten Wänden und den Vorhängen in Rot- und Orangetönen. Die Bodenfliesen waren nur wenige Nuancen dunkler als die Wände und zum größten Teil von einem Läufer bedeckt, der die Farben der Vorhänge aufnahm. Auf dem Tisch stand eine

Vase mit einer einzelnen Pfingstrose; an der Wand hingen ein Spiegel mit einem gedrechselten Holzrahmen und das Gemälde einer Frau in spanischer Tracht. In ihren Haaren leuchteten große Blüten, und sie hatte einen Arm sowie den Kopf erhoben.

Sofie streckte sich und lauschte den Geräuschen; versuchte, Details herauszufiltern. Vogelgezwitscher war deutlich zu hören, denn wie in so vielen Häusern in Spanien besaßen die Fenster nur eine einfache Verglasung. Im Haus war bereits jemand auf den Beinen – eindeutig die Señora. Simon käme an einem freien Tag niemals so früh aus den Federn, und Tereza bewegte sich schneller.

Sofie stand auf, rieb sich die Arme, da es über Nacht kühl geworden war und das Zimmer keine Heizung besaß, trat an das Fenster und zog eine Hälfte des Vorhangs beiseite.

Der Ausblick war atemberaubend. Vor ihr breitete sich eine Rasenfläche aus, so groß, dass sie weiter hinten, wo sie von einzelnen Baumgruppen durchbrochen wurde, wie ein Park wirkte. Sofie machte zwei Sitzgruppen aus sowie eine riesige Bank, die aus einem Baumstamm geschnitzt war. Bis dorthin war das Gras getrimmt, doch weiter hinten wucherte eine Wildwiese.

Zur Rechten fiel das Gelände ab, und dort befand sich auch der Garten, abgeteilt durch ein Holzgitter. Was in den Beeten wuchs, konnte sie von hier aus nicht erkennen, aber an vielen Stellen wiegten sich bunte Blumen im Morgenwind. Sie waren zur passenden Jahreszeit hergekommen – der Mai war in Spanien auch als Blumenmonat bekannt.

Bereits gestern auf dem Weg hierher hatten sie gesehen, dass die Finca weit abseits des Haupthauses lag, mitten auf einem Stück Land, das sich an die Nordostseite der Orangenplantage schmiegte und mit seiner großen und teils wilden Grünfläche einen Kontrast zu den einheitlich gepflanzten Baumreihen bildete. Hier gab es nur einige Oliven- sowie Obstbäume und Pinien, die als natürlicher Sichtschutz rund um das Grundstück dienten. Wegen des Gefälles konnte man auf das Haupthaus hinabblicken, sobald man sich ein paar Schritte von der Finca wegbewegte.

Señora Landeros Großvater hatte sie damals erbaut mit dem Hintergedanken, dass eines seiner Kinder einziehen könnte, und genauso war es auch gekommen. Sie war zwar im Haupthaus aufgewachsen, hatte jedoch später mit ihrem Mann hier oben gelebt. Kinder hatten die beiden keine.

Sofie stellte es sich vor allem im Winter einsam vor, so weit draußen. Allerdings hatte die Señora ja erwähnt, dass ihr Bruder die Plantage von einem Mann namens Andrés Celaya verwalten ließ, der ganzjährig dort lebte. Damit gab es immerhin noch einen Rest Familie, und wenn es ihr hier oben zu langweilig wurde, hatte sie es nicht weit für einen Plausch mit Andrés oder den Erntehelfern, die sie natürlich allesamt kannte.

Sofie zog auch den zweiten Vorhang auf und öffnete das Fenster. Die Luft draußen war bereits wärmer als die im Zimmer, weich und mit einer unterschwelligen Süße getränkt. Sie lächelte, als sich ein Spatz auf einem Zweig niederließ und sie erwartungsvoll beäugte, und schlenderte zum Schrank, wo sie am Vorabend den Inhalt ihres Koffers verstaut hatte.

Für heute wählte sie eine helle Dreiviertelhose und eine kurzärmelige, rote Bluse, nahm das Badetuch, das ihr die Señora gestern in die Hand gedrückt hatte, und verließ ihr Zimmer.

Von einem schmalen Flur zweigten mehrere Türen ab. Die Geräusche kamen aus der Küche, die hinter einer Biegung am Ende lag. Aus dem Nebenzimmer, wo Simon und Tereza schliefen, drang sanftes Schnarchen.

Im Gästebad angekommen, schloss Sofie die Tür hinter sich. Neben Waschbecken, Duschkabine und Toilette gab es auch hier kaum Platz, sodass sie aufpassen musste, nirgendwo anzustoßen oder etwas von den Ablagen herunterzufegen. Alles war blitzsauber, auch wenn die Einrichtung deutlich in die Jahre gekommen war. Trotzdem sorgten selbst auf engstem Raum Details wie bunte Vorhänge oder hübsche Handtücher für eine Wohlfühlatmosphäre.

Sofie beeilte sich unter der Dusche und öffnete im Anschluss das Fenster, um die Dampfschwaden nach draußen zu lassen. Da das Wetter auch heute wieder schön zu werden versprach, rubbelte sie ihre Haare lediglich trocken und fuhr mit einem groben Kamm durch die großzügigen Wellen. Die feuchten Spitzen berührten gerade so ihre Schultern und verursachten ihr eine feine Gänsehaut.

Sie betrachtete sich im Spiegel und entschied, auf Makeup zu verzichten. Immerhin gab es noch keine Pläne für den Tag, und sie hatte nichts dagegen, sich zunächst auf der Finca umzusehen und, wenn die Señora einverstanden war, den Garten und die Wildnis dahinter zu erkunden. Ihre Haut war in Spanien, vor allem in den Stunden am Strand von Valencia, bereits dunkler geworden, wenn sie auch niemals mit Simons Sonnenbräune würde mithalten können. Aber der helle Bronzeton ließ das Graugrün ihrer Augen auch ohne Wimperntusche leuchten, und die Kastanienfarbe ihrer Haare war von der Sonne aufgehellt worden.

Als sich Sofie vorbeugte, entdeckte sie neue Tupfen auf Nasenrücken und Stirn. Und vor allem strahlte sie eine Freude aus, die sie in den vergangenen Wochen zu Hause vermisst hatte. Natürlich machte ein Besuch in Spanien den Reinfall im Job nicht zu einhundert Prozent wieder wett, doch für ihre Seele war diese Entscheidung genau die richtige gewesen.

Sie ging zurück in ihr Zimmer, hängte das Handtuch zum Trocknen über den Stuhl und machte das Bett. Als sie die Küche betrat, war die Señora nirgendwo zu sehen, aber auf dem Tisch lag ein Zettel.

Guten Morgen!
Nehmt euch einfach, was ihr braucht,
und fühlt euch ganz wie zu Hause.

Daneben warteten ein Baguette, Schinken, Käse, Olivenöl und Salz auf einem Unterteller, ein Schälchen mit einer Paste aus zerdrückten Tomaten, Öl und Gewürzen, Butter, eine Glaskaraffe mit frischem Orangensaft sowie eine große Metallkanne, aus der es betörend nach Kaffee duftete. Auf dem Herd stand ein Topf mit warmer Milch für den Kaffee, daneben entdeckte Sofie eine Schale mit Orangen und eine Zitruspresse aus Plastik, wie Sofie sie von ihren Großeltern kannte.

Gerührt nahm sie eine Orange und drehte sie in den Händen. Sicher gab sich die Señora nicht jeden Tag so viel Mühe mit dem Frühstück. Sie füllte eines der Gläser, in denen die Spanier traditionell ihren Kaffee tranken, zu einem Drittel mit Milch und dann bis zum Rand mit Kaffee. Nach dem ersten Schluck lehnte sie sich gegen die Anrichte und sah sich um.

Gestern Abend hatte Señora Landero zur Begrüßung einen Sidra aus dem Haus geholt, spanischen Apfelwein, und ihre Gäste an ihren Gartentisch eingeladen, sich aber bald darauf verabschiedet. »Mittlerweile werden die Tage schneller alt als früher«, hatte sie gesagt, sich noch einmal vergewissert, dass es ihnen an nichts fehlte, versprochen, ihnen am nächsten Tag alles zu zeigen, und sich zurückgezogen.

Die Küche war wie vermutlich alle Räume nicht sehr groß, genügte aber vollkommen. Die Anrichten und Schränkchen reihten sich an zwei Wänden auf und bestanden aus demselben rustikalen Holz wie die Möbel in Sofies Zimmer. Am Tisch unter dem Fenster fanden vier Leute Platz – oder auch sechs, wenn man ihn in die Mitte des Raumes zog und enger zusammenrückte. Sofie bewunderte die mit weiterem Obst gefüllte Keramikschale auf dem Tisch – sehr unregelmäßig geformt und eindeutig handgefertigt, aber gerade deshalb mit viel Charakter.

Im Augenwinkel nahm sie eine Bewegung draußen wahr: Die Señora stand mit einem Korb in den Händen vor den Beeten und suchte den Boden ab. Osito sprang an ihrem Bein hoch, steckte seine Nase ins Gras, schnüffelte und sprang erneut, während er unaufhörlich nieste. Die Señora beugte sich zu ihm hinab und tätschelte seinen Kopf. Das schien ihm zu genügen, denn er wedelte wild und schoss dann quer über den Rasen. Die Señora lächelte, beachtete ihn nicht weiter und konzentrierte sich wieder auf den Bereich vor ihren Füßen. Zunächst glaubte Sofie, sie hätte etwas verloren, und wollte bereits nach draußen gehen, um ihr beim Suchen zu helfen, als etwas durch ihr Blickfeld huschte. Ein Huhn! Sofie erinnerte sich an das Vogelkonzert am Morgen, in das sich auch andere Geräusche gemischt hatten. Gut möglich, dass das Gackern von Hühnern darunter gewesen war.

Sie trank einen Schluck Kaffee und drehte sich um, als jemand an die Haustür klopfte. Die Señora war mittlerweile am Ende des Gartens angelangt, der hinter der Finca lag, und würde ihren Besucher vermutlich nicht bemerken. Also stellte Sofie das Glas ab, ging in die Diele und öffnete.

Vor ihr stand ein Mann, einen Korb in der Hand. Ein verwunderter Ausdruck zog über sein Gesicht, und er murmelte etwas, das nach »richtige Finca, falsche Frau« klang. Da er Sofie von oben bis unten musterte, tat sie dasselbe bei ihm.

Da sein langärmeliges, helles Shirt und die dunkle Hose dreckig waren und nicht mehr im besten Zustand – es gab mindestens drei Stellen, an denen sich ein Faden zog oder ein Saum eingerissen war, außerdem blitzte an einem Knie gebräunte Haut durch den Stoff –, bemerkte sie erst auf den zweiten Blick, dass sein Gesicht sie fesselte. Das lag nicht einmal an den leichten Schatten, die seine Wangenknochen warfen, an dem Kinn, das gerade nur so kantig war, um nicht die gesamte Aufmerksamkeit auf sich zu lenken, oder an dem breiten Mund, sondern an diesem intensiven Blick aus dunklen Augen. Sofie war sich sicher, dass ihnen kein Detail entging.

»Guten Morgen«, sagte der Unbekannte. Er klang entschlossen, als wäre dieser Besuch nur eine von vielen Aufgaben am heutigen Tag. »Ich habe eigentlich Rosaria erwartet.« Er fuhr sich mit einer Hand durch das dunkle Haar, das sofort wieder nach vorn fiel. »Was vermutlich daran liegt, dass sie nur selten Besuch bekommt, erst recht nicht so früh am Tag. Wo steckt sie?« Er versuchte, über ihre Schulter zu spähen, und Sofie wurde den Eindruck nicht los, dass er sich Sorgen machte.

»Hallo. Sie ist im Garten, und ich …« *Ich habe sie weder überfallen noch ihr etwas angetan.* »Ich bin Sofie Lenau«, sagte sie und hielt ihm eine Hand entgegen. »Señora Landero und ich haben uns gestern auf dem Markt kennengelernt, und sie hat mir und meinen Reisepartnern zwei Zimmer vermietet.«

»Sie hat was?« Er blinzelte, schlug dann aber ein. Vielleicht war ihm aufgegangen, dass alles andere unhöflich gewesen wäre. »Zimmer vermietet? Hier in der Finca?«

Jetzt war es an Sofie, sich umzusehen – gab es etwa auf diesen ausgedehnten Ländereien irgendwo hinter den Bäumen ein Gebäude, das sie gestern Abend übersehen hatten? »Äh … ja.« Sie deutete über die Schulter. »Ich bin gerade aufgestanden.«

Endlich schien sich ein Teil seiner Sorge zu verflüchtigen, und er schüttelte den Kopf, wie um sich für seine Fragen zu entschuldigen. Die Entschlossenheit jedoch blieb – und sie passte auch zu ihm, zu der Art, wie er ganz natürlich die Schultern durchdrückte und Sofie dabei um mehr als einen Kopf überragte – eine Haltung, die ahnen ließ, dass er den Großteil seiner Zeit nicht an einem Schreibtisch verbrachte. »Tut mir leid, ich hab einfach nicht damit gerechnet, hier eine Fremde anzutreffen. Ich bin Andrés. Andrés Celaya.«

»Ah, Sie verwalten die Obstplantage.«

»Das hat Rosaria also schon erzählt.« Seine Stimme klang nun weicher, und er deutete an sich hinab. »Dann muss ich auch nicht erklären, warum ich in diesen Klamotten aufkreuze. Ich wollte ihr nur schnell das hier vorbeibringen.« Er drückte Sofie den Korb in die Hände.

Sie hob die Brauen. Das mussten gut und gerne fünf Kilo Orangen sein, wenn nicht mehr! »Danke«, sagte sie und schaffte es, zu klingen, als wöge er nichts. Mit möglichst selbstverständlicher Miene stellte sie ihn neben sich ab. »Die Obstschale in der Küche ist allerdings noch recht voll.«

»Rosaria hatte angekündigt, dass sie heute backen will, und dafür braucht sie frische Früchte. Sie ist da sehr eigen.«

Sofie schmunzelte. »Das versteh ich. Mein Opa ist genauso, wenn es um Orangen geht, aber da wir zu Hause nun mal keine Plantage haben, mussten wir uns oft anhören, dass die Früchte in Spanien viel besser schmecken. Und es stimmt. Diese Orangen riechen schon so himmlisch, und ich kann mir gut vorstellen, daraus Marmelade zu kochen oder es mit einem Sorbet zu probieren. Vielleicht …« Sie bemerkte, dass sie ins Schwärmen geriet, und winkte ab. »Tut mir leid, ich wollte keinen Vortrag halten.«

Er schien amüsiert und hob eine Augenbraue. »Sie kommen aus …?«

»Osnabrück. Deutschland. Ich mache Urlaub mit meinem Bruder und seiner Freundin.«

»Auf Anraten Ihres Großvaters.«

»Nein, Opa Nando hat in Cielente gelebt, ehe es ihn als jungen Mann nach Deutschland verschlagen hat. Mein Bruder und ich wollten sehen, wo er aufgewachsen ist.« Anders als bei den Gesprächen auf dem Markt fand sie es passend, ihm den eigentlichen Grund für ihren Besuch zu verraten, denn auch wenn er freundlich mit ihr plauderte, hielt er offenbar weiterhin nach der Señora Ausschau. Warum sonst sollte er noch hier stehen?

Hinter Sofie polterte es mehrmals, dann war Simons gedämpftes Lachen zu hören, gefolgt von einem leisen Stöhnen. Sie blickte auf ihre Füße und verfluchte ihren Bruder innerlich für das schlechteste Timing der Welt, um sich mit Tereza im Bett zu vergnügen. »Möchten Sie vielleicht warten, bis Señora Landero aus dem Garten zurückkommt?«, fragte sie hastig. »Oder sollen wir ihr entgegengehen?« Sie konnte sich vorstellen, wie das alles auf ihn wirken musste. Vielleicht hielt er sie für eine Einbrecherin, die wehrlose, alleinstehende Frauen auf öffentlichen Plätzen ansprach, um sie hinterher mit ihren Komplizen in ihren Häusern auszurauben.

Er winkte ab, aber in seinen braunen Augen funkelte weiterhin stilles Interesse. »Nein, das ist schon in Ordnung. Wie heißt Ihr Großvater? Hat er noch Familie hier?« Natürlich interessierte er sich vor allem dafür – so war es vermutlich, wenn man in einem kleinen Ort lebte, wo jeder jeden kannte.

»Fernando Montejo. Und nein, es hat nicht den Anschein, als gäbe es hier noch Familie.« Sie zuckte die Schultern. »Er redet nur wenig über seine Zeit in Spanien, erst recht wenn man ihn dazu drängt. Dabei würde ich so gerne sehen, wo genau er aufgewachsen ist. Oder erfahren, ob er noch Verwandte hat, die ja dann auch meine wären.«

Er betrachtete sie, als müsste er intensiv über ihre Worte nachdenken. Als ahnte er, was noch alles in ihrem Kopf vor sich ging. »Menschen haben ihre Gründe, Entscheidungen zu treffen, die wir nicht nachvollziehen können«, sagte er. »Besonders, wenn sie bereits einige Jahre auf dem Buckel haben und es um etwas geht, über das sie lange nicht gesprochen haben.«

»Damit beschreiben Sie meinen Großvater perfekt. Er kann so halsstarrig sein.« Sofie seufzte, aber dann schüttelte sie den Hauch Wehmut ab. »Eventuell haben mein Bruder und ich Glück und finden jemanden, der Opa Nando von früher kennt und uns etwas über ihn erzählen kann.«

»Haben Sie schon Rosaria gefragt?«

»Nein, gestern Abend war sie müde, und ich wollte nicht gleich mit der Tür ins Haus fallen. Es wird sich schon noch eine Gelegenheit ergeben. Ich bin einfach nur froh, dass wir sie getroffen haben, denn sonst hätten wir in einem Hotel übernachten müssen, und das hätte Tereza nicht gefallen. Das ist die Freundin meines Bruders«, fügte sie an. »Sie ist überzeugt, ausschließlich von Touristen bewohnte Gebäude hätten keine Seele.« Kaum waren die Worte heraus, hätte Sofie sie am liebsten zurückgenommen. Ob es noch unter höfliche Konversation fiel, wenn man die Schrulligkeit seiner Begleiter erwähnte?

Doch Andrés nickte leicht, als wäre Terezas Einstellung völlig normal. »Ja, Cielente ist nicht auf Besuch ausgelegt. Sie hatten Glück, dass Rosaria Ihnen die Zimmer vermietet. Auch wenn sie es eigentlich nicht nötig hätte.« Den letzten Satz murmelte er nur, sodass sie nicht sicher war, ob sie ihn richtig verstanden hatte.

»Andrés!« Wie aufs Stichwort bog Señora Landero um die Ecke, Osito dicht auf ihren Fersen. »Du bist aber früh dran.« Sie fasste ihn an den Schultern, stellte sich auf die Zehenspitzen und drückte ihm einen Kuss auf die Wange. Andrés murmelte etwas, und schlagartig wurde sein Gesicht weicher.

Das dünne Tuch, das sich die Señora um die Schultern gelegt hatte, wallte wie eine Schleppe auf. Wieder trug sie eine Kunstblume in ihrem Dutt, dieses Mal eine Margerite. »Sofie, guten Morgen! Ich hoffe, mein Besuch hat dich nicht geweckt? Hast du gut geschlafen?«

»Sehr gut sogar«, sagte Sofie, froh, dass Andrés endlich den Beweis dafür hatte, dass sie wirklich keine Einbrecherin war. Osito sprang an ihr hoch, nachdem er den Verwalter der Plantage begrüßt hatte, und hüpfte vor Freude auf den Hinterbeinen, als sie ihm über die Schlappohren strich. »Und keine Sorge, ich war bereits wach und in der Küche, als Señor Celaya angeklopft hat.«

Er winkte ab. »Nennen Sie mich Andrés.«

»Gern, ich bin Sofie.«

Die Señora wirkte zufrieden.

Im Haus polterte es erneut. Osito bellte und blickte in die Runde, als erwartete er, dass sich jemand um diese seltsamen Geräusche kümmerte.

»Mein Bruder ist manchmal ein bisschen tollpatschig«, sagte Sofie und wich Andrés' Blick aus. »Ich werde ihm nachher sagen, dass er vorsichtiger sein muss.« Vor allem musste er leiser sein; die Finca verfügte nicht über die beste Dämmung.

Die Señora winkte ab. »Mein Zuhause ist nicht mehr das jüngste. In letzter Zeit hat sich einiges angesammelt, das repariert werden muss.«

Andrés rieb sich den Nacken. »Deshalb bin ich unter anderem hier. Ich habe mit Miguel geredet und komme später mit ihm und Yago vorbei, wenn es dir passt. Dann sehen wir uns mal das Fenster im Schlafzimmer und den Hühnerstall an.«

»Ach, ihr Jungs.« Die Señora berührte Andrés' Wange. »Ihr habt doch selbst so viel zu tun. Die zwei sind gerade erst zurückgekommen, und von dir ganz zu schweigen, mein Guter. Die Ernte ist eine eifersüchtige Liebhaberin«, sagte sie zu Sofie. »Die lässt ihn nicht allzu lange aus ihren Fängen.«

»Du wirst uns nicht davon abhalten können, dir zu helfen.« Er klang jetzt beinahe sanft, aber zwischen den Worten blitzte Entschlossenheit durch. »Außerdem sind wir zu dritt, da werde ich nicht allzu lange ausfallen.«

»Was ist mit Nuno und Lara?«, fragte die Señora leise.

Er winkte ab. Eine knappe, fast schon schroffe Geste. »Den Rückstand hole ich in ein paar Wochen auf.«

»Aber du hast keine paar Wochen, mein Lieber«, sagte die Señora sanft.

Als Andrés schwieg, sah Sofie von einem zum anderen und gab sich einen Ruck. »Geht es um die Ernte?« Sie biss sich auf die Lippe, als Andrés sie mit einem Blick musterte, den sie nicht einschätzen konnte. »Ich will mich nicht in Dinge einmischen, die mich nichts angehen, es ist nur … mein Bruder und seine Freundin sind auf der Suche nach Arbeit in der Gegend.«

Andrés blinzelte zur Señora hinüber. Die Haarsträhne fiel ihm wieder in die Stirn, und sie beugte sich vor und strich sie weg, ehe er das tun konnte.

»Siehst du? Ich hab dir gesagt, wir finden eine Lösung.« Sie bückte sich und nahm Osito auf den Arm, der sich vor ihr niedergelassen hatte und herzzerreißend fiepte, ehe sie sich an Sofie wandte. »Momentan sind Farmhelfer schwer zu bekommen, und ein Ausfall kann da schon eine Lücke reißen.«

Sofie zögerte. »Sie haben zwar beide keine Erfahrung, aber den nötigen Enthusiasmus, würde ich sagen.«

»Das wäre ein Anfang.« Andrés schien noch nicht überzeugt. »Und was ist mit dir?«

»Mit mir?«

»Du suchst keine Arbeit?«

»Ich … nein.« Sie stutzte. Glaubte er nun, sie wäre faul? »Simon und Tereza haben sich in den Kopf gesetzt, sich die Reise vor Ort zu finanzieren, aber sie sind auch beide mehrere Monate unterwegs. Ich werde nur eine Woche in Spanien sein, allerhöchstens zwei. Für mich ist es also mehr ein Urlaub. Allerdings, wenn mich Señora Landero lässt, würde ich ihr gern in der Küche helfen.« Sie deutete auf den Korb mit den Orangen.

Die Señora strahlte. »Da sage ich nicht nein. Ich habe Renata einen Kuchen und Unterstützung für die Marktstände versprochen. Wenn es dir nichts ausmacht, Sofie …«

»Absolut nicht«, sagte sie und tippte Osito auf die Nase, als er einen langen Hals machte, um an ihr zu schnuppern. »Zu Hause habe ich liebend gern gebacken, nur bin ich in den letzten Wochen kaum noch dazu gekommen.«

»Wunderbar, dann sind doch alle versorgt, und niemand hat Langeweile. Nicht wahr, Andrés? Du hast doch sicher etwas, das du zwei ungelernten Helfern überlassen kannst?«

Er dachte noch immer nach und fuhr sich mit einem Finger über den Nasenrücken. »Es ist keine leichte Arbeit. Und ich zahle nicht nach Stunden, sondern nach Leistung.«

»Das ist kein Problem.« Sofie winkte ab. »Und ehrlich gesagt wird meinem Bruder etwas harte Arbeit guttun, sonst wird er zu träge.«

Andrés verzog bei ihrem lockeren Tonfall keine Miene. Vielleicht war der Scherz ja nicht so offensichtlich gewesen.

Señora Landero setzte ihren Hund wieder ab, woraufhin er zu einem Huhn trottete, das soeben um die Ecke gekommen war und sofort wieder abdrehte. »Natürlich werden sie nicht so schnell sein wie deine Leute, Andrés, aber sicher eine Bereicherung.«

»Hm«, sagte er. »Schaffen es dein Bruder und seine Freundin, um sieben auf dem Feld zu stehen, Sofia?« Die Art, wie er ihren Namen aussprach – Sofia, nicht Sofie –, sorgte für ein angenehmes Kribbeln auf ihrer Haut.

Sie zuckte die Schultern. »Sie werden es wohl müssen.«

»*Vale*. Sie sollen einfach nachher rüberkommen.« Er deutete über die Schulter in Richtung Hauptgebäude. »Wenn ich nicht im Haus bin, dann in der Nähe. Einfach rufen oder jemanden fragen.«

»Ich richte es ihnen aus. Danke, Andrés, das wird sie freuen.«

»Mal sehen, wie lange die Freude anhält.« Seine Stimme war dunkel, und sie konnte nicht sagen, ob er es ernst meinte. »Also dann, bis später. *Adiós*, Rosaria.« Er ließ es zu, dass sie noch einmal seine Wange küsste und ihn an sich drückte, als wäre er ein lange verlorener Sohn. »Dir eine gute Zeit, Sofia. Wir laufen uns sicher noch mal über den Weg.«

»Bestimmt. Bis dann«, sagte sie und beobachtete gemeinsam mit der Señora, wie er sich mit langen Schritten auf den Weg machte. Osito folgte ihm einige Meter, ehe er mit betrübter Miene stehen blieb. Ihm gefiel es nicht, dass sich ein Teil der Herde seiner Aufsicht entzog.

Im Hintergrund reihten sich die Orangenbäume bis an den Horizont und wirkten in der Morgensonne wie ein ferner Traum, der sich erst noch aus dem Nebelgespinst der Nacht befreien musste. Es war ein fantastischer Anblick, bei dem Sofie unwillkürlich tiefer atmete. Diese Weite faszinierte sie mehr als erwartet. Sie liebte es, im Urlaub fremde Städte zu besuchen, auf Türme zu steigen und durch Kirchen und Museen zu schlendern, doch ein Teil von ihr hatte auch immer darauf gedrängt, die Häuseransammlungen hinter sich zu lassen und herauszufinden, welche Wunder die Natur für sie bereithielt.

Mit den Jahren hatte sie festgestellt, dass es keine hohen Wasserfälle, tiefen Schluchten oder schneeweißen Strände brauchte, sondern dass die Harmonie eines Landstrichs ausreichte, um ihr ein Lächeln auf die Lippen zu zaubern. Hier war sie deutlich zu spüren, diese Harmonie. Wie es wohl war, wenn man diesen Ausblick jeden Morgen genießen konnte? Wie es hier wohl im Winter aussah, wenn der Raureif die sanft gewellte Landschaft glitzern ließ?

»Es ist wunderschön, nicht wahr?« Die Señora tauchte neben ihr auf. »Nach all den Jahren fasziniert es mich noch immer. Ich kann mir nicht vorstellen, eines Tages woanders zu leben und nicht mehr hier, auf meinem kleinen Hügel, von dem aus die Welt so weit weg und deshalb viel kleiner wirkt. Versteh mich nicht falsch, Sofie, Cielente und seine Menschen wohnen hier.« Sie legte eine Hand auf ihr Herz. »Ich bin ja unten auf der Farm großgeworden, und schon wenn man vor dem Haupthaus steht, glaubt man, dass einem so viel zu Füßen liegt. Aber erst hier oben, inmitten der Wiesen und Bäume, da tut es das wirklich.« Ihre Stimme klang sanfter, als wäre auch sie in das Licht der Morgensonne gehüllt.

»Sind Sie deshalb in die Finca gezogen?«

»Ach, da kam eines zum anderen. Nachdem meine Eltern zu alt wurden, um die Plantage zu führen, hat sich Antonio um die Geschäfte gekümmert. Mein Bruder. Mir stand nie der Sinn danach, mich mit solchen Dingen zu befassen.« Sie winkte ab. »Früher war es Männersache, den elterlichen Betrieb zu übernehmen, also habe ich nie daran gedacht, mich einzubringen. Es mag altmodisch erscheinen, aber ich bin für ein Leben an der Seite eines Mannes erzogen worden; für die Küche und das Haus, und ich war sehr glücklich damit, weil ich mit meinem Tico den Richtigen gefunden hatte. Er war in der Textilbranche tätig, und wir hatten beide keine Ambitionen, in den Betrieb der Plantage einzusteigen. Also haben wir sie Antonio überlassen und die Finca gewählt. Und wir hatten ein wunderbares Leben.« Die Falten rund um ihre Augen tanzten, doch es lag auch etwas Bittersüßes in ihrer Freude. »Tico hat immer alles in Schuss gehalten, er war ein guter Handwerker. Aber seit er gegangen ist, bin ich bei einigen Dingen auf die Hilfe anderer angewiesen. Andrés ist so lieb, dass er regelmäßig nach mir sieht, trotz all der Arbeit, die er hat, gerade jetzt.«

»Er kümmert sich allein um die Plantage?«

»Na ja, er hat seine Erntehelfer. Aber alles andere liegt bei ihm, und jetzt ist auch noch ein Paar krank geworden, das seit Jahren für ihn arbeitet. Um diese Jahreszeit ist es hier in der Gegend schwer, Ersatz zu finden. Daher freue ich mich, dass dein Bruder und Tereza ihn unterstützen wollen. Der Dickkopf hatte sich doch tatsächlich vorgenommen, es auch so zu schaffen.« Ihr Kopfschütteln verriet, was sie davon hielt.

Sofie hing in Gedanken den Worten der Señora nach. Sie konnte sich genau vorstellen, wie es in ihrer Jugend gewesen war: sie jung und voller Leben, mit ihrem Tico hier oben in der Finca, die mit Ausnahme einiger Details so ausgesehen hatte wie heute. Der Anstrich in einem dunklen Pfirsichton, dazu Tür und Fensterrahmen aus Holz, mit Fensterläden, deren Grün so dunkel war wie das Efeu, das sich an einer Seite über die Fassade zog. Die Stufe vor dem Eingang lief in einer Umrandung aus, in die niedrige Büsche gepflanzt waren. Einfach, aber gemütlich – und für eine oder zwei Personen mehr als ausreichend.

»Also wohnt Ihr Bruder dort?« Sie deutete nach rechts, wo ein Teil des Haupthauses durch die Bäume lugte. Wenn Señor Landero ungefähr so alt war wie seine Schwester, konnte es gut sein, dass er sich aus dem aktiven Betrieb zurückgezogen hatte und lediglich grundlegende Entscheidungen traf, während Andrés die Farm managte.

»Antonio ist nur selten hier. Er war sein Leben lang Geschäftsmann in großen Städten. Das ist seine Welt. Er lebt in Madrid und lässt sich nur zu wichtigen Anlässen hier blicken.«

Sofie runzelte die Stirn. »Dann wohnt Andrés in dem großen Haus?« War es nicht trotz all ihrer Liebe zur Finca seltsam, dass die Señora es jemandem überließ, der für sie arbeitete?

»O nein. Ich hätte gar nichts dagegen, aber er hat uns schon vor vielen Jahren erklärt, dass er sich damit unwohl fühlen würde. Er lebt im Anbau und sieht im Haupthaus hin und wieder nach dem Rechten, vor allem, wenn Antonio sich ankündigt.« Ein sanfter Wind ließ die Blätter rascheln und wehte der Señora eine feine Strähne auf die Wange. Sie strich sie weg und ließ ihre Hand kurz dort liegen, als hätte sie sich in ihren Erinnerungen verloren. »Andrés arbeitet schon ewig für meine Familie. Als Junge hat er bei meinen Eltern ausgeholfen und ist geblieben, als Tonio den Betrieb übernahm. In der Zeit hat er alles gelernt, was er über das Geschäft wissen muss, und sich in seiner Freizeit weitergebildet. Ich würde mir niemand anderen für die Plantage wünschen als ihn. Vor allem, weil er auch mein kleines Haus nicht vergisst, das seine Pracht nach und nach verliert.«

»Ihre Finca ist wunderschön.« Das war kein höfliches Kompliment, sondern kam aus tiefstem Herzen. »Ich kann mir gut vorstellen, dass Sie hier sehr glücklich waren mit Ihrem Mann. Und es auch immer noch sind.«

»*Sí*«, sagte die Señora verträumt. »Wir hatten sie gefunden, die Liebe, auch wenn es damit in Cielente manchmal etwas hapert.« Sie gluckste, amüsiert über ihre eigenen Worte. »Aber hör nicht auf eine alte Frau. Gehen wir rein und trinken noch einen Kaffee zusammen.«

Das ließ sich Sofie nicht zweimal sagen. Sie griff nach dem Korb und machte sich auf den Weg in die Küche.

7

Im Bad lief die Dusche; also waren Simon und Tereza endlich auf den Beinen.

»Was haben Sie mit all den Orangen vor?«, fragte Sofie, als sie den Korb auf der Anrichte abstellte. »Für einen Kuchen erscheint mir das recht viel.« Die Früchte sahen ebenso gut aus wie die gestern auf dem Markt, und das zarte Aroma, das bereits am Morgen die Küche durchzogen hatte, war intensiver geworden.

Die Señora inspizierte die Lieferung, nahm die eine oder andere Orange heraus, drehte sie in den Händen und schnupperte daran. »Oh, so einiges.« Ihre Wangen röteten sich vor Tatendrang. »Zwei Freundinnen stehen regelmäßig auf dem Markt. Renata, der du gestern ja begegnet bist, und Maria. Ich habe versprochen zu helfen, ihr Angebot aufzustocken. Marmelade, Likör, Kuchen. Sie kommen im Moment nicht dazu, und ich habe Zeit. Außerdem stehen einige Feste an, und ich möchte auch Andrés und den Jungs des Alcalde danken, dass sie sich um die Finca kümmern. Sie passen alle so gut auf mich auf.«

»Die Jungs des Alcalde?«

Die Señora legte drei Orangen zur Seite. »Alcalde, so nennen wir Señor Pacheco, unseren Bürgermeister. Er hat zwei stolze Söhne und ist immer froh, wenn sie sich mal wieder blicken lassen. Sie sind beide ebenso gute Geschäftsleute geworden wie mein Bruder und viel unterwegs, aber sie lieben ihre Heimat und kommen so oft wie möglich zurück. Ich freue mich immer sehr, sie zu sehen. Sie sind mit Andrés zusammen aufgewachsen. Hier.« Sie reichte Sofie die drei Orangen und schaltete den Backofen ein. »Die werde ich meinen Gästen zum Frühstück servieren. Wenn du so lieb wärst, sie einmal aufzuschneiden?«

In der folgenden halben Stunde kümmerten sie sich um das Frühstück, denn die Señora bestand darauf, den ersten Morgen ihres Aufenthalts mit einem kleinen Festmahl zu feiern. Neben dem üblichen Brot, Käse und Schinken, Tomaten und Oliven bereitete sie einen grünen Salat mit Gurken und Zwiebeln zu und rührte ein Dressing aus Balsamico, Olivenöl, Honig, Senf, Gewürzen und Orangensaft an. Anschließend bestreute sie Orangenhälften mit einer Mischung aus Zucker und Zimt und gab sie für wenige Minuten in den Backofen, bis der Zucker karamellisierte und Blasen warf. Es roch köstlich.

»Das muss ich mir unbedingt merken«, sagte Sofie, begeistert von der schnellen, einfachen Idee. »Ich würde mich freuen, wenn Sie mir einige Ihrer Rezepte zeigen.«

Die Señora bedachte sie mit diesem speziellen Gesichtsausdruck, den man Gleichgesinnten schenkte und in dem sowohl Verstehen als auch etwas Verschwörerisches lag. »Liebend gern. Ich habe über die Jahre hinweg Rezepte mit Zitrusfrüchten gesammelt«, sagte sie, nachdem Sofie das Salatdressing probiert und für ausgezeichnet befunden hatte, und deutete auf mehrere Notizbücher in einem Wandregal. »Da ist einiges zusammengekommen. Die Menschen hier lieben zwar das Althergebrachte, sind aber je nach Tagesform auch offen für Neues. Und die Jugend probiert ohnehin gerne Dinge aus, weil es sonst zu langweilig wird.«

»Da haben wir was gemeinsam«, sagte Sofie und deutete auf das Regal. »Zu Hause notiere ich mir Rezepte auch handschriftlich, weil das besser zu einer Küche passt, in der es nach Gebackenem duftet, als ein Eintrag in einer App auf dem Handy. Jetzt ärgere ich mich ein bisschen, dass ich mein Notizbuch in Osnabrück gelassen habe, aber wenn Sie später vielleicht einen Zettel für mich hätten? Dann schreibe ich es auf und übertrage es nach meiner Rückkehr.«

Die Señora überlegte. »Ich habe sogar noch was Besseres.« Sie öffnete eines der Schränkchen und suchte darin herum, wobei sie vor sich hinmurmelte. Dann schloss sie es wieder und öffnete das nächste. »Ah«, sagte sie nach einer Weile und hielt Sofie etwas entgegen. »Hier. Das ist für dich.«

Es war ein Notizbuch mit Ringbindung, ähnlich denen, die auf dem Wandregal der Señora standen. Der Einband glänzte dunkelgrün. *Para los mejores momentos de la vida* stand in goldener Schrift darauf. »Für die besten Momente im Leben«.

Sofie strich über die geprägten Buchstaben. »Was ist das?« Sie glaubte, kurz einen Hauch von Trauer auf dem Gesicht der Señora zu entdecken, aber dann war dieser Eindruck auch schon wieder verflogen.

»Es hat einer Freundin gehört, Estrella. Ich besitze das gleiche Exemplar in Blau. Wir haben die Büchlein gemeinsam gekauft, als wir noch junge Mädchen waren, um Rezepte darin zu sammeln. Meines war sehr schnell voll, aber Estrella hat ihres nur sporadisch herausgekramt. Sie mochte nicht so gern in der Küche stehen, und wenn, dann wollte sie keinen Gedanken daran verschwenden, wo der nächste

Stift zu finden ist.« Ihr Lächeln hatte etwas Wehmütiges. »Leider ist meine liebe Freundin gestorben. *Dios mío*, das ist nun auch schon sieben Jahre her! Wie die Zeit vergeht.« Sie blinzelte, doch der verräterische Glanz in ihren Augen wollte nicht ganz verschwinden. »Sie hat mir neben anderen Dingen dieses Büchlein hinterlassen, aber ich habe es nie benutzt. Dabei ist es viel zu schade, um im Schrank zu verstauben. Ich möchte es dir schenken. Füll es mit Rezepten, über die du hier in Spanien stolperst, und nimm sie mit nach Hause zu deiner Familie.«

»Aber …« Sofie starrte auf das Notizbuch in ihrer Hand, das innerhalb weniger Sekunden so wertvoll geworden war. »Das kann ich nicht annehmen, Señora Landero.«

»Bitte. Ich brauche es nicht, um mich an Estrella zu erinnern, ich trage sie voller Liebe im Herzen. Aber sie würde sich bestimmt freuen, wenn ihr Büchlein verwendet wird und jemand ihre Einträge fortsetzt. Ein paar sind schon drin.«

Sofie zögerte, ehe sie das Buch aufschlug. Auf der ersten Seite prangte ein sorgfältig gemalter Schriftzug: *Recetas de cítricos*. »Rezepte mit Zitrusfrüchten«, murmelte sie und fuhr mit einem Finger über die neben die Worte mit Tinte gemalten Ranken, Zitronen und Orangen, ehe sie umblätterte. »Avocado-Orangen-Salat.« Sie überflog die Zeilen. Zunächst hatte Estrella, wie es üblich war, die Zutaten aufgelistet, doch der Absatz darunter begann anders, als sie es erwartet hätte.

»Ich weiß gar nicht mehr, wo ich dieses Rezept aufgeschnappt habe, aber ich fand es vor zwei Tagen auf einer alten Serviette in meiner Wohnung«, las Sofie vor, »und mir wurde klar, dass meine nächste Aufgabe feststand: Ich würde

mich auf die Suche nach der perfekten Avocado begeben.«
Sie blickte auf.

Die Señora hatte die Augen halb geschlossen, als würde
sie der Stimme aus der Vergangenheit lauschen. »Ja, so war
sie, meine Estrella. Sie hat immer alles durcheinanderge-
mischt. Röcke über Hosen gezogen, einen Regenschirm im
Sommer aufgespannt, wenn ihr danach war, oder eben aus
ihrer Rezeptsammlung ein halbes Tagebuch gemacht.« Ihre
Lider flatterten, und eine einzelne Träne rollte über ihre
Wange. »Ich würde mir wünschen, dass du es trotzdem fort-
führst, Sofie, auch wenn einige Dinge drinstehen, die nichts
mit dir zu tun haben.«

Am liebsten hätte Sofie die Señora in den Arm genommen, doch dafür kannten sie sich nicht gut genug, und sie
wollte ihre Gastgeberin nicht in Verlegenheit bringen. Also
schlug sie das Buch zu und drückte es an sich. »Wenn Sie
mir versprechen, dass Sie es wirklich nicht vermissen, die
Anekdoten Ihrer Freundin zu lesen, nehme ich es sehr gern
und führe es fort.«

»Versprochen. Das würde mich wirklich sehr freuen«,
sagte die Señora. »Genau wie Estrella. Abgesehen von ihren
Schrullen war sie nämlich sehr pragmatisch. Also ja, füll es
mit Rezepten voller Orangen, Zitronen und Clementinen!«

»Das mache ich auf jeden Fall. Ihre karamellisierten Orangen trage ich direkt heute Abend ein, und auch meine Stan-
dardrezepte, die ich auswendig kann und noch nirgendwo
notiert habe. Beispielsweise bekommen Familie und Freunde
jedes Jahr zu Weihnachten meine spezielle Orangenmarmelade. Wenn ich die nicht mache, sind sie enttäuscht.«

Die Señora horchte auf. »Orangenmarmelade? Hat es dich
deshalb in diese Gegend verschlagen? Wegen unserer Planta-

gen?« Sie zog sich einen Stuhl zurück und deutete auf einen zweiten. Die Arbeit war erledigt, nun war Zeit zum Plaudern.

»Nicht direkt«, sagte Sofie, griff nach ihrem Glas, trank einen Schluck Orangensaft und nahm sich vor, nie wieder über eine Werbung zu lachen, in der es hieß, dass man die Sonne darin schmecken könnte. »Aber es ist auch kein Zufall. Simons und mein Großvater stammt von hier. Aus Cielente.«

»Ach!« Die Señora lehnte sich so schwungvoll vor, dass ihr Stuhl über den Boden rutschte. »Wie heißt denn dein Großvater, Liebes?«

»Fernando Montejo. Er hat das Land mit zwanzig verlassen und ist als Gastarbeiter nach Deutschland gegangen. Damals hatte er nur noch wenig oder vielleicht auch gar keine Familie mehr hier. Er redet kaum über seine Zeit in Spanien.«

»Montejo«, murmelte die Señora. Ihr Blick schweifte in die Ferne und ihre Lippen bewegten sich, als sie den Namen lautlos wiederholte. »Doch, ich glaube, ich erinnere mich. Ich war noch ein Kind, als er sich verabschiedet hat. Das war keine kleine Sache, einfach so ins Ausland zu gehen, das weiß ich noch. Die Leute haben geredet. Es war ungewöhnlich, dass jemand das Dorf verließ, um sein Glück in der Fremde zu suchen. Gerade die Alten haben das gar nicht gern gesehen, immerhin hatten sie doch ihren Kindern und Enkeln alles zur Verfügung gestellt, was sie benötigten. Damals war das Leben im Dorf sehr überschaubar, Sofie. Es gab klar definierte Grenzen, und für manche kam es einer Beleidigung gleich, wenn jemand darüber hinaus wollte.« Sie blinzelte. »Ich habe tatsächlich noch ein Bild vor Augen. Seltsam, dass man manche Dinge noch so genau weiß, auch wenn sie schon eine halbe Ewigkeit her sind. Señor Montejo war groß und dunkelhaarig, mit schmalen Lippen. Er trug ein … geflicktes Hemd, glaube ich, ja, mit Hosenträgern, und abgewetzte Schuhe, und er stand an der alten Stadtmauer, einen Beutel über der Schulter und einen Koffer in der Hand. Eines von diesen alten Modellen, über und über mit bunten Bildern beklebt.«

»An den erinnere ich mich«, platzte Sofie heraus. »Er lagert in Opas Keller. Die meisten Sticker sind kaum noch zu erkennen. Sie erinnern sich wirklich an meinen Großvater, Señora!« Niemals hätte sie gedacht, wie aufregend es war, auf eine erste Spur zu stoßen.

Die Señora rieb sich über die Augen und kehrte in die Gegenwart zurück. »Er hat traurig gewirkt. Als hätte er was verloren. Ich war mit meiner Mutter unten im Ort; und ich weiß nicht mehr warum, aber ich wollte ihn trösten. Und dann …« Sie schüttelte den Kopf. »Tut mir leid, an mehr erinnere ich mich nicht. Und vielleicht stimmt auch nicht alles. Es ist ja schon so lange her, da ist es gut möglich, dass ich das eine oder andere Detail hier falsch abgelegt habe.« Sie berührte ihre Stirn mit einer flüchtigen eleganten Geste, und es war klar, dass sie versuchte, den düsteren Beiklang ihres Berichts abzumildern.

Doch Sofie fand keinen Grund, daran zu zweifeln. Vielleicht war Opa Nando der Abschied von seiner Heimat schwergefallen, aber er hatte in Deutschland einfach mehr Chancen für die Zukunft gesehen – oder aber etwas war geschehen, das dafür gesorgt hatte, dass er in seinen letzten Minuten hier traurig gewesen war. Abschiedsschmerz, Wehmut, Zweifel. Es konnte so vieles sein.

»Wissen Sie auch etwas über seine Familie? Auf dem Markt hat mir jemand gesagt, dass es heutzutage keine Montejos mehr gibt in Cielente.«

»Das stimmt.« Die Señora griff nach ihrem Kaffee und rührte langsam darin herum. »Bloß warum, das weiß ich leider nicht. Vielleicht sind sie weggezogen. Dein Großvater hat nie was gesagt?«

»Nein.« Sofie seufzte. »Er hatte sich vorgenommen, seine beiden Leben, wie er sie nennt, strikt zu trennen, und er ist der dickköpfigste Mensch, den ich kenne.«

»Dann«, sagte die Señora, »stehen die Chancen sehr gut, dass er wirklich aus der Gegend stammt. Die Köpfe mancher Cielenteros wetteifern mit dem Felsgestein. Aber wenn du etwas über ihn herausfinden willst, dann könntest du Glück haben. Es gibt hier noch ein paar Menschen, die damals bereits erwachsen waren, und manche von ihnen sind noch äußerst fit. Nicht nur körperlich.«

Hinter ihnen ertönten Schritte, und Simon betrat die Küche. Er war barfuß und sein Haar noch feucht. »Guten Morgen.«

»Guten Morgen!« Die Señora deutete schwungvoll auf den Tisch. »Sofie und ich haben uns bereits um das Frühstück gekümmert, nimm doch Platz.«

»Ähm. Ja, gerne, aber erst …« Sein Blick flackerte unsicher zu Sofie, dann hielt er etwas in die Höhe. Einen Fenstergriff? »Ich schwöre, ich habe nicht daran gerissen. Ich wollte nach dem Duschen das Fenster im Gästebad öffnen, und auf einmal hatte ich ihn in der Hand. Er ist leider gern auf Pilgerfahrt.«

Sofie starrte Simon an und schüttelte dann grinsend den Kopf, was ihn prompt erröten ließ. Die Señora, die soeben an ihrem Kaffeebecher nippen wollte, hielt inne und runzelte die Stirn, nickte dann aber. »Ja, er scheint abgebrochen zu sein. Aber nicht schlimm, das Fenster ist sehr alt. Und heute ist der ideale Tag für Reparaturen. Später kommen drei junge Männer vorbei, die sich darum kümmern werden. Lehn das Fenster einfach an, es kann ja nichts geschehen. Osito passt auf, dass niemand einfach hier reinkommt, nicht wahr, *mi pequeño*?« Sie streichelte dem Hund über das Fell und gab ihm einen Brotkanten, mit dem er sich zufrieden neben ihren Beinen niederließ.

»Wir bezahlen das natürlich«, sagte Simon erleichtert und beäugte interessiert den Tisch.

»Unsinn!« Die Señora hob das Kinn. »Ich zahle ja auch nichts für die Reparatur. Und nun los, der Kaffee wird kalt.«

»Hör ich was von Kaffee?« Tereza streckte den Kopf hinter Simon durch die Tür, wieder einmal vibrierte sie nur so vor guter Laune und Energie. »Dann kann der Tag ja bloß noch besser werden. Wir haben hervorragend geschlafen, Señora Landero, ihre Finca ist ganz zauberhaft. Und selbstverständlich kommen wir für den Schaden auf.« Sie wirbelte in die Küche, erfasste mit einem Blick das Frühstücksarrangement, drückte Simon auf einen Stuhl und schenkte ihm und sich selbst Kaffee ein. »Außerdem möchte ich Ihnen zum Dank dafür, dass Sie uns gerettet haben, eine Lesung anbieten.« Sie setzte sich neben die Señora, zog ein Päckchen aus der Hosentasche und legte es auf den Tisch. »Natürlich nur, wenn Sie Interesse haben.«

Die Señora nahm es und betrachtete es von allen Seiten. »Die sehen aus, als hätten sie schon viel erlebt.«

»Das haben sie auch. Meine Tante hat mir das Tarotdeck vermacht, sie war die älteste von Papas Schwestern. Wenn Simon und ich keine Arbeit finden, ist das meine Alternative, um über die Runden zu kommen. Ich lege die Karten schon seit vielen Jahren.«

Die Señora drehte das Päckchen in den Händen. »Später vielleicht. Jetzt greif erst mal zu.«

Sofie räusperte sich. »Du wirst nicht auf deine Karten angewiesen sein, Tereza.« Sie machte ein geheimnisvolles Gesicht.

Tereza fuhr herum. »Du hast was für uns aufgetan?«

»Ja, ich habe vorhin Andrés kennengelernt, den Verwalter der Plantage. Er hat Arbeit für euch, wenn ihr es schafft, um sieben Uhr bereit zum Pflücken zu sein.«

Simon wischte sich einen Krümel vom Mundwinkel. »Sieben?« Leichte Panik lag in seiner Stimme. »Morgens?« Sein Blick huschte zu Tereza, ehe ihm offenbar aufging, wie das auf seine Herzensdame wirken musste. »Also ja, natürlich schaffen wir das. Ist ja toll! Gut gemacht, Schwesterherz! Können wir direkt morgen anfangen?«

Sofie zuckte die Schultern. »Andrés meinte, ihr sollt nachher einfach rüberkommen. Dann könnt ihr alles klären.«

Tereza griff nach ihrem Kaffee und trank einen großen Schluck. »Super. Was ist mit dir? Willst du dich uns nicht doch anschließen?«

»Nein, ich werde mich mit der Erlaubnis von Señora Landero wie geplant auf das hier konzentrieren.« Ihre Geste umfasste die kleine Küche.

»Kommst du wenigstens kurz mit zur Farm?«, fragte Simon. »Um einen Eindruck zu gewinnen, meine ich. Immerhin kann es doch sein, dass Opa Nando früher als Rückenhelfer gearbeitet hat.«

Terezas Kopf ruckte gleichzeitig mit dem der Señora in die Höhe, während sich Sofie vorbeugte und ihrem Bruder auf die Schulter schlug. »Ja, gut möglich, dass er mal als *Ernte*helfer gearbeitet hat. Und klar komm ich mit, um alles mal aus der Nähe zu begutachten. Es muss schön sein, durch die Baumreihen zu schlendern.« Der Gedanke war ihr spontan gekommen, aber jetzt ging ihr auf, dass sie wirklich neugierig war auf die Welt der Zitrusfrüchte und ihres Anbaus. Andrés schien nett zu sein, auch wenn er sicher viel zu tun hatte.

Es sah ganz danach aus, als hätte der Ort doch mehr zu bieten als auf den ersten Blick angenommen – vor allem das Umland. Sie war froh, auf Tereza gehört zu haben, und begriff allmählich, dass ihre Reise vorerst hier endete und sie alle Zeit der Welt hatte, um sich auf Spurensuche zu begeben. Und falls da nichts war, würde sie eben herausfinden, was Cielente sonst noch für sie bereithielt – selbst wenn es nur darum ging, für die Dauer ihres Urlaubs die Seele baumeln zu lassen.

»Erntehelfer. Richtig, ja«, murmelte Simon in das Schweigen hinein und bekam einen Kuss von Tereza.

Dann machten sie sich über das Frühstück her. Es war hervorragend, was nicht nur am Angebot, sondern auch an der Aussicht lag, überlegte Sofie, während sie eine karamellisierte Orangenhälfte auslöffelte. Sobald sie wieder in Osnabrück war, würde sie Opa Nando genau solche Orangen auftischen, auch wenn sie nicht so süß und aromatisch schmecken würden wie die hier.

Obwohl die Señora protestierte, kümmerten sich Tereza und Simon im Anschluss um den Abwasch. Sofie nahm ihr Handy und machte sich auf den Weg, um den Garten zu erkunden und das eine oder andere Foto für ihre Familie und Freunde zu schießen.

Als sie ihr Telefon einschaltete, entdeckte sie acht neue Nachrichten – die erste stammte von Nadja, die danach von ihrer Mutter, der Rest von Opa Nando. Überrascht öffnete sie eine nach der anderen – und atmete auf: Es war nichts passiert. Ihre Mutter und Nadja sandten ihr Grüße und fragten nach Neuigkeiten; Opa Nando dagegen fragte nichts, sondern schickte weitere Reisetipps rund um Valencia, die allesamt weiter und weiter von Cielente wegführten.

Sofie plagte das schlechte Gewissen. Sollte sie ihm doch verraten, wo sie sich aufhielten? Früher oder später würde er es ohnehin herausfinden und dann zu Recht wütend sein. Die Vorstellung, wie er im Internet surfte auf der Suche nach weiteren Sehenswürdigkeiten, machte sie traurig. Er umklammerte krampfhaft mit beiden Händen seine Geheimnisse und merkte nicht, dass sie ihm bereits durch die Finger schlüpften. Allerdings fragte sie sich allmählich, ob es wirklich Geheimnisse waren, die er zu schützen versuchte, oder nur Erinnerungen, die im Laufe der langen Jahre mehr und mehr verblasst waren und lediglich ein Gefühl von Ablehnung und Unsicherheit hinterlassen hatten.

Sie hob den Kopf und lauschte. Hier draußen, in der Stille und Abgeschiedenheit der Finca, schien es keinen Platz für düstere Gedanken zu geben.

Begleitet von der Sonne, einem sanften Wind und Vogelgezwitscher – sowie dem Gackern der Hühner – schlenderte Sofie über die Wiese, vorbei an Sitzgelegenheiten, Bäumen und Sträuchern. Sie erkannte genau, wo die Señora vor Kurzem gearbeitet hatte. Das Grundstück war zu groß, um alles an einem Tag zu schaffen, gerade für eine ältere Frau. Sofie gefiel das verzweigte Gelände mit dem Ausblick auf die Wildblumenwiese, wo sie jetzt neue Fleckchen entdeckte, die sie von ihrem Zimmer aus nicht hatte sehen können. Es gab Obststräucher und Brombeerhecken am Ende, die über den an manchen Stellen niedergebrochenen Begrenzungs-zaun gewuchert waren. Dahinter lag unbebautes Land, und in der Ferne wellten sich die Baumreihen einer weiteren Plantage.

Sie machte sich auf den Rückweg, wobei sie die andere Seite des Gartens durchstreifte. Etwas schimmerte durch das Grün. Zuerst glaubte sie, dass es sich um eine Wasser-tränke für Vögel handelte, erkannte es dann aber als eine Art Sockel, der vielleicht einmal eine Säule gewesen war, mitt-lerweile allerdings keine Konturen mehr hatte. Er reichte ihr bis zur Taille und verbreiterte sich oben zu einer ebe-nen Fläche. Eine Statuette stand darauf, ungefähr so hoch wie Sofies Hand. Sie zeigte eine Frau in einem bodenlangen Kleid und mit einer Haube auf dem Haar. Auch sie hatte den Kampf gegen das Wetter und die Zeit verloren: Nur an manchen Stellen waren noch Farbreste erhalten. Augen, Nase und Mund waren nur noch angedeutet, und sie hatte eine Hand eingebüßt. Neben der Figur waren Blüten aus Keramik, Steine in unterschiedlichen Farben und Blumen platziert, die längst verwelkt waren. Das Arrangement erin-nerte an einen Schrein.

Einer spontanen Eingebung folgend, pflückte Sofie eine Blume von der Wiese und legte sie neben die Statuette.

»Sof!« Simons Stimme schallte zu ihr herüber. »Wir wol-len los!« Aufgeregtes Gegacker folgte, und sie beeilte sich, damit die Hühner der Señora keinen Herzinfarkt bekamen.

Sofie drückte die Plastikbox mit dem Rest des Frühstücks für Andrés an sich.

»Ich kenne ihn. In dieser Jahreszeit ist er so viel auf der Plantage unterwegs, dass er oft erst am Abend ans Essen denkt. Bei einem Mann von seiner Größe ist das nicht gut.« Señora Landero hatte ihn vor wenigen Minuten angerufen, und er hatte versichert, in der kommenden halben Stunde noch mit Organisation und Buchhaltung im Haus beschäftigt zu sein, um sich im Anschluss zu den Pflückern auf der Plantage zu gesellen.

Osito folgte ihnen eine Weile lang, aufgeregt über das kleine Abenteuer. Schließlich drehte er um und hüpfte zurück zur Finca, wo die Señora auf der Bank vor dem Haus saß und ihnen zuwinkte.

Sie nutzten nicht die offizielle Auffahrt, die in einem weiten Bogen um den Großteil der Plantage herumführte, sondern einen schmalen Fußweg, der in fast direkter Linie auf das Haupthaus zulief und bald zwischen den Baumreihen verschwand.

Aufmerksam betrachtete Sofie die dunkelgrünen Blätter und die leuchtenden Früchte dazwischen, deren Schalen zwischen Orange und hellem Grün changierten – in diesem Teil der Plantage war noch nicht geerntet worden. Der Boden war nur spärlich bewachsen, und überall gab es braune Flecken, die einen sanften Kontrast zu den satten Farben der Baumkronen bildeten. Zwischen den Bäumen waren Schläuche verlegt, und hin und wieder ragte das Ventil einer Bewässerungsanlage aus dem Boden.

In einiger Entfernung rief jemand etwas, und eine Frau antwortete, gefolgt von Gelächter. Neben einem Baum lag eine Leiter. Daneben stand ein großer, halb mit Orangen gefüllter Behälter, der an einen riesigen Plastiksack erinnerte. Etwas bewegte sich dahinter.

»Huch«, rief Tereza, sprang zur Seite und legte sich eine Hand auf die Brust. »Hab ich mich erschreckt!« Es war ein

Huhn, das sich nicht für sie interessierte und mit wackelndem Kopf weiterlief. »Ist das der Señora entwischt?«

»Ich glaube nicht.« Sofie deutete zur Seite, wo weiteres Federvieh unterwegs war. »Die gehören wohl zur Plantage.« Sie strich sich über die Stirn. Die Reihen mussten vor Kurzem bewässert worden sein – die Blätter schimmerten, und die Luft hatte einen Teil der Feuchtigkeit aufgenommen.

Sie begegneten einigen Erntehelfern, die auf ihren Leitern in den dichten Baumkronen lehnten und sie entweder nicht beachteten oder rasch eine Hand zum Gruß hoben, um sich gleich wieder auf ihre Arbeit zu konzentrieren. Jeder von ihnen trug lange Kleidung, Handschuhe und einen Strohhut, hatte einen Sack um den Körper geschlungen, in dem die Früchte gesammelt wurden, und pflückte sie mit enormer Geschwindigkeit vom Baum.

»Wenn man all diese Reihen zusammennimmt, ist das … echt wahnsinnig lang«, sagte Simon. »Erstaunlich, dass alles von Hand gemacht wird.«

»Wird es das?«, fragte Sofie. Sie hatte zwar den einen oder anderen Artikel im Internet überflogen, ihr Wissen aber nicht vertieft – schließlich hatte sie nicht vor, auf einer Farm zu arbeiten.

»*Sí*. Sie benutzen zum Ernten kleine Scheren«, sagte Tereza. »Sogenannte Clipper. Das schützt die Früchte. Bei Mandarinen beispielsweise reißt die Schale ein, wenn du sie einfach so vom Baum pflückst, dann bekommen die Früchte Wunden und können nicht mehr verkauft werden. Es ist wohl noch keine Maschine entwickelt worden, mit der sie sich ohne Schäden ernten lassen.«

Sie erreichten das Ende der Reihe und passierten eine weitere, bis sie endlich den Hof betraten. Ein Gabelstapler stand dort neben einem Geländewagen; Hühner pickten auf dem Boden herum. Das Haupthaus war aus demselben Gestein wie die Finca der Señora und auch im selben Stil erbaut, nur besaß es ein zweites Stockwerk. Es war zu beiden Seiten von Pappeln eingefasst, während sich die Bougainvilleen ungehindert vor der Fassade ausgebreitet hatten. Die Fensterläden waren geschlossen. Anders als die Finca war das Haus in guter Verfassung, ohne abblätternde Farbe oder herausgebrochene Mauerstücke, doch es wirkte seltsam abweisend. Vielleicht weil es nur selten bewohnt wurde.

Das lang gestreckte eingeschossige Gebäude an der Ostseite des Hauses erweckte einen völlig anderen Eindruck. Man sah ihm an, dass es einst als Lagerort gedient hatte; womöglich handelte es sich auch um einen ehemaligen Geräteschuppen. Hier gab es keine Fensterläden oder blühende Sträucher, dafür rote Vorhänge und auf den Fensterbänken Blumentöpfe mit Sukkulenten. Vor dem Eingang standen zwei Paar Arbeitsschuhe, und auf einer Bank wartete eine Tasse mit einem Rest Kaffee. Es gab weder Klingel noch Namensschild, aber dies musste der Anbau sein, in dem Andrés Celaya wohnte.

»Also dann«, sagte Simon und sah Sofie aufmunternd an. Immer, wenn es für ihn bequem war, pochte er auf Prinzipien, die er in anderen Situationen als altmodisch bezeichnete. So hatte er es sich in den Kopf gesetzt, dass Sofie ihn und seine Freundin Andrés vorstellen musste, da sie ihn bereits kannte. Wobei »kennen« viel zu dick aufgetragen war; sie hatten ja lediglich ein paar Worte gewechselt.

Doch Sofie tat ihm den Gefallen, klopfte an und trat einen Schritt zurück. Es dauerte nicht lange, ehe im Inneren Schritte laut wurden und die Tür geöffnet wurde.

Andrés trug noch immer die Kleidung von heute Morgen, aber wenn sich Sofie nicht irrte, waren einige Flecken und Dreckspritzer dazugekommen. Einer prangte über einer Augenbraue und wurde zu einer Seite schmaler, als hätte er mit einem Arm darübergestrichen, sodass er beinahe die langen Wimpern erreichte. »Sofia.« Er musterte sie, und ihr ging auf, dass sie selten so faszinierende Augen gesehen hatte. Auf den ersten Blick erschienen sie dunkel, beinahe schwarz, und vielleicht deshalb ungewöhnlich aufmerksam, doch sobald Andrés weniger ernst blickte, so wie jetzt, schimmerte warmes Braun durch.

»Andrés, hallo. Ich hoffe, wir stören nicht. Ich bringe dir Tereza und Simon, deine zukünftigen Helfer.« Sie deutete zur Seite.

Tereza trat vor und streckte ihm die Hand entgegen. »Schön, dich kennenzulernen, Andrés. Das ist mein Freund Simon. Vielen Dank, dass du uns aushilfst.«

»Ich dachte, es wäre andersherum. Habt ihr Erfahrung mit der Ernte?«

»Ich hab schon mal auf einer Farm gearbeitet, Avocados und Papayas, zu Hause in Puerto Rico.« Tereza wirkte so überzeugend in ihrer kurzen Jeanslatzhose und den Wanderschuhen, dass Sofie sie vom Fleck weg engagiert hätte.

»Für mich wäre es das erste Mal«, sagte Simon fröhlich, »aber ich feinde sehr schnell an.«

Andrés blinzelte. »Okay …?«

»Simon hat zwar von unserem Großvater Spanisch gelernt, aber es ist schon eine Weile her«, sagte Sofie schnell.

Für den Bruchteil einer Sekunde verwandelte sich das Braun in Andrés' Augen in dunkles Gold – der Vorbote eines Lächelns, mit dem er offenbar sehr sparsam umging.

»Verstehe«, sagte er. »Nun, ich freue mich, dass ihr die Helfer der Landero-Farm verstärken wollt. Was ist mit dir, Sofia?« Die Pause hinter der letzten Silbe ließ ihren Namen irgendwie kostbar klingen. »Hast du dich vielleicht umentschieden?«

Sie schüttelte den Kopf. »Nein, ich bleibe dabei: Ich werde mich auf der Finca austoben. Im Garten von Señora Landero ist ja auch einiges zu tun. Oh, und ehe ich es vergesse«, sie reichte Andrés die Plastikbox, »das soll ich dir von ihr geben und dich ermahnen, gerade jetzt in der Sommersaison keine Mahlzeit auszulassen.«

Wobei er nicht aussah, als würde es ihm an etwas mangeln. Andrés war definitiv niemand, der nur hinter dem Schreibtisch arbeitete. Die Muskeln an seinen Armen sowie die geschmeidige Art, sich zu bewegen, verrieten, dass er auch die körperliche Tätigkeit auf der Plantage nicht scheute. Zudem war er zwar schlank, aber nicht mager, und jetzt, als er sich zur Seite drehte, um die Box auf einem Tisch in der Diele abzustellen, zeichnete sich ein flacher Bauch unter seinem Shirt ab.

»Richte ihr meinen Dank aus«, sagte er. »Ich schaffe es einfach nicht, sie davon zu überzeugen, dass ich allein für mich sorgen kann.« Vermutlich dachte er dasselbe wie Sofie: dass es der Señora seit dem Tod ihres Mannes und ihrer Freundin Estrella fehlte, sich um jemand anders zu kümmern als nur um Osito und ihre Hühner. »Also gut, Tereza und Simon, erst mal zu den grundlegenden Dingen: Das hier ist Knochenarbeit, und ich bezahle keinen Stundenlohn, sondern nach Leistung, also nach der Menge der Früchte, die ihr pflückt. Ihr seid keine erfahrenen Kräfte und werdet langsamer sein als die anderen, außerdem wird die Ernte der späten Sorten nur noch wenige Wochen dauern. Ich möchte da ehrlich sein, damit ihr die Chance habt, darüber nachzudenken. Wenn ihr zusagt, plane ich euch fest mit ein und lege meine Arbeit zum Teil auf andere Bereiche um. Ich kann also niemanden gebrauchen, der sich nach zwei Tagen anders entscheidet, weil es ihm zu anstrengend ist.« Er klang freundlich, aber bestimmt. Natürlich; es war seine Aufgabe, die Plantage zu verwalten, und er musste planen können.

Auf Simons Gesicht zeigten sich erste Zweifel, und Sofie beobachtete ihn amüsiert. Jetzt verstand sie, warum die Pflücker so früh am Tag starteten – am Nachmittag würde es vermutlich wegen der Hitze noch anstrengender sein.

»Nein, wir sind dabei«, sagte Tereza fröhlich. »Uns geht es nicht darum, massenhaft Geld zu verdienen. Nur so viel, um über die Runden zu kommen.«

Andrés sah von einem zum anderen. »*Vale*, dann schlage ich vor, dass ich euch Pedro vorstelle. Er ist seit Jahren Vorarbeiter auf der Plantage und arbeitet insgesamt seit sechzehn Jahren für mich und Tonio Landero. Er wird euch einweisen und alles Weitere mit euch klären, ehe es morgen losgeht. Einverstanden?«

»Einverstanden«, sagten Tereza und Simon unisono, und beim Anblick ihrer aufgeregten Gesichter machte Sofies Herz einen kleinen Sprung. Noch gestern hatten sie sich in Valencia Sorgen gemacht, ob sie Arbeit finden würden, und jetzt standen sie hier mit Andrés. Wie schnell sich die Dinge ändern konnten!

»Ich hoffe, es ist in Ordnung, wenn ich euch begleite, auch wenn ich morgen nicht helfen werde?«, fragte sie. »Ich war noch nie auf einer Obstplantage und bin neugierig.«

»Natürlich.« Andrés sah auf die Uhr an der Wand und wirkte, als könnte er es kaum erwarten, den Schreibtisch gegen den freien Himmel einzutauschen. »Wir können sofort aufbrechen; ich habe Nita versprochen, die Bewässerungsanlage zu kontrollieren. Da stimmt seit heute Morgen irgendwas nicht.«

»Gut«, sagte Sofie und erntete einen schrägen Blick von Tereza. »Ich meine schlecht. Also gut, dass ich mitkommen darf, schlecht für die Wasseranlage.« Was war denn nur mit ihr los? Für Verwirrung zu sorgen, war doch sonst Simons Metier.

Andrés schnappte sich ein Paar Schuhe, die ihre besten Tage längst hinter sich hatten, und zog sie über, während Simon und Tereza losschlenderten, begeistert aufeinander einredeten und sich gegenseitig auf die Schultern klopften.

Andrés ließ die Tür hinter sich zufallen und gab Sofie einen Wink. »Ich habe vorhin übrigens mit José telefoniert, einem Freund von Abelia.«

»Abelia?«

Er fuhr sich mit einer Hand über das Kinn. »Ja, sie ist meine ... sie hat mich großgezogen.«

Sofie nickte langsam. Die Señora hatte gestern davon gesprochen, dass Andrés zusammen mit den Söhnen des Bürgermeisters aufgewachsen war. Hatte sie etwa das gemeint? Bedeutete das, er hatte keine Eltern? Aber selbst wenn, es ging sie nichts an. »Okay.«

»Wie auch immer, ich habe erwähnt, dass jemand mit Wurzeln in Cielente in der Finca zu Besuch ist. Zumindest die Hälfte davon wusste José natürlich bereits. Auch dass euer Großvater hier gelebt hat.«

»Wie das?«

Er senkte den Kopf, als würde er ihr ein Geheimnis anvertrauen. »Ihr wart gestern auf dem Markt und habt nach einer Übernachtungsmöglichkeit gefragt. Damit habt ihr den Gesprächsstoff für die kommenden Tage geliefert.«

»Oh.« In gewisser Weise fand Sofie das amüsant. »Und was hat José gemeint?«

»Dass er sich an Fernando Montejo erinnert. Nicht an viel, leider, aber er weiß noch genau, wie dein Großvater mal mitten in der Nacht aus dem Haus seiner Eltern geklettert ist und erwischt wurde, weil er auf eine Katze getreten ist, die mit ihrem Geschrei das halbe Dorf geweckt hat. Sie gehörte Josés Familie und ließ sich vor lauter Angst tagelang nicht streicheln. So was bleibt im Gedächtnis.«

Sofies Herz machte einen Satz. »Er weiß, wo Opa Nando gewohnt hat? Also, in welchem Haus?«

Andrés starrte sie an. »Du weißt das nicht?«

»Nein.« Verlegen schob sie sich eine Haarsträhne hinter das Ohr. »Das fällt leider auch unter seine absolute Verschwiegenheit über Cielente.«

Andrés hielt ihren Blick, und darin lag etwas, das sie nicht benennen konnte. »Warte kurz.« Er ging zurück zum Anbau und verschwand im Inneren. Sofie wartete gespannt, während neue Energie durch ihren Körper strömte. Cielente hatte sich seit vielen Jahren nicht verändert, die Vergangenheit schien hier näher als anderswo – und dank Andrés würde sie ihr noch heute gegenüberstehen!

Er kehrte zurück und hielt einen Zettel in der Hand: einen Ausdruck irgendwelcher Tabellen, auf dessen Rückseite er etwas aufgemalt hatte. »Hier. Das ist die Innenstadt von Cielente, der Marktplatz und die Kirche. Erkennst du es?« Er drehte den Zettel, und Sofie nickte.

»Ja. Von dort sind wir gekommen.« Sie fuhr die Straße – zwei kräftige, beinahe parallele Linien – mit einem Finger entlang.

»Genau. Und da liegt das Haus, in dem dein Großvater gewohnt hat.« Andrés deutete auf ein dickes Kreuz, das in einer der Nebenstraßen prangte. »Heute gehört es Adolfo Moreno, er hat einen Bauernhof ein Stück nördlich von hier. Es ist nicht mehr bewohnt – er nutzt es als Lagerraum, aber zumindest könnt ihr es euch von außen ansehen.«

»Das ist wundervoll, danke!« Ohne nachzudenken, streckte sie eine Hand aus und berührte ihn an der Schulter, nur um anschließend rot zu werden. Weil sie so etwas sonst nicht tat bei Menschen, die sie gerade erst kennengelernt hatte. Weil er sich nicht rührte und sie diesen Blick einfach nicht deuten konnte.

Also konzentrierte sie sich auf den Zettel, faltete ihn ordentlich zusammen und schob ihn in die Tasche ihres Rocks. Das hier war Spanien, da war so eine Geste sicher völlig normal.

Zumindest tat sie ihr Bestes, um sich das einzureden.

8

»Wusstest du, dass Orangenbäume Dornen haben?« Simon hielt seine Hände ungefähr einen halben Meter auseinander.

Tereza trat neben ihn und schob sie bis auf wenige Zentimeter zusammen. »Ja, und deshalb bekommen wir Handschuhe und einen Armschutz. Mandarinenbäume haben übrigens keine.«

Beide waren aufgedreht und beeindruckt von ihrer Einweisung durch Andrés' Vorarbeiter Pedro zurückgekehrt. »Wie er die Leiter nach oben gesprintet ist, Sof! Er schafft es, sie so gegen den Baum zu lehnen, dass er sich nicht festhalten muss, und pflückt dann mit beiden Händen. Über eine Tonne Früchte am Tag, eher zwei! In irrem Tempo! Ich weiß nicht, ob ich das durchhalte.«

Sofie lehnte sich gegen ihren Mietwagen und betrachtete die Häuser vor sich. »Vielleicht solltest du nicht versuchen, mit jemandem gleichzuziehen, der so viele Jahre Erfahrung hat. Ich vermute nämlich, dass Andrés nicht begeistert sein wird, wenn du ihm auf der Plantage umkippst, weil dein Kreislauf schlappmacht. Oder von der Leiter fällst.«

»Da könntest du recht haben«, sagte Simon und kratzte sich an der Nase. »Aber eine Herausforderung ist es so oder so.« Das war typisch – hin und wieder verwandelte er sich in einen kleinen Jungen, der alles als Wettbewerb betrachtete oder versuchte, seinen Vorbildern nachzueifern oder, noch besser, sie gleich zu übertrumpfen. Es brachte nichts, wenn sie in diesem Stadium auf ihn einredete, denn er würde ihr zwar zuhören, aber morgen dennoch versuchen, seine Leiter schneller als Pedro hochzuklettern. Sie konnte lediglich hoffen, dass er wirklich keinen Unfall baute und Andrés zusätzliche Probleme bereitete, denn dass der kaum Zeit für Unvorhergesehenes hatte, war ihr bei dem Rundgang über die Landero-Farm klargeworden.

Zunächst hatten sie Andrés zu einem kleinen Gebäude aus Stein begleitet, wo sie Nita kennengelernt hatten, eine Frau, die vom Alter her ihre Mutter hätte sein können, aber mit ihrer schroffen Art, den blitzenden Augen und der Angewohnheit, beim Reden ununterbrochen mit einem Messer zu spielen, laut Simon eher in eine Straßengang gepasst hätte. Sie und Andrés waren im Inneren verschwunden und hatten mehrere Minuten lautstark diskutiert.

Im Anschluss hatten sie Pedro aufgesucht, und während Andrés ihn und die neuen Helfer einander vorstellte, war Sofie an den Bäumen entlanggeschlendert und hatte den Duft der Früchte eingeatmet. Dabei hatte sie weitere der riesigen, sackähnlichen Behälter aus Plastik – beziehungsweise Polypropylen, wie Andrés später erklärte – entdeckt. In diesen sogenannten Big Packs sammelten die Erntehelfer die Früchte. Sie hatte die Menge bestaunt und eine Orange genommen, um daran zu schnuppern, als Andrés neben ihr auftauchte und erklärte, dass mit Simon und Tereza alles geklärt war.

Auch wenn Opa Nandos Leben in Cielente noch immer im Dunkeln lag, fühlte sie sich hier wohl und den Einheimischen schon ein winziges Stück näher. Und solange sie morgen früh nicht selbst eine Leiter hoch- und runtersprinten musste, konnte sie sich erlauben, das Leben auf einer Zitrusplantage als romantisches Abenteuer zu betrachten.

Andrés hatte gelächelt, als sie ihm das sagte, und erklärt, dass es in Cielente wenig Platz für Romantik gab. Er hatte ernst geklungen, und am liebsten hätte sie nachgefragt, was genau er damit meinte. Aber er war eindeutig mit den Gedanken schon wieder bei der Arbeit gewesen, und sie wollte ihm nicht noch mehr seiner Zeit stehlen, also hatte sie sich verabschiedet, um mit Simon und Tereza in den Ort zu fahren. Immerhin war sie im Besitz eines Plans, der ihr verriet, wo Fernando Montejo aufgewachsen war.

Jetzt, da sie vor besagtem Haus standen, hatte sie Mühe, bei ihren romantischen Vorstellungen zu bleiben.

»Das sieht aus wie … ich weiß nicht, ein Lagerraum?« Tereza nieste, da sie die Nase gegen die zugenagelten Fenster gepresst hatte, und stieg von einem Holzstapel.

Sofie betrachtete mit verschränkten Armen die ehemals weiße Fassade. »Das ist es mittlerweile auch. Es gehört einem Bauern namens Adolfo.« Auf ihrem Streifzug durch den Ort hatten sie nur wenige Gebäude gesehen, die man dem Verfall preisgegeben hatte – Cielente war nicht groß, der Platz wurde bestmöglich genutzt –, doch das alte Zuhause der Familie Montejo war mehr oder weniger sich selbst überlassen worden. Der Anblick machte sie traurig.

Es war beinahe quadratisch, vermutlich gab es nur je zwei Zimmer im oberen und unteren Geschoss, und wirkte mit seinem flachen Wellblechdach sehr schlicht. Tür und Fenster waren schmal, und von den Holzläden waren lediglich die Metallmontierungen in der Wand geblieben. Jemand hatte die Öffnungen provisorisch mit Brettern vernagelt, und die Tür war mit einem Vorhängeschloss verriegelt worden.

Sie versuchte sich vorzustellen, wie Opa Nando vor vielen Jahren aus einem der Fenster geklettert war, um sich nachts davonzuschleichen – vielleicht um etwas mit seinen Freunden zu unternehmen oder um ein Mädchen zu treffen. Hier hatte er seine Kindheit erlebt, seine Eltern umarmt, seine Hausaufgaben gemacht und höchstwahrscheinlich schon damals von Orangen geschwärmt. Von alldem war nichts weiter übrig als ein Haus, das schon fast eine Ruine war.

Sie gab sich einen Ruck und spähte ihrerseits durch die Bretter. Drinnen stapelte sich weiteres Holz, daneben standen irgendwelche Gerätschaften und Kisten. Zumindest die wirkten, als wären sie noch in Gebrauch. Sie trat zurück und schoss mehrere Fotos. Es hatte keinen Sinn zu versuchen, einen Winkel zu finden, der den äußeren Eindruck weicher zeichnete – man sah von allen Seiten, dass hier niemand mehr wohnte. An der Rückseite musste sich einst ein kleiner Garten befunden haben, doch Gras und Pflanzen waren längst verdorrt. Dafür scheuchte sie eine Katze auf, die sich mit einem Fauchen aus dem Staub machte.

Nachdem Simon akribisch auch das letzte Staubpartikelchen von Terezas Nase geküsst hatte, wandte er sich an Sofie. »Denkst du, wir sollten Opa Nando doch verraten, wo wir sind?«

Sie dachte an all die Nachrichten, die er ihr geschickt hatte. Seit dem Morgen waren drei weitere hinzugekommen. »Ich habe auch schon die ganze Zeit ein schlechtes Gewissen. Er glaubt, wir wären noch immer in Valencia, und fragt sich, warum ich nicht zurückschreibe.« Zweifelnd starrte sie ihr Handy an und entschied, dass zumindest sie keine

Geheimnisse vor ihrem Opa haben sollten – auch wenn er selbst es anders hielt. »Na los. Machen wir ein Selfie.«

Sie stellten sich vor dem Haus auf, und Sofie wählte eine Perspektive, die einen Teil des Verfalls verbarg. Anschließend machten sie ein Foto auf der Straße, auf dem nur eine Ecke des Hauses zu sehen war, und Sofie entschied, ihm das zu senden. Er würde die Ecke im Winkel zum Straßenzug erkennen, aber nicht, was aus seinem alten Zuhause geworden war. Mit etwas Glück würde er sich von ihrer Fröhlichkeit anstecken lassen, sodass kein Platz für unschöne oder traurige Erinnerungen blieb. Zumindest hoffte sie das. Noch einmal betrachtete sie den Schnappschuss. Simon und Tereza hatten die Arme umeinander gelegt und strahlten so breit in die Kamera, als wäre dies der schönste Tag ihres Lebens. Sofie lächelte auch, aber zwangsläufig fehlte ihr das verliebte Funkeln. Wieder einmal musste sie zugeben, wie gut die zwei zusammenpassten – und es war lange her, dass sie das über eine Freundin ihres Bruders hatte sagen können!

Sie öffnete den Chatverlauf, lud das Foto hoch und zögerte. Dann tippte sie:

Hallo aus Cielente! Nach wundervollen Tagen in Valencia waren wir einfach zu neugierig auf den kleinen Ort inmitten der unzähligen Obstplantagen. Es gibt viel zu entdecken! Liebe Grüße von Sofie, Simon und Tereza

Sie hielt das Handy Simon entgegen. »Was meinst du?«

Er las die Zeilen, atmete tief durch und drückte auf *Senden*. »Mach dir keine Sorgen, Sof. Vermutlich wird er Oma,

Mama oder einen Freund anrufen, sich kurz aufregen, und morgen hat er es dann wieder vergessen.«

»Du hast sicher recht.« Opa Nandos Gefühle kochten leicht hoch, beruhigten sich aber meist ebenso schnell wieder. Wenn ihm etwas auf der Seele lag, musste er bei irgendwem Dampf ablassen, und dann ging es ihm schon bald besser.

»Also gut«, sagte Simon mit übertriebenem Enthusiasmus, entschlossen, die Enttäuschung über Opa Nandos Elternhaus hinter sich zu lassen. »Wollen wir uns noch die Gegend ansehen? Um ein paar Eindrücke einzufangen?«

»Auf jeden Fall«, sagte Tereza.

Er hauchte ihr einen Kuss auf die Wange, drehte sich um – und hielt inne. »Was ist los, Sof?«

Sie zögerte. Auch wenn das Haus nicht das war, was sie erwartet hatten, wollte sie noch eine Weile bleiben. Ihre Fantasie suchte in den Winkeln und Ecken der Straße nach Bildern, die in ihrem Kopf lebendig werden durften. »Ich bleibe noch.«

»Warum? Hier ist doch nichts.«

Sie zuckte die Schultern. »Ich werde einfach durch die Straßen schlendern.«

»Wir haben eindeutig alles gesehen.« Simon schwenkte die Autoschlüssel.

»Ja, das mag sein. Aber ich will mir ein bisschen vorstellen, wie es früher hier gewesen ist.«

»Natürlich«, sagte Tereza und umarmte Sofie. Sie schien zu verstehen, dass sie dabei allein sein wollte. »Wann sollen wir dich wieder abholen, *querida*?«

Sofie winkte ab. »Lasst euch Zeit. Ich sehe mal, ob ich das Stück zu Fuß schaffe, ansonsten rufe ich euch an.«

»Einverstanden. Na, dann los.« Simon fasste Terezas Hand und zog sie schwungvoll mit sich.

Innerhalb weniger Sekunden wurde es still in der Gasse. Nur ein Greifvogel rief hoch über Sofie, und als sie den Kopf in den Nacken legte, entdeckte sie die am Himmel kreisende Silhouette – vielleicht ein Adler, das Wappentier von Valencia.

Sie warf einen raschen Blick auf ihr Handy – Opa Nando hatte noch nicht geantwortet. Also strich sie ein letztes Mal über die Hauswand, verabschiedete sich im Geiste von diesem Stück Vergangenheit und machte sich auf den Weg in Richtung Marktplatz. Zumindest glaubte sie das, merkte dann aber, dass sie es tatsächlich geschafft hatte, sich in dem winzigen Cielente zu verlaufen. Doch es konnte ja nicht schaden, auch die schmalsten Nebenstraßen zu erkunden.

Ihr Weg führte sie durch eine Landschaft aus Beige-, Sand- und Grautönen. In der Mitte der Straße befand sich eine Rille, in der Wasser abfließen konnte. Sie war heller als das Pflaster, ein leuchtender Wegweiser zum Rand des Dorfes. Während die rechte Häuserseite dunkler dalag und zu schlafen schien, wärmte die Sonne die obersten Stockwerke der linken. Einige Fenster waren geöffnet, und sie hörte Stimmen und die üblichen Haushaltsgeräusche – das Klirren von Geschirr, einen Staubsauger. Etwas fiel herunter und zerbrach, gefolgt von einer Reihe kräftiger Flüche.

Die Gasse wurde schmaler, beschrieb eine Kurve und gab plötzlich den Blick auf ein Feld und eine Wiese frei. Die Sonne hatte das Gras ausgebleicht, aber das tat der atemberaubenden Aussicht keinen Abbruch: Die Landschaft wellte sich sanft, und Pappeln zogen sich entlang einer alten Steinmauer in die Ferne. Dahinter weideten Schafe im Schatten einiger Pinien, manche direkt neben einem schmalen Fluss, der sich in Richtung Horizont schlängelte und seinen Weg zum Mittelmeer suchte.

Sofie beschattete die Augen mit einer Hand und erkannte das bereits so vertraute Bild von parallel verlaufenden Baumreihen – die Ausläufer einer Obstplantage. Sie überlegte kurz und kam zu dem Schluss, dass es sich nicht um die Landero-Farm handeln konnte.

Neben zwei Olivenbäumen stand eine Bank, und sie setzte sich und streckte die Beine aus. Als sie sich umdrehte, bemerkte sie, dass sich Cielente perfekt in die Kulisse schmiegte. Es gab keine Neonreklame, kein Plastik, nicht einmal ein Auto war zu sehen. Lediglich ein Fahrrad lehnte an einer Mauer. Die Stille passte dazu; hier und jetzt behielten Vögel und Insekten die Oberhand.

Unwillkürlich stahl sich ein Lächeln auf Sofies Gesicht, und sie schoss ein weiteres Foto für Opa Nando. Dieses Mal kommentierte sie es nur mit einem einzigen Wort.

Idylle.

Als sie das Handy zurück in ihre Umhängetasche schob, streiften ihre Finger Estrellas Notizbuch. Sie zog es heraus, fuhr die geprägten Buchstaben auf dem Einband nach, schlug es auf und blätterte durch die Seiten. Manches war unleserlich und verwischt, aber soweit sie sehen konnte, drehten sich die Rezepte allesamt um Zitrusfrüchte, hauptsächlich um Orangen. Ein Rezept für Bowle mit Rosenblüten war über und über mit Blumenranken verziert. Sofie lief das Wasser im Mund zusammen, als sie die Zutatenliste für *Warme Schokoküchlein mit Orangensauce* studierte, sie überflog *Milchreis mit Orangen, Pistazien und Sesam* und nahm sich vor, ihn so bald wie möglich zum Frühstück zu servieren.

Die Einträge füllten ungefähr ein Drittel des Buches. Die meisten waren mit Datum versehen und manche mit zusätzlichen Notizen. Unter dem einen oder anderen hatte Estrella eine kurze Geschichte notiert oder die Zeilen mit Zeichnungen von Schmetterlingen, Blumen oder Sonnen geschmückt. Sofie schlug die letzte beschriebene Seite auf und stellte fest, dass mitunter große Zeitspannen zwischen den einzelnen Notizen lagen – bis zu zehn Jahre, in denen die ehemalige Besitzerin ihr Buch offenbar vergessen hatte – und dass sie auch nicht in chronologischer Reihenfolge verfasst waren. Vermutlich hatte Estrella es einfach irgendwo aufgeschlagen, wenn sie etwas Neues notieren wollte.

Langsam blätterte sie bis zum nächsten Abschnitt, bei dem es sich nicht um ein Rezept handelte.

5. August 1970. Die Erntezeit ist vorbei, und
wie immer in all den Jahren macht sich bei den
Jüngeren Rastlosigkeit breit. Auch Javier redet
vom Reisen, von großen Fahrten über das Meer,
aber er bleibt. Die meisten von ihnen tun das. Nur
manchen genügt unser kleines Paradies nicht.
Oder ist es das gar nicht mehr – ein Paradies?

Darunter stand das Rezept für eine *Orangencreme Paradies*, als ließe sich jede Frage und Unsicherheit der Welt mit gutem Essen beantworten.

Sofie überflog die Zutatenliste dieses Mal nur, denn ihre Aufmerksamkeit wurde wie magisch vom Datum und dem Text darunter angezogen.

Ab August 1965
Adalia & Esteve
Julieta & Natanael
Mayte & Hernan
Celesta & Maureo

Hinter jedes Namenspärchen war ein unregelmäßiger Kreis gemalt. Wobei ... Sofie blinzelte gegen die Sonne und beschattete das Notizbuch mit einer Hand. Das waren keine Kreise, sondern in der Mitte zerbrochene Herzen.

August 1965 – das war der Monat, in dem Opa Nando nach Deutschland gekommen war!

Sie überflog die Einträge noch einmal, fand aber keinen, der weiter zurückreichte. Was war damals geschehen? Waren all diese Menschen gestorben? Oder hatten sie Cielente verlassen? Aber nein, dann hätte sie ja auch einen Fernando finden müssen. Außerdem handelte es sich offenbar um Paare.

Paare, die sich alle im oder nach dem Jahr 1965 getrennt hatten – daher die zerbrochenen Herzen?

»Tja, Opa«, murmelte sie, »sieht ganz danach aus, als wäre das damals nicht die beste Zeit in Cielente gewesen. Vielleicht hast du ja doch eine gute Entscheidung getroffen und bist rechtzeitig weggegangen.«

Sie las auch die anderen Einträge, fand aber keinen weiteren Hinweis, also verstaute sie das Buch wieder und genoss noch eine Weile die Aussicht, ehe sie sich auf den Rückweg machte. Sie lief in Richtung Kirche, die sich über die anderen Gebäude erhob, und stand kurz darauf vor der Mauer einer Sackgasse. Also ging sie den Weg zurück, blieb an der nächsten Abzweigung stehen und versuchte, sich zu orientieren.

»Kann ich dir helfen?«

Überrascht drehte sie sich um, das Handy bereits in der Hand, um die Karten-App aufzurufen. Vor ihr stand eine junge Frau in ausgefransten kurzen Jeans und einer Bluse, die sie unter der Brust verknotet hatte und unter der ein Teil eines Tattoos hervorblitzte. Mit ihrem verwuschelten Pagenkopf in Rottönen, auf dem eine riesige weiße Sonnenbrille prangte, sah sie aus, als wäre sie gerade einem Cabrio entstiegen.

»Hi«, sagte Sofie. »Nein, ich … wobei, doch, schon. Wenn du mir sagen könntest, wie ich zum Marktplatz komme, wäre das super. Ich dachte, es geht hier lang.«

»Wer auch immer Cielente gebaut oder die ersten Straßen hier angelegt hat – nüchtern waren sie alle nicht«, erwiderte die Unbekannte, fuhr sich durch die Haare und brachte noch etwas mehr Unordnung hinein. »Du bist die Frau aus Deutschland, *sí*? Die mit ihrem Bruder und ihrer Schwägerin zu Besuch ist?«

Sofie hob die Augenbrauen – Andrés hatte wohl nicht übertrieben, als er ihr prophezeite, dass sie für eine Weile das Dorfgespräch sein würden. »Fast richtig, nur ist Tereza nicht meine Schwägerin, sondern die Freundin meines Bruders. Ich bin Sofie.«

»Lucía Marti, hi.« So schnell, dass Sofie kaum reagieren konnte, beugte sie sich vor und hauchte ihr zwei Küsse auf die Wangen. Überhaupt schien sie bei allem ein hohes Tempo vorzulegen, sodass Sofie genau hinhören musste. »Bist du gerade auf Fototour?« Ihr Tonfall verriet, was sie eigentlich sagen wollte: dass sie nicht begriff, wie irgendjemand überhaupt etwas in Cielente so interessant fand, dass er es fotografieren wollte.

»Nein, ich wollte gerade zurücklaufen.«

»Zu Fuß? Zur Landero-Farm?«

Das hatte also auch bereits die Runde gemacht.

Sofie grinste. »Ich hab Zeit. Und die anderen beiden unseren Mietwagen. Wenn es mir zu weit wird, rufe ich sie an, und sie holen mich ab.«

Lucía deutete entschieden die Straße hinab. »Ach was, ich nehm dich mit. Ich habe heute frei, hab mir vor ein paar Tagen einen neuen Wagen gekauft – na ja, einen neuen gebrauchten – und will mich an ihn gewöhnen.« Mit einer auffordernden Geste lief sie los, und Sofie schloss sich ihr an. Lucía wirkte nett, und da der Tag heute sein Bestes gab, um sie mit Sonne zu versorgen, war sie recht froh über die Mitfahrgelegenheit. »Ich habe euch vorhin gesehen«, sagte Lucía und bog in die nächstgrößere Gasse ab, an deren Ende die Dorfkirche zu erkennen war.

»So?«

»Ihr wart am alten Lagerhaus und habt durch die Fenster geguckt.«

»Oh.« Sofie war gar nicht in den Sinn gekommen, dass manche Bewohner sie womöglich dabei beobachtet hatten. »Mein Opa hat früher dort gewohnt, daher wollten wir mal einen Blick drauf werfen.«

Lucía nickte. »Das von eurem Großvater ...«

»Hast du auch schon gehört«, ergänzte Sofie und erntete ein amüsiertes Blinzeln.

»Natürlich. Wir wissen alles über euch«, raunte Lucía und schüttelte den Kopf. »Quatsch, nimm mich bloß nicht ernst. Wir haben euch nicht gegoogelt oder so. Also, zumindest ich nicht. Hier müssen wir links.«

Sie plauderten noch ein wenig über Opa Nando und Sofies Zuhause in Osnabrück, und sie erfuhr, dass Lucía am

Rande von Valencia in einer Kindertagesstätte arbeitete. Sie bewohnte die obere Etage in einem der hübschen, sandfarbenen Häuser, und hatte ihren schmalen Gitterbalkon mit unzähligen Pflanzen geschmückt – eine regelrechte Farbexplosion. Ein Stück entfernt stand ein Seat in dem hässlichsten Braun, das Sofie jemals gesehen hatte. Die Karosserie wies zahlreiche Dellen auf, und die linke Hintertür wirkte stark verzogen.

»Das ist er.« Lucía klang trotz allem stolz. »Ich hab ihn Odysseus getauft, weil er eindeutig schon viel rumgekommen ist. Außerdem trug Odysseus vermutlich eine Rüstung – zumindest in diesem einen Film –, und Rüstungen sind ja oft recht hässlich. Manchmal auch braun, wenn viel Leder dabei ist.«

»Du hast dir immerhin Gedanken gemacht«, sagte Sofie und beäugte die Kratzer, die von einer Tür bis zum Kofferraum führten, und das eingeschlagene Blinklicht. »Bist du sicher, dass er die Strecke bis zur Plantage schafft und nicht von irgendwelchen Sirenen in den Straßengraben gelockt wird?«

»*Claro*. Odysseus mag alt sein, aber er ist zäh. Bitte.« Lucía vollführte eine ausladende Geste. »Du musst ordentlich ziehen, um die Tür zu öffnen.«

Kurz darauf holperten sie über das Kopfsteinpflaster, vorbei an Kirche und Marktplatz, und Lucía erzählte von ihrem Leben in Cielente. »Es ist gar nicht so ruhig, wie es dir vielleicht vorkommt. Die Erntezeit dauert Monate und hält uns alle auf Trab; und wie jedes Dorf haben wir unsere eigene kleine Welt. Da findet man Bedeutung in vielen Dingen, denen man vielleicht in einer Stadt keine Beachtung schenken würde. Cielente ist quasi ein Mikrokosmos.« Sie grinste und kämpfte mit der Gangschaltung, als das Gelände anstieg. Die widersetzte sich zunächst hartnäckig, gab dann aber doch mit einem Rasseln nach, das Sofie dazu brachte, sich aufrecht hinzusetzen. Besorgt blickte sie auf ihre Füße und rechnete halb damit, dass sie jeden Moment den Unterboden verlieren würden.

»Du hast also nie mit dem Gedanken gespielt, hier wegzuziehen?«

»Auf keinen Fall«, sagte Lucía und ignorierte das Aufheulen des Motors. »Das hier ist mein Zuhause. Der Ort und die Menschen. Wegen all ihrer Macken fühle ich mich nur noch mehr mit allem verbunden. Ich meine, natürlich nervt es, dass jeder sofort weiß, wenn ich einen neuen Freund habe, aber sollte der mich dann verlassen, weiß es eben auch sofort jeder und achtet auf mich. Oder jagt ihn weg, sollte er sich noch mal blicken lassen. So, wie es für mich eben am besten ist. Wenn du jemanden gut kennst, weißt du, ob er reden will oder gerade nur eine Umarmung braucht, und genauso ist es hier.«

»Das klingt gut«, sagte Sofie leise. »Man muss sich nicht verstellen.«

Lucía deutete nach vorn, wo sich die letzten Häuser zurückzogen und den Blick auf die Baumreihen der Landero-Farm freigaben. »Ist das nicht wunderschön? Die Gegend ist ein weiterer Grund, wieso ich hier nicht wegmöchte. Und hey, niemand hat so gute Orangen wie wir.«

»Das habe ich schon häufiger gehört«, sagte Sofie und schmunzelte. »Mein Opa behauptet das noch immer, und der lebt seit 1965 in Deutschland.« Plötzlich musste sie an den Eintrag denken, an die Namen mit den zerbrochenen Herzen dahinter. »Lucía?«

»Hm?«

»Señora Landero hat mir ein Notizbuch überlassen, damit ich mir Rezepte notieren kann. Es ist schon alt und hat einer Freundin von ihr gehört, die mittlerweile verstorben ist. Ein paar Einträge waren bereits drin.« Sie zog es heraus und legte es auf ihre Handtasche. »Sie reichen zurück bis zu dem Jahr, in dem mein Opa nach Deutschland gegangen ist. Da hat sie, glaube ich, Paare aufgelistet, die sich womöglich getrennt haben. Weißt du, ob damals irgendwas Schlimmes passiert ist?«

Lucía blinzelte zur Seite, ehe sie wieder mit Odysseus' Gangschaltung kämpfte. »Das klingt spannend. Und leider auch ganz nach Cielente. Tut mir leid, da kann ich dir nicht helfen, das war lange vor meiner Zeit.«

»Warum klingt das nach Cielente? Trennt man sich denn hier besonders oft?« Das hatte ein Scherz sein sollen, aber Sofie bemerkte, dass Lucía auf einmal traurig wirkte.

»Die Liebe mag uns hier nicht sehr.«

Jetzt tat es ihr leid, nachgefragt zu haben. Womöglich hatte Lucía Liebeskummer oder eine Trennung hinter sich. »Vielleicht war es einfach ein schlechtes Jahr, und mein Großvater ist deshalb gegangen? So was kommt doch immer mal vor, oder?«

»Das kann der Grund sein, ja. Wenn die Ernte nicht gut ausfällt, betrifft es uns alle.« Lucías Lächeln kehrte zurück. »Keine Sorge, wir finden jemanden, der dir weiterhelfen kann. Vielleicht erfährst du schon heute Abend mehr, in der nächsten Zeit stehen ja einige Feste an.«

Etwas Ähnliches hatte auch Señora Landero gesagt – offenbar feierte man hier gern. »Heute Abend? Was ist da?«

»Eine Party oben auf der Finca des Alcalde. Zum einen, weil die Ernte bald vorbei ist, aber vor allem, um Yago und

Miguel willkommen zu heißen. Das sind seine Söhne. Sie waren eine Weile in Madrid wegen irgendwelcher Geschäfte.« Lucía strahlte, und etwas an ihrem Gesichtsausdruck erinnerte Sofie an Simon, wenn er seine Tereza betrachtete.

»Die Namen habe ich schon gehört«, sagte sie. »Die zwei wollen sich zusammen mit Andrés um Reparaturen bei der Señora kümmern.«

»Wirklich?« Das kam schnell, und zum ersten Mal wirkte Lucía aufgeregt. Ihre Wangen röteten sich leicht. »Ich hätte nicht gedacht, dass sie heute noch für was anderes als ihren Papierkram Zeit haben«, sagte sie und gab sich hörbar Mühe, locker zu klingen. »Du kommst also auch?«

Sofie zögerte. »Ich weiß nicht. Wir sind ja nur zu Gast, und vor dir hat niemand das Fest erwähnt.«

»Ach, Unsinn.« Es quietschte, als Lucía die nächste Kurve nahm. »Ihr wohnt in unserem Ort, also seid ihr auch eingeladen. Das ist hier nicht so kompliziert wie in der Stadt.«

»Aber der Alcalde kennt uns doch überhaupt nicht.«

»Das wird sich ja dann ändern.« Lucía trat aufs Gas, als das Haupthaus der Plantage vor ihnen auftauchte – beinahe so, als könnte sie es kaum erwarten, dort anzukommen.

9

Das Erste, was Sofie sah, als sie die Finca betreten wollte, war ein Mann mit nacktem Oberkörper in der kleinen Diele – der sich in vollem Lauf auf sie zubewegte.

»Hoppla!« Er hob beide Arme, zog den Bauch ein und bewerkstelligte das Kunststück, sich an ihr vorbeizudrücken, ohne sie zu berühren. Dann wurde er jedoch von Lucía gestoppt, die gleich hinter Sofie aufgetaucht war und nicht daran dachte, Platz zu machen. Stattdessen starrte sie den Mann an, als hätte sie ihn noch nie zuvor gesehen – dabei hatte sie Sofie auf der Fahrt hierher klargemacht, dass so etwas in Cielente kaum möglich war.

Lucía und der Mann lieferten sich eine Art Blickduell, und Sofie fragte sich, welche gemeinsam erlebten Geschichten soeben aufeinandertrafen. Dieser Ort schien voll davon zu sein.

»Hey, Lu«, sagte er endlich und fuhr sich mit einer Hand über den Nacken, wobei er an sich hinabblickte. Auf einmal schien er sich ohne Shirt nicht mehr so recht wohlzufühlen und versuchte, die Arme so vor der Brust zu verschränken, dass es locker und beiläufig wirkte. »Was treibst du denn hier?«

Sie nickte, schüttelte den Kopf und zeigte erst auf Sofie und dann über die Schulter, alles rasend schnell hintereinander. »Ich habe Sofie hergebracht. Sie wollte vom Ort aus laufen, aber … bei dem Wetter keine gute Idee.«

»Viel zu heiß«, bestätigte er und drehte sich zu Sofie um. »*Hola.*« Es war mehr als deutlich, dass er sie in den wenigen Sekunden seit ihrer Ankunft vollkommen vergessen hatte. »Ich bin Yago.« Er starrte auf seine rechte Hand, rieb sie an der Jeans und streckte sie ihr entgegen.

Sofie schüttelte sie und musterte ihn. Er war hochgewachsen, sogar einen halben Kopf größer als Andrés, hatte ein schmales, freundliches Gesicht und strahlte eine ähnliche Sorglosigkeit aus wie Simon. Sein dunkles Haar war etwas zu lang, sodass es ihm in die Augen hing und er es permanent zur Seite streichen musste, aber nicht lang genug, um in dem kleinen Zopf im Nacken zu bleiben. Dazu das verschmitzte Lächeln – kein Wunder, dass Lucía kaum den Blick abwenden konnte, auch wenn sie versuchte, ihr Interesse hinter gespielter Gelassenheit zu verbergen. »Ah, der Sohn des Bürgermeisters. Dein Name ist in den vergangenen Tagen schon öfter gefallen.«

Seine Pupillen zuckten in Lucías Richtung. »Ah ja?«

»Ja, Señora Landero und Andrés meinten, dass ihr, du und dein Bruder, bei Reparaturen helfen würdet. An manchen Schäden ist allerdings *mein* Bruder nicht ganz unschuldig. Wenn ich also irgendwas tun kann …«

»Quatsch, er kann nichts dafür, was auch immer er getan hat. Die Finca steht ja noch.« Ein verschmitzter Blick traf die Decke. »Hier ist viel zu lange nichts gemacht worden, und es ist nur eine Frage der Zeit, bis sich das eine oder andere Detail verabschiedet. Hauptsache, die Wände geben nicht auf.« Er drehte sich um und musterte die Fassade, als wäre damit zu rechnen, dass sie ausgerechnet jetzt zusammenstürzte.

»Yago?« Der Ruf aus der Finca klang ungeduldig. »Du sollst dich nicht in die Sonne legen, sondern den Werkzeugkasten aus dem Wagen holen!« Ein zweiter Mann tauchte auf, vollständig bekleidet. Osito sprang um ihn herum, hechelte sich die Seele aus dem Leib und schien den Spaß seines Lebens zu haben.

Das musste der andere Sohn des Bürgermeisters sein. Die Ähnlichkeit mit Yago war unverkennbar: die leicht gebogene Nase, das stolze Kinn. Nur seine Augen waren hell, beinahe grau, und er trug sein Haar raspelkurz. »Entschuldigung, suchen Sie Señora Landero?« Er blieb stehen, entdeckte Lucía und hob eine Hand. »Lucía, hey. Was führt dich hierher?«

Yago murmelte etwas, schob die Hände in die Hosentaschen und ging zu dem Geländewagen, der neben dem Auto der Señora parkte.

Lucía grinste. »*Hola*, Miguel! Im Grunde suchen wir niemanden. Das ist Sofie, sie wohnt hier. Sofie – Miguel, der eines Tages vermutlich in die Fußstapfen seines Vaters treten und Bürgermeister werden wird, es sei denn, er wagt es, mit der Familientradition zu brechen.«

Miguel wedelte durch die Luft, als wollte er diese Vorstellung wie eine Fliege verscheuchen. »Bis dahin dauert es noch viele Jahre. Aber schön, dich kennenzulernen, Sofia.« Er sprach ihren Vornamen ebenfalls mit einem betonten A am Ende aus, und doch klang es nicht so wie bei Andrés – nicht so, als wäre ihr Name etwas ganz Besonderes. »Rosaria sagte bereits, dass vorübergehend drei Gäste aus Deutschland hier wohnen.« Er nahm ihre Hand. Zuerst glaubte Sofie, er wollte einen Kuss darauf hauchen, aber dann ließ er sie wieder los und trat zurück. Sein Blick ruhte weiterhin auf ihr. Niemals zuvor hatte sie ein so warmes Grau gesehen.

Im Hintergrund rumpelte es, als Yago im Kofferraum des Geländewagens herumkramte und fluchte. Dann rief er etwas, jemand antwortete, und als sich Sofie umdrehte, sah sie Andrés auf die Finca zuhalten. Er hatte sich umgezogen, trug aber noch immer Arbeitskleidung und hatte sich das dunkle Haar zurückgestrichen. Man sah ihm an, dass er die vergangenen Stunden in der Sonne verbracht hatte – und zwar nicht, um sich zu entspannen. Trotzdem waren seine Bewegungen noch immer voller Energie, als gäbe es nichts Wichtigeres als die Reparaturen an der Finca. Kein Wunder, dass die Señora und ihr Bruder ihm die Plantage anvertraut hatten.

Er begrüßte Yago im Vorbeigehen mit einem Schlag auf die Schulter und nickte kurz darauf erst Miguel und dann Sofie zu. »Sofia. Hast du das Haus gefunden?«

»Ja«, sagte sie und hörte selbst, wie enttäuscht sie klang, »aber wie du gesagt hast, ist es leider nicht mehr bewohnt und sieht vermutlich anders aus als früher.«

»Sie haben durch die Bretterverschläge gespäht, ich hab sie beobachtet«, sagte Lucía in verschwörerischem Tonfall. »*Hola*, Andrés. Alles gut?« Sie deutete auf die Baumreihen.

»Das Übliche. Probleme mit der Wasserzufuhr und wie immer viel zu tun während der Ernte.« Er wandte sich wieder an Sofie. »Wenn du möchtest, bitten wir Adolfo, das Haus für euch aufzusperren, dann könnt ihr euch darin umsehen. Er wird nur dabei sein wollen, nicht dass jemandem ein Balken auf den Kopf fällt und wir einen Krankenwagen rufen müssen.«

Sofie überlegte nur kurz. »Nein, vielleicht ist es besser so. Dann kann ich mir weiter vorstellen, wie Opa Nando früher hier gewohnt hat.«

»Sag Bescheid, wenn du es dir noch mal überlegst«, sagte Miguel und schenkte ihr ein breites Lächeln. »Ich kenne Adolfos Familie gut.«

»Danke«, sagte sie und spürte Andrés' Blick auf sich. Als sie den Kopf wandte, nickte er kaum merklich, als würde er verstehen, dass sie die Vergangenheit in ihrer Fantasie lebendig halten wollte.

»Also.« Miguel klopfte gegen die Wand. »Stehen wir weiter rum oder sollen wir loslegen? Wir müssen ein Fenster erneuern, uns das Waschbecken in der Küche ansehen und den Hühnerstall stabilisieren. Yago!«

Yago, der inzwischen mit einem Werkzeugkoffer zurückgekehrt war und sich leise mit Lucía unterhielt, blickte auf. »Hm?«

Miguel deutete über seine Schulter. »Kommst du mit dem Waschbecken in der Küche klar? Dann kümmern Andrés und ich uns um das Fenster.« Er war es eindeutig gewohnt, Menschen zu koordinieren und den Überblick zu behalten.

»*Vale*«, sagte Yago, verzog aber das Gesicht. »Ich kann auch beim Fenster helfen.«

»Nein, du nimmst die Küche. Legen wir los, Andrés hat nicht ewig Zeit.« Er schlug seinem Bruder spielerisch auf den Rücken und schob ihn weiter ins Innere.

Andrés hob eine Braue in Sofies Richtung, nickte ihr zu und war kurz darauf verschwunden. Osito, der im Schatten neben der Finca gehockt und die Unterhaltung mit aufgestellten Ohren verfolgt hatte, sprang auf, bellte und stürzte hinter ihm ins Haus.

Miguel nahm seinem Bruder den Metallkasten aus der Hand. »War schön, dich kennenzulernen, Sofia. Sehe ich euch heute Abend auf dem Fest?«

Sie zögerte. »Lucía hat mir davon erzählt. Wenn das in Ordnung ist, kommen Simon, Tereza und ich gern.«

»Das ist mehr als in Ordnung. Ihr seid herzlich willkommen.« Seine weißen Zähne blitzten, dann machte auch er sich auf den Weg ins Haus. »Yago!«, dröhnte es zwei Sekunden später nach draußen.

Der stöhnte leise, flüsterte Lucía etwas zu, hob eine Hand zum Gruß und joggte los.

Lucía schob die Hände in die Hosentaschen und gab sich Mühe, möglichst lässig zu wirken. »Du hast den Juniorchef Cielentes gehört. Bedeutet das, ich seh dich dort?«

Sofie lachte. »Ich denke schon. Einer Einladung von ganz oben kann ich mich ja schlecht widersetzen.«

»Super.« Sie schien sich ehrlich darüber zu freuen. »Dann bis später!« In der nächsten Sekunde war sie auch schon auf dem Weg zu Odysseus, der neben den anderen Wagen noch älter und weniger fahruntüchtig wirkte.

»Bis später!«, rief Sofie ihr nach. »Und danke fürs Herfahren!«

Die Antwort bestand aus einem wilden Winken, wobei die Wagenschlüssel klimperten, dann stieg Lucía ein und startete den Motor. Jedenfalls versuchte sie es. Endlich, nachdem er mehrfach gespuckt und gestottert hatte, sprang er an. Lucía hupte, was Osito von Haus aus mit einem Bellen beantwortete, und bretterte den Weg hinab.

Als ein Hämmern in der Finca einsetzte, machte sich Sofie auf den Weg in die Küche, fand sie jedoch leer vor. Entweder war die Señora unterwegs oder vor den Handwerksarbeiten geflüchtet. Da sie nicht im Weg herumstehen und sich als Einzige nutzlos fühlen wollte, brachte sie ihre Sachen in ihr Zimmer, schob das Notizbuch in ihre Rocktasche und ging in den Garten. Sie scheuchte zwei Hühner auf, die mit hysterischem Gackern von links nach rechts wegstoben und ihr dann wieder vor die Füße hasteten, und entdeckte die Señora in den Gemüsebeeten. Sie hielt einen Korb in der Hand und bückte sich hin und wieder, um etwas abzuzupfen. Ihre Bewegungen verrieten, wie schwer es ihr fiel, und Sofie lief schneller.

»Ich helfe Ihnen«, sagte sie, als sie das Beet erreichte, und streckte eine Hand nach dem Korb aus. Kleine, leuchtende Tomaten lagen darin – rote, gelbe und welche in dunklem Violett.

Die Señora, heute in einem luftigen, bodenlangen blauen Kleid mit einer passenden Stoffblume im Haarknoten und einem Hauch roséfarbenem Lippenstift, reichte ihr den Korb und tippte auf ein Exemplar, dessen Form an eine Paprika erinnerte. »Das sind Andenhorn-Tomaten, eine alte Sorte aus Peru. Sie haben nur wenige Samen im Inneren, daher verwende ich sie gern für Suppen. Und dank Andrés' Lieferung steht heute Tomaten-Orangen-Suppe auf dem Speiseplan. Sie geht schnell, schmeckt aber nur, wie sie soll, wenn alle Zutaten frisch sind.« Sie nahm einen Clipper aus dem Korb und schnitt etwas Thymian ab. »Vielleicht ist das ja auch etwas für deine Rezeptsammlung.«

Das war das Stichwort! Sofie zog Estrellas Buch aus ihrer Tasche, und das Gold der Buchstaben auf dem Einband leuchtete in der Sonne auf.

Para los mejores momentos de la vida.

»Ich habe darin geblättert«, sagte sie, schlug es auf und fand den Eintrag mit der Liste auf Anhieb, »und das hier gefunden. Wissen Sie, worauf sich Ihre Freundin da bezieht?«

Señora Landero trat einen Schritt zur Seite, sodass ihr Schatten auf die Seite fiel, kniff die Augen zusammen und las. Ihre Lippen bewegten sich lautlos, als sie die Reihe der Namen mit dem Finger entlangfuhr. Lange Zeit sagte sie nichts, aber dann hob sie eine Hand und bewegte sie mit einer fließenden Bewegung vor ihrem Körper von oben nach unten, von einer Seite zur anderen.

Sofie blinzelte, als sie erkannte, dass die Señora sich soeben bekreuzigt hatte. »Ist damals was Schlimmes passiert?«, fragte sie leise.

Die Señora wirkte erstaunt, schüttelte dann aber den Kopf. »Ach, nein, nicht, was du vermutlich denkst. Es ging den meisten dieser Menschen noch viele Jahre lang gut, auch wenn heute nur noch Celesta unter uns weilt. Sie lebt bei ihren Kindern im Norden, und ich glaube nicht, dass ich sie in diesem Leben noch einmal sehen werde.« Kurz verlor sie sich in Gedanken und zuckte zusammen, als sie in die Gegenwart zurückkehrte. »Dies sind Paare, die sich schlicht und einfach damals getrennt haben. So was passiert, wenn auch hier in Cielente seit besagtem Datum verhältnismäßig häufig.«

»Wieso das?«

»Nun, 1965 war das Jahr, in dem unsere Liebe Frau verschwand. Estrella hat die ganze Sache ziemlich mitgenommen, *dios mío*. Sie war fest davon überzeugt, niemals ihre große Liebe zu finden, wenn sie in der Heimat bleibt. Aber sie hat ihre Familie, ihre Freunde und überhaupt die Gegend viel zu sehr geliebt, um wegzugehen.«

Sofie dachte an Opa Nando – er war weggegangen, auch wenn sie mittlerweile sicher war, dass er einen Teil seines Herzens in Spanien zurückgelassen hatte. Über seine Familie und damaligen Freunde konnte sie nichts sagen, aber irgendetwas hatte das Band zwischen ihm und ihnen weit genug gelockert, sodass er sich verabschiedet hatte.

Dann stutzte sie. »Wer ist diese verschwundene Frau?« Und was hatte sie damit zu tun, dass die Menschen glaubten, Pech in der Liebe zu haben? Hatte Lucía sich vorhin etwa darauf bezogen?

Die Señora nahm eine gelbe Tomate aus dem Korb und drehte sie in den Händen. »Unsere Schutzheilige. Isabel la amante.«

»Isabel die Liebende«, sagte Sofie. »Das klingt hübsch.«

»Sie hat ihre Hand über die Menschen und vor allem über ihr Liebesglück gehalten. Doch nachdem sie verschwunden war, hat sich das geändert. Viele Paare trennten sich, und es kriselte sogar in manchen Ehen. Ohne unsere Heilige Isabel fliegt die Liebe nur noch über Cielente hinweg wie ein Vogel, ohne die Absicht, sich ein Nest zu bauen.« Sie hob den Kopf und blinzelte zum Himmel, als erwartete sie, über sich eine geflügelte Silhouette kreisen zu sehen. Doch die einzigen Vögel in der Nähe waren die Hühner sowie die emsigen kleinen Sänger, die in den umliegenden Hecken und Beeten herumhüpften.

Sofie wartete vergeblich darauf, dass die Señora weitersprach. »Sie meinen das wirklich so?«, fragte sie schließlich etwas verlegen – sie wollte nicht besserwisserisch wirken. Natürlich ging der Glaube anderer Menschen sie nichts an, aber sie konnte sich nicht vorstellen, dass heutzutage jemand sein Liebesglück noch von einer Schutzheiligen abhängig machte. Das war noch mal eine ganz andere Hausnummer als Tereza mit ihrem Hang zum Esoterischen. »Also, dass die Liebe hier in Cielente keinen Platz mehr hat?«

Ein Lächeln erschien auf dem Gesicht der Señora. In ihren Augen lag eine Mischung aus Sehnsucht und Bedauern. »Natürlich. Du hältst den Beweis doch in den Händen, meine Liebe.« Sie berührte die Zeilen, die ihre Freundin vor langen Jahren verfasst hatte. »Adalia war eine sehr hübsche und begehrte junge Frau. Unzählige Männer haben ihr damals den Hof gemacht, doch sie hat niemanden erhört, bis Esteve kam. Die zwei waren bis zu dem Vorfall um Santa Isabel unzertrennlich – und dann, ganz plötzlich, redeten sie kaum noch miteinander. Adalia rannte wochenlang still und mit geröteten Augen durch die Gegend. Oder Julieta und Natanael.« Wieder tippte sie auf die Seite. »Ich kannte beide nicht gut, sie waren einige Jahre älter als ich, aber ich habe sie immer angestarrt, weil sie ein so schönes Paar abgegeben haben. Aber dann verließen ihre Familien den Ort, angeblich für eine Reise und private Angelegenheiten, und nur die von Natanael kam zurück. Was aus Julieta geworden ist, weiß ich nicht. Jedenfalls werde ich nie vergessen, wie sie im Jahr zuvor beim Fest der Liebe auf einen Tisch geklettert ist und verkündete, dass sie zu Natanael gehört. Seine Leute hatten es schwer in Cielente, musst du wissen, da sie von Valencia hergezogen waren und man sich Fremden gegenüber reserviert verhielt. Aber dann kam Julieta, und sie konnte reden! Ihr ganzes Herz und all ihre Leidenschaft hat sie in ihre Worte gelegt. Es gab kaum jemanden, der nicht an ihren Lippen hing. Damals hatte ich eine Gänsehaut, und, bei der Lieben Frau, jetzt bekomme ich wieder eine.« Sie strich über ihren Unterarm. »Und so kann ich dir zu jedem Namen auf dieser Liste eine Geschichte erzählen, Sofie.«

Sofie nickte. »Es ist immer schade, wenn sich Menschen trennen.« Sie wählte ihre Worte mit Bedacht, um der Señora nicht zu nahe zu treten. Schließlich entstammte sie einer anderen Generation, und vielleicht glaubte man hier draußen auf dem Land noch an Dinge, die man von den Eltern oder Großeltern übernommen hatte. »Aber das geschieht ja leider überall auf der Welt. Natürlich bekommt man mehr aus dem Leben anderer Menschen mit, wenn jeder jeden kennt. Bei mir in Osnabrück weiß ich manchmal nur die Namen meiner Nachbarn und absolut nichts über ihr Liebesleben.«

Die Señora schmunzelte. »Du glaubst mir nicht, und das ist völlig in Ordnung. Aber ich weiß, dass es Dinge auf dieser Welt gibt, die wir nicht steuern können, weil sie von höheren Mächten beeinflusst werden. Und was ist die Liebe, wenn nicht die stärkste Macht von allen?« Ihre Stimme wurde tiefer, warm und voll. »Sie verknüpft unsere Leben miteinander, auf jede nur erdenkliche Weise. Und dieses Netz wird geschützt von jenen, die über uns wachen. Manche nennen das Schicksal.«

Schöne Worte, doch sie erzählten lediglich eine Geschichte. »Das klingt hübsch.« Sofie wechselte den Korb von einer Hand in die andere und hoffte, Señora Landero nicht vor den Kopf zu stoßen. »Ich glaube nur leider nicht an solche Dinge. Trotzdem hoffe ich, dass die Liebe seit damals ihren Weg nach Cielente zurückgefunden hat.«

»Ach.« Die Señora tätschelte ihre Schulter. »Das wird sie erst wieder tun, wenn unsere Liebe Frau zurückkehrt. Viele haben da die Hoffnung verloren, auch wenn wir weiterhin jedes Jahr zu ihren Ehren das Fest der Liebe feiern.«

Tereza wäre vermutlich vor Begeisterung über diese Offenbarung der Seele dieses Landes auf der Stelle gehüpft, aber Sofie war noch nie abergläubisch gewesen. Wenn sich die Wege von Menschen trennten, dann weil sie es wollten oder weil etwas Schlimmes geschah und beispielsweise jemand verstarb. Es gab keine vom Schicksal vorgezeichneten Pfade, von denen man nicht abweichen konnte und denen man bis zum Ende folgen musste, ob man wollte oder nicht.

Auf einmal begriff sie, wie viel Bedeutung in ihrem kleinen Geschenk steckte. »Señora Landero, sind Sie wirklich sicher, dass Sie mir Estrellas Buch anvertrauen wollen, auch wenn ich nicht an diese Dinge glaube?« Sie klappte es behutsam zu. »Vielleicht ist es doch bei Ihnen besser aufgehoben.«

Die Señora lächelte und legte für einen flüchtigen Moment beide Hände um ihre. »Aber nein. Es ist genau richtig dort, wo es ist. Ich gedenke meiner Estrella und Santa Isabel hier, in meinem Zuhause.« Sie wandte den Kopf zur Seite, und Sofie erinnerte sich an die Steinfigur, die sie bei ihrem Streifzug entdeckt hatte.

»Ist das ihr Bildnis hinten an der Wildblumenwiese? Das von Isabel?«

»Sí. Ich bringe ihr immer mal wieder Blüten oder einen besonders schönen Stein. Das habe ich schon als junge Frau getan. Wer weiß, vielleicht ist mein Tico deshalb so lange bei mir geblieben. Aber jetzt muss ich zurück, meine Knochen brauchen eine Pause.« Sie nahm Sofie den Korb mit den Tomaten wieder ab, verabschiedete sich und machte sich auf den Rückweg.

Sofie sah ihr nach, bis die Gestalt mit der Blume im Haar verschwunden war.

Vor der Finca hatte sich einiges getan. Von Andrés war nichts zu sehen, doch die Söhne des Alcalde standen vor dem Kofferraum ihres Wagens und diskutierten miteinander, wobei sich Miguel auf ausladende Gesten verlegte und Yago hin und wieder mit einem breiten Grinsen die Augen verdrehte. Eine feine Staubwolke zeigte an, dass sich ein Auto näherte.

Als auch das Motorengeräusch an Sofies Ohren drang, erkannte sie einen weißen Skoda – ihren Mietwagen. Er bretterte die Einfahrt hoch, um kurz vor den Pacheco-Brüdern abzubremsen und dabei noch mehr Staub aufzuwirbeln, der sich in der von der Sonne erhitzten Luft verteilte. Miguel schüttelte knapp den Kopf, Yago drohte dem Fahrer spielerisch mit der Faust. Hinter Sofie trat Andrés aus der Finca und wischte sich mit einem Tuch die Hände ab. Ein feiner Schweißfilm lag auf seiner Stirn, aber er wirkte zufrieden.

»Hat dein Bruder mal an Autorennen teilgenommen?«, erkundigte er sich mit ruhiger Stimme, während Sofie beobachtete, wie Simon auf der Fahrerseite ausstieg.

»Gute Frage. Wenn er genauso Gas gibt bei der Arbeit morgen, wirst du zumindest dafür belohnt, dass du die beiden nur aus Gutmütigkeit eingestellt hast.«

Andrés musterte sie, als wollte er herausfinden, wie sie ihm auf die Schliche gekommen war. »Mehr Helfer sind immer von Vorteil«, sagte er, und in seinen Augen zeigten sich Funken. »Und da die zwei mit den Konditionen einverstanden sind, sehe ich keinen Grund, auf sie zu verzichten.« Hinter ihnen ertönten aufgeregte Stimmen.

156

Sofie hatte das Gefühl, etwas erwidern zu müssen, und rief sich ins Gedächtnis, was sie im Internet über die Ernte von Zitrusfrüchten gelesen hatte. »Wie lange, denkst du, wirst du sie brauchen? Zwischen Sommer und Herbst habt ihr ja etwas Ruhe bei der Ernte, aber dafür ist doch sicher eine Menge anderes liegen geblieben.«

Er lehnte sich neben den Eingang der Finca und ließ die Arme locker neben dem Körper hängen. »Du hast dich informiert.«

»Ich habe mir den Erntekalender angesehen. Und dass du in der Hochsaison nicht dazukommst, große Reparaturen durchzuführen und vermutlich auch der Papierkram vernachlässigt wird, finde ich recht logisch, wenn man eine Plantage von diesen Ausmaßen verwaltet.«

Er ließ den Blick über das Land schweifen, um das er sich kümmerte, und sein Blick wurde weich. »Stimmt, meine Liste für die Zeit nach der Ernte ist schon gut angewachsen. Das eine oder andere Teil muss ausgetauscht werden, die Bewässerungsanlage ist nicht mehr auf dem neuesten Stand, und ich muss mich um unsere Abnehmer kümmern und mit Tonio die Erträge durchgehen.«

»Das klingt nicht, als wäre Urlaub eine Option für dich. Oder wenigstens ein paar freie Tage«, sagte Sofie leise. Die Señora hatte erzählt, dass er sich vom Erntehelfer bis zum Verwalter hochgearbeitet hatte, und dafür bewunderte sie ihn. Es hatte nicht den Anschein, als würde er sich größere Pausen gönnen – und tatsächlich, je länger sie sich mit ihm darüber unterhielt, desto ansteckender wirkte die spezielle Energie, die er verströmte. Anders als bei Simon oder auch bei Nadja war sie ruhig und zielgerichtet. Wenn sie sich öfter mit Andrés unterhielt, würde sie sich vermutlich angewöhnen, morgens vor Sonnenaufgang eine Runde zu joggen.

»Mein letzter längerer Urlaub ist ein paar Jahre her. Aber wenn irgend möglich, fahre ich ans Meer. Da kann ich am ehesten abschalten.« Er runzelte die Stirn und nickte dann über ihre Schulter hinweg.

Sofie drehte sich um und musterte die kleine Gruppe: Die Pacheco-Brüder waren zu Tereza und Simon getreten, und alle vier beugten sich über etwas, das Sofie nicht erkennen konnte. Auf ein leises Quieken aus Terezas Richtung folgte Gemurmel von Yago, das so zärtlich klang, als würde er mit einem Baby reden.

Sofie wechselte einen Blick mit Andrés. Er stieß sich von der Wand ab, und sie machten sich auf den Weg zu den anderen.

In Terezas Armen lag eine Katze. Rötlich getigertes Fell, dazu ein hellwacher Blick aus Smaragdaugen sowie ein Hinterbein mit Verband, an dem sie immer wieder herumrupfen wollte, wovon Tereza sie allerdings abhielt.

Sofie trat zu ihr und strich der Katze behutsam über das Köpfchen. »Was ist passiert?«

»Wir sind durch die Gegend gefahren«, sagte Simon, »haben ein Stück vor Cielente angehalten, weil die Aussicht so schön war, und da konnten wir sie hören. Es sieht schlimmer aus, als es ist, wahrscheinlich hat sie sich bei einer Rauferei verletzt. Deshalb sind wir auch so spät dran, wir haben einen Tierarzt gesucht, und das Handy hatte nicht überall Empfang.«

»Ihr wart sicher bei Inés Martín, *sí*? Ein Stück hinter dem Plaza del Sol?«, fragte Miguel, und Tereza nickte. »Das ist eine gute Bekannte meiner Familie.«

»Jeder im Umkreis ist ein guter Bekannter deiner Familie, mein Freund«, sagte Andrés, streckte eine Hand aus und ließ die Katze daran schnuppern. »Hat sie einen Chip?«

Tereza schüttelte den Kopf. »Nein. Und Señora Martín hat sie auch noch nie gesehen.«

»Vermutlich eine kleine Streunerin.« Andrés zog die Hand zurück. »Gut, dass ihr sie gefunden habt. Ich muss wieder los; Rosaria weiß Bescheid, dass wir hier fertig sind.«

»Alles klar. Wir sehen uns später auf dem Fest«, sagte Miguel und wandte sich an Sofie. »Und euch auch. Es wird euch gefallen.«

Er und Yago verabschiedeten sich ebenfalls, und gerade als sie den Wagen starteten, trat die Señora aus der Finca. Osito rannte zu Tereza und starrte zu ihr hoch, als handelte es sich bei dem Bündel in ihrem Arm um etwas Essbares.

»Wir haben die Kleine draußen neben der Straße gefunden, sie scheint niemandem zu gehören«, sagte Tereza in entschuldigendem Ton.

Die Señora trat näher und betrachtete das Fellbündel in ihren Armen. Die Katze musterte ihrerseits die Señora mit wachem Blick, und als wüsste sie, dass dieser Moment zählte, blinzelte sie, legte das Köpfchen schief und sah doppelt so niedlich aus wie zuvor.

Sofies Herz schmolz ein Stück, und sie hielt den Atem an, als die Señora eine Hand ausstreckte und behutsam den Verband an der Pfote berührte. »Armes Ding«, flüsterte sie.

Simon legte einen Arm um Tereza. »Kann sie vielleicht so lange bleiben, bis sie Verfassungsbeschwerde ist?«

Dieses Mal konnte sich Sofie nicht zurückhalten und brach in Gelächter aus. Die Ohren der Katze zuckten, aber die Señora nickte lediglich mit der ihr eigenen Eleganz. »Jeder ist bei mir willkommen. Sie darf so lange bleiben, wie sie möchte.«

10

Sofie betrachtete sich im Spiegel, als es draußen hupte. Sie hatte sich für ihren langen Rock aus blauer Viskose entschieden, in die Silberfäden eingewebt waren, und dazu ein Shirt mit Stickerei am Ausschnitt gewählt. Zwar hatten die Señora und die Pacheco-Brüder betont, dass es kein formelles Fest war, aber wenn der Bürgermeister auf seinen Privatbesitz einlud, wollte sie sich entsprechend kleiden. Ihre Haare hatte sie so lange gebürstet, bis sie glänzten und sich in Wellen um ihre Wangen bauschten, und dazu nur wenig Make-up aufgetragen: Wimperntusche, einen Hauch Lidschatten und etwas Lipgloss.

Jetzt warf sie einen Blick aus dem Fenster und erkannte Odysseus, Lucías braunen Seat. Die junge Frau stieg aus, beugte sich dann noch einmal ins Wageninnere und drückte auf die Hupe. Mit ihrem Polka-Dot-Kleid und dem breiten Tuch im Haar hätte sie einmal mehr perfekt in einen Film aus den Fünfzigerjahren gepasst. »Es geht los«, rief sie, entdeckte Sofie am Fenster und winkte.

Sofie schnappte sich ihre Tasche, löschte das Licht und machte sich auf den Weg nach draußen. Dabei sah sie, dass die kleine Katze in einem Korb vor sich hindöste. Das verbundene Hinterpfötchen hatte sie ausgestreckt. Osito hatte sie zuvor aufgeregt beschnuppert, aber nach kurzer Zeit das Interesse verloren und sich wieder den Menschen zugewandt.

Nachdem sich Andrés, Yago und Miguel verabschiedet hatten, waren Simon und Tereza ihre To-do-Liste für die Arbeit am kommenden Tag durchgegangen, während Sofie und die Señora einen herrlich saftigen Orangenkuchen für die Feier des Alcalde zauberten, den sie mit hauchdünn geschnittenen Orangenscheiben verzierten. Anschließend notierte Sofie das Rezept in Estrellas Buch und umrahmte es mit Blüten und Blumen. Noch immer lag das feine Aroma in der Luft.

Sofie griff nach der Kuchenhaube, als die Señora am anderen Ende der kurzen Diele auftauchte. »Ich habe das Wichtigste, es kann losgehen!«

Die Señora sah zufrieden aus und zupfte an dem roten Tuch, das sie sich um die Schultern gelegt hatte. »Osito?« Der Hund schoss aus einer Ecke, als hätte er nur darauf gewartet, dass man ihn rief. »Du kommst mit uns, *pequeño*, damit unser neuer Gast Ruhe hat.« Sie beugte sich über das Körbchen, kraulte die blinzelnde Katze und murmelte spanische Koseworte.

Als hätte der Hund sie verstanden, schoss er in Richtung Tür davon. Draußen war ein weiterer Motor zu hören, dieses Mal ohne Hupe. Das musste Andrés sein, der sich als zweiter Fahrer zur Verfügung gestellt hatte, da er ohnehin nicht lange bleiben und nichts trinken würde, um morgen früh rechtzeitig auf den Beinen zu sein. Und wirklich parkte der graue Renault, der zuvor im Hof vor dem Haupthaus gestanden hatte, neben Odysseus, der dadurch – wie immer beim Vergleich mit einem anderen Wagen – noch schrottreifer wirkte.

Sofie und die Señora traten vor die Finca, gefolgt von Tereza und Simon, die bester Laune waren. Näher würden sie der Seele der Gegend vermutlich nur auf der Plantage kommen. Sofie begrüßte Lucía mit einer Umarmung, ehe sie sich Andrés zuwandte.

Er hatte geduscht; die Haare fielen ihm feucht und lockig in die Stirn. Das weiße, kurzärmelige Hemd zu einer schlichten Jeans hob die Bräune seiner Haut hervor. »Ich sehe, du bist bestens vorbereitet.« Er deutete auf die Kuchenform, nachdem er sie kurz gemustert hatte. Lediglich eine leicht gehobene Augenbraue verriet, dass ihm gefiel, was er sah.

Sie zupfte an ihrem Rock und hob den Kuchen. »Den haben wir Señora Landero zu verdanken. Ich hab bloß assistiert.«

»Glaub ihr kein Wort, mein Junge«, sagte die Señora, zog ihn in eine Umarmung und klopfte ihm auf den Rücken. »Ich habe ihr das Rezept nur kurz erläutert, danach hat sie sich sehr gut allein zurechtgefunden. Und mich an meine Mutter erinnert, die war auch ein Naturtalent, was gutes Gebäck betrifft. Sie brauchte sich eine Zutatenliste nur durchzulesen und hat dann überlegt, was sie noch verbessern oder verfeinern könnte. Unsere Sofie hat dieselbe Gabe.«

Sofie winkte ab. »Ganz sicher nicht! Vielleicht habe ich das Rezept nicht hundertprozentig befolgt. Aber das nur, weil Ihre Küche so inspirierend ist, Señora. Und gemütlich. Ich könnte mich stundenlang dort aufhalten.«

»Da hätte ich nichts gegen.« Simon legte lässig einen Arm um ihre Schultern. »Zu Hause muss ich immer aufpassen, dass ich noch was abbekomme, wenn Sofie backt.«

»Spinner«, sagte sie. »Du bist doch ohnehin nie da.«

Nachdem sich alle begrüßt hatten, öffnete Andrés die Beifahrertür für Señora Landero. Tereza und Simon beäugten in der Zwischenzeit Odysseus und entschieden sich für ihn.

»Das ist vermutlich besser als jede Achterbahn im Abenteuerpark«, sagte Simon.

Tereza winkte ab. »Wir werden schon in einem Stück ankommen.« Sie ließ Simon auf die Rückbank rutschen, ehe sie neben Lucía Platz nahm und halb in dem recht durchgesessenen Sitzpolster versank. Ihre Locken hüpften, als sie hin und her rutschte beim Versuch, halbwegs aus dem Fenster sehen zu können.

Andrés' Mundwinkel zuckten – für seine Verhältnisse ging das vermutlich als Lächeln durch. »Ich würde dir raten, bei uns mitzufahren, Sofia.«

»Das war auch mein Gedanke. Ich bin skeptisch, dass Odysseus es mit vier Passagieren aufnehmen kann.«

Andrés öffnete ihr die hintere Tür des Renaults. »Bitte.«

Sie nickte ihm zu, raffte ihren Rock, stieg ein und stellte den Kuchen neben sich ab. Auch hier duftete es nach Orangen, und sie atmete das Aroma tief ein. Kaum zu glauben, dass sie bis vor Kurzem noch ohne einen Plan für die kommenden Tage in Deutschland und danach als Touristin in Valencia gewesen war. Jetzt war sie Teil einer fröhlichen Gruppe und auf dem Weg zu einem Fest beim Bürgermeister des Dorfes, in dem Opa Nando aufgewachsen war und wo jeder jeden kannte. Ihr wurde warm bei der Vorstellung, wie diese Menschen zusammen feierten und aufeinander achteten, so wie Miguel, Yago und Andrés auf die Señora.

Andrés machte die Vorhut und warf immer wieder einen Blick in den Rückspiegel, um zu kontrollieren, ob Odysseus mithielt. Die Dämmerung hatte bereits eingesetzt und überzog die Landschaft mit einem Schleier aus Bordeaux- und Violetttönen. Sogar die Luft schien weicher geworden zu sein und schmiegte sich dem Abend entgegen, und als sie auf die Straße abbogen und Sofie sich noch einmal umdrehte, war es, als würden die Baumreihen der Landero-Farm ihnen einen Abschiedsgruß zuwispern.

Die Señora ließ das Fenster ein Stück hinab, damit Osito den Kopf hinausstecken konnte, und ließ das Konzert der Zikaden herein. »Manchmal«, sagte sie in verträumtem Tonfall, »glaube ich, das Mittelmeer riechen zu können, wenn es dunkel und die Welt ruhiger wird.«

Tatsächlich veränderte der Abend das Gesicht des Ortes, schob manche Geräusche und Gerüche in den Hintergrund und andere nach vorn, verlieh der Welt einen Hauch von Geheimnis. Sie betrachtete die vorbeifliegenden Orangenbaumreihen, die nach einer Weile von Mandelhainen abgelöst wurden, und die bewaldeten Hügel in der Ferne. Einzelne Lichtpunkte setzten sich vor ihnen zu einem glitzernden Band zusammen.

Sie fuhren die bereits bekannte Strecke Richtung Ortskern und bogen noch vor Cielente in einen holprigen Weg ein, der zu beiden Seiten von Laternen gesäumt wurde. Es ging bergauf, und die Señora schloss das Fenster wieder, da die Autos ziemlich viel Staub aufwirbelten.

Neben ihnen ragte grünes Dickicht empor. Als es sich nach einer Weile lichtete, erkannte Sofie Olivenbäume, die von sanftem Licht angestrahlt wurden. Der Weg wand sich den Hügel hinauf, und nach einer letzten Biegung waren sie am Ziel: Vor ihnen lag das Haus des Alcalde. Ähnlich der Finca thronte es hoch über der Gegend, nur dass allein die Garage auf einer Seite doppelt so groß war wie Señora

Landeros Heim. Der von Laternen erleuchtete Weg lief in einen Hof aus, in dessen Mitte ein Rondell mit Blumen und zwei Orangenbäumen angelegt war, direkt vor der großen, von zwei Säulen gerahmten Eingangstür. Etwas glitzerte zwischen den schmalen Terrassen: Wasser floss in einer Rinne im Kreis, und selbst jetzt, in der Dunkelheit, schoss hin und wieder eine zarte Fontäne in die Luft, ähnlich einer Sternschnuppe, die auf die Erde fiel.

Das Haus war in den Terrakottatönen gehalten, die man hier überall sah, und mit einer niedrigen Steinmauer versehen, aber ansonsten in modernem Stil gebaut. Das blitzsaubere Dach wurde von den Seiten angestrahlt. Steinfiguren, Roseneibisch und riesige Aloe-Pflanzen vervollständigten das Ensemble des Traumhauses auf dem Land.

Mehrere Autos parkten in einer Reihe davor, doch Andrés fuhr an ihnen und dem Gebäude vorbei. Kurz darauf erreichten sie eine Art Parkplatz, über den Licht flackerte, und Sofie erkannte, dass der Effekt von einem Lagerfeuer herrührte: Vor ihnen breitete sich eine riesige Wiese aus, und Sitzbänke reihten sich unter einem großen Baldachin aneinander. Gäste saßen an länglichen Tischen, andere standen am Feuer oder in kleinen Gruppen beisammen.

Sofie stieg aus und öffnete die Tür für die Señora. Von hier oben sah man auf das nächtliche Cielente hinab, in dessen Mitte sich die Kirche erhob. Kurz streifte sie der Gedanke an die Vergangenheit und ihre Geheimnisse, doch dann schüttelte sie ihn ab. Sie war jetzt hier und wollte das Fest genießen.

Sie drehte sich wieder um und betrachtete die Szene, wobei ihr weitere Details auffielen: der würzige Geruch in der Luft, der von einem hochmodernen Grillplatz in der Nähe herrührte, das terrassenförmig ansteigende Gelände im Hintergrund, auf dem weitere Sitzgelegenheiten verteilt waren, und das Getränkeangebot auf einem Tisch an der Seite. Offensichtlich hatte sie den Wohlstand des Bürgermeisters unterschätzt. Trotzdem wirkte das Ambiente keineswegs steif, und das lag auch an den Gästen, die zum großen Teil in Freizeitkleidung erschienen waren. Nur wenige hatten sich festlicher gekleidet, so wie Señora Landero.

Lucía störte die Idylle, indem sie mit knatterndem Motor hinter ihnen parkte.

Andrés trat neben Sofie und verschränkte die Hände hinter dem Rücken. »Und, was denkst du? Hältst du es hier für ein paar Stunden aus?«

»Ich denke vor allem, dass ich mir ein Dorffest anders vorgestellt habe«, sagte sie. »Das ist ziemlich beeindruckend.«

»Beeindruckt zu sein, ist völlig in Ordnung, denn darin zeigt sich Wertschätzung. Aber lass dich nicht einschüchtern. Die Pachecos sind nicht arm, *vale*, aber sie teilen auch gern. Wenn ihr Miguel oder Yago auf dem Markt nach einer Unterkunft gefragt hättet, wärt ihr vermutlich als Gäste hier oben gelandet, und zwar so lange ihr wollt.«

Sofie stellte sich vor, wie es wäre, morgens mit Sicht auf diese majestätische Umgebung aufzuwachen und über das fast schon mondäne Grundstück zu schlendern. »Ich bin froh, dass ich auf der Finca wohnen darf.« Das sagte sie nicht aus Höflichkeit; sie meinte es vollkommen ernst. Sie hatte sich bei den Vorbereitungen für das Fest mit der Señora so wohl gefühlt wie seit langer Zeit nicht mehr. Als hätte sie einen Teil von sich wiedergefunden, den sie aus Zeitgründen beiseitegelegt und dann völlig vergessen hatte, weil ihr das Leben mit all seinen Terminen, Verpflichtungen und seinem mitreißenden Tempo dazwischengekommen war. Die Finca auf ihrem Hügel trotzte all dem mit ihrem eigenen Rhythmus, und Sofie war dankbar, vorübergehend ein Teil davon zu sein.

Sie spürte Andrés' Blick auf sich ruhen und wandte den Kopf. »Ganz abgesehen davon, dass du Simon und Tereza einen Job auf der Farm angeboten hast. Sie hätten die ganze Zeit bloß rumgejammert, wenn das nicht funktioniert hätte.«

»Du verzichtest also für deinen Bruder auf das Privileg, morgens das Frühstück vom Personal ans Bett gebracht zu bekommen. Das ehrt dich.«

Sofie blinzelte. »Was, wirklich?«

Lachen antwortete ihr, und dann schälte sich Miguel aus den Halbschatten. »Glaub ihm kein Wort! So viel Aufwand wird nur getrieben, wenn Yago und ich nach Hause zurückkehren.« Er schlug Andrés gegen die Schulter und wandte sich wieder Sofie zu. »Unsere Haushälterin, Señora Bisbal, kennt uns, seit wir klein sind. Sie hat selbst keine Kinder, freut sich jedes Mal, wenn wir da sind, und kümmert sich in den ersten Tagen ganz besonders um uns. Aber sie zieht uns auch noch immer die Ohren lang, wenn wir irgendwas dort liegen lassen, wo es nicht liegen soll.«

»Wenn man genau hinsieht, erkennt man tatsächlich, dass seine Ohrläppchen recht lang sind«, meinte Andrés trocken.

Miguel wandte ihm demonstrativ den Rücken zu. »Hör nicht auf ihn, Sofia, er hatte als kleiner Junge Angst vor Señora Bisbal und hat das bis heute nicht verkraftet. Ich freu mich jedenfalls, dass du gekommen bist.«

»Ihr wohnt wunderschön«, sagte sie, nachdem sie Andrés einen amüsierten Blick zugeworfen hatte, und deutete nach links, wo sich das Tal ausbreitete. »Die Aussicht ist atemberaubend.«

»Wenn du magst, gebe ich dir nachher eine kleine Führung.« Er trat näher. Nur ein wenig, aber sie fragte sich unwillkürlich, ob mehr hinter seinem Angebot steckte.

»Gern«, sagte sie und blickte sich um. »Tereza würde sich auf jeden Fall darüber freuen und auch Simon.«

Wanderten seine Mundwinkel ein winziges Stück nach unten? Oder bildete sie sich das bei den Lichtverhältnissen nur ein?

Etwas Helles huschte auf sie zu – die Señora hatte Osito abgesetzt. Er klebte mit der Nase am Boden und vollbrachte das Kunststück, vor jedem Zusammenstoß mit Menschen oder Gegenständen blitzschnell die Richtung zu wechseln. Vor Sofie blieb er stehen, schnupperte an ihren Beinen und hüpfte dann weiter zu Andrés.

Die Señora trat zu ihnen und strahlte. »Miguel, mein Lieber, das sieht ja wieder mal prächtig aus. Ich war viel zu lange nicht mehr hier oben.« Sehnsucht lag in ihren Worten, und sie wandte sich an Sofie. »Vor vielen Jahren bin ich manchmal mit dem Rad heraufgefahren, aber jetzt bin ich auf die Jüngeren und ihre Autos angewiesen, und die haben auch nicht immer die Zeit, mich durch die Gegend zu kutschieren.«

»Du musst nur was sagen, Rosaria«, erwiderte Andrés. »Ich fahr dich jederzeit hierher.«

»Ach, Junge, du hältst unser Land am Leben, wie könnte ich noch mehr von dir verlangen?«

»Also, ich hätte da keine Skrupel, alles von ihm zu verlangen, was mir einfällt.« Yago tauchte neben seinem Bruder auf und winkte vergnügt in die Runde. Er hatte sich als einer der wenigen in Schale geworfen und trug ein Jackett zu einem roten Hemd, was hervorragend zu seiner gebräunten Haut und den nun ordentlich zusammengebundenen Haaren passte.

Miguel trat zu ihm, zog ihm den Kragen seines Hemds zurecht und wischte imaginären Staub von seinem Ärmel. »Gut siehst du aus, Kleiner. Wenn du jemanden beeindrucken möchtest, bist du auf dem richtigen Weg.«

Sofie lauschte der Plänkelei der drei Freunde amüsiert und fragte sich, ob Yagos Bemühungen, Eindruck zu schinden, etwas mit Lucía zu tun hatten, die sich seit seinem Auftauchen nicht mehr an der leisen Unterhaltung mit Simon und Tereza beteiligte, sondern betont unbeeindruckt in die Gegend starrte, wobei ihr Blick ihn immer wieder streifte.

Osito hatte seine Runde beendet und trottete wieder auf sie zu, als ein Bellen ganz in der Nähe ertönte. Er blieb mit erhobener Rute stehen und drehte sich um, während sein kleiner Körper vor Anspannung zitterte.

Dann ging alles ganz schnell: Ein Hund schoss auf Osito zu, mittelgroß und drahtig, mit kurzem Fell. Er hatte die Ohren angelegt; seine hochgezogenen Lefzen verhießen nichts Gutes.

Osito gab ein Quieken von sich, zog den Schwanz ein und flüchtete sich hinter Sofie, die ihm am nächsten stand. Sie spürte, wie er sich an ihre Beine drückte, und dann war der fremde Hund auch schon bei ihr. Sein Fell war gesträubt, ein tiefes Grollen kam aus seiner Kehle, und er senkte den Kopf, was ihn noch gefährlicher aussehen ließ.

»Hey.« Andrés trat neben sie. »Verschwinde.«

Der Hund blickte auf und wirkte kurzzeitig verwirrt, ehe er sich wieder auf Osito und Sofies Beine konzentrierte.

Als er einen weiteren Schritt nach vorn tat, fasste Andrés ihn kurzerhand am Halsband und führte ihn mit knappen Worten von der Gruppe weg. Der Hund wirkte verwirrt über die unerwartete Behandlung, ging aber ohne Weiteres mit.

»Sargento? Sargento, hierher!«

Andrés blickte auf, dann nickte er jemandem zu und ließ das Tier los, das augenblicklich auf den Neuankömmling zutrottete.

Es handelte sich um einen Mann mit schütterem, grauem Haar und zahlreichen Falten rund um Augen und Mund. Seine Bewegungen waren schnell, beinahe zackig, als würde er keine Sekunde seines Lebens verschwenden wollen, weil es noch zu viel zu tun gab – doch anders als Andrés mit der ihm eigenen, tiefen Ruhe vermittelte er einen gehetzten Eindruck. Er trug eine Leinenhose, ein Poloshirt und braune Slipper – schlichte Kleidung, doch mit aufgestickten Markennamen.

Sargento begab sich an seine Seite, als würde er sein Herrchen vor den Gefahren der Welt schützen wollen, und gemeinsam musterten beide die Gruppe vor sich. Es war eine seltsame Situation, und zum ersten Mal an diesem Abend lag eine unangenehme Spannung in der Luft.

Señora Landero tastete über ihren Dutt, konnte ihr Erstaunen aber nicht verbergen. »Tonio. Ich wusste gar nicht, dass du hier bist.« Sie klang sachlich, als würde sie mit einem Geschäftspartner reden.

Er sah sie an, so lange, dass Sofie schon glaubte, er würde nicht antworten. Tonio? Ihr Bruder und damit Besitzer der Landero-Farm?

Schließlich gab er sich einen Ruck, legte aber seine rechte Hand auf den Kopf des Hundes, statt sie seiner Schwester zu reichen oder diese gar zu umarmen. »Ich habe mich kurzfristig entschieden, Rosaria. Ich bin vom Flughafen auf direktem Weg hierher und habe nicht mal die Zeit gefunden, Andrés zu informieren.« Seine Stimme passte zu seinem Äußeren: pragmatisch und energisch. Nun trat er doch vor, streckte Andrés die Hand entgegen, die er seiner Schwester verweigert hatte, und legte die andere auf seinen Arm, als er einschlug. »Wie geht es der Plantage? Läuft alles glatt?«

»So glatt wie möglich. Es gibt die üblichen Probleme, aber wir arbeiten daran.«

»Wenn du nicht weiterweißt, sag Bescheid. Ich bleibe vermutlich ein paar Tage, wir setzen uns am besten morgen zusammen und gehen ein paar Daten zusammen durch.«

Die Señora schmunzelte. »Du bist so selten hier, da wirst du Andrés wohl eher nicht helfen können.«

Antonio Landero kniff die Augen zusammen. »Mein Beruf ist es, Probleme zu lösen, *hermana*. Das tue ich bereits mein ganzes Leben lang, wer also sollte mir dabei was vormachen?«

Sofie war erstaunt über seinen Tonfall. Einerseits gefiel ihr nicht, dass jemand so mit der Señora redete, die sie als liebenswerte Person kennengelernt hatte, andererseits ging es sie nichts an, was zwischen den beiden vorgefallen war. Am liebsten wäre sie gegangen, aber ein Teil von ihr wollte ihrer Gastgeberin zur Seite stehen, selbst wenn das nur bedeutete, in ihrer Nähe zu bleiben. Immerhin ignorierte Señor Landero sie komplett und schien sich auch nicht dafür zu interessieren, wer sie war.

»Antonio«, sagte die Señora und klang auf einmal müde. »Du weißt genau, dass ich es nicht so gemeint habe. Ich wollte dich lediglich daran erinnern, dass Andrés alles seit Jahren gut im Griff hat.«

»Natürlich hat er das, aber die grundlegenden Entscheidungen kann er nicht treffen. Du hast keinen Sinn fürs Geschäft, Rosa, und weißt nicht, was alles hinter den Kulissen abläuft und getan werden muss. Ich habe schon mehrmals versucht, dir das zu erklären.« Seine Augen huschten von einer Seite zur anderen, als würde er erst jetzt bemerken, dass sie nicht allein waren. »Ich muss weiter, mit dem Alcalde reden. Andrés, wir sehen uns morgen.« Er wandte sich ab und schnippte mit den Fingern, worauf Sargento ihm auf dem Fuß folgte. Nach kurzer Zeit waren die beiden verschwunden und ließen die anderen in tiefem Schweigen zurück.

Tereza und Simon hatten die Köpfe zusammengesteckt, und die Pacheco-Brüder sowie Lucía gaben sich Mühe, so zu tun, als hätte es diesen Wortwechsel nicht gegeben.

Die Señora räusperte sich. »Also dann, warten wir nicht länger. Ich möchte mich umsehen und hätte gern etwas zu trinken.« Sie lief so energisch los, dass man ihr deutlich anmerkte, wie sehr das Gespräch sie aufgewühlt hatte.

Sofie wollte zu ihr aufschließen, aber Andrés berührte sie behutsam am Handgelenk. »Lassen wir sie.«

»Was ist denn zwischen den beiden los?«, fragte sie leise. »Es geht mich zwar nichts an, aber ich fand ihn extrem unhöflich.«

»Im Grunde ist es nichts. Sie leben nur zwei sehr unterschiedliche Leben, und da fehlt manchmal das Verständnis für das des anderen. Sie kann nichts damit anfangen, dass er die Plantage nur als Geldquelle betrachtet, und er wurde so erzogen, dass sich die Männer um Finanzen und Geschäftliches kümmern. Typisch für seine Zeit. Daher reagiert er manchmal allergisch, wenn Rosaria irgendwas sagt, was er als Einmischung empfindet. Wobei er heute tatsächlich ungewöhnlich angespannt war.« Er winkte ab. »Aber er ist auch nicht mehr der Jüngste, und die Reise wird ihn angestrengt haben. So oder so, sie meinen es beide nicht böse, sie können nur nicht aus ihrer Haut.«

»Hm.« Sofie war nicht überzeugt. Natürlich spielte es eine Rolle, wie und in welcher Zeit man aufgewachsen war, doch das bedeutete noch lange nicht, dass man sich über andere stellen durfte. Und genau diesen Eindruck machte Antonio Landero auf sie. »Kann er denn wirklich die Übersicht behalten, wenn er nur so selten vor Ort ist?«

Es war die falsche Frage, das merkte sie, als sich etwas in Andrés' Blick verfinsterte. Er mochte gut darin sein, seine Gedanken für sich zu behalten und eine neutrale Miene zu wahren, aber wenn man genau hinsah, verrieten ihn seine Augen. »Antonio hat seine Prinzipien, wenn es um die Plantage geht, und die wird er nicht ändern«, sagte er hart.

Aber es sind nicht deine, nicht wahr? Sofie musterte sein Profil.

Ein Muskel auf seiner Wange zuckte, dann deutete er nach vorn. »In einem hat Rosaria recht: Wir sollten hier nicht länger rumstehen. Wollen wir?«

Sofie gab Simon und den anderen einen Wink, und sie hielten auf die Lichter und das Gemisch aus Stimmen zu. Leise Musik spielte im Hintergrund, irgendeinen Song aus den Radiocharts, der nicht hierher passte und sich trotzdem ins Gesamtbild fügte.

Die Señora stand mit zwei anderen Frauen zusammen, lachte und schien den Vorfall mit ihrem Bruder bereits wieder vergessen zu haben. Beruhigt betrachtete Sofie die Holztische voller Salate, Gebäck und anderen Köstlichkeiten und fand einen Platz für ihren Orangenkuchen. Sie hatte ihn mit Blüten aus dem Garten der Finca verziert. Auf den ersten Blick wurde man von der Menge an Speisen beinahe erschlagen, aber wenn sie sich so umsah, schienen das gesamte Dorf und damit zahlreiche hungrige Mägen zusammengekommen zu sein.

»Wow«, sagte Simon und beugte sich über ihre Schulter. »Das nenne ich eine Auswahl. Bin gespannt, ob dein Kuchen da mithalten kann, Sof.«

Eine Frau neben ihnen hob den Kopf und schnupperte vernehmlich. Sie war winzig klein und schmächtig, mit zusammengezogenen Schultern, als würde sie frieren – was an diesem angenehmen Sommerabend kaum sein konnte. »Wenn ich mich nicht irre, ist es das Rezept von Rosaria Landero.« Ihre Stimme war zum Ausgleich voll und rau; wie für einen doppelt so großen Körper gemacht.

»Sie haben eine gute Nase«, sagte Sofie. »Ich habe ihn unter ihrer Aufsicht gebacken und natürlich nach ihrem Rezept.« *Nun ja, fast.*

»Na, ich kenne doch meine Pappenheimer und weiß, was sie kaufen und damit vorhaben. Ich bin Ana und betreibe den Lebensmittelladen hier in Cielente. Und ihr seid die Gäste aus Deutschland, richtig? Die nach den Wurzeln ihres Großvaters suchen?«

Mittlerweile erstaunte es Sofie nicht mehr, dass jeder darüber Bescheid wusste, und sie reichte der Frau die Hand. »Absolut richtig, ich bin Sofie. Sie kannten unseren Opa?«

»Ah, du bist das Backtalent«, sagte Ana lediglich und schüttelte ihre Hand so energisch, dass Sofies Zähne klapperten. »Und nein, ich hab damals noch in der Wiege gelegen und seinen Namen noch nie gehört, ehe ihr aufgetaucht seid.

Aber ein paar Leute haben mir erzählt, dass ihr nach ihm sucht und um Adolfo Morenos Lager herumgestrichen seid.«

»Und besagte Leute kannten unseren Opa?«

»Nein, der Name hat sich nur herumgesprochen. So wie eure. Ich wusste schon, dass du Sofie heißt, ehe du dich vorgestellt hast. Und ich weiß auch, dass dein Bruder manchmal wirres Zeug redet und Tereza aus Südamerika stammt.«

Sofie wechselte einen Blick mit Simon und Tereza. Er lächelte verschämt, während sie einen Daumen hob. Allmählich hatte Sofie sich daran gewöhnt, dass jeder von ihnen wusste; trotzdem hatte sie auf mehr Infos gehofft. Als Besitzerin des Lebensmittelladens war Ana sicher jemand, der viel von dem mitbekam, was in Cielente vor sich ging. Wenn selbst sie noch nichts von Opa Nando gehört hatte, standen die Chancen vermutlich nicht gut, mehr herauszufinden.

Ana schien ihre Enttäuschung nicht zu bemerken. »Du musst eine Menge richtig machen in der Küche, sonst hätte Rosa dich nicht an den Kuchen für dieses Fest gelassen.«

Sofie winkte ab. »Sie war ja dabei und hätte im Notfall eingegriffen. Aber ich freue mich, dass ich helfen und mir ein Rezept für meine Sammlung sichern konnte.«

»Na, davon wirst du noch einige bekommen, wenn du darauf aus bist. Wir machen hier fast alles selbst. Ich kann mich nicht erinnern, wann mal jemand einen Fertigkuchen bei mir bestellt hätte. Höchstens der alte Olante, wenn er wieder mal Lust auf Süßes, aber vergessen hat zu fragen, ob jemand für ihn backen kann. Dabei ist es Frevel, dieses Industriezeug, und ich sage ihm das auch.«

»Warum verweigerst du ihm denn dann so was Schreckliches nicht einfach, Ana?«, fragte Yago, der zu ihnen aufgeschlossen hatte, und erntete einen strengen Blick.

»Yago Pacheco, mit deiner Herkunft solltest du wissen, dass der Kunde immer König ist. Wenn ich im Laden stehe, bin ich eine Verkäuferin. Schimpfen kann ich mit Olante immer erst nach Feierabend. Und jetzt muss ich Maria helfen.« Sie deutete auf eine Frau, die den Garten betrat, ein Backblech in den Händen, und lief mit energischen Schritten los, wobei sie den Eindruck machte, fast vornüber zu fallen.

Miguel trat zu Sofie und lächelte sie an, als jemand seinen Namen rief. Er seufzte. »Das war mein Vater. Wir sehen uns später, dann gebe ich dir eine Tour über den Besitz, wenn du noch immer Interesse hast.« Er drehte sich um, joggte los und verpasste Yago im Laufen einen Klaps auf den Hinterkopf, was der mit einem Faustschütteln quittierte.

»Er sieht es nie kommen, egal, wie oft Miguel es wiederholt«, sagte Andrés.

Sofie beobachtete, wie die zwei schlanken Gestalten in der Dunkelheit verschwanden. »Er ist vermutlich einfach durch Lucía zu sehr abgelenkt. Kennen sie sich schon lange?« Sie winkte ab. »Ist vermutlich eine blöde Frage.«

Andrés lehnte sich an einen der Tische und sah schon deutlich entspannter aus als in Antonio Landeros Gegenwart. »Absolut nicht. Cielente ist klein, und ja, jeder weiß von jedem, aber das bedeutet ja nicht, dass man sich wirklich kennt. Lucía und Yago hatten früher nie viel miteinander zu tun, und es gibt einige Leute, die sich wünschen, dass es so bleibt.«

»Warum das?«

»Ihre Familien sind zerstritten, irgendeine Sache aus der Vergangenheit, an die sich vermutlich heutzutage niemand mehr genau erinnert. Aber deshalb halten sich die beiden zurück. Auch das gehört dazu, wenn man in einem kleinen Ort lebt.«

Sofie hob eine Augenbraue. Ein Streit zwischen zwei Familien, der das Liebesglück ihrer Kinder beeinflusste? Das zerstörte einen Teil ihrer romantischen Vorstellungen vom idyllischen Leben in Cielente und passte vor allem nicht in dieses Jahrhundert. Vielleicht nicht einmal in das davor. »Das klingt ein bisschen … sagen wir, veraltet. Nach Romeo und Julia.«

Andrés zuckte die Schultern. »Es kann hier mitunter lange dauern, bis sich Dinge ändern.«

»Dann hoffe ich für die beiden mal auf ein Happy End.«

»Die sind rar gesät hier in Cielente.«

Sie stutzte. »Sag mir nicht, dass du wie Señora Landero glaubst, die Liebe hätte den Ort verlassen, weil irgendeine Heilige verschwunden ist!«

Er hob einen Mundwinkel, aber für ein Lächeln reichte es nicht. »Wenn du wissen willst, ob ich zu ihr bete oder Blumen vor ihrem Bildnis ablege: nein. Und ich glaube auch nicht, dass Santa Isabels Verschwinden die Chancen auf glückliche Beziehungen für immer zerstört hat. Aber sie ist die Schutzpatronin des Ortes. Vieles hängt mit ihr zusammen. Für manche mehr, für andere weniger. Du kannst die Menschen nicht dafür verurteilen.«

»Das tu ich auch nicht«, sagte Sofie rasch. »Ich war nur erstaunt, als mir die Señora von der Heiligen Isabel erzählte. Letztlich ist doch jeder selbst für sein Liebesglück verantwortlich.«

»Da stimme ich dir zu«, sagte Andrés. »Aber Menschen sind manchmal leicht zu beeinflussen, vor allem, wenn es ihnen an etwas fehlt und sie auf eine Lösung hoffen. Und vielleicht handeln sie auch manchmal unterbewusst exakt so, dass sich die Dinge erfüllen, an die sie glauben.« Er dirigierte sie mit einer Geste an den Tischen vorbei zum Rand der Wiese, wo mehrere Fackeln die Umgebung erhellten.

Sofie dachte über seine Worte nach. »Du meinst in der Art einer selbsterfüllenden Prophezeiung? Dass die Vorstellung einer bestimmten Zukunft jemanden alles dafür tun lässt, damit diese auch eintritt?«

Das ergab Sinn und war etwas völlig anderes, als daran zu glauben, dass eine fiktive Heilige das persönliche Schicksal beeinflusste. Sie dachte an die Liste mit Namen in ihrem Notizbuch und den unerschütterlichen Glauben der Señora, dass die Liebe Cielente verlassen hatte, und musterte Andrés von der Seite, die gerade Nase und die kaum sichtbaren Schatten, wo morgen vermutlich Bartstoppeln zu spüren sein würden.

Wie stand es wohl in dieser Beziehung um ihn? Bislang hatte er noch keine Frau oder Freundin erwähnt, und bei seinem Arbeitspensum war es sicher auch nicht leicht, jemanden kennenzulernen. Sie schätzte ihn nicht als jemanden ein, der abends losfuhr, um irgendwo tanzen zu gehen oder sich in eine Bar zu setzen. Andrés passte mehr hierher, auf ein Fest unter Bäumen, wo der leichte Wind seine Haut kühlte.

Sie schlenderten zu dem Tisch mit den Getränken, und Sofie wählte ein Glas Weißwein. »Stammt deine Familie auch von hier?«, fragte sie und trank einen Schluck. »Tut mir leid, wenn ich zu neugierig bin«, schob sie schnell hinterher, als das goldene Funkeln in seinen Augen abnahm. Es war faszinierend, wie eine hauchzarte Nuance seinen gesamten Ausdruck verändern konnte.

Er schüttelte den Kopf, und die Trübung verschwand. »Das ist schon in Ordnung. Meine Eltern stammten von hier, ja. Ich bin in Cielente geboren und hab es nie verlassen.« Es lag keine Wehmut in seiner Stimme, aber auch kein Stolz – er beschrieb lediglich eine Tatsache.

Sofie fuhr mit den Fingern über den Rand ihres Glases, von dem feine Tropfen perlten. »Und du hast auch nie den Wunsch gehabt?«

»Doch, natürlich. Als Teenager hatte ich geplant, die Welt zu bereisen, an mindestens zwanzig Stränden in verschiedenen Ländern unter Palmen zu liegen, durch Wüsten zu wandern und Dschungeldörfer zu erkunden. Aber das Leben hatte andere Pläne, und rückblickend bin ich froh, dass ich geblieben bin und mir hier alles aufgebaut habe. Außerdem bin ich längst davon überzeugt, dass unser Sternenhimmel dem in der Wüste ohne Weiteres Konkurrenz machen kann.«

Das klang beinahe romantisch. »Das behalte ich im Hinterkopf«, sagte Sofie und schielte nach oben, wo nur wenige Punkte im dunklen Blau leuchteten, da sich vor Einbruch der Dämmerung vereinzelt Wolken gebildet hatten. Von der Señora wusste sie, dass Andrés früh auf der Farm eingestiegen war, und offenbar drehte sich sein Leben seitdem weitgehend um den Betrieb. »Verlässt du Cielente dann überhaupt mal?«

Er schenkte ihr einen Blick, den sie nicht deuten konnte. Tiefer als die anderen zuvor, mit einer Botschaft darin, die ihr zuflüsterte, dass sie nur eine Sekunde länger hinsehen musste, um sie zu verstehen. »Das hier ist ein Dorf, Sofia, kein Gefängnis«, sagte er leicht amüsiert. »Hin und wieder wagen einige von uns sich in die weite Welt hinaus und finden sich dort sogar zurecht.«

»Aber der Sog der Heimat ist zu stark, sodass ihr alle nach kurzer Zeit der Fremde wieder den Rücken kehrt«, sagte sie im selben Tonfall.

»Genauso ist es.« Andrés hob sein Glas, und sie stießen miteinander an. Der feine Ton wehte davon und vermischte sich mit den Stimmen hinter ihnen. »Zumindest fast alle.«

»Wer außer meinem Opa hat es denn nicht geschafft?«

Er schüttelte den Kopf. »Meine Mutter beispielsweise«, sagte er schließlich. Nun war seine Stimme so leise, dass sie sich unwillkürlich vorbeugte. »Sie ist eines Tages gegangen.«

Sofie fragte sich, ob sie das Thema unkommentiert lassen sollte, sein Privatleben ging sie schließlich nichts an. Aber da er es zur Sprache gebracht hatte, wollte er ja vielleicht darüber reden. Andrés war niemand, der viel von Small Talk hielt, so viel wusste sie bereits.

»Was ist passiert?«, fragte sie so leise, dass er die Worte ignorieren konnte, wenn er es wünschte.

Er stellte sein Glas ab und starrte auf einen Punkt hinter ihr. »Ganz genau weiß das wohl nur sie selbst. Ich vermute, sie war überfordert. Meine Eltern waren sehr jung und nicht verheiratet, als sie schwanger wurde. Ungeplant natürlich. Du kannst dir sicher vorstellen, dass so was in Cielente die Runde gemacht hat.«

Das Schweigen zwischen ihnen dehnte sich aus, aber es fühlte sich trotz der Geschichte gut an. Es war etwas Besonderes, dass er sie mit ihr teilte.

»Sie hat dich zurückgelassen.«

Er nickte. »Ich war fünf. Sie hat sich eines Morgens verabschiedet und ist nie zurückgekommen.«

Sie schluckte. Welch schreckliche Vorstellung! »Und dein Vater?«

»Wir hatten keinen guten Draht zueinander, und er ist einige Jahre später gestorben. Ich bin bei Abelia aufgewachsen, Miguels und Yagos Großmutter.« Er schüttelte knapp

181

den Kopf. »Tut mir leid, Sofia, du fragst dich sicher, warum ich all das bei dir ablade, wo wir doch besser über das Wetter oder das Essen plaudern sollten. Ich weiß auch nicht, warum ich dich damit belaste.«

»Du belastest mich nicht«, sagte sie schnell. »Über das Wetter oder das Essen kann ich doch mit jedem hier plaudern.« Sie freute sich darüber, dass er ihr diesen Teil seiner Vergangenheit anvertraut hatte. Sie lernte Andrés gerade erst kennen, hatte aber schon jetzt das Gefühl, sich in seiner Gegenwart weder verstellen noch überlegen zu müssen, ob er das, was er sagte, auch so meinte. Er war niemand, der etwas vortäuschte oder sich mit fremden Federn schmückte.

Nach dem Desaster mit Fabian und GenioTeam war diese Ehrlichkeit genau das, was sie brauchte.

Eine Bewegung weckte ihre Aufmerksamkeit: Vom Rand der Menge winkte ihnen jemand zu.

Andrés erwiderte den Gruß und wandte sich an Sofie. »Hast du Lust, meine Ziehmutter Abelia kennenzulernen? Vielleicht erinnert sie sich ja an deinen Großvater. Sie war vor dem Fest ziemlich beschäftigt, und ich hatte noch keine Gelegenheit, sie danach zu fragen.«

Das hatte er also nicht vergessen. »Gern«, sagte sie und hakte sich bei ihm ein, als er ihr einen Arm hinhielt.

11

Abelia Pacheco war keine auffällige Erscheinung – bis sie lächelte. Dann strahlte sie eine Wärme aus, die zu ihrer angenehmen Stimme passte und in Sofie den Wunsch weckte, ihr nicht nur die Hand zur Begrüßung zu reichen, sondern von ihr umarmt zu werden.

Sie trug ein schlichtes helles Leinenkleid und hatte ihre weißen Haare im Nacken mit einem dicken Gummi zusammengebunden. Was bei anderen zum Alltagslook gehörte, wirkte bei ihr so elegant, als hätte sie diesen Stil in all den Jahren ihres Lebens perfektioniert. Ihr Lächeln war ansteckend, und sie hielt den Kopf so hoch, als wäre sie nicht nur stolz auf sich, sondern auch auf den Abend, das Haus und überhaupt den gesamten Landstrich.

»Ich hatte etwas Sorge, dass du nicht kommst, *cariño*«, sagte sie und schlang ihre Arme um Andrés. »Du arbeitest viel zu viel, mein Junge.«

»Ich bin mir sicher, dass du das weder deinem Sohn noch Yago oder Miguel erzählst«, sagte er und küsste sie auf die Wange, ehe er sie ein Stück von sich schob. »Es ist schön, dich zu sehen, ohne gleich wieder weiterzumüssen.« Die Zuneigung in seiner Stimme und die Wärme in seinen Augen machten die eigentlich banale Aussage zum größten Kompliment an diesem Abend.

Señora Pacheco hob einen Zeigefinger. »Natürlich nicht, weil sie das alle drei selbst wissen, ganz im Gegensatz zu dir.« Sie sah zu Sofie. »Und Sie sind zu Besuch aus Deutschland, nicht wahr? Ich habe schon gehört, dass Sie bei Rosaria wohnen, allerdings war ich in den vergangenen Tagen sehr eingespannt. Ich vermute, meine Nachbarn und Freunde wissen deutlich mehr als ich.«

»Das kann gut sein, Señora Pacheco. Ich bin Sofie.« Ihr Lächeln wurde breiter, als die Señora ihre Hand ergriff, als wäre sie ebenfalls ein lang vermisstes Familienmitglied. Sie roch Creme und zartes Veilchenparfum – ein Duft, der sie an ihr Zuhause und ihre Eltern denken ließ, als sie klein gewesen war und ihre Mutter sich zum Ausgehen fertiggemacht hatte.

»Nennen Sie mich Abelia, so macht es jeder. Es tut mir sehr leid, dass Sie zum Dorftratsch geworden sind, aber es verirren sich nur selten Touristen nach Cielente. Ich freue mich, Sie willkommen zu heißen. Und wenn Sie nichts dagegen haben, würde ich auch gern die Förmlichkeiten beiseitelassen und Ihnen das Du anbieten. Es ist ein zu schöner Abend, um einander fremd zu sein.«

»Sehr gern.« Sie drehte sich um auf der Suche nach Tereza und Simon und entdeckte die beiden in Gespräch mit einem anderen Paar. Tereza hielt mit geheimnisvollem Gesicht ihre Karten in der Hand, und der Mann zog eine aus dem Stapel, starrte darauf und streckte sie Tereza entgegen. »Mein Bruder und seine Freundin sind dort hinten; ich stelle sie dir später vor.«

»Ich freu mich darauf. Wie lange plant ihr, in unserem schönen Ort zu bleiben? Es wird hier in den nächsten Tagen lebhafter zugehen als sonst, mit weiteren Feiern, gekrönt von der allerwichtigsten, dem Fest der Liebe. Hat man dir schon davon erzählt?«

Abelia hatte wirklich noch nicht allzu viel vom Tratsch mitbekommen. Sofie hätte darauf gewettet, dass manch anderer bereits wusste, was sie heute gefrühstückt hatte.

»Nicht im Detail, nein.«

Abelia winkte ab und lachte. »Das kommt noch, keine Sorge. Ihr werdet euch auf jeden Fall nicht langweilen.«

»Tereza und Simon arbeiten ohnehin momentan für mich«, sagte Andrés. »Und Sofie will mehr über ihren Großvater rausfinden. Er stammt aus Cielente.«

»Ach ja?« Etwas an Abelias Lächeln veränderte sich unmerklich, vermutlich wollte sie einfach weiter und die nächsten Gäste begrüßen.

Dennoch schlug Sofies Herz vor Aufregung schneller. Es war schwer, Abelias Alter zu schätzen, aber sie konnte nicht sehr viel jünger sein als Opa Nando.

»Ja«, sagte sie, »wir haben bereits sein altes Elternhaus besichtigt, das heute leider nur noch als Lagerraum dient. Sein Name ist Fernando Montejo, und er hat den Ort als junger Mann verlassen. Meine Oma nennt ihn Nando.«

Abelia starrte sie so lange an, dass sich Sofie fragte, ob sie mit den Gedanken woanders war und ihr nicht zugehört hatte. Dann blinzelte sie. »Nando? Ja, ich erinnere mich. Ich kannte ihn als junges Mädchen, das bleibt hier nicht aus. Gerade die Jugend läuft sich immer mal wieder über den Weg, wenn man zusammen feiert oder etwas mit anderen unternimmt. Das lässt erst nach, wenn man eine Familie gründet und sich die Prioritäten ändern.«

Sofie stieß einen stummen Jubelschrei aus und blickte sich um, als würden die Bilder aus der Vergangenheit im nächsten Moment lebendig werden und sie könnte Opa Nando sehen, wie er als Junge im Schatten des ehrwürdigen Hauses Schutz vor der Sonne suchte. »Das stimmt. Aber wie schön, dass du ihn gekannt hast! Vielleicht kannst du mir von ihm erzählen? Ich meine, nicht jetzt sofort«, sagte sie schnell, da das Lächeln nun völlig aus Abelias Gesicht zu verschwinden drohte. »Irgendwann in den kommenden Tagen, in einem ruhigen Moment. Ich würde so gern mehr über sein Leben hier erfahren. Er hüllt sich nämlich in eisernes Schweigen.«

Abelia horchte auf. »Wieso das?«

»Das wüsste ich selbst gern. Er sagt immer, dass das die Vergangenheit ist, mit der er nichts mehr zu tun hat. Aber ich denke, dass man das nicht so trennen sollte. Und außerdem bin ich neugierig.« Schließlich hatte sie spanische Vorfahren. Wer würde da nicht mehr erfahren wollen?

Abelia nickte gedankenverloren und starrte in die Ferne. Sofie wartete, dann wechselte sie einen Blick mit Andrés.

Er wirkte ebenfalls erstaunt, und als sich die Stille immer weiter ausdehnte, räusperte er sich leise. »Abelia?«

Sie lächelte und winkte jemandem, ehe sie wieder zu ihrem Gespräch zurückkehrte. »Und, geht es ihm gut, deinem Großvater? So fernab seiner Heimat?«

»Ja, das tut es«, sagte Sofie, »er ist glücklich in Deutschland.«

Kaum waren die Worte heraus, verspürte sie plötzlich leise Zweifel. War Opa Nando das wirklich – glücklich? Sie hatte nie darüber nachgedacht, denn für sie war er einfach dort, wo er hingehörte: bei seiner Familie. Aber sein Verhalten seit ihrer Abreise nach Spanien gab ihr Rätsel auf, und sie war sich plötzlich nicht mehr ganz so sicher, ob ihrem

Opa nicht doch etwas fehlte; etwas, das mit der Sonne und der Gemeinschaft in Cielente zu tun hatte.

»Und er hat eine Familie gegründet«, sagte Abelia Pacheco. »Das ist gut. Es ist wichtig, neue Wurzeln zu schlagen, wenn die alten beschädigt wurden.«

Sofie dachte darüber nach. »Ja, genau deshalb hatte ich gehofft, von dir mehr …«

»Ich muss leider weiter«, unterbrach Abelia sie und gestikulierte jemandem über ihre Schulter hinweg zu. »Mein Sohn hatte mich um meine Unterstützung für seine Ansprache gebeten. Dir und deinen Begleitern noch viel Spaß bei uns, Sofie. Wir finden sicher noch mal Zeit für ein Gespräch. Bis später, *cariño*.« Sie strich Andrés über die Wange, und ehe Sofie antworten konnte, war sie auch schon verschwunden.

Andrés sah ihr hinterher und runzelte die Stirn. »Das ist seltsam.«

»Dass sie ihrem Sohn hilft?«

Er zögerte, nickte dann aber. »Der Alcalde fragt seine Mutter sicher nicht um Beistand, was seine Ansprache auf dieser Feier betrifft.«

»Vielleicht geht es um was ganz Alltägliches, zum Beispiel, welche Krawatte er zu seinem Hemd wählen soll?«

Er verengte die Augen. »Du wirst auf dem gesamten Fest keine einzige Krawatte finden. Komm, ich zeig dir den Rest.«

Sie liefen weiter, wobei Sofie einige Menschen wiedererkannte, wie die Schwestern Marisa und Elena, mit denen sie auf dem Markt geredet hatte, oder Pedro und Nita von der Landero-Farm.

Tereza hatte mittlerweile an einem Tisch Platz genommen, legte einer Frau die Karten und wurde dabei von einer

Handvoll Zuschauer umringt. Simon stand neben ihr und schien wie gefesselt von der kleinen Vorstellung. Simon, der noch nie in seinem Leben etwas mit Esoterik hatte anfangen können. Das ließ Sofie noch immer schmunzeln, und sie war glücklich, dass ihr Bruder endlich jemanden gefunden hatte, der auf den ersten Blick nicht zu ihm passte – und es womöglich gerade deshalb tat.

Andrés führte sie zum Rand der riesigen Wiese, weg von der Fröhlichkeit und den Gesprächen der Feiernden, zu einem von Blumenspalieren gesäumten Pfad. Er war gerade breit genug für zwei und endete an einem Rondell mit einem Steinbrunnen, umrahmt von sorgsam gepflegten Rosenbeeten. Dahinter standen zwei Bänke, von denen aus man auf der einen Seite über Wiese und Haus blicken konnte sowie auf der anderen auf Hügel und Plantagen, die sich bis in die Unendlichkeit auszubreiten schienen. Als Sofie den Kopf in den Nacken legte, fesselte sie der Sternenhimmel, der ihr hier so viel näher erschien als zu Hause in Osnabrück.

Als sie wieder nach vorn sah, stellte sie fest, dass es sich bei dem Brunnen um eine Art steinernen Tisch mit einer Figur darauf handelte, ähnlich dem Schrein, den sie im Garten von Señora Landero entdeckt hatte.

»Ist das Isabel la amante?« Sie trat näher, um die Figur im spärlichen Licht besser betrachten zu können. Etwas an deren Haltung kam ihr bekannt vor. Behutsam strich sie über den Teppich aus Blüten, den jemand auf der Steinfläche vor der Heiligen ausgebreitet hatte.

Andrés nickte, und im nächsten Moment hallte ein feiner Glockenton durch die Nacht, gefolgt von zwei weiteren. Das Stimmengemurmel in der Nähe veränderte sich, gefolgt vom Geräusch unzähliger Schritte. »Das ist der offizielle

Startschuss für das Fest. Der Alcalde wird seine Ansprache halten und uns anschließend auffordern, so lange zu feiern, wie wir können.«

»Ganz schön gewagt«, sagte Sofie. »Was ist mit Miguels und Yagos Mutter? Gibt es auch eine Frau Alcalde?«

»Nicht mehr. Sie haben sich kurz nach Yagos Geburt getrennt.«

»Das tut mir leid«, murmelte Sofie, während sie zur Wiese zurückschlenderten. Sie hätte nichts dagegen gehabt, wenn der Rückweg doppelt so lang gewesen wäre. Es hatte etwas Verwunschenes, an den Blumen vorbeizuspazieren, die hier, wo das Licht sie kaum noch erreichte, in sämtlichen Schattierungen von Dunkelblau bis Violett schimmerten.

Der rückwärtige Bereich der Wiese war bereits leer, denn die Gäste sammelten sich vorn, wo rund um eine natürliche Erhebung ein Kreis aus Fackeln entzündet worden war. Dort stand ein Mann und wartete.

Keine Krawatte, dachte Sofie und musterte den Bürgermeister von Cielente. Die Ähnlichkeit mit Abelia Pacheco war unübersehbar – dieselbe Energie, gepaart mit Aufmerksamkeit und der Fähigkeit, mehr als nur sein Gegenüber im Auge zu behalten. Und das brauchte es wohl auch, wenn man die Verantwortung für ein ganzes Dorf übernahm. Sein fester Blick passte hervorragend zu dem ausgeprägten Kinn und den entschlossenen Gesten.

Andrés und Sofie traten an den linken Rand der Menge, von wo aus sie alles gut im Blick hatten. Die Fackeln verliehen der Szenerie einen dramatischen Touch – als wollte der Alcalde nicht nur seine Gäste begrüßen, sondern etwas verkünden, das ihr Schicksal für immer veränderte. Von Abelia war keine Spur zu sehen.

Dafür entdeckte Sofie Señora Landero mit Osito auf dem Arm neben Tereza und Simon auf der anderen Seite der natürlichen Bühne. Ihr Bruder winkte ihr zu.

Jemand klatschte in die Hände – ein Mann, der direkt vor der Erhebung stand –, um für die Rede des Bürgermeisters um Ruhe zu bitten. Und wirklich verstummten nun auch die letzten Stimmen und ließen ein Raunen in der Luft zurück, das allmählich zwischen den Bäumen zerfaserte.

Señor Pacheco wartete trotzdem noch eine Weile und betrachtete die Menschen vor sich mit einem freundlichen Lächeln, fast als würde er jemanden suchen. Sein Gesicht erhellte sich bei einem Blick zur Seite, wo Miguel und Yago warteten. »Nach all der Zeit endlich mal wieder ein Fest!«, rief er dann mit voller Stimme und erntete Gelächter.

Andrés beugte sich in Sofies Richtung. »Das sagt er jedes Mal, und Abelia hat es davor ganz genauso gemacht.« Sein warmer Atem streifte ihre Wange. Es fühlte sich … gut an.

»Abelia war Bürgermeisterin vor ihm?«, flüsterte Sofie. Natürlich – es lag nahe, dass in einem traditionellen Dorf die Aufgaben und damit auch die Ämter an die Folgegeneration weitergegeben wurden.

»Nur kurz. Sie hat das Amt übernommen, als ihr Vater starb, und so lange weitergeführt, bis ihr Sohn bereit war. Sie steht nicht gern vor den Leuten und sagt ihnen, was zu tun ist. Was nicht bedeutet, dass sie keinen Einfluss hat.«

Das Gelächter war mittlerweile verstummt, und der Alcalde räusperte sich. »Ich freue mich, so viele von euch hier zu sehen, gerade in diesen stressigen Monaten. Aber da manche von euch nicht wissen, wie man sich eine Auszeit nimmt, habe ich entschieden, euch vor unserem Festumzug und der Feier am Vorabend zu eurem Glück zu zwingen.« Wieder

Gelächter, gefolgt von Rufen und vereinzeltem Applaus. »Ich weiß, ich weiß, dafür braucht es einen Anlass«, sagte der Alcalde und hob die Arme. »Und welcher wäre besser als der, meine beiden Söhne zumindest für die kommenden Wochen wieder zu Hause zu wissen? Miguel und Yago haben sich in Madrid bewährt und werden uns nun hier zur Hand gehen. Schön, dass ihr zurück seid, Jungs.«

Der Bürgermeister winkte seine Söhne heran und legte einen Arm um jeden. Miguel lächelte, aber Yago verbeugte sich, was von mehreren grellen Pfiffen begleitet wurde.

Jetzt, da sie nebeneinanderstanden, fiel Sofie die Ähnlichkeit innerhalb der Familie auf. Alle drei Männer waren hochgewachsen und strahlten Zuversicht aus. Sie machten den Eindruck, dass man sich auch in harten Zeiten an sie wenden und auf sie verlassen konnte. Vermutlich bildeten sich diese Charakterzüge automatisch aus, wenn man in eine Familie wie die der Pachecos hineingeboren wurde und von klein auf mitbekam, was Verantwortung war und wie man damit umging. Welche Entscheidungen man traf und warum. Was nicht nur die eigene Familie, sondern ganz Cielente weiterbrachte – und was nicht.

Sie musterte Andrés und fragte sich, ob er das ebenfalls von Abelia vermittelt bekommen hatte. Ob der kleine Junge, der schon früh seine Eltern verloren hatte, diesen Rückhalt hatte erleben dürfen.

Nun streckte der Alcalde eine Hand zur Seite aus, und Sofie vermutete, dass er auch seine Mutter zu sich rufen würde. »Aber es gibt noch etwas anderes, das ich mit euch teilen will. Neuigkeiten, die für uns alle wichtig sind.«

Miguel sah weiter in die Menge, aber Yago starrte seinen Vater an, eindeutig erstaunt. Dieses Mal wurde es schneller still – und auf eine andere Weise. Tiefer. Neugieriger. Sofie hätte schwören können, dass der eine oder andere den Atem anhielt.

»Er beehrt uns nicht oft, aber heute ist unser guter Freund und Nachbar Antonio Landero vor Ort. Ihr wisst, dass seine Arbeit ihn überwiegend in der Stadt hält, aber er kehrt immer wieder nach Hause zurück.«

»Natürlich tut er das, wenn er halbwegs vernünftig ist!«, brüllte ein Mann, reckte seine Faust in die Höhe und brachte einen Teil der Gäste zum Lachen.

Andrés lachte nicht. Im Gegenteil, er stand hoch aufgerichtet und blinzelte nicht einmal. Er wirkte seltsam angespannt. Etwas an dieser Situation gefiel ihm ganz und gar nicht.

Antonio Landero trat neben den Alcalde, mit langsamen Schritten, so als wollte er Spannung erzeugen. Für Sofie passte er nicht in das fröhliche Bild, sondern hatte etwas von einem verirrten Besucher. Das lag nicht einmal an der teuren Kleidung, die das Licht der Fackeln in Samt verwandelte, sondern vor allem an seiner Haltung: Das erhobene Kinn hatte nichts Stolzes an sich, sondern schuf Distanz, und dem starren Blick begegnete man besser mit Vorsicht.

Der Alcalde begrüßte ihn mit einem Handschlag. »Willkommen zurück, Tonio. Willst du die Neuigkeiten verkünden, oder soll ich es tun?«

Antonio Landero murmelte etwas, das nicht zu verstehen war, und wandte sich dann nach einem Nicken von Señor Pacheco an die Menge. »Ihr kennt mich«, sagte er anstelle einer Begrüßung, »für mich steht die Landero-Farm an erster Stelle. Ich habe sie von meinen Eltern übernommen, aber heutzutage bedeutet die Leitung eines solchen Betriebs

192

etwas anderes als zu ihren Zeiten. Die Konkurrenz wächst und nutzt stets neue Möglichkeiten, die es traditionellen Betrieben wie unseren schwer macht. Leidet ein solcher Betrieb, leidet auch die Umgebung. Und damit der Ort. Alles ist ein Kreislauf.« Er beschrieb mit der Hand einen Kreis, aber selbst diese Geste war knapp.

Die fröhlichen Zwischenrufe waren verklungen, die Menge mucksmäuschenstill geworden. Lediglich hier und dort war ein Hüsteln zu vernehmen.

»Unser Dorfpromi«, flüsterte jemand hinter Sofie, und als sie sich umdrehte, stand Lucía da und betrachtete die Bühne mit einer guten Portion Skepsis. »Er taucht hin und wieder auf und präsentiert sich als Retter der Cielenteros. Wenn du mich fragst, schlürft er aber lieber trendige Drinks in Madrid als einen guten Wein mit seinen alten Bekannten.«

Sofie wusste nichts darauf zu erwidern, und als sie sich wieder nach vorn wandte, streifte ihr Blick Andrés' Profil. Er schien die Zähne zusammenzubeißen, so angespannt war sein Kiefer.

»Alles in Ordnung?«, fragte sie, berührte ihn am Arm und rechnete beinahe damit, dass er sie abschüttelte.

Doch er nickte lediglich.

»Die Plantage war schon immer mit das Wichtigste für mich, und das ist sie auch heute noch«, fuhr Antonio Landero fort. »Ich habe früh gelernt, was ich tun muss, um zu überleben: genau beobachten und reagieren, wenn nötig. Das gesamte Feld im Auge behalten und nachjustieren, wenn Prozesse aus dem Tritt geraten und nicht mehr das bringen, wofür sie einst geplant wurden. Den Motor ölen, wenn er quietscht.« Er hob eine Hand, als hätte ihm Applaus statt Stille geantwortet. »Und auch wenn ich allmählich ans Aufhören denken muss, da mein Lebensstil ja mitunter anstrengend ist«, er verzog das Gesicht zu einer Grimasse, und Sofie begriff, dass er sich an einem Scherz versucht hatte, »möchte ich, dass die Landero-Farm weiterhin so gut geführt wird wie bisher, damit sie noch lange bestehen bleibt. Daher habe ich mich entschieden, Jüngeren das Feld zu überlassen, die gezeigt haben, dass sie verstehen, wie man ein Business anpacken muss.«

»Damit meint er wohl den Herrn neben dir«, raunte Lucía Sofie zu.

Der runzelte noch immer die Stirn und wirkte jetzt vor allem verwirrt. Sein Boss hatte ihn offensichtlich nicht in die großen Neuigkeiten eingeweiht, die er gleich verkünden würde.

Ein feines Kribbeln lief über Sofies Nacken. Ob der alte Antonio vorhatte, seinem langjährigen Verwalter die Farm zu überlassen? Was genau würde das bedeuten? Sie kannte die bestehenden Vereinbarungen nicht, und ganz sicher würde er Andrés das Land nicht schenken – da war sie sich nach ihrem ersten Eindruck sicher. Vielleicht ging es hier um die grundlegenden Entscheidungen, die ja noch immer bei Antonio lagen. In bessere Hände als die eines Menschen, der schon so viele Jahre für ihn arbeitete und die Plantage in- und auswendig kannte, konnte er sie wohl kaum geben.

Auch wenn sie nur zu Besuch in Cielente war, drückte sie Andrés die Daumen. Trotz der kurzen Zeit war er ihr mit seiner geradlinigen, verlässlichen Art ans Herz gewachsen, und wenn sie ihn nicht gerade auf ihrer Urlaubsreise kennengelernt hätte …

Etwas in ihr regte sich bei diesem Gedanken mit hauchfeinen Flügeln, die so schnell schlugen, dass sie ihr einen Schauer über den Rücken schickten.

Antonio Landero breitete die Arme aus. Eine vollkommen überflüssige Geste, da er ohnehin bereits die volle Aufmerksamkeit der Menge besaß. Lucía hatte wohl recht: Er mochte diese Auftritte, bei denen er im Mittelpunkt stand. »Deshalb habe ich mich dafür entschieden, die Landero-Farm zu verkaufen, und zwar an die HAE. Sie werden einiges an Geld in diese Region bringen, und auch Wissen, von dem viele von euch profitieren werden.« Er ließ die Arme wieder sinken und nickte knapp.

Eine gefühlt endlos lange Zeit reagierte niemand, dann veränderte sich etwas an der Stille. Unauffällig blickte sich Sofie um – und sah, dass die Gesichter der Menschen hart geworden waren, manche blickten ablehnend, andere verächtlich.

Langsam kam Bewegung in die Menge, als einige der Anwesenden die Arme vor der Brust verschränkten oder die Köpfe schüttelten, als wären sie nicht sicher, ob sie richtig gehört hatten.

Sofie begriff: Sie wusste zwar nicht, was die HAE war, aber sie hatte ganz sicher nichts mit Andrés zu tun. Sein Boss hatte die Farm also verkauft, ohne diesen großen Schritt mit ihm zu besprechen, das verriet sein Gesichtsausdruck mehr als deutlich. Andrés hatte von alldem nichts gewusst.

Ringsum setzte Gemurmel ein, und von Lucía kam ein kaum unterdrückter Fluch. Sofie stellte sich auf die Zehenspitzen und hielt nach Señora Landero Ausschau.

Das Gesicht ihrer Gastgeberin war wie versteinert. Sie ließ Osito zu Boden, dann drehte sie sich um, drängte sich durch die Menge und verschwand. Tereza und Simon blickten ihr ratlos hinterher.

Allmählich verwandelte sich das Raunen in Rufe. Ungehaltene, skeptische und vorwurfsvolle Stimmen, die sich so schnell miteinander mischten, dass die einzelnen Worte von der Empörung verschluckt wurden.

Antonio Landero musterte die Menge mit ausdruckslosem Gesicht, dann drehte er sich um und verließ die provisorische Bühne, ohne sich vom Alcalde zu verabschieden. Er hatte gesagt, was es zu sagen gab, gemerkt, dass seine Pläne nicht auf Gegenliebe stießen, und war nicht bereit, sich mit den Auswirkungen zu befassen.

Sofie hielt den Atem an, als sie zu Andrés schielte, und obwohl sie noch nicht ganz verstand, was genau vor sich ging, traf der Anblick sie. Da war plötzlich so viel Härte in den sonst so aufrichtigen Zügen. Und auch noch etwas anderes, das zu verbergen er gerade sein Bestes gab, hier vor allen Leuten: Enttäuschung. Tatsächlich wandten sich immer mehr Menschen zu ihm um, teils um seine Reaktion zu sehen, teils um ihm beizustehen. Ein Mann legte ihm die Hand auf die Schulter, kurz nur, als befürchtete er, dass Andrés sie abschütteln würde.

Am liebsten hätte Sofie etwas gesagt oder ebenfalls ihren Beistand angeboten, aber sie wollte nicht noch mehr Aufmerksamkeit auf ihn lenken. »Was ist HAE?«, fragte sie stattdessen Lucía.

Die verengte die Augen. »Die Holding Agrario Español. Ein Großinvestor, der Landwirtschaftsbetriebe und Ackerflächen aufkauft und seit vergangenem Jahr besonders hier in der Provinz aktiv ist. Sie besitzen schon einige Farmen im Umkreis, und niemand weiß, was aus ihnen wird. Es heißt immer, dass man nichts ändern will an dem Geschäft, für das die Region bekannt ist. Aber eine Farm unten in Carcaixent haben sie bereits stillgelegt und planen, auf dem Grund zu bauen.«

»Bauen? Auf einer Obstplantage? Aber was denn?«

»Etwas, das mehr Geld einbringt«, sagte eine dunkle Stimme hinter ihr, und als sie sich umdrehte, trat Miguel zu ihnen. Auch er sah alles andere als begeistert aus. »Mietwohnungen, Industriekomplexe, wer weiß das schon. Sie wenden sich an diejenigen, die ohnehin schon zu kämpfen haben, und reißen so nach und nach das Land an sich«, sagte er düster, flüsterte Andrés etwas zu und lotste ihn von der Menge weg. Dabei gab er Lucía und Sofie einen Wink, ihnen zu folgen. »Es tut mir so leid, Kumpel«, sagte er, als sie die Heckenbegrenzung erreichten. Hinter ihnen setzten Diskussionen ein, doch auch wenn manche Köpfe sich nach ihnen umdrehten, ließ man sie in Ruhe. »Niemand von uns hat das kommen sehen, nicht mal mein Vater. Er dachte, dass Antonio dir offiziell die Entscheidungsgewalt über die Plantage übertragen wollte. Keiner von uns hat was anderes erwartet.«

»Ist schon in Ordnung«, sagte Andrés steif.

»Nein. Ist es nicht. Wir alle wissen, dass es eine stillschweigende Vereinbarung war, dass du die Farm eines Tages leitest.«

Andrés schüttelte knapp den Kopf. »Er hat nie was versprochen. Es ist sein Besitz. Er kann damit tun, was er für richtig hält.«

Miguel schnaubte. In seinen Augen flackerte die Wut, die sich sein Freund nicht erlaubte, um seine Fassung wahren zu können. »Wenn er es für richtig hält, diese Entscheidung zu treffen, ohne jemanden zu informieren, nicht mal den Mann, der den Landeros fast sein ganzes Leben gewidmet hat, dann ist er wirklich ein …«

Yago tauchte aus der Dämmerung vor ihnen auf. »So ein Schwachsinn!« Er zuckte zusammen, als sein Bruder ihm einen Klaps gegen den Hinterkopf verpasste und ihn ermahnte, leiser zu sein. »Kann er das überhaupt machen?«, zischte er dann. »Hat Rosaria nicht ein Wörtchen mitzureden?«

So hatte sich Sofie das Fest nicht vorgestellt, und obwohl sie längst nicht über alles im Bilde war, lag auf der Hand, dass man Andrés soeben den Boden unter den Füßen weggerissen hatte. Seine ganze Zukunft stand auf dem Spiel. Er hatte ihr erzählt, dass er schon immer für die Landeros gearbeitet hatte. Selbst wenn besagter Großinvestor die Plantage nach dem Verkauf weiterbetrieb, bedeutete das nicht zwangsläufig, dass Andrés dort noch immer einen Platz haben würde.

Zwar kannte Sofie das Gefühl, um einen Teil der eigenen Zukunft betrogen worden zu sein, jedoch nicht in diesem Ausmaß. Sie hatte ihren Job verloren; bei Andrés stand die gesamte Existenz auf dem Spiel. Sie wünschte sich, etwas sagen oder tun zu können, das ihm zumindest einen Hauch Hoffnung schenkte, aber die Leere in seinen Augen verriet ihr, dass er jetzt vor allem Zeit brauchte.

Es war gut, dass seine Freunde für ihn da waren. Zwar konnten sie nichts an der Sache ändern, aber ihm immerhin das Gefühl geben, nicht allein zu sein.

Als Andrés noch immer schwieg, nickte Miguel energisch und deutete mit dem Kinn nach vorn. »Gehen wir.«

Endlich reagierte Andrés. »Nein«, sagte er tonlos. »Ihr bleibt hier. Es ist auch eure Feier.«

»Für mich ist sie vorbei«, sagte Miguel, setzte sich in Bewegung, blieb dann aber stehen und wartete, bis Andrés zu ihm aufschloss. Dann gab er seinem Bruder einen Wink. »Yago?«

»Ich fahre«, rief der, griff in seine Hosentasche und schwenkte einen Schlüssel. »Was ist mit dir, Lu? Du bist doch dabei?«

Sie nickte, auch wenn ihr anzusehen war, dass sie keine Ahnung hatte, worum es ging. Aber die Aussicht darauf, Zeit mit Yago zu verbringen, schien ihr vollkommen zu genügen. »*Vale*«, sagte sie und streckte eine Hand nach Sofie aus. »Gehen wir.«

Sofie schüttelte den Kopf. »Andrés will jetzt gerade sicher keine Fremden um sich haben.«

»Mach dir da mal keine Gedanken«, sagte Yago und dirigierte die zwei Frauen an der großen Wiese vorbei in Richtung Haus. Hinter ihnen rief jemand seinen Namen, vermutlich sein Vater, und er lief schneller. »Wir fahren zum Strand, der ist groß. Da kann er sich entscheiden, mit wem er reden oder ob er nur vor sich hinstarren will. Und vielleicht tut es ihm ganz gut, auch ein paar hübsche Gesichter zu sehen und nicht nur meinen Bruder und mich.« Er zwinkerte Lucía zu, die mit einem leisen, kehligen Lachen antwortete.

Sie erreichten die Vorderseite des Hauses, jemand hupte, und dann bretterte ein Geländewagen dicht an ihnen vorbei. Miguel saß am Steuer, neben sich Andrés.

»Na los.« Yago deutete nach vorn und blieb vor einem knallroten Smart stehen. »Das ist meiner.«

Die Scheinwerfer von Miguels Wagen waren mittlerweile verschwunden, und Sofie wusste noch immer nicht, ob es richtig war mitzukommen. Allerdings wünschte sie sich, Andrés zu helfen. Ihm zu sagen, dass alles gut werden würde … Sie fuhr zusammen, als Lucía herumwirbelte und losrannte, zurück in Richtung Wiese. »Wartet kurz!«, rief sie – und war verschwunden.

Sofie wechselte einen erstaunten Blick mit Yago und überlegte, ob sie ihrem Bruder und Tereza Bescheid geben sollte, entschied sich dann aber dagegen. Eine Fremde aus Deutschland konnte Andrés momentan vielleicht noch ertragen, drei hingegen wären definitiv zu viel. Die beiden hatten ja einander und feierten mit den Dorfbewohnern, da würden sie vermutlich gar nicht merken, dass Sofie weg war.

Sie kletterte auf die Rückbank, Yago nahm hinter dem Steuer Platz, und sie warteten auf Lucía. Es dauerte nicht lange, bis sie atemlos und mit einem Korb in der Hand wieder auftauchte. »Das gute Essen«, keuchte sie. »Wär doch zu schade, wenn wir nichts davon abbekämen. Machen wir unser eigenes Picknick, vielleicht lenkt das Andrés zusätzlich ab.«

»Gute Idee«, sagte Yago, aber er hätte vermutlich alles für eine gute Idee gehalten, solange es von Lucía kam. Sie ließ sich neben ihn fallen, strahlte ihn an und zog die Tür zu. »Also dann. Operation Andrés Celaya kann starten.«

12

Das Meer hatte schon am Tag stets eine beruhigende Wirkung auf Sofie, aber jetzt in der Nacht entführte es sie in eine andere Welt.

Sie streifte die Schuhe ab, kaum dass sie den schmalen Strand erreichten, und bei jedem Schritt quoll der Sand kühl durch ihre Zehen. Zuvor hatte Yago neben Miguels Geländewagen auf einem kleinen Platz geparkt, der von schroffem, im Licht der Scheinwerfer golden schimmerndem Gestein und niedrigen Bäumen umgeben war. Von den anderen beiden war nichts zu sehen, aber Yago führte sie zielsicher einen schmalen Pfad entlang, der sich durch die Steine schlängelte und an manchen Stellen durchaus eine Herausforderung darstellte. Der Himmel über ihnen war so klar, dass selbst die dünne Mondsichel einen Teil der Umgebung erhellen konnte. Das schwache Licht hob die Schatten hervor und verwandelte die Umgebung in eine Fantasielandschaft.

»Hierher kommen nur wenige Besucher«, sagte Yago und nahm Lucía den Picknickkorb ab, »und nach Einbruch der Dunkelheit praktisch niemand mehr. Es lohnt sich, Sofie, du wirst sehen.«

Da hatten die Gerüche des Meeres sie bereits gefesselt, sie spitzte die Ohren in Erwartung des charakteristischen Rauschens, das der Wind momentan noch übertönte. So selten er in den vergangenen Tagen aufgefrischt hatte, so sehr wehte er nun hier, als hätte er sich seine Kraft für diesen Abend und diesen Ort aufgespart.

Nach einer Weile fiel der Weg ab, wurde breiter, sandiger, und als sich die letzten Sträucher zurückzogen, blickte Sofie auf einen schmalen Streifen aus Sand, Dünen und Pinienhainen. Dahinter wogte das Meer. Von hier aus gesehen war es eine einzige vollendete Bewegung. Zu ihrer Linken, wo sich der Mond im Wasser spiegelte, waberte ein silberner Fleck.

Augenblicklich atmete sie tiefer, sog die salzige Luft in ihre Lunge und spürte, wie sich jeder Aufruhr in ihrem Inneren legte. Sie wünschte sich, dass auch Andrés zumindest einen Teil dieser Ruhe empfand.

Nach einer Weile liefen sie im Rhythmus der Wellen, die gemächlich an den Strand spülten, und Feuchtigkeit mischte sich in die Kühle an ihren Fußsohlen. Der Wind spielte mit ihren Haaren, ließ sie träge aufflattern und über ihren Nacken streichen.

Sie drehte sich um und ging einige Schritte rückwärts, um die Gegend in ihrer Gänze zu überblicken. Yago hatte nicht übertrieben; außer ihnen war niemand hier. Der Strand war nicht allzu lang, da er sich in eine sichelförmige Bucht schmiegte, doch groß genug, dass sich ihre kleine Gruppe zerstreuen konnte. Links von ihnen ragten Felsen in die Höhe, überzogen von Klippen-Leimkraut. Hartnäckig und widerstandsfähig grub es seine Wurzeln in den Sand.

Als sie wieder nach vorn blickte, entdeckte sie zwei Gestalten in der Ferne: Miguel und Andrés saßen auf einem Felsen und starrten aufs Meer hinaus.

Lucía ließ sich zurückfallen, bis sie neben Sofie ging, was

Yago mit einem Welpenblick kommentierte. »Es würde mich nicht wundern, wenn Antonio Landero kurz nach uns die Party verlassen hätte«, sagte sie und hakte sich unter. Der Rock ihres Kleids wurde von den Böen gegen Sofies Beine gedrängt. »Er wird wenig Lust auf die anstehenden Gespräche haben. Beziehungsweise auf Gegenwind. Ich glaube, er dachte wirklich, dass wir von seinen Neuigkeiten hellauf begeistert sein würden. So ein Idiot.« Sie kickte einen Sandklumpen weg. »Es ist so unfair Andrés gegenüber. Er war immer für die Plantage da. Ich glaube, er war nur einmal für längere Zeit weg, um zu studieren, und da hat er dann am Wochenende gearbeitet.«

Sofie schwieg, weil sie nichts dazu sagen konnte. Es war ungerecht, ja. Aber sie wusste mittlerweile auch, dass Profitdenken und Gerechtigkeit oft nicht nebeneinander existieren konnten.

»Ich hatte gehofft, der Fluch würde ihn nicht treffen«, flüsterte Lucía.

Sofie seufzte. »Komm schon. Der Fluch? Willst du mir jetzt etwa erzählen, Cielente ist generell verflucht und nicht nur, wenn es um die Liebe geht?«

»*Claro*. Alles hängt doch mit der Liebe zusammen, und natürlich schlägt der Fluch dann auch in anderen Bereichen des Lebens zu.«

»Weil sich eine Heilige verabschiedet hat«, sagte Sofie trocken, und Lucía schüttelte sie leicht.

»Hey, mach dich nicht lustig. Wir alle leiden darunter, dass Santa Isabel weg ist. Andrés ist da keine Ausnahme; er findet sich bloß damit ab und stürzt sich in die Arbeit. Das hat er auch damals getan, nach der Sache mit Cristina.« Sie wartete ab, aber Sofie dachte gar nicht daran, nachzufragen. »Die zwei waren verlobt, aber kaum ging es an die Hochzeitsplanungen, hat sie es sich anders überlegt.«

»Das klingt ziemlich nach Tratsch.«

»Das soll es nicht.« Lucía verzog das Gesicht. »Ich will doch nur sagen, dass der Fluch von Cielente uns alle früher oder später trifft. Andrés hat er die Verlobte genommen, und nun verliert er vielleicht die Plantage, seine zweite Liebe. Irgendwann sind wir alle dran.« Die letzten Worte flüsterte sie und schielte zu Yago.

Auch wenn Sofie diesen Aberglauben beim besten Willen nicht teilen konnte, tat Lucía ihr leid. Die junge Frau war verliebt, sie flirtete mit Yago, wenn sie sich unbeobachtet fühlte, und zugleich glaubte sie daran, dass ihre Liebe von vornherein zum Scheitern verurteilt war. Dabei steckte nur eine dämliche Familienfehde dahinter, die nichts mit der Gegenwart zu tun hatte – und erst recht nicht mit höheren Mächten, die ihre Spielchen mit den Menschen trieben.

Ihre Gedanken wanderten zurück zu Andrés. Es überraschte sie wenig, dass er einmal verlobt gewesen war; vielmehr wunderte es sie, dass es derzeit offenbar niemanden in seinem Leben gab. Er war geradlinig und spielte keine Spielchen. Sie fühlte sich wohl in seiner Gegenwart und hätte gern mehr über ihn erfahren. Nadja hätte zudem sofort betont, wie gut er aussah mit seinen klaren Gesichtszügen und den nachdenklichen, braunen Augen, und Sofie musste gestehen, dass sie recht hatte.

Vor ihnen rief Yago etwas – durch die Luft segelnde Worte, von Wind und Meer in Fetzen gerissen. Er hatte Andrés und Miguel erreicht und schwenkte den Korb. Sein Bruder sprang auf den Boden, blickte sich um und deutete nach links, wo die Felsen zu zwei Seiten ausliefen und einen guten Schutz gegen Böen und Sand boten. Er wechselte einige Worte mit Andrés und machte sich mit Yago auf den Weg zu der Stelle.

Lucía sah zu Andrés auf, als sie ihn erreichten, und nickte ihm kurz zu, ehe sie den Brüdern folgte. Er schenkte ihr ein Lächeln, das noch immer gequält wirkte, atmete tief durch und hielt das Gesicht wieder in den Wind.

Sofie war stehen geblieben und zögerte. »Hey«, sagte sie leise.

»Hey«, entgegnete er und lockerte die Finger. Er wirkte wie jemand, der vergessen hatte, was er tun sollte. Tun konnte.

Sofie biss sich auf die Lippe. »Entschuldige, dass ich hier einfach mit den anderen auftauche. Aber Yago hat mich überredet. Oder fast schon überrumpelt. Ich glaube, er dachte sich, dass mehr Leute dich besser ablenken würden.«

Zunächst rührte er sich nicht, aber dann sah er zu den anderen, die einen Platz für das nächtliche Picknick gefunden hatten. »Ich vermute eher, er hat darauf gesetzt, dass meine Höflichkeit unserem Gast gegenüber mich davon abhält, allein vor mich hinzugrübeln.« Seine Worte klangen nicht mehr ganz so niedergeschlagen. Eher schwang ein Hauch Sarkasmus darin mit.

»Und?« Sofie legte den Kopf schräg. »Funktioniert sein Plan?«

Er sah sie an, als könnte sie ihm die Antwort liefern. »Noch dauert das Gespräch mit besagtem Gast nicht lang genug, um das festzustellen.«

Sofie öffnete den Mund, um etwas zu sagen, doch etwas in Andrés' Blick hielt sie davon ab. Wenn man die Umstände vergaß, die sie hierhergebracht hatten, war es ein perfekter Abend: das Rauschen der Wellen, der Wind und die klare

Nacht, in der sämtliche Töne wie mit Samt überzogen waren. Selbst die Unterhaltung der anderen war nur ein Echo, mehr Erinnerung als Realität.

Sofie blinzelte, als sie merkte, dass sie Andrés anstarrte, und konzentrierte sich schnell auf den Felsen. Moosflechten wuchsen dort, und sie fuhr eine mit einem Fingernagel nach. »Möchtest du allein sein, oder sollen wir zu den anderen gehen?« Sie deutete zur Seite. »Keine Ahnung, was da los ist, aber es klingt, als hätte Lucía nicht genug Essen eingepackt für beide Brüder.«

Sie wandten die Köpfe und beobachteten, wie Miguel Yago eine Frikadelle wegschnappte.

Andrés atmete tief durch. »Wenn ich ehrlich bin, hätte ich gern noch etwas Ruhe. Aber Gesellschaft wäre trotzdem schön, damit ich nicht in Selbstmitleid versinke. Magst du mich begleiten?« Er deutete den Strand hinab.

Ihre Haut kribbelte bei seiner Frage. »Gern«, sagte sie, nahm ihre Schuhe auf und schlenderte Seite an Seite mit ihm zum Wasser. Dort wurde der Wind stärker, zupfte an ihrem Rock und seinem Hemd. Schweigend betrachteten sie den Silberfaden, den der Mond auf das Meer malte, während das Wasser über ihre nackten Füße schwappte.

Sofie atmete tief durch. Dieser Ort war wunderschön, und sie wünschte sich, dass der Wind zumindest einen Teil von Andrés' Sorgen davonwehte.

»Möchtest du reden?«, fragte sie leise.

»Vielleicht ist es nicht verkehrt, wenn ich versuche, mich abzulenken«, sagte Andrés. »Erzähl mir von dir. Woher genau kommst du? Und was machst du, wenn du nicht gerade versuchst, mehr über die Jugend deines Opas rauszufinden?«

Sofie berichtete ihm von ihrem Zuhause in Osnabrück,

von ihrer Familie, ihren Großeltern, wie froh sie war, dass die beiden sich nach ihrer Trennung noch so gut verstanden – und auch davon, dass Obst in ihrer Familie schon immer eine große Rolle gespielt hatte. »Wenn Opa Nando seine Begeisterung für Zitrusfrüchte nicht von Spanien mit nach Deutschland gebracht hätte … wer weiß, vermutlich wäre er dann niemals mit meiner Oma ins Gespräch gekommen, und dann gäbe es weder meinen Vater noch Simon oder mich.« Sie biss sich auf die Lippe und spürte, wie der nächste Wellenausläufer über ihre Füße schwappte und sie tiefer in den nassen Sand sank. Andrés schwieg, hörte ihr aber zu. »Ich hab ein schlechtes Gewissen ihm gegenüber. Er wollte nicht, dass wir herkommen, weil er nicht an seine Vergangenheit erinnert werden will. Und jetzt sind wir hier und werden wohl noch eine Weile bleiben.«

»Glaubst du, dass es damals böses Blut gab und er deshalb gegangen ist?«

»Darüber habe ich schon so oft nachgedacht. Ich meine … möglich wäre es, mein Opa kann ein ziemlicher Sturkopf sein. Daher hatte ich gehofft, dass noch jemand lebt, der sich nicht nur vage an ihn als Person erinnert, sondern auch an Details. Jemand, der ihn etwas besser kannte als dieser José, von dem du mir erzählt hast. Oder Abelia.«

»Hm«, sagte Andrés, ein Laut so tief, dass er selbst das Rauschen des Meeres übertönte. »In dem Punkt bin ich nicht ganz sicher.«

»Wie meinst du das?«

Er strich sich übers Kinn. »Vorhin auf der Feier hatte ich das Gefühl, sie verschweigt etwas. Abelia, meine ich. Sie ist recht gut darin, ein Pokerface zu wahren, aber ich kenne sie.«

»Glaubst du, sie war im Stress wegen der Vorbereitungen?« *Oder aus anderen Gründen? Vielleicht hat sie schon gewusst, was Antonio Landero verkünden wollte.*

Andrés ließ die Hand sinken. »Gute Frage. Vielleicht sagt der Name deines Großvaters ihr doch mehr, als sie zugibt. Wobei es nicht zu ihr passt, Dinge zurückzuhalten.«

Sofie dachte darüber nach und versuchte, sich die Haare hinter die Ohren zu schieben. Doch der Wind stahl ihr eine Strähne aus den Fingern und wehte sie ihr in die Stirn.

Andrés streckte eine Hand aus und fing sie ein. Dabei berührte er Sofie kaum; trotzdem spürte sie, wie die Wärme seiner Haut auf ihre überging. Fast wäre sie näher getreten, aber stattdessen sah sie auf ihre Füße, die halb vom nassen Sand bedeckt waren, und dankte der Nacht, dass sie die Röte ihrer Wangen verbarg. Der Wind wurde schwächer, und Andrés ließ die Hand wieder sinken.

»Ich werde Abelia noch mal darauf ansprechen, wenn sich die Gelegenheit ergibt«, sagte er ruhig, als wäre nichts weiter geschehen.

Sofie hob langsam den Kopf, und dieses Mal achtete sie weder auf das Meer noch den Sternenhimmel oder die entfernten Stimmen der anderen. »Danke.«

Sie hatte schon einige magische Momente erlebt und erinnerte sich im Nachhinein stets an die Sekunden, die ihnen vorausgegangen waren. In denen sie hätte merken können, dass etwas Wunderbares folgen würde, es aber nie getan hatte, weil ihr Kopf stets einen halben Schritt hinterherhinkte.

Dieses Mal war es anders – dennoch zögerte sie, weil sie nicht sicher war, ob sie die Situation überbewertete. Immerhin hatte sie in Cielente schon so viel Schönes erlebt, war so liebevoll aufgenommen worden. Und jetzt machte sie einen Nachtspaziergang mit einem neuen Bekannten an diesem faszinierenden Fleckchen Erde. Kein Wunder, dass sie euphorisch war und ihre romantischen Vorstellungen mit ihr durchgingen.

»Drehen wir um«, sagte Andrés, beendete den magischen Moment im Bruchteil einer Sekunde und gab ihr die Antwort auf diese Frage.

»Klar«, sagte sie und nickte. Insgeheim ärgerte sie sich über sich selbst. Wie hatte sie die Situation nur so missverstehen können? Natürlich hatte Andrés gerade andere Dinge im Kopf als einen Flirt – so wie sie eigentlich auch.

Schweigend machten sie sich auf den Rückweg.

Die anderen saßen um eine kleine Decke, die sich beim zweiten Blick als Geschirrtuch entpuppte, und hatten den Inhalt des Korbs darauf ausgebreitet.

»Wir dachten schon, ihr kommt gar nicht mehr zurück«, rief Lucía und hielt ihnen einen Weißwein entgegen. »Gläser gibt's leider nicht.«

Sofie setzte sich neben Lucía, nahm die Flasche und trank einen Schluck, um sie dann an Miguel weiterzureichen. Als ihre Finger seine berührten, rückte er ein winziges Stück näher. Oder machte er einfach nur Platz für Andrés?

»Jetzt kennst du also auch schon unseren liebsten Ort und damit den Geheimtipp von Cielente«, sagte er. »Andrés und ich sind schon hergekommen, als wir klein waren und gerade so Rad fahren konnten.«

»Ich konnte recht gut Rad fahren«, sagte Andrés und klang bereits nicht mehr ganz so niedergeschlagen. »Du bist alle paar Meter umgekippt, und ich musste dir aufhelfen.«

Yago prustete, und auch die anderen grinsten.

»Erwischt.« Miguel zuckte die Schultern und zwinkerte

Sofie zu. »Wobei ich ihn heute bei jedem Rennen schlagen würde, egal, ob mit dem Rad oder zu Fuß.«

»Hört, hört«, sagte Lucía und machte ein übertrieben skeptisches Gesicht. »Aber er hat recht, Sofie, du kennst jetzt wirklich alles Wichtige hier.«

»Nicht alles.« Sofie nahm sich ein Stück Brot und drehte es in den Händen. »Die Kirche war verschlossen am Markttag, die würde ich mir gern noch irgendwann von innen ansehen.«

»Nun.« Lucía breitete die Arme aus wie eine Zauberkünstlerin, die kurz davor war, ein Kaninchen aus dem Hut zu ziehen. »Das sollte das geringste Problem sein. Wenn du magst, wirst du die heiligen Hallen noch heute Nacht erleben.« Es klang geheimnisvoll.

Sofie lachte. »Was, hast du etwa vor, dort einzubrechen?« Wenn die Kirche am Markttag geschlossen gewesen war, war sie das jetzt in der Nacht ja wohl erst recht. Aber vielleicht gab es einen Hintereingang, von dem sie nichts wusste.

Statt einer Antwort angelte Lucía nach ihrer Tasche, wühlte darin herum und stand mit großer Geste auf. In ihrer Hand baumelte ein Schlüsselbund. Ein Schlüssel stach aus den anderen heraus, da er altertümlich wirkte mit seinem langen Halm und dem auffällig geschwungenen Bart. Es klirrte leise, als Lucía die Hand schüttelte. »Wann immer es dir passt.«

»Du hast einen Schlüssel für die Kirche?«

»Ich«, sagte Lucía und warf sich in eine dramatische Pose, »bin die Nichte des Hüters dieser altehrwürdigen Stätte. Und damit habe ich einen Ersatzschlüssel – den ich zufällig bei mir trage, weil ich die Altardecken für Onkel Esteban gewaschen und zurückgebracht habe, ehe ich zur Party gefahren bin. Wenn du möchtest, gebe ich dir eine Tour durch die letzte unentdeckte Region Cielentes.«

Sofie schmunzelte. »Hast du schon mal überlegt, Reiseführerin zu werden? Es könnte dir liegen.« Sie nahm Lucías Hand und ließ sich hochziehen. »Wenn ihr anderen lieber am Strand bleiben wollt, dann ist das auch in Ordnung für mich. Es ist wunderschön hier.«

Auf ihre Worte folgte Schweigen. Nach und nach wandten sich die anderen zu Andrés. Sie überließen ihm die Entscheidung.

Er starrte noch eine Weile in die Nacht hinaus, seufzte dann und stand ebenfalls auf. »Miguel und Yago haben eh alles aufgegessen, und hier werde ich nur melancholisch. Gehen wir und zeigen dir die heiligen Hallen, Sofia.«

13

In der Nacht wirkte Cielente wie ausgestorben, lediglich die üblichen zwei, drei Hunde liefen umher und beherrschten die Straßen bis zum Sonnenaufgang. In keinem der Häuser brannte Licht. Entweder schliefen die Einwohner bereits, oder sie feierten noch immer am Haus der Pachecos. Sicher hatten viele die Ankündigung über den Verkauf der Landero-Farm bereits beiseitegeschoben, da es sie nicht unmittelbar betraf. In ihrem Leben änderte sich vorerst nichts bis auf die Tatsache, dass sie in Zukunft hin und wieder fremden Menschen begegnen würden.

Dieses Mal fuhr Sofie bei Miguel und Andrés mit, wo sie auf der Rückbank mehr Platz fand als in Yagos Wagen – und weil sie ihm und Lucía etwas Privatsphäre schenken wollte.

Sie parkten auf dem Marktplatz, der in der Nacht größer wirkte, da die Konturen sich in den Schatten auflösten und einem vorgaukelten, einfach weiterfahren zu können. Auch die Kirche lag weitgehend im Dunkeln, nur der Turm mit den zwei Glocken auf dem Dach wurde sanft vom Mond beleuchtet.

Sofie legte den Kopf in den Nacken und ließ die Atmosphäre auf sich wirken. Durch die fehlenden Lichter und die Stille war es wahrhaftig, als hätte sie eine Reise in die Vergangenheit angetreten. So musste Cielente schon vor vielen Jahren ausgesehen haben, und vielleicht hatte es Nächte gegeben, in denen auch Opa Nando hier vor dem Backsteingebäude gestanden und zu den Sternen emporgeblickt hatte. Allein, mit Freunden oder einem Mädchen im Arm.

Die anderen liefen an ihr vorbei, in leises Geplauder vertieft, und dann hörte sie, wie Lucía den Schlüssel ins Schloss schob und kurz darauf das Portal aufdrückte. Knarrend gab es den Blick auf sanftes Licht in der Kirche frei.

»Na los!« Lucía winkte sie heran. »Willkommen in der Iglesia Santa Isabel.«

Für die gesamte Gemeinde von Cielente war die Kirche vermutlich zu klein; sie war zu einer Zeit erbaut worden, als der Ort noch weniger Einwohner hatte. Das Innere war schlicht gehalten, aber das gefiel Sofie. Eine reiche Ausstattung mit goldenen Ornamenten oder Figuren hätte nicht hierher gepasst.

Eine Handvoll Kerzen verströmte schwaches Licht und verlieh dem Holz in der unmittelbaren Umgebung einen dunklen Honigton. Zwei Reihen Bänke liefen auf die Empore am Ende zu, wo sich der Altar erhob. In den Seitenwänden waren auf Augenhöhe Nischen eingelassen. Steinfiguren standen darin. Das Marmorbecken mit Weihwasser im Eingangsbereich wirkte auffallend groß. Es roch hier wie in vielen alten Kirchen, nach Geschichte und Weihrauch – und auch einem Hauch Feuchtigkeit. Ein bekanntes Aroma mischte sich darunter, und dann erkannte Sofie bunte Tupfen vor den Nischen. Jemand hatte dort Blüten abgelegt.

Langsam ging sie weiter. Der leise Hall ihrer Schritte huschte ihr voraus und forderte sie auf, ihm zu folgen. Sie strich über die Rückenlehne einer Bank und spürte die Glätte des Holzes. Gebetbücher lagen dort, manche leicht zerfleddert, andere neuer. Vermutlich hatte in Cielente jeder Kirchgänger seinen Stammplatz.

Yago ließ sich auf eine der Bänke fallen, stopfte sich etwas in den Mund und kaute.

»Wenn das Lucías Familie sieht, wird sie dich erst recht nicht in ihre Nähe lassen«, sagte Miguel und gab sich keine Mühe, leise zu sein.

Yago zuckte die Schultern. »Dann kannst du ja aufhören, den Moralapostel zu spielen.«

Sofie runzelte die Stirn, und ihr Blick begegnete Lucías. Die seufzte so schwer, als trüge sie die Sünden sämtlicher vergangener Jahrhunderte auf ihren Schultern. »Unsere Familien, die Martis und die Pachecos«, sagte sie und nickte in Yagos Richtung, »sind nicht gut aufeinander zu sprechen. Das geht auf die Zeit zurück, als Santa Isabel verschwunden ist.« Sie zeigte nach rechts, zu einer der Nischen. Ein dunkelblauer Vorhang war halb davorgezogen, aber als sich Sofie ein Stück zur Seite lehnte, erkannte sie, dass der Platz dahinter leer war. »Der Großvater meines Onkels Esteban war damals unser Pfarrer und für die Kirche verantwortlich, und er war ein wandelndes Klischee.« Sie tat so, als würde sie sich einen Becher an den Mund setzen. »Der Messwein war nie vor ihm sicher. Einmal ist er sogar während der Predigt eingeschlafen. Wohlgemerkt hat ihm das niemand übel genommen, sie haben einfach das nächste Lied angestimmt. Aber in der Nacht, als Santa Isabel verschwand, war er ebenfalls … na ja, nicht nüchtern und sowieso nicht mehr der Jüngste. Er hatte vergessen, die Kirche abzuschließen, und war zwei Tage nicht hier. Als er sie wieder betrat, war Isabels Platz leer, und der damalige Alcalde hat ihn in aller Öffentlichkeit dafür verantwortlich gemacht. Seitdem …«

»Seitdem halten eure Familien an dieser alten Geschichte fest, sodass sie dich und Yago nicht zusammen sehen wollen. Tut mir leid, Lucía, aber das …«

Lucía verzog das Gesicht. »Klingt ziemlich nach Mittelalter, *sí*? Meine Kollegin Marisa meint, es hätte was Romantisches.« Sie zuckte die Schultern, als würde diese einzelne Meinung genügen, um dem Ganzen das Absurde zu nehmen. »In Wahrheit ist so was heutzutage noch oft Realität: Zwei Familien, die über Einfluss und Präsenz verfügen, mögen sich aus irgendwelchen Gründen nicht. Natürlich könnten wir uns darüber hinwegsetzen, aber das würde niemals zur Versöhnung führen, sondern nur zu mehr Problemen. Und ich kenne Yago, er hängt ebenso an seinen Leuten wie ich an meinen.«

»Und wie denkt Miguel darüber?«, fragte Sofie leise.

»Dass wir es uns nur selbst schwer machen – und vielleicht hat er sogar recht. Miguel ist in Ordnung.« Beide sahen zu den Brüdern hinüber, die sich anstießen und miteinander flüsterten. Sofie verstand, was Lucía in Yago sah. Auch ihr gefielen sein warmes Lachen und die Aufmerksamkeit, die er allem und jedem entgegenbrachte, auch wenn er manchmal wie ein Junge wirkte.

Da es nichts gab, was sie Lucía raten konnte, drückte sie die andere Frau kurz an sich und freute sich, als Lucía die Geste erwiderte. Nach nur wenigen Tagen war etwas zwischen ihnen entstanden, das vielleicht zu einer Freundschaft werden konnte.

Langsam ging sie weiter, noch immer darauf bedacht, möglichst wenige Geräusche zu verursachen – dafür sorgten schon die Brüder, während Andrés mit verschränkten Armen an einer Wand lehnte und gedankenverloren an die hohe Decke starrte. Sie erreichte die Wandnische, die bis auf einen Blumenkranz und einen herzförmigen Stein leer war. Dafür hing eine gerahmte Fotografie darin. Sie wurde schwach von einem ewigen Licht erhellt, so wie sämtliche Nischen, und Sofie beugte sich vor, um mehr zu erkennen.

Mit einem Keuchen fuhr sie zurück.

Mehrere Sekunden lang bewegte sie sich nicht; ihre Gedanken rasten, und sie versuchte, Sinn in das zu bringen, was sie auf dem alten Schwarz-Weiß-Bild vor sich sah.

Das kann doch nicht sein!

Es zeigte eine Statue: eine Frau mit gesenktem Kopf und gefalteten Händen. Bis auf die nackten Füße wurde ihr Körper von einem weiten, hellen Gewand verhüllt, dessen Kapuze einen Teil des dunklen Haars bedeckte. Auf ihrer Brust prangte ein großes Herz, von dem Sofie wusste, dass es rot war.

Weil genau diese Figur zu Hause in Osnabrück in einer Kiste lagerte.

Sie schluckte, rieb sich die Augen und las die handgeschriebene Zeile unter der Fotografie.

Isabel la amante 1960.

»Das war der Platz unserer Patronin der Liebe«, sagte eine leise Stimme hinter ihr, als sie eine Hand ausstrecken wollte, um das Bild zu berühren. Andrés war unbemerkt zu ihr getreten. »Manche der Älteren glauben noch immer daran, dass sie eines Tages wieder auftauchen und dass sich dann alles einrenken wird, was nicht so läuft, wie es sollte. Aber da spielt eine Menge Hoffnung mit, und sollte die zu groß werden, bleibt das rationale Denken mitunter auf der Strecke. Wenn du mich fragst, hat sie ein Besucher in einem

216

unbeobachteten Moment ohne nachzudenken eingesteckt und mit nach Hause genommen. Wahrscheinlich, um besonders viel Glück in der Liebe zu haben.«

Sofie starrte ihn an, unfähig, etwas zu erwidern. Es fiel ihr schon schwer genug zu begreifen, was er ihr mitteilte.

»Sie war etwas größer als die anderen Figuren, weil sie als Schutzheilige von Cielente eine wichtige Rolle einnahm«, fuhr er fort. »Aber sie passte noch gut in einen Rucksack oder eine Tasche.«

Noch immer konnte sie sich nicht rühren.

Es war kein Besucher, der sie mitgenommen hat. Sondern jemand aus diesem Dorf.

»Santa Isabel«, stammelte sie schließlich, unsicher, ob ihre Stimme ihr überhaupt noch gehorchte. Sie presste die Lippen zusammen in dem Bemühen, zurückzuhalten, was ihr sonst noch auf der Zunge lag. Dabei hätte ein Teil von ihr nichts lieber getan, als Andrés zu verraten, dass sie genau wusste, wo die Figur war, und dass Santa Isabel wieder nach Cielente zurückkehren könnte.

Aber der anderee Teil weigerte sich noch immer, die Wahrheit zu akzeptieren, und suchte nach einer weiteren Erklärung. Bestimmt gab es mehrere Figuren wie diese, mit demselben Gewand und derselben Haltung. Wie sonst sollte man eine Heilige schließlich darstellen als versunken ins Gebet? Wobei das rote Herz auf der Brust schon auffällig war. Trotzdem, diese Figur konnte einer Massenproduktion entstammen. Oder nicht Opa Nando hatte sie aus der Kirche gestohlen, sondern jemand anders hatte sie ihm heimlich in den Koffer gepackt, und er hatte sie erst in Deutschland gefunden und dann nicht mehr den Mut oder auch die Zeit gehabt, um sie zurückzuschicken.

Der Neubeginn als Gastarbeiter in einem fremden Land musste schwer gewesen sein. Gut möglich, dass er Santa Isabel einfach vergessen hatte. Oder ihre Existenz aus Scham verdrängte. Vielleicht hatte er sie ja genau deshalb seiner Enkelin geschenkt: damit zumindest ein Mensch auf dieser Welt Freude an ihr hatte.

Vielleicht, vielleicht, vielleicht.

Es gab bereits so viele Spekulationen in dieser ganzen Geschichte, und ihr fiel nichts Besseres ein, als weitere hinzuzufügen – über die einzige Tatsache, die doch unumstößlich auf der Hand lag.

Bei der Princesa handelte es sich um die Heilige Isabel, und ihr Großvater hatte sie aus dieser Kirche gestohlen.

Ob er wusste, welche Auswirkungen das auf Cielente gehabt hatte? Dass viele Menschen hier wahrhaftig glaubten, die Liebe hätte ihnen den Rücken gekehrt? Natürlich war ihm das klar gewesen, er war immerhin hier aufgewachsen, geprägt von den hiesigen Denkweisen und Bräuchen, Ängsten und Hoffnungen.

Sie räusperte sich. »Warum wurde nicht einfach eine neue Isabel aufgestellt?« Sie wagte es, Andrés direkt anzusehen, auch wenn sie befürchtete, dass er ihr die Wahrheit – oder zumindest ihre Fassungslosigkeit – vom Gesicht ablesen könnte.

Doch das Dämmerlicht der Kirche rettete sie; er schien nichts zu bemerken. Sein Gesicht wurde sanft vom Kerzenlicht erhellt; selbst in seinen dunklen Augen lag ein Honigschimmer.

»Es wäre nicht dieselbe Figur gewesen, das hätten die Menschen nicht akzeptiert. Für viele war und ist Isabels Verschwinden ein Zeichen, das sie betrauert, aber hingenommen haben. Einige wenige waren empört oder wütend über den Diebstahl. Für sie war es schlicht ein Sakrileg. Und wie alles in einem Ort wie diesem verjähren diese Gefühle nicht, sondern werden manchmal sogar an die Folgegenerationen weitergegeben.«

»Die Menschen sind also bis heute wütend deshalb?«, flüsterte sie.

Er senkte den Kopf, nur ganz wenig, und plötzlich lag sein Gesicht halb im Schatten, so als wäre er selbst das größte Geheimnis hier. »Manche würden noch immer alles ins Spiel bringen, was sie könnten. Anwälte, Behörden, Zeitungen. Für ihre Nerven ist es paradoxerweise also ganz gut, wenn die Heilige bleibt, wo immer sie jetzt ist.«

Seine Worte bohrten sich tief in Sofies Magen, und inmitten der Kühle der alten Mauern wurde ihr schlagartig warm. Opa Nando hatte einen Diebstahl begangen, und sie konnte sich nicht vorstellen, dass er schwerwiegend dafür belangt werden würde. Erst recht nicht nach all den Jahren. Allerdings kannte sie sich mit solchen Dingen nicht aus. Ihre Diebeskarriere beschränkte sich auf eine Puppe, die sie als kleines Mädchen in einem Kaufhaus ausgepackt und mit sich herumgetragen hatte. Bis sie und ihre Eltern die Kasse erreichten, hatte sie es geschafft, das Gesicht ihres neuen Spielzeugs mit Filzstiften zu bemalen, sodass es gebraucht wirkte und niemand darauf gekommen war, es ihr wieder abzunehmen. Ihre Eltern waren zu beschäftigt gewesen, um den Familienzuwachs zu bemerken. Das war erst später zu Hause geschehen, und ihr Vater war zurückgefahren, um die Puppe nachträglich zu bezahlen.

Doch nicht rechtliche Konsequenzen bereiteten ihr die größte Sorge, sondern die geballte Empörung Cielentes.

Andrés hatte Anwälte erwähnt! Sofie war nicht vom Fach, wusste aber, dass es bei Juristen oft darum ging, wer die Fakten am besten drehen und wenden konnte, um den Sieg davonzutragen. Dieser hatte also nicht immer mit Recht, sondern oft nur mit Geld zu tun. Opa Nando war kein armer Mann, konnte sich aber sicherlich keinen aufwendigen Prozess leisten.

Ganz abgesehen davon waren schlechte Nachrichten dieser Art sicher das Letzte, was er sich wünschte.

Verwirrt sah sie wieder zu dem Foto, doch es schien vor ihren Augen zu verschwimmen. Was sollte sie nur tun? Simon einweihen, das stand schon einmal fest. Aber sonst? Natürlich hätte sie am liebsten den anderen alles erzählt, insbesondere Andrés, bei dem sie ohnehin das Gefühl hatte, ihm vieles sagen zu können, ohne dass er sie sofort verurteilte. Aber damit hätte sie ihn zum Mitwisser gemacht, und sie konnte nicht erwarten, dass er die Sache nur ihr zuliebe den Menschen verschwieg, mit denen er aufgewachsen war und die er bereits sein Leben lang kannte.

Also fuhr sie mit der Zunge über ihre Zähne, immer wieder, bis es schmerzte. »Was denkst du?«, fragte sie tonlos und wusste selbst nicht, warum ihr seine Antwort auf einmal so wichtig war. »Über die ganze Sache, meine ich.«

Er atmete tief durch. Ihr war aufgefallen, dass er das öfter vor einer Antwort machte, als würde er seine Gedanken überprüfen, ehe er sie mit der Welt teilte. »Ich finde es schade, dass demjenigen, der die Figur entwendet hat, gleichgültig war, was er so vielen Menschen nimmt. Denen, die stark daran glauben, dass ihr Lebensglück von einer Schutzpatronin abhängt, aber auch allen anderen, die Isabel einmal im Jahr durch die Straßen tragen, um zu feiern und fröhlich zu sein.« Er schüttelte knapp den Kopf. »Ich bin nicht abergläubisch, Sofia, aber ich akzeptiere, wenn andere es sind. Heilige oder nicht, das Fehlen der Figur hat einfach Auswirkungen auf die Leute hier.«

Sie erinnerte sich; das hatte er auch auf der Feier des Alcalde erwähnt.

Vielleicht handeln sie auch manchmal unterbewusst exakt so, dass sich die Dinge erfüllen, an die sie glauben.

Er winkte ab. »Fest steht, dass die Menschen nie einen Ersatz für die Heilige wollten und sich entschieden haben, beim Festumzug lieber einen Blumenkranz durch die Straßen zu tragen.«

»Das tut mir so leid«, sagte sie stockend und meinte es von ganzem Herzen. Im nächsten Moment zuckte sie zusammen, als jemand einen Arm um ihre Schultern schlang. Sie hatte Lucía nicht bemerkt, so sehr hatte die Erkenntnis sie getroffen, dass es noch immer eine Verbindung zwischen Opa Nando und Cielente gab – und im Grunde auch eine zwischen Cielente und ihr.

Sie musste etwas tun, oder? Schließlich konnte sie nicht einfach vorgeben, nichts zu wissen. Sie war einer der wenigen Menschen auf der Welt, die den Platz in der Steinnische wieder füllen konnten.

Etwas, das an Übelkeit erinnerte, zog in Wellen durch ihren Bauch.

»Ah, du hast die Stelle der Schande entdeckt.« Lucía küsste ihre Fingerspitzen, presste sie auf die Blumen und murmelte etwas, aus dem Sofie *Glück, Liebe* und *Zukunft* heraushörte. »Ich fürchte, mein Leben wird ebenso hart und grau wie dieser Stein hier sein«, sagte sie leise und zog die Mundwinkel nach unten.

Sofie griff so energisch nach ihren Händen, dass Lucía sie erstaunt ansah. Aber wenn sie schon nicht mit der Wahrheit herausrücken konnte – zumindest nicht jetzt, sie musste erst darüber nachdenken, wie sie diese Situation am besten lösen konnte –, dann wollte sie zumindest dafür sorgen, dass sich Lucía so etwas nicht einredete.

»Selbst wenn du daran glaubst«, sagte sie, »hätte die Heilige Isabel wohl auch nicht die ganze Arbeit für dich erledigt, oder? Sie hätte nicht eines Tages den passenden Mann für dich vor deiner Haustür abgeladen, sondern gewollt, dass du aktiv wirst und ihn dir selber suchst. Dass du für das kämpfst, was dir wichtig ist!« Erst, als ihre Stimme ein Echo erzeugte, begriff sie, wie laut sie geredet hatte. Aber auf einmal hatte sie den dringenden Wunsch, etwas wieder in Ordnung zu bringen, ein Unglück, das jemand aus ihrer Familie in die Welt entlassen hatte.

Sie erreichte jedoch lediglich, dass Lucía die Augen aufriss und die Pacheco-Brüder zu ihnen herüberschlenderten. Nun starrten alle auf die leere Stelle, wo einst eine Statue mit dem roten Herzen auf der Brust gestanden hatte.

Obwohl ihre Gedanken noch immer wild durcheinanderpeitschten, tat Sofie die Stille gut.

»Gibt es eigentlich noch immer die Rächer?«, fragte Miguel nach einer Weile.

»Ich glaub schon«, sagte Yago. »Santiago Martín hat vor nicht allzu langer Zeit was in der Richtung erwähnt.«

Sofie blickte über ihre Schulter. »Die Rächer?«

»Eine Gruppe von Leuten, die damals auf hundertachtzig waren, als die Statue verschwunden ist. Sie haben sich zusammengeschlossen, um rauszufinden, was dahintersteckt, und bei manchen führt jemand aus der Familie diese Mission weiter. Einmal haben sie sogar einen Privatdetektiv engagiert.«

Miguel brummte. »Dreimal. Aber ohne Erfolg.«

»*Vale*. Sollten sie irgendwann doch welchen haben, wird es wirklich unschön für den Dieb.«

Rächer. Mission. *Privatdetektiv*. Das wurde ja immer besser.

»Aber«, sagte Sofie und stolperte über dieses eine Wort, »ist das nicht übertrieben? Ich meine, zu glauben, dass die Liebe einen im Stich lässt, ist eine Sache. Aber dermaßen lange an einem Groll festzuhalten, eine ganz andere.« Ihr Herz raste mittlerweile, und sie spürte jeden einzelnen Schlag in ihrer Kehle, als würde sie enger und enger.

Miguel nickte. »Das seh ich auch so. Bloß ist das für viele ein wichtiger Teil ihres Lebens, und sie haben sich regelrecht in das Thema verbissen.«

»Wie Forscher, die eine sagenumwobene Stadt suchen«, warf Yago ein. »Sie glauben fest daran, eines Tages ans Ziel zu kommen und den Verantwortlichen zu finden, und dann möchte ich nicht in seiner Haut stecken.«

»Weil sie ihn anzeigen würden.« Sofies Stimme war rau.

Yago ließ die Finger knacken, als stände er dem Entführer der Figur bereits gegenüber. »Ach, heute gibt es so viele Möglichkeiten, jemandem das Leben schwerzumachen, ihn in die Öffentlichkeit zu zerren und büßen zu lassen. Zeitungen, Internet … Cielenteros vergessen nicht. Und das würden sie diese Person spüren lassen.«

»Ja«, sagte Sofie leise. »Das hab ich schon gemerkt.« Die Sache war größer, als sie auf den ersten Blick vermutet hatte, und sie wusste nicht, was passieren würde, wenn sie diese Bombe platzen ließ. Sie brauchte Zeit – und musste mit jemandem reden, der nicht aus Cielente stammte. Plötzlich war ihr kalt. Sie rieb sich über die Schultern und schlenderte weiter, und es machte sie traurig, sich von diesen vieren abwenden müssen, die ihr in der kurzen Zeit ihres Aufenthalts ans Herz gewachsen waren.

»Du frierst.« Andrés war ihr gefolgt, und obwohl sie nachdenken musste, war sie auch erleichtert.

»Ja. Es ist kühl hier drin.«

Er streckte eine Hand aus, ließ sie über ihrem Arm schweben und wartete, bis sie nickte. Erst dann senkte er sie, eine kurze Berührung nur, die aber so viel bewirkte. Nicht nur, dass sie einen Hauch Wärme über ihre Haut schickte, sondern sie schuf auch einen Funken Zuversicht. »Möchtest du gehen? Zurück zur Party?«

Das war vermutlich der letzte Ort, an dem er selbst sein wollte – und trotzdem bot er es ihr an, als ahnte er, dass sie etwas beschäftigte. Aber er respektierte ihre Privatsphäre und würde warten, bis sie von allein mit der Sprache herausrückte.

Sofie zögerte, hin- und hergerissen zwischen dem Wunsch, weiterhin Zeit mit ihm zu verbringen, und dem Bedürfnis nach Abstand, um in Ruhe zu überlegen, was zu tun war. »Ich würde gern gehen, allerdings ist mir nicht mehr nach Feiern zumute. Ich bin recht müde.«

»Ich auch. Sollen wir zurück zur Farm? Ich bring dich zur Finca.«

»Gerne. Wenn es dir nichts ausmacht?«

Er senkte leicht den Kopf. »Du tust mir damit sogar einen Gefallen. Yago und besonders Miguel meinen es gut und wollen mich ablenken, aber wenn ich ehrlich bin, möchte ich jetzt lieber in Ruhe über alles nachdenken, was heute passiert ist.« Sie nickte, und er winkte den anderen. »He, Leute! Sofia und ich verabschieden uns.«

»Bist du sicher?« Miguel schlenderte zu ihnen herüber und musterte erst Sofie, dann seinen Freund mit einem Hauch Sorge. »Wir könnten uns noch einen Film ansehen, wenn ihr Lust habt. Lucía hat schon angeboten, dass wir zu ihr fahren.« Er zwinkerte Sofie zu. »Tut mir leid, dass das Fest so kurz war, wir können ja unser eigenes veranstalten.«

Sie lächelte und schüttelte den Kopf. »Ich bin wirklich müde. All die neuen Eindrücke. Aber vielen Dank für den Ausflug zum Strand. Das war sehr schön.«

»Freut mich. Meld dich jederzeit, dann zeige ich dir noch mehr von der Gegend. Es gibt hier ein paar tolle Ecken, die man nicht so einfach findet.«

Sie behielt ihr Lächeln bei, in der Hoffnung, dass er es nicht als Zustimmung verstand; irgendwie hatte sie das unbestimmte Gefühl, dass sich Miguel mehr von einem solchen Treffen erhoffte. Dann fiel ihr siedend heiß noch etwas ein. »Fahrt ihr denn zurück zum Fest? Die Señora, Tereza und mein Bruder müssen ja irgendwie zurück zur Finca kommen. Oder ...« Sie sah zu Andrés.

»Keine Sorge.« Lucía drückte sie zum Abschied kurz an sich. »Wir kümmern uns darum, oder?« Ihr Tonfall duldete keinen Widerspruch, und die Brüder nickten beinahe synchron. »Ich wollte sowieso noch mal zur Party und hören, wie die Stimmung mittlerweile ist und welche Gerüchte die Runde machen. Falls es wichtige Infos gibt, berichte ich euch morgen davon, verlasst euch ganz auf eure private Spionin.« Sie umarmte Andrés. »Und du vergisst das alles für heute und versuchst zu schlafen. Wir finden schon eine Lösung. Mach dir keine Sorgen.«

Er murmelte etwas, verabschiedete sich von Yago und Miguel, und dann verließen Sofie und er die Kirche.

»Vorsicht!« Sofie hielt sich fest und reckte den Hals, aber Andrés hatte bereits abgebremst und den Wagen zur Seite gelenkt, wo er so sanft zum Stehen kam, als wäre es genau so geplant gewesen.

Hastig schnallte sie sich ab, öffnete die Tür und stieg aus: Mitten auf dem Weg, der zur Finca führte, saß die Katze mit dem rötlichen Fell, putzte sich ungeniert eine Vorderpfote und starrte ihnen entgegen, als wäre sie daran gewöhnt, Autos mit reiner Gedankenkraft zu stoppen. Die Hinterpfote mit dem Verband hatte sie von sich gestreckt – er war mittlerweile verdreckt und hing halb in Fetzen herunter.

»Du bist ziemlich mutig, aber auch etwas zu waghalsig, meine Süße«, murmelte Sofie und streckte behutsam eine Hand aus. Die Katze ließ sich am Köpfchen kraulen, stand auf und schmiegte sich an ihre Beine.

Andrés ging neben ihr in die Hocke und hob sie auf seine Arme. Sie wirkte kurzzeitig erstaunt, ließ es aber geschehen. »Den Verband wirst du dir vermutlich demnächst abreißen, und wir wollen doch nicht, dass du dich damit verhedderst oder irgendwo hängen bleibst«, sagte er und wickelte die zerrissene Mullbinde behutsam ab. »Lass uns doch mal nachsehen, ob du einen neuen brauchst.«

Die Wunde darunter war nicht so schlimm, wie Sofie befürchtet hatte. »Ich denke, das kann so bleiben«, sagte sie, strich der Katze über den Rücken und hob den Kopf, als sie bemerkte, dass Andrés sie anblickte. »Was meinst du?« Ihre Wangen wurden warm bei der Vorstellung, dass er ihre Geste als Flirtversuch auffassen konnte.

Schnell konzentrierte sie sich wieder auf die Katze, um ihre Verlegenheit zu verbergen, und ärgerte sich im selben Moment darüber. So unbeholfen war sie doch sonst nicht! Aber etwas an Andrés' Gegenwart fühlte sich ... besonders an. Als hätte alles, was sie sagte oder tat, eine verborgene Bedeutung, die sich erst im Nachhinein klären würde. Als hätte *sie* mehr Bedeutung.

Es lag daran, wie er sie anblickte, mit dieser Mischung aus Ernsthaftigkeit und einem Vertrauen, das sie überraschte – und das sie vermissen würde, sollte es wieder verschwinden. Aber da war auch eine Spannung, die Sofie in dieser Form noch nicht erlebt hatte.

Innerlich schüttelte sie über sich selbst den Kopf. Was dachte sie da eigentlich? Sie war nicht nach Spanien gereist, um sich der romantischen Vorstellung eines Urlaubsflirts hinzugeben, auch wenn Nadja ihr genau das vor ihrer Abreise geraten hatte, als wäre es das oberste Ziel einer jeden Single-Frau. Sie hatte derzeit wirklich andere Sorgen und Probleme.

Und Andrés erst recht. Der auf ihre Frage nicht geantwortet, sondern sie lediglich mit diesem Blick gemustert hatte, den sie nicht ganz lesen konnte. Jetzt deutete er mit einem Nicken zur Seite. »Wollen wir uns eine Weile setzen?«

Sie erkannte die Umrisse einer Bank am Wegesrand, umrahmt von Olivenbäumen, Gras und Wildblumen, die hier mehr als knöchelhoch wuchsen. »Gern.« Die Katze blinzelte und schien kurz davor, einzuschlafen. »Wir können die Kleine ja schlecht wecken, nur weil du dich wieder hinters Steuer setzen musst.«

»Genau mein Gedanke.«

Die Bank wirkte selbst im fahlen Mondlicht alt, war aber aus schwerem Eichenholz gefertigt und stabil. Durch die

Bretter waren Blumen und Gräser gewachsen und kitzelten Sofies Knöchel.

Andrés nahm neben ihr Platz und legte die Katze behutsam auf seinem Schoß ab. Sie blinzelte zu ihm empor, gähnte herzhaft und ausgiebig und rollte sich dann zusammen.

Wieder schwiegen sie eine Weile, und wie schon am Strand fühlte es sich richtig an. Sofie betrachtete den klaren Sternenhimmel und atmete tiefer. Obwohl ihre Gedanken sich zunächst noch hartnäckig an Opa Nando und der Sache mit der Statue festbissen, wirkte die Atmosphäre beruhigend. Im Moment konnte sie ohnehin nichts tun. Zu Hause in Osnabrück schliefen bereits alle, und Simon und Tereza waren garantiert noch auf der Party. Damit lohnte es sich erst morgen früh, ihnen davon zu erzählen und im besten Fall gemeinsam eine Lösung zu finden, die allen Beteiligten möglichst wenige Wunden schlug.

Bis auf einige nimmermüde Zikaden und Andrés' regelmäßigen Atem war nichts zu hören. Sogar der Wind hatte sich gelegt, und der Duft der Orangenbäume lag wie eine Erinnerung in der Luft. Die Katze zuckte kurz im Schlaf, und dann gesellte sich ein weiteres Geräusch zu dem nächtlichen Chor.

Sofie blinzelte ungläubig. »Schnarcht sie etwa?«

»Klingt ganz danach«, erwiderte Andrés amüsiert und streckte die Beine aus – in Zeitlupe, um sie nicht zu wecken.

Sofie schmunzelte. »Sie vertraut dir. Sagt man nicht, dass Katzen sich ihre Menschen aussuchen? Es scheint, als hätte sie sich entschieden.«

Er strich sich die Haare zurück. »Das sollte sie sich besser noch mal überlegen. Es gibt hier sicher weniger komplizierte Exemplare als mich.«

»Vielleicht sind gar nicht immer die Menschen so kompliziert, sondern die Entscheidungen und Umstände, mit denen sie klarkommen müssen.«

»Aber beides lässt sich nicht trennen.«

»Nein«, sagte sie, zog die Beine an, schlang die Arme darum und stützte ihr Kinn auf die Knie. »Leider nicht.«

Die Katze streckte die Vorderpfoten und verlagerte ihr Gewicht, woraufhin Andrés ihrem Beispiel folgte. »Das klingt, als wüsstest du, wovon du redest.«

Sofie zögerte. Sollte sie ihm von ihren Problemen zu Hause erzählen, die ihr gerade jetzt, mit dem räumlichen Abstand und im Vergleich zu seiner Situation, klein und unwichtig erschienen? Andererseits hatte er erklärt, für Ablenkung dankbar zu sein, und sie war sicher, dass er sie verstehen würde.

»Na ja, ich bin nicht nur hergekommen, weil ich was über die Vergangenheit meines Großvaters wissen wollte. Also … das war schon der Grund, aber wenn davor alles so gelaufen wäre wie geplant, dann wäre ich nicht hier.« Sie machte eine Pause und ordnete ihre Gedanken. Andrés schwieg und teilte ihr stumm mit, dass sie sich so viel Zeit nehmen sollte, wie sie brauchte. »Ich hab vor Kurzem meinen Job verloren«, sagte sie schließlich, »und zwar sehr überraschend.«

Und dann erzählte sie ihm alles: von der Planungsphase mit Fabian, in der sie ihn hatte antreiben müssen, weil er gern feierte und – das wurde ihr jetzt bewusst – es einfach gewohnt war, dass ihm alles in den Schoß fiel. Von der Euphorie über die Chance, die in so greifbarer Nähe gewesen war, und von ihrer Überzeugung, damit etwas Wichtiges in ihrer Firma beitragen zu können. Von ihrer Fassungslosigkeit, als sie erfahren hatte, dass all ihre Vorbereitungen lediglich dazu gedient hatten, das Nest für jemand anders zu bauen, und dass der Mann, den sie für ihren Mitstreiter gehalten hatte, sich hinter ihrem Rücken den eigenen Vorteil gesichert und sie dafür geopfert hatte. Und letztlich von ihrer Enttäuschung, dass ihr Vertrauen auf diese Weise missbraucht worden war.

»Ich glaube, ich war so überzeugt davon, auf dem richtigen Weg zu sein, dass ich nicht damit gerechnet habe, jemand könnte ihn blockieren. Weil ich selbst niemals auf die Idee kommen würde, jemandem das anzutun. Das klingt jetzt vielleicht naiv und dramatisch, aber ich dachte, wenn man eine Vision gemeinsam entwickelt, dann verbindet das und schafft Vertrauen. Ich hätte nie erwartet, dass jemand dieses Vertrauen zu seinen Gunsten ausnutzt.« Ihre Worte drifteten in die Nacht, und sie stellte sich vor, wie sie aufglommen, um dann für immer zu verschwinden.

Es stimmte: Nicht die verlorene Chance hatte sich schmerzhaft in ihr festgefressen, sondern der Betrug von Menschen, denen sie vertraut hatte. Jetzt, wo das heraus war, legte sich der Aufruhr in ihrem Inneren, bis nichts mehr davon übrig blieb.

Sofie schloss die Augen und holte tief Luft. Es war nicht ausschließlich die Zeit, die Wunden heilte. Manchmal spielten auch andere Faktoren eine Rolle. Zufälle, Erlebnisse, Begegnungen, Interesse. Ein offenes Ohr. Ein Gespräch mit der richtigen Person an einem Ort wie diesem, wo sich die Seele ausbreiten konnte, bis kaum noch Platz war für Sorgen. Jedes Mosaiksteinchen hatte die Macht, die Sicht auf den Moment und somit das weitere Leben zu verändern – wenn man es zuließ.

Andrés hatte sich zurückgelehnt. Eine Hand ruhte auf den ausgestreckten Vorderpfötchen der Katze, die andere hatte er locker auf die Bank gelegt. »Es ist nicht leicht, wenn man von Menschen auf diese Weise enttäuscht wird.«

Sofie zupfte an einem Grashalm. »Ja. Weil man sie so nah an sich rangelassen hat. An seine Gedanken und Träume. Und dann überlegt man, was man tun kann, um sich in Zukunft besser zu schützen.« Sie spürte der Struktur des Grashalms nach, den feinen Rillen unter ihren Fingerkuppen, und lauschte ihrem Herzschlag.

Plötzlich war es, als hätten sich ihre Sinne geschärft, um all die leisen Töne und Eindrücke aufzufangen, die sonst in der Nacht verborgen blieben.

Andrés veränderte seine Position, und seine Hand rutschte so nah an ihre, dass sie eine Gänsehaut bekam. Das Gefühl breitete sich aus und spann ein Netz aus Funken über ihren Körper. Sofie hielt den Atem an. Jetzt und hier wollte sie nichts anderes tun, als neben Andrés sitzen und Gedanken mit ihm teilen, die sie normalerweise für sich behielt.

»Du hast recht«, sagte er. »Aber man kann sich nicht vor allem schützen. Weil das bedeuten würde, sich zurückzuziehen und sein Vertrauen wegzuschließen, vielleicht für immer. Und damit schadet man nur sich selbst, weil die eigene Welt kleiner und kleiner wird.«

Sofie wusste nicht, ob er noch von ihr redete oder von sich, aber letztlich spielte das keine Rolle. Einer Eingebung folgend, legte sie ihre Hand auf seine, so locker, dass sie sich kaum berührten und er seine jederzeit zurückziehen konnte.

»Es tut mir leid, was auf dem Fest passiert ist, Andrés. Aber es stimmt, was du sagst, und ich hoffe, dass du dich wegen Antonio Landeros Entscheidung nicht zurückziehst.«

Sie spürte seinen Blick, dann drehte er die Hand und fing ihre Finger ein. Ganz sanft nur.

Sofie hatte schon zuvor bemerkt, wie warm seine Haut war, als wäre sie selbst jetzt, in der Nacht, voller Sonne. Nun flutete diese Wärme ihren ganzen Körper. Sie hielt den Atem an, als Andrés seinen Daumen unendlich langsam über ihre Haut kreisen ließ, und hätte fast hingesehen, um sich zu vergewissern, dass sie es sich nicht nur einbildete.

»Was hast du nach der Sache mit deinen Ex-Kollegen vor?«, fragte er sanft. »Wirst *du* dich zurückziehen?«

Sie schluckte. »Von der Firma, ja. Dort gibt es keine Zukunft für mich. Aber ich werde was Neues finden und weiterhin Menschen vertrauen, die meine Leidenschaften teilen. Alles andere wäre zu …« Sie suchte nach Worten. Andrés' Augen funkelten und zogen sie in ihren Bann, auch wenn sein Gesicht, lediglich vom Mondlicht beschienen, größtenteils im Dunkeln lag.

»Grau«, sagte er, und Sofie nickte.

»Ja.« Sie zögerte. »Und was ist mit dir?«

»Mit der Plantage, meinst du.« Sein Daumen hielt inne, aber er zog die Hand nicht weg. »Darauf habe ich keinen Einfluss. Wenn Tonio entscheidet, das Land und alles darauf zu verkaufen, dann muss ich das akzeptieren.« Es klang so sachlich und endgültig, dass ihr Kampfgeist erwachte.

»Und wenn du mit ihm redest? Er hat dir offenbar genug vertraut, um die Plantage über all die Jahre in deinen Händen zu lassen. Da sollte deine Meinung doch zählen.«

Andrés lachte leise, aber es klang alles andere als fröhlich. »Tonio wohnt schon sehr lange in der Großstadt und hat sich immer mehr vom Leben auf dem Land entfernt. Dieser Verkauf ist der Beweis. Er wird nicht bleiben und sich mit denjenigen auseinandersetzen, die ihm ins Gesicht sagen, dass sie einen Großinvestor nicht gutheißen. Er will das nicht hören. Auch nicht von mir.« Er klang trotz allem stolz, und Sofie begriff, dass auch das Teil seines Naturells war.

»Aber kannst du dir denn vorstellen, woanders zu arbeiten?«

»Nein«, sagte er, ohne zu zögern. »Ich habe niemals an ein Danach gedacht. Meine Zukunft war stets mit meinen Plänen für die Plantage verknüpft. Ich habe sie so lange nicht mehr getrennt vom Geschäft betrachtet, dass ich nicht weiß, ob das überhaupt noch möglich ist.« Bei jedem anderen hätte es mutlos geklungen oder verzweifelt, aber Andrés beschrieb einfach nur eine Tatsache. Vielleicht war es das, was Sofie wirklich zusetzte.

»Wie würden denn deine Pläne für die Plantage aussehen?«, fragte sie.

Ein Lächeln flackerte auf, war aber im nächsten Augenblick wieder verschwunden. Trotzdem hatte sie bemerkt, wie traurig es gewesen war. »Er hat recht damit, dass es schwerer wird, sich auf dem Markt zu behaupten. Aber ich würde genau die andere Richtung als die von ihm geplante wählen – weg von den großen Spielern und hin zum direkten Kundenkontakt.«

»Denkst du an so was wie einen Hofladen?« Die Vorstellung gefiel ihr. Sofort setzte ihr Kopfkino ein, und sie malte sich aus, wie Besucher die Ruhe und Weite der Landero-Ländereien genossen und dort einkauften: Orangen, Marmelade und Likör. Möglicherweise aßen sie sogar ein Stück selbst gebackenen Kuchen oder einen köstlichen Orangensalat. Und wenn Antonio Landero das große Haus nicht nutzte, konnte man darüber nachdenken, dort Zimmer anzubieten. Mit dem *Plaza del Sol* gab es schließlich nur ein Hotel in der Gegend. »Das ist eine tolle Idee!«

Dieses Mal blieb sein Lächeln. »Ich dachte eher an Crowdfarming.«

Sie überlegte kurz. »Du meinst, dass Menschen einen Baum adoptieren und dann seine Früchte geschickt bekommen, wenn sie reif sind, nicht wahr? Ich kenne einige Leute, die ihr Gemüse so beziehen.«

»Unter anderem. Im Grunde geht es darum, Großhändler und damit lange Lieferketten zu umgehen und den direkten Draht zum Endkunden aufzubauen. Ob nun über Patenschaften für unsere Bäume oder einfach, indem er sein Obst direkt bei uns bestellt.« Seine Stimme verlor den düsteren Klang, je länger er redete. »Wir könnten unsere Preise selbst festsetzen und gezielter kalkulieren. Durch den persönlichen Kontakt kann der Kunde sicher sein, dass ihn bei uns Bio-Qualität erwartet. Dazu habe ich Tonio immerhin schon vor vielen Jahren überreden können, auch wenn er noch immer nicht ganz überzeugt ist.«

»Ich finde, das klingt großartig.« Das meinte sie ernst. Es war eine gute Idee, im Sinne von Qualität und Nachhaltigkeit zu produzieren. »Wäre das denn logistisch möglich?«

Ein Schatten zog über Andrés' Gesicht, und sie wünschte sich, sie hätte die Frage zurücknehmen können. »*Sí*. Natürlich hätten wir jemanden dauerhaft einstellen müssen, aber so weit hat Tonio mich erst gar nicht planen lassen. Er hat das Konzept schon nicht gemocht, als ich es ihm vor zwei Jahren vorgestellt habe. Er glaubt, dass es mehr Arbeit und viel weniger Ertrag bedeuten würde – und dass die Endkunden nicht bereit sind, mehr als Niedrigpreise zu bezahlen. Für ihn bringt der Großhändler unsere Orangen in die weite Welt und nicht wir selbst. Alles andere erscheint ihm nicht lukrativ genug.«

Sie zögerte. »Und wenn dieser Großinvestor begreift, dass es clever wäre, dich zu behalten?« Sie rupfte den Grashalm heraus. »Dann wäre wenigstens dein Platz auf der Plantage sicher. Könnte Señor Landero das nicht zur Bedingung für den Verkauf machen?«

»Wir werden sehen«, sagte Andrés. »Aber ja, ich muss mit ihm reden, und zwar besser früher als später. Ich hätte es nur geschätzt, wenn er vor der Entscheidung auf mich zugekommen wäre. Oder vor der öffentlichen Verkündung.«

»Ja«, sagte sie nachdenklich und hob so abrupt den Kopf, als ihr ein weiterer Gedanke kam, dass die Katze blinzelte und lautlos gähnte. »Davon abgesehen wird die Señora ja auch noch ein Wörtchen mitzureden haben, oder? Ich weiß, dass sie die Entscheidungen rund um die Plantage ihrem Bruder überlässt, aber es ist schließlich ihr Zuhause.«

Andrés schwieg eine Weile. »Früher hätte ich genauso argumentiert, aber mittlerweile … Rosaria hat sich all die Jahre aus allem herausgehalten. Für sie und Tonio liegt die Farm einzig und allein in seiner Verantwortung. Und du hast möglicherweise mitbekommen, dass sie nicht gerade ein Herz und eine Seele sind.«

»Trotzdem wird er sie doch nicht von der Finca vertreiben?« Sein Schweigen war kein gutes Zeichen. »Ich meine, klar, sie wurden in anderen Zeiten geboren, aber die sind ja nun mal vorbei.«

»Nicht für alle. Und nicht überall. Rosaria hat sich nie eingemischt, erst recht nicht, als ihr Mann noch lebte. Er und Tonio waren nicht die besten Freunde. Sie saß zwischen den Stühlen und hat durch große Zurückhaltung versucht, Streit zu vermeiden. Dabei ist sie sehr gut in der Lage, durchzugreifen, wenn sie will.«

Sofie schüttelte den Kopf. So viel Streit in einem so kleinen Dorf! »Hier werden ganz schön viele Dinge hingenommen und nicht offen ausgesprochen.«

Andrés schnaubte, aber immerhin klang es amüsiert. »Wenn man ans Schicksal glaubt, so wie die meisten meiner Nachbarn, fühlt man sich manchmal ohnmächtig. Und dann hält man an dem fest, was man kennt.«

»Und manchmal wird auf diese Weise sogar ein Familienstreit vererbt.« Sofie seufzte.

»Du meinst Lucía und Yago. *Vale*, das geht schon eine ganze Weile so. Kaum reden sie miteinander, spitzt irgendwer die Ohren. Es ist nicht leicht für die beiden.«

»Es ist vor allem so unnötig. Hast du bemerkt, wie sie sich ansehen?«

»Ich wüsste nicht, wie irgendwer das ignorieren könnte. Aber sie werden schon einen Weg finden. Yago kann sich gut vorstellen, woanders Karriere zu machen, und auch wenn Lu nie von hier wegwollte, glaube ich, dass sie auch außerhalb von Cielente mit ihm glücklich wird.«

Es war eine traurige Vorstellung, dass die beiden womöglich ihre Heimat verlassen mussten, um zusammen zu bleiben. Doch ehe Sofie den Gedanken äußern konnte, gähnte die Katze erneut, dieses Mal so energisch, dass beide lachen mussten. Erst jetzt bemerkte Sofie, dass Andrés noch immer ihre Hand in seiner hielt. Die Dunkelheit verbarg, wo seine Finger endeten und ihre begannen. Allein der Anblick fachte das wohlige Gefühl in ihrem Bauch erneut an.

Er hielt inne und ließ sie dann unendlich behutsam los. Zurück blieb ein Hauch Wärme, der sich viel zu schnell in der Luft verflüchtigte. »Es ist wohl Zeit, den Abend zu beenden«, sagte er und stellte die Katze behutsam auf dem

Boden ab. Sie setzte sich und putzte die verletzte Pfote; ruhig, aber kräftig. Es sah ganz danach aus, als wäre die Wunde gut verheilt.

Andrés stand auf und streckte Sofie eine Hand entgegen. Sie nahm sie, und dieses Mal ließ er sie nicht los, als sie zum Wagen gingen. Das Gespräch hallte in ihrem Kopf nach, und sie freute sich, dass er ihr so viel anvertraut hatte, vor allem, da es nicht seine Art war, über seine Probleme zu reden. So viel wusste sie bereits. Doch selbst das wurde unwesentlich vor der Gegenwart, in der es nur sie beide und die Berührung ihrer Finger gab – sowie die Katze, die sie nach wenigen Schritten lautlos überholte.

Neben dem Wagen blieb Sofie stehen. Die wenigen Meter bis zur Finca würde sie laufen, auch wenn sie sich eigentlich nicht von Andrés verabschieden wollte. »Danke, dass du mich gebracht hast«, sagte sie rasch, um keinen Platz für Verlegenheit zu lassen, hob dann aber doch den Blick und sah ihn an.

Wenn er sie nun küsste, würde sie sich darauf einlassen. Nicht weiter darüber nachdenken, was es für die kommenden Tage oder Wochen bedeutete, sondern den Moment genießen, in dem ihr Atem schneller ging und ihr Herz folgte.

Und wirklich beugte sich Andrés vor, berührte aber lediglich ihre Wange mit den Lippen. »Danke für das Gespräch, Sofia«, sagte er dicht an ihrem Ohr, und sie erschauerte. »Und für deine Gesellschaft.«

Sie räusperte sich leise. »Jederzeit wieder.«

Er nickte, als hätten sie eine Vereinbarung getroffen, drehte sich um und öffnete die Wagentür.

Sofie beobachtete, wie er einstieg, den Motor anließ und rückwärts bis zu der Stelle fuhr, wo der Weg zum Haupthaus abzweigte. Eine Weile leuchteten die Rücklichter seines Geländewagens in der Nacht, dann waren sie verschwunden, und sie stieß einen Seufzer aus.

»Jetzt sind nur noch wir beide übrig«, sagte sie zu der Katze, die ein Stück vorausgelaufen war und sich nach ihr umblickte.

Vor der Finca blieb sie stehen und starrte noch einmal hinaus in die Nacht, die so viele Geheimnisse, Gedanken und Versprechen in sich aufsog.

Sie musste sie lediglich dazu bringen, einen Teil davon wieder freizugeben.

14

Am nächsten Morgen fühlte sich Sofie wie gerädert. Sie hatte lange wach gelegen und an das Gespräch mit Andrés gedacht, daran, wie er sich ihr geöffnet und kurz ihre Hand gehalten hatte. Mittlerweile war sie gar nicht mehr so sicher, ob sie enttäuscht war, dass er sie zum Abschied nicht geküsst hatte.

Vor der Finca hatte sie sich vorgenommen, nur im Augenblick zu leben und sich keine Gedanken über das Danach zu machen – und den Flirt mit Andrés zu genießen, so weit er eben führen mochte. Aber das kam ihr jetzt, da die Sonne den neuen Tag einläutete, blauäugig vor. Schnelle Urlaubsabenteuer oder One-Night-Stands waren nichts für sie. So war es schon immer gewesen; ihr Körper und ihr Herz waren untrennbar miteinander verbunden.

Bei Andrés konnte sie sich durchaus mehr vorstellen – mehr Gespräche, mehr Offenheit, mehr Blicke aus diesen ruhigen, tiefbraunen Augen, die etwas mit ihr anstellten, das sie noch nicht ganz einordnen konnte. Und mehr von diesen Momenten, in denen die ganze Welt den Atem anzuhalten schien.

Bloß was dann? Er lebte in Spanien, sie in Osnabrück. Das würde letztlich nur Schmerzen und einen tränenreichen Abschied bedeuten, zumindest was sie betraf. Daher war sie ihm inzwischen dankbar, dass er gestern gegangen war.

Vielleicht hatte er geahnt, wie sie sich fühlen würde – oder dachte sogar ähnlich. Vermutlich hatte er bei all den Sorgen, die ihn derzeit plagten, auch gar keinen Gedanken für einen Urlaubsflirt.

Wobei, hatte er das gestern nicht getan? Mit ihr geflirtet?

Sie hob eine Hand, bewegte die Finger im fahlen Licht der frühen Sonne, das durch die Vorhänge fiel, und glaubte, noch immer die Wärme seiner Haut zu spüren. Mit einem unwilligen Laut setzte sie sich aufrecht, schwang die Füße aus dem Bett und starrte an die Wand.

Die andere Sache, weshalb sie sich lange von einer Seite auf die andere gewälzt hatte, waren die Fragen um Opa Nando und die verschwundene Statue von Santa Isabel.

Die Princesa.

Stöhnend rieb sie sich die Stirn. Was für ein Schlamassel! Sie musste das wieder geradebiegen. Aber war das überhaupt möglich?

Nebenan rumpelte es, dann ertönten leise Schritte. Verwundert sah sie auf die Uhr: kurz nach sieben. Die Señora hatte bereits geschlafen, als Sofie die Finca gestern Nacht betreten hatte – zumindest war ihre Schlafzimmertür geschlossen gewesen –, doch Simon und Tereza waren erst um kurz vor drei zurückgekehrt und hatten sich hörbar bemüht, leise zu sein. Ihr unterdrücktes Kichern war dennoch durch die Wände gedrungen. Warum waren sie schon so früh wach?

Sofie entschied, dass das keine Rolle spielte, öffnete ihre Tür und streckte den Kopf hinaus.

Simon stand barfuß vor ihr, in Boxershorts und Schlafshirt, und kniff die Augen zusammen. Seine Haare standen in alle Richtungen ab, und er wirkte ebenso angeschlagen wie verwirrt.

»Simon!« Ehe er reagieren konnte, hatte Sofie ihn an der Hand gepackt, zerrte ihn in ihr Zimmer und schloss die Tür.

Er gab etwas von sich, das zwischen Beschwerde, Gejammer und Protest rangierte, taumelte zielsicher zum Bett und ließ sich darauf fallen.

Sofie überlegte nicht lange und setzte sich neben ihn, was Simon zu einem theatralischen Stöhnen veranlasste. »Sof. Es ist mitten in der Nacht.«

»Es ist früher Morgen«, sagte sie und zupfte ihm ein Stück Holz aus den Haaren. »Und auch wenn du gestern lange und wild gefeiert hast, musst du mir jetzt zuhören. Und zwar sehr aufmerksam.«

»Hm«, murmelte er, und schon sackte sein Kopf nach vorn. Er ruckte wieder hoch, als Sofie mit den Fingern schnippte. »Hat das nicht Zeit?«

Allmählich bekam sie Mitleid mit ihm – und ein wenig auch mit sich, da sein Atem deutlich frischer hätte sein können. »Leider nicht. Es ist wirklich wichtig, Simon. Sonst würde ich dich ins Bad gehen und weiterschlafen lassen. Aber ich brauch deinen Rat.«

Endlich öffneten sich die zu Schlitzen verengten Augen ein Stück, und ein Hauch von Interesse waberte ihr entgegen. »Geht's um Andrés? Er war gestern noch Partygespräch.«

»War er?«, fragte sie überrumpelt. Jetzt war sie doch froh, dass ihr Bruder eine Weile brauchte, um wirklich alles mitzubekommen. In diesem Zustand bemerkte er weder leise Zwischentöne, noch achtete er auf Mimik oder Gestik, da er seinen Kopf schon wieder in den Händen verbarg.

»Hm. Die meisten fanden es mies, wie Landero die Sache handhabt«, nuschelte Simon. »Manche sagen, Andrés sollte

241

ein ernstes Wort mit ihm reden.« Er hob den Kopf. »Glaubst du, das wird er?«

Sofie wedelte die abgestandene Atemluft weg. »Keine Ahnung. Aber jetzt geht es um Opa Nando.«

»Oh. Hat er wieder Reisetipps geschickt?« Simon gähnte und rieb sich die tränenden Augen.

So wurde das nichts. Sofie legte die Hände um sein Gesicht und drehte es in ihre Richtung. »Du musst mir jetzt zuhören, das meine ich ernst!«

Ihr dringlicher Tonfall zeigte Wirkung. Plötzlich war ihr Bruder ganz Ohr. »Ist was passiert? Ist Opa krank? Oder wer anders zu Hause?«

»Ja. Nein. Also … ich meine, es geht ihm gut. Diese Sache hat zwar mit ihm zu tun, aber nicht direkt. Oder … na ja, eigentlich hat sie es doch.« Simon starrte sie verständnislos an. Sie musste sich konzentrieren. »Du hast doch mitbekommen, wie abergläubisch die Leute hier sind, oder? Dass sie denken, ihr Liebesglück wäre verflucht, weil ihnen damals eine Heiligenfigur abhandengekommen ist?«

»Eine Figur?« Simon kratzte sich an der Schläfe. »Ich hab gehört, dass irgendeine Heilige verschwunden ist. Ich dachte, das wäre bloß eine Geschichte. Dass sie nicht mehr auf Gebete geantwortet hat oder sich auf eine Wanderung begeben hat und daher nicht mehr für die Menschen erreichbar ist oder so. Vielleicht arbeitet sie inkognito auf einer Obstplantage.« Er gluckste, rieb sich aber sofort stöhnend die Stirn.

»Nein, es handelte sich um eine echte Figur. Eine von diesen Heiligenstatuetten, die man manchmal sieht.«

»Hm.«

»Sie wurde 1965 aus der Kirche gestohlen, worüber manche Leute noch immer ziemlich wütend sind.«

»Hm.«

»Manche dieser wütenden Leute werden sogar die Rächer genannt und investieren Geld in Nachforschungen, um den Dieb zu finden.«

»Hm?«

»Wie auch immer, die Statue lagert bei Mama und Papa im Keller, weil ich meine wichtigsten Sachen dorthin gebracht habe.«

Er nickte und riss im nächsten Moment die Augen auf. »Was?!«

»Ja«, zischte sie und legte einen Finger auf ihre Lippen. »Opa Nando hat sie mir geschenkt, als ich klein war. Erinnerst du dich noch an die Princesa? Ich hab eine Weile oft mit ihr gespielt.«

Simon rieb sich mehrmals über ein Ohr, als wäre er nicht sicher, richtig gehört zu haben. »Dunkel. Willst du etwa sagen, dass … was, Opa Nando der Dieb war?«

Sofie blickte zum Fenster, weil sie plötzlich die irrsinnige Befürchtung überkam, dass halb Cielente dort stand und lauschte. »Genau das denke ich. Ich habe gestern ein Foto von der Figur gesehen und schwöre dir, es ist dieselbe. Außerdem passt das Datum. Sie ist in dem Jahr verschwunden, als er nach Deutschland gegangen ist.«

»Aber … ist das nicht gut?«, fragte er unsicher. »Dann bringen wir das Ding einfach zurück, und alle sind wieder glücklich, glauben an die Liebe und gründen kleine Familien.«

Sofie wartete, bis das Grinsen von seinem Gesicht gewichen war, und erzählte ihm dann alles, was sie darüber erfahren hatte.

Simons Augen wurden groß und größer. »Okay, damit ist die Sache klar. Wir müssen die Statue zurückgeben«, sagte er, als sie geendet hatte. »Und zwar heimlich, damit Opa Nando keinen Ärger bekommt.«

Sofie zögerte. Seit dem nächtlichen Besuch in der Kirche war sie hin- und hergerissen. »Wäre das nicht zu auffällig? Wir tauchen hier auf, sehen ein Foto von der Statue, und schwupps, ist sie wieder da? Da kommt doch jeder sofort darauf, dass es mit Opa zusammenhängt.« Frustriert lehnte sie sich zurück. »Was, wenn wir die Wahrheit sagen?«, fragte sie, einfach, um einmal die Worte auszusprechen, die ihr die ganze Zeit über im Kopf herumkreisten. »Ich meine, glaubst du, dass es wirklich so großen Ärger geben würde? Vielleicht wären die Leute ja auch einfach nur froh.«

Simons Gesicht drückte Skepsis aus. »Ich weiß nicht, Sof. Du hast Anwälte erwähnt und einen Shitstorm, auch wenn diejenigen vermutlich nicht wissen, was das ist. Egal, wir dürfen jedenfalls nicht zulassen, dass sie Opa das Leben schwer machen. Wenn du die Figur heimlich an ihren Platz zurückstellst, dann können sie so lange rumspekulieren, wie sie wollen – trotzdem haben sie keine Beweise.«

»Oder«, sie zögerte, »wir geben sie klammheimlich zurück und fahren nach Hause.« Allerdings wollte sie nicht abreisen. Nicht jetzt. Cielente wuchs ihr mehr und mehr ans Herz; all die Menschen mit ihren Eigenarten und teilweise schrulligen Gedanken. Sie dachte an den Abend am Strand und wie wohl sie sich in der kleinen Gruppe gefühlt hatte. Und dann … energisch verdrängte sie die Erinnerung an die Zeit mit Andrés. Sie würde ihr nicht dabei helfen, eine sachliche Entscheidung zu treffen.

»Nein«, sagte Simon. »Wir sollten bleiben. Tereza und ich haben gerade erst einen Job gefunden, und«, er seufzte, erhob sich und fasste sich an den Kopf, »deshalb gehe ich jetzt ins

Bad und dann noch ein paar Stunden ins Bett. Andrés hat uns netterweise heute Vormittag frei gegeben, aber ab zwölf müssen wir auf dem Feld stehen. Ruf Mama an und bitte sie, dir die Statue zu schicken. Du bringst sie heimlich in die Kirche zurück oder stellst sie irgendwo ab, und damit ist die Sache erledigt. Das kann natürlich auch ich machen.« Er schlug ihr auf die Schulter, schlurfte zur Tür und war kurz darauf verschwunden.

Sofie hörte ihn im Bad hantieren, gefolgt von dumpfen Geräuschen und einem Schmerzensschrei. Vermutlich hatte er sich den Kopf gestoßen.

Könnte sie nur auch einfach weggehen und die Sache vergessen! Aber das war unmöglich. Sie würde es nicht ertragen, all den Dorfbewohnern etwas vorzuenthalten, das ihnen vor langer Zeit genommen worden war und an dem manche ihr Glück festmachten. Auch wenn sich vieles nur in den Köpfen der Leute abspielte, war es doch Teil ihres Lebens.

Sofie rieb sich die Schläfen. Simon hatte recht, sie mussten die Princesa zurückbringen. Doch vorher musste sie mit Opa Nando reden, und zwar offen und direkt. Dieses Mal sollte er sich nicht zurückziehen und in Reisetipps flüchten können, dafür war diese Geschichte zu wichtig.

Sofie stand auf, ging zu ihrer Umhängetasche und zog ihr Handy heraus. Opa Nando war um diese Zeit definitiv schon wach, und es brachte nichts, länger zu warten. Bis jetzt hatte sie versucht, ihn zu schonen und nicht zu erwähnen, dass sie noch immer in Cielente war, um nichts aufzuwühlen, was er all die Jahre so entschieden verdrängt hatte. Jetzt war das leider nicht mehr möglich.

Trotzdem zögerte sie, nachdem sie die Nummer aufgerufen hatte, berührte aber dann den Button auf dem Display und wartete. Es klingelte lange. Vielleicht hielt ihn eine Vor-ahnung davon ab, den Anruf anzunehmen. Wobei es wahr-scheinlicher war, dass er eins und eins zusammenzählte und misstrauisch war, weil sie seine letzten Nachrichten ignoriert und auch nicht wie sonst Grüße und Fotos aus dem Urlaub geschickt hatte. Dann endlich knackte es in der Leitung, und sie hörte … nichts.

»Opa?« Sie lauschte, aber da war lediglich ein Rauschen, als befände er sich unendlich weit weg. »Hallo?«

Ein Räuspern antwortete ihr. »Sofie. Na, da muss ja viel passiert sein, wenn du dich so früh am Morgen meldest.« Er gab sich keine Mühe, seinen Vorwurf zu verbergen, und prompt plagte sie das schlechte Gewissen. Sie hatte einen guten Grund für ihr Schweigen gehabt, doch es brachte nichts, ihm das zu erklären. Im Gegenteil, wenn sie erst An-deutungen machte, würde Opa Nando das Gespräch unter einem fadenscheinigen Vorwand beenden. Besser, sie kam sofort zur Sache.

»Guten Morgen, Opa«, sagte sie und streckte den Rücken durch, als würde sie dadurch Mut und, wichtiger, die passen-den Worte finden, wenn sie möglichst viel Raum einnahm. »Hör mal, ich muss was mit dir besprechen. Simon, seine Freundin und ich wohnen in Cielente. Gestern habe ich die Kirche besichtigt und den Platz gefunden, wo früher die Sta-tue von Santa Isabel gestanden hat. Die Gemeinde hat eine Fotografie dort aufgehängt, und sie zeigt die Princesa, die Figur, die du mir damals geschenkt hast, als ich noch klein war. Sie ist 1965 verschwunden.« Sie machte eine Pause, doch lediglich Stille antwortete ihr. »Warum hast du die Statue gestohlen, Opa? Du musst doch gewusst haben, wie abergläubisch manche Menschen hier sind. Im Gegensatz zu dir. Deshalb denke ich nicht, dass du gehofft hast, die Statue würde dir Glück in Deutschland bringen.« Sie sagte es mit einem Lächeln in der Stimme und hoffte, so dem Gespräch die Schwere nehmen zu können, damit sich ihr Großvater ihr gegenüber nicht verschloss. Wieder antwortete ihr Schweigen, und sie rechnete damit, dass er jeden Moment auflegen würde. Aber da sie wusste, dass es nichts brachte, ihn zu drängen, wartete sie ab.

Endlich wurde sie mit einem ungehaltenen Schnauben belohnt. »Natürlich war mir klar, woran manche Idioten glauben, und ich war es leid. Genau aus diesem Grund wollte ich nicht, dass du und Simon eure Nasen in meine Vergangenheit steckt. Ich hab schon damals den Kopf darüber geschüttelt, dass man es sich so einfach macht und sämtliche Verantwortung auf irgendeine Heilige schiebt. *Wir können nichts dafür, es ist Santa Isabels Geheiß! Isabel la amante will es so! Wir können nicht dagegen verstoßen, sonst zürnt uns Isabel!* Pah. So ein Unfug.«

Sofie brauchte einen Moment, um die Worte sacken zu lassen. »Du hast die Statue mitgenommen und ein ganzes Dorf in Aufruhr gebracht, weil du den Bewohnern eine Lektion erteilen wolltest?«

Noch mehr Schnauben, gefolgt von einem Klirren – vermutlich hatte er die Tasse mit seinem Morgenkaffee zu energisch abgestellt. »Geschieht ihnen ganz recht.«

»Aber …«

»Hätten alle ihre Wahnvorstellungen über Isabel bloß auf ihr eigenes Leben bezogen, wäre mir das egal gewesen. Aber sie haben sich auch in die Angelegenheiten anderer eingemischt. Hatten für alles eine Erklärung und eine Ausrede. Hier für Intrigen, da für Mauscheleien, alles in Isabels

Namen. Wie Kinder, die nicht zugeben wollen, dass sie was kaputt gemacht haben.«

Seine Worte kamen wie eine Gewehrsalve – schnell, hart und mit unglaublich viel Druck dahinter.

Sofie verstand nicht, warum nach all den Jahren noch so viel Wut darin mitschwang. Etwas musste damals vorgefallen sein, worüber er noch immer nicht redete. Er konnte nicht einzig und allein deswegen so aufgebracht sein, weil sein Heimatdorf eine Heilige verehrte – schließlich war er mit diesem Glauben aufgewachsen.

»Opa«, sagte sie sanft. »Hatte die Figur was damit zu tun, dass du gegangen bist?«

»Nein«, knurrte er. »Ich hab Cielente ein Geschenk gemacht, als ich nach Deutschland bin, nämlich die Chance, selbstständig zu denken und endlich ohne diesen Firlefanz klarzukommen.«

»Wolltest du deshalb nie zurück? Weil du … na ja, dir damit echten Ärger einhandeln könntest?«

Er lachte. »Ärger. Hat das irgendwer behauptet?«

»Ich habe niemandem erzählt, dass ich weiß, wo die Statue ist, falls du das meinst. Aber bei manchen herrscht anscheinend noch immer eine Menge Groll deshalb. Sie sind bereit, Anwälte zu engagieren, sollten sie herausfinden, was genau passiert ist.«

»Und daran siehst du, wo ihr gelandet seid, Sofie: im tiefsten Mittelalter. In einer Zeit, in der Menschen ihr Glück an etwas festmachen, das einer ihrer Ahnen vielleicht mal getan oder gesagt hat. Ist jemandem auf einem fremden Grundstück ein Zahn rausgefallen, weil das Gebiss alt war, dann war bestimmt der Grundstücksbesitzer dran schuld, und schon gab's die nächste Familienfehde, die bis in die Gegenwart reicht.«

Sie nagte an der Unterlippe. Es war zwar ein albernes Beispiel, aber ganz unrecht hatte Opa Nando nicht. Wenn sie an den Streit zwischen Yagos und Lucías Familien dachte … In Cielente vergaß man nicht so schnell. Allerdings fiel ihr auch auf, dass er nicht auf die Frage geantwortet hatte, ob er wegen des Diebstahls niemals zurückgekehrt war. »Und du bist in so einen Streit geraten?«, versuchte sie es noch einmal. Dieses Mal antwortete er nicht, so lange sie auch wartete. Das war der Punkt, an dem ihr Großvater, der störrischste Mann der Welt, dichtmachen würde, wenn sie nicht nachgab. »Was soll ich denn jetzt machen?«, fragte sie leise. »Manche Leute hier denken, dass ihnen keine Liebe vergönnt ist, weil die Heilige Isabel Cielente den Rücken gekehrt hat. Das ist traurig.«

»Das ist *dumm*. Und ich kann dir genau sagen, was du machen wirst: nichts. Sollen sie doch weiter glauben, dass sie im Tal der Tränen enden. Nach all den Jahren hätten sie die olle Figur vergessen sollen. Ich zumindest hab das bis zu deinem Anruf getan.«

Jetzt log er.

»Opa«, sagte Sofie so eindringlich sie konnte. »Es gibt hier eine Gruppe, die sich die Rächer nennen und die es auf den Dieb abgesehen haben!«

»Ein Grund mehr zu schweigen. Sieh zu, dass Simon seine lächerliche Arbeit da aufgibt, und kommt zurück. Der Junge hat zu viel im Kopf, um Orangen zu pflücken. Außerdem habt ihr ja jetzt gesehen, dass es dort nichts für euch gibt.« Er räusperte sich. »Gute Reise.« Damit legte er auf.

Langsam ließ Sofie den Arm sinken. Jetzt war sie sich sicher: Damals musste es einen Vorfall gegeben haben, der so schlimm gewesen war, dass Opa Nando die Erinnerung daran auch nach all den Jahren noch abwehrte.

Zudem hatte er unrecht. Cielente mochte keine Restaurants besitzen, keine großen Supermärkte und Erlebnisparks. Aber in ihrer kurzen Zeit hier war ihr bereits so viel ans Herz gewachsen – und das hatte mit den Menschen zu tun. Sie liebte es, wie sich die Sonne am Morgen zur Finca vortastete, weil sie wusste, dass Señora Landero bald aufstehen und in der Küche dafür sorgen würde, dass sich ihre Gäste willkommen fühlten. Sie liebte den allgegenwärtigen Duft der Orangen. Und sie liebte den Zusammenhalt, die Feiern, auch wenn nicht jede ein gutes Ende nahm. Vor allem jedoch liebte sie die Selbstverständlichkeit, mit der man sie akzeptiert hatte. Der Abend am Strand war nicht nur wegen der Momente mit Andrés so schön gewesen, sondern auch weil Lucía, Miguel und Yago sich verhalten hatten, als wäre sie schon immer ein Teil ihrer kleinen Gruppe gewesen.

Andrés.

Sofie dachte an die vielen Fragen, die gestern Abend in ihren Berührungen gelegen hatten. Es machte sie traurig, wie sehr sich manche Einwohner Cielentes davor fürchteten, ihr Herz zu verlieren, so sehr, dass sie nicht sahen, wie intensiv es in ihrer Mitte schlug.

Sie trat ans Fenster und seufzte. Eigentlich war die Entscheidung längst gefallen: Sie musste die Statue zurückbringen. Selbst wenn es nur zur Folge hätte, dass Lucía und Yago zueinanderfinden durften, wäre so viel gewonnen.

Ehe sie es sich anders überlegen konnte, griff sie erneut zum Handy und wählte eine weitere Nummer. Dieses Mal klingelte es endlos lange, und nachdem abgenommen wurde, meldete sich die verschlafenste Stimme der Welt.

»Wersofrühnichtfairhallohiermüde?« Die Worte waren leise und die Silben so sehr zusammengezogen, dass Sofie sie erst verstand, als sie bereits verklungen waren.

»Nadja, Süße, ich bin's, Sofie.«

»Sofie?« Ihre beste Freundin klang jetzt nicht nur verschlafen, sondern auch höchst verwirrt. »Ich hab noch Orangenmarmelade, danke.«

Sofie presste sich eine Hand vor den Mund, um nicht laut aufzulachen. »Tut mir echt leid, dass ich dich wecken musste. Ich habe gerade mit Opa Nando telefoniert und ehrlich gesagt vergessen, wie früh es noch ist, aber ich brauche deine Hilfe und schwöre, es ist äußerst wichtig.«

»Hm«, sagte Nadja, dann folgte eine Reihe von Geräuschen.

»Nads?«, fragte Sofie vorsichtig.

»Jahaaa, bin noch dran«, kam die Antwort, begleitet von einem Gähnen. »Bist du nicht in Spanien?«

»Genau. Deshalb rufe ich auch an. Du müsstest mir einen riesigen Gefallen tun.«

»Was?«

»Ich brauche was aus den Kartons, die bei meinen Eltern lagern. Erinnerst du dich an die Princesa? Die Statue mit dem Herzen auf der Brust, die wir neulich gefunden haben? Du müsstest sie mir so schnell wie möglich schicken; ich sende dir gleich die Adresse. Und ich sag meinen Eltern Bescheid, dass du vorbeikommst und in den Keller musst.«

»Statue.« Nadja hustete leise. »Warum brauchst du die denn im Urlaub?«

»Das ist eine längere Geschichte. Ich erklär es dir, wenn du richtig wach bist, okay?«

»'kay«, murmelte Nadja. »Später, ja?«

»Natürlich. Aber schaffst du es, heute noch zur Post zu gehen? Und es müsste ein Express-Versand sein. Es ist wirklich wichtig.«

»Ja, ja … aber jetzt wieder Bett.«

»Tausend Dank. Und schlaf gut«, sagte Sofie und schmunzelte, ehe sie auflegte und nachrechnete. Auweia, heute war ja Samstag, das hatte sie total vergessen. Vermutlich war Nadja gestern in ihrer Lieblingsbar gewesen. Für sie selbst verschwamm in Cielente die Zeit, und es spielte keine so große Rolle, welcher Tag war. Die Menschen feierten auch unter der Woche, arbeiteten am Wochenende und nutzten Gelegenheiten, wenn sie sich boten.

Sofie hätte darauf gewettet, dass Andrés bereits auf den Beinen war, auch wenn er Simon und Tereza erst zum Mittag auf die Plantage bestellt hatte. Mittlerweile war sie sicher, dass er ihnen mit dem Job einen größeren Gefallen tat als sie ihm. Im Vergleich zu den anderen Arbeitern würde vor allem Simon keine allzu große Hilfe sein.

Das wollte Sofie von sich nicht sagen müssen, also suchte sie ihre Sachen zusammen und eilte ins Bad, bereit für alles, was in der Küche der Señora auf sie wartete.

15

»Nein, das stammt nicht von hier, aber es liest sich interessant.« Die Señora zog Estrellas Notizbuch näher heran und vertiefte sich in das Rezept. »Mit Walnüssen«, murmelte sie und fuhr mit dem Finger die Zutatenliste entlang. »Ah, ich erinnere mich wieder.«

Ihre verstorbene Freundin hatte dem *Orangen-Olivenöl-Kuchen mit Walnüssen* eine Doppelseite gewidmet und den Eintrag mit einer Gedichtstrophe begonnen.

Bäume!
Seid Ihr einst Pfeile, die aus dem Blauen fielen, gewesen?
Welche schrecklichen Krieger schleuderten Euch?
Sind es die Sterne gewesen?

Sofie zeigte darauf. »Von wem stammt das? Doch nicht von Ihrer Freundin?«

»O nein«, sagte die Señora und strich über die Zeilen. »Es ist von Federico García Lorca. Ein Dichter, der in den Zwanzigern des letzten Jahrhunderts bekannt wurde. Estrella mochte ihn sehr. Wenn ich mich nicht irre, hat sie sich an das Kuchenrezept erinnert, als sie unten auf der Farm im Schatten der Bäume gesessen hat. Irgendwo müsste doch ...« Sie drehte das Büchlein ein Stück, sodass sie die

253

Notiz in der linken unteren Ecke lesen konnte. »Da. *Vor Jahren auf meinen Reisen aufgeschnappt und bis heute erinnert, weil einfach köstlich*«, las sie leise und mit so viel Zuneigung in der Stimme, dass Sofie ganz warm ums Herz wurde. »*War es in der Schweiz? Oder in Frankreich? Ich weiß es nicht mehr, aber jetzt sitze ich hier, unter den Bäumen, und denke daher an dieses Gedicht. Lyrik und Kuchen – gibt es etwas, das besser zusammenpasst?*«

Darunter hatte sie drei Herzen gemalt.

»Das ist schön«, sagte Sofie.

»Und genau, was ich gesucht habe«, sagte die Señora und deutete auf die Schale mit Walnüssen auf dem Tisch. »Normalerweise hätte ich ein Rezept genutzt, das ich hier aufbewahre«, sie tippte sich an die Schläfe, »aber heute habe ich Lust, mal was auszuprobieren. Andrés liebt Walnüsse.«

»Oh, der Kuchen ist für ihn?«

»*Sí*, ich möchte den Jungen aufheitern. Gestern …« Señora Landero schob das Buch von sich. Auf einmal waren ihre Lippen schmal. »Er hat die Feier so schnell verlassen.«

»Ja«, sagte Sofie und lehnte sich an die Küchenzeile. »Mit der Ankündigung Ihres Bruders hat er nicht gerechnet. Ich möchte mich nicht einmischen, aber so wie ich es verstanden habe, verwaltet er die Farm schon so lange, dass er … na ja, irgendwie dort nicht mehr wegzudenken ist. Trotzdem wusste er nichts von den Verkaufsplänen. Das war hart für ihn.«

Die Señora murmelte etwas in so schnellem Spanisch, dass Sofie sie nicht verstand. Erst nach einer Weile schüttelte sie den Kopf. »Niemand wusste was davon, nicht mal der Alcalde. Tonio denkt, der Verkauf wäre gut für den Ort und dass wir glücklich wären, wenn hier mehr Geld fließt. Aber es wird nicht unser Geld sein. So wie es auch nicht mehr unser Land sein wird. Unsere Erinnerungen.« Auf einmal klang sie ungewohnt hart.

Sofie hielt inne. »Moment. Wollen Sie etwa sagen, dass auch Sie nichts davon wussten? Ihr Bruder hat nicht mal Sie darüber informiert, dass er Ihr Zuhause verkaufen will?« Die Reaktion der Señora verriet ihr, dass sie ins Schwarze getroffen hatte, und das machte die Sache noch absurder. »Aber ... das geht doch nicht«, schloss sie lahm und dachte daran, was Andrés gesagt hatte: dass die Señora aus einer Generation stammte, in der die Frauen anders erzogen sowie daran gewöhnt waren, wichtige Entscheidungen den Männern zu überlassen und hinter ihnen zurückzustehen.

Sofie konnte sich so etwas bei ihren eigenen Großeltern nicht vorstellen. Wobei ... ihre Oma war früher auch schüchtern gewesen und hatte Opa Nando vieles überlassen, aber das hatte sich im Laufe der Jahre geändert, und er war daran nicht unbeteiligt gewesen. Heute war es undenkbar, dass er seiner Ex-Frau Vorschriften machte – und sollte er es versuchen, würde sie ihm schon sagen, was sie davon hielt und wohin er sich scheren konnte.

»Werden Sie etwa wegziehen müssen, Señora Landero?« Es wäre schrecklich, wenn sie dieses kleine Paradies zurücklassen würde, nachdem sie ihr gesamtes Leben hier verbracht hatte.

Die Señora schüttelte den Kopf. »O nein, es gibt eine Klausel, die besagt, dass ich Wohnrecht auf Lebenszeit habe.« Sie wandte sich ab, öffnete eine Schranktür und holte eine Flasche Olivenöl heraus. »Das würde selbst Tonio nicht wagen«, murmelte sie und ließ Mehl und Zucker folgen.

Sofie versuchte, sich auf den Kuchen zu konzentrieren und nicht mehr an Señor Landero zu denken. Auf Nachfrage der Señora erzählte sie von ihren eigenen Großeltern und erwähnte auch, wie ihre Oma sich verändert hatte. »Heute machen beide Scherze darüber, dass er ein Monster erschaffen hat, wenn sie ihn herumkommandiert oder von ihm verlangt, im Haus zu helfen, obwohl sie ja kein Paar mehr sind. Manchmal jammert er, dass er gern wieder die schüchterne Anneliese hätte, die ihm seinen Kaffee an den Tisch bringt. Aber das meint er nie ernst.«

Die Señora hörte aufmerksam zu und stellte Fragen über Oma Anneliese: Was für ein Mensch sie war. Wie sie heute lebte. Wie sie sich bei der Trennung von Opa Nando verhalten und wie sie Herbert kennengelernt hatte. Ihr schien nicht das geringste Wort zu entgehen.

»Früher hat es ähnliche Geplänkel auch in diesem Haus gegeben«, erwiderte sie so nachdenklich, als wären die Worte für sie und die Geister der Finca bestimmt, aber auch mit einem leichten Lächeln. »Als mein Mann noch lebte. Er hat stets gesagt, dass es meine Aufgabe sei, hier drinnen alles am Laufen zu halten, und ich habe dann ein Tuch oder eine Orange nach ihm geworfen, wenn er zu frech wurde. Allerdings mit einem Augenzwinkern, denn er hatte ja recht. Trotzdem hat er nichts ohne mich entschieden und mich immer um Rat gefragt.« Ihr Lächeln bekam etwas Wehmütiges. »Nach seinem Tod habe ich mich zurückgezogen. Ich brauchte eine lange Zeit, bis ich wieder am Leben teilnehmen wollte. Und manchmal denke ich, auch das hat dazu beigetragen, dass sich Tonio heute so verhält. Dass er noch immer denkt, ich bin nicht stark genug, um große Entscheidungen zu treffen. Ich wollte schon oft mit ihm darüber reden, dass er immer wieder übers Ziel hinausschießt. Bloß hat sich nie die passende Gelegenheit ergeben, und wenn ich ehrlich bin, war es mir dann auch nie wichtig genug. Aber dieser Verkauf nimmt mir einen Teil meines Zuhauses, und jetzt merke ich, dass ich fast verlernt habe, eine Orange zu werfen.«

Einen weiteren Teil, nachdem sie bereits ihren Mann verloren hat.

Das Gespräch schien die Señora aufzuwühlen. Ruhiger wurde sie erst wieder, als sie sich auf den Kuchen konzentrierten. Während Sofie die trockenen Zutaten vermengte und anschließend Öl, Milch, den Saft einer Orange und Vanille in einen Messbecher gab, knackte die Señora die Walnüsse und hackte sie mit geübten Bewegungen klein. Jetzt plauderten sie über Belangloses, und Sofie erfuhr, dass Tereza auf dem Fest vielen Gästen die Karten gelegt hatte und fast schon eine kleine Berühmtheit geworden war.

»Vor allem die jungen Frauen konnten gar nicht genug bekommen«, sagte Señora Landero und schmunzelte. »Wenn Tereza wollte, könnte sie mit den Tarotkarten einen netten Gewinn erzielen, aber sie ist ja fest entschlossen, auf der Plantage zu arbeiten.«

Sofie lächelte, konzentrierte sich wieder auf den Kuchen und vermischte die Zutaten mit einem Holzlöffel zu einem dickflüssigen Teig. Dabei achtete sie darauf, dass er nicht zu glatt wurde. So würde er nach dem Backen schön locker und saftig sein.

Die Señora fügte die Menge an gehackten Walnüssen hinzu, die ihr richtig erschien – denn Estrella hatte in ihren Notizen lediglich angemerkt, dass *so viele Nüsse, wie das Herz begehrt* in den Kuchen gehörten. Sofie liebte es, wie sie ihre Rezepte notierte. Beispielsweise hatte sie eine Seite über und über mit Herzen verziert, und mitten darin standen die Zeilen: *Wenn es nicht so wird, wie gewünscht – einfach noch einmal probieren. Und überlegen: Vielleicht ist es so ja auch ganz gut? Oder sogar noch besser?*

Nachdem zwei Kuchen – einer für Andrés, einer für die Finca – im Ofen waren, zog die Señora eine Dose hervor und öffnete sie. Darin befanden sich kandierte Orangenscheiben, die zur Hälfte mit dunkler Schokolade überzogen waren. »Die habe ich vor ein paar Tagen gemacht, wir nehmen sie zum Verzieren. Aber jetzt würde ich vorschlagen, dass wir erst einmal in Ruhe frühstücken, *querida*. Könntest du einen der Kuchen später zu Andrés bringen? Ich möchte heute etwas kürzertreten und mich ausruhen. Gestern ist es ganz schön spät geworden.« Sie strich sich mit erschöpfter Miene über die Stirn, dabei hatte sie bis gerade recht munter gewirkt.

Doch jetzt, da Sofie genauer hinsah, glaubte sie, im Gesicht der Señora mehr Falten als zuvor zu entdecken. »Natürlich. Ich wollte sowieso sehen, wie sich mein Bruder und Tereza beim Pflücken anstellen. Und vielleicht das eine oder andere Foto für unser Familienalbum schießen.«

Die Mundwinkel der Señora hoben sich. »Da mach ich mir keine Sorgen. Tereza kommt ganz wunderbar zurecht und Simon auch, selbst wenn er hin und wieder über unsere Sprache stolpert.«

»Auweia.« Sofie trug die Schüssel zur Spüle. »Was hat er gestern wieder von sich gegeben?«

»Er hat meinen Freundinnen Renata und Carmen gesagt, wie schön ihre Schreckgespenster sind.« Die Señora presste sich eine Hand vor den Mund, und Sofie hätte beinahe die Schüssel fallen lassen.

Dann aber lachte sie auf – sie ahnte, was ihr Bruder wirklich hatte sagen wollen. Die spanischen Wörter für Kleid – *vestido* – und Schreckgespenst – *vestiglo* – ähnelten sich schon sehr. »Ich hoffe, das hat sich noch aufgeklärt.«

»Natürlich«, sagte Señora Landero gut gelaunt und holte Eier aus dem Kühlschrank. In der Pfanne auf dem Herd brutzelte bereits die Butter. Tereza und Simon ließen sich in dem Moment blicken, als die Eier mit frischen Kräutern einen betörenden Duft verbreiteten.

»Ist das etwa Frühstück?«, fragte Simon, kaum dass er den Kopf zur Tür hereingesteckt hatte, die Stimme noch rau und die Augen klein von zu wenig Schlaf.

»Guten Morgen, du Schreckgespenst«, sagte Sofie, schnappte sich ihre Tasse – und duckte sich lachend zur Seite, als ihr Bruder eine Schachtel Streichhölzer vom Schrank nahm und nach ihr warf.

Lediglich zwei Beine ragten aus dem dichten Blätterdach des Orangenbaums, aber Sofie erkannte Simon an den Schuhen und dem leisen Stöhnen.

»He«, rief sie und rüttelte an der Leiter. »Schläfst du etwa gerade ein?«

»Sof!« Es klang mehr empört als erschrocken. »Hör sofort damit auf, mich in Lebensgefahr zu bringen. Es ist schwer genug, sich hier oben zu halten und gleichzeitig zu pflücken. Außerdem gibt es Dornen, Spinnen und vielleicht sogar Schlangen.«

»Das klingt, als hättest du einfach früher ins Bett gehen sollen«, sagte sie und versuchte, ernst zu bleiben. »Und um gruselige Tiere brauchst du dir keine Sorgen zu machen. Bislang habe ich nur Hühner, Hunde und Katzen gesehen.«

Zur Antwort raschelte es, die Leiter schwankte, und zwei Blätter segelten herunter.

Tereza entdeckte sie einige Bäume weiter, und auch die anderen Helfer waren bei der Arbeit. Zwischen zwei Baumreihen wartete ein sogenanntes Big Pack – einer dieser weißen Riesensäcke, die sie bereits zuvor gesehen hatte. Er war erst zu einem Drittel gefüllt. Sofie musterte die Früchte, dann die Baumreihen und fragte sich, ob Andrés ebenfalls auf einer der Leitern stand.

Vor ihr am Boden bewegte sich etwas, und ein Hahn trat in ihren Weg, ganz langsam, wie um zu betonen, dass dies sein Land war und sie hier nichts zu suchen hatte. Kamm und Kehllappen bildeten einen hübschen Kontrast zu dem kräftigen Grün, Braun und Orange der Umgebung. Auf der Landero-Farm schaffte es weder Wind noch Regen, die leuchtenden Töne auszuwaschen.

Sofie schnalzte mit der Zunge, woraufhin der Hahn den Kopf schief legte und sich dann ohne Eile wieder aus dem Staub machte.

Natürlich konnte sie vor allem den romantischen Aspekt genießen. Für diejenigen, die zur Erntezeit tagtäglich hier arbeiteten, bedeutete die Plantage etwas ganz anderes. Sofie verspürte einen Hauch Wehmut bei dem Gedanken, dass ihre Zeit in Cielente nicht von Dauer war und sie die ländliche Idylle in absehbarer Zeit wieder gegen die Häuserreihen Osnabrücks tauschen würde.

Als sie das Ende der Baumreihe erreicht hatte, kam ihr ein älterer Mann entgegen, eine Leiter auf der Schulter, einen Pflücksack vor dem Bauch und ein Lächeln auf den Lippen. Sie nutzte die Gelegenheit, um sich nach Andrés zu erkundigen; er drehte sich um und zeigte in die Richtung, aus der er gekommen war, ehe er sich zum Gruß an die Stirn tippte und weiterging. Ein leises Pfeifen begleitete ihn – irgendein Popsong aus den Achtzigerjahren.

Sofie blickte ihm hinterher und drehte sich einmal um die eigene Achse. Auch wenn die Pflücker in hohem Tempo arbeiteten, wirkte hier alles so friedlich. Einige Wolken zogen über den Himmel und spendeten gelegentlichen Schatten.

Ob es auch nach dem Verkauf an den Großinvestor so weitergehen würde?

Zusammen mit Simon und Tereza hatte sie im Internet Berichte über Obst- und insbesondere Orangenplantagen gelesen, die nicht immer rosig klangen. Es war von harter Arbeit für geringen Lohn die Rede, mangelnder Gesundheitsvorsorge und heruntergekommenen Unterkünften. Sie wusste, dass Andrés Menschen aus dem Ort oder der Gegend beschäftigte, die nicht auf der Plantage übernachteten, und dass er früher selbst lange Jahre als Pflücker gearbeitet hatte, ehe er die Verwaltung des Betriebs übernahm. Zwar kannte sie die genauen Absprachen nicht, und die Arbeit war unbestreitbar anstrengend, aber sie konnte sich nicht vorstellen, dass er und Señor Landero jemanden ausnutzten. Vor allem hätte das in Cielente schnell die Runde gemacht.

Sie entdeckte Andrés vor dem Haupthaus im Gespräch mit zwei Frauen. Er hob eine Hand, als er sie bemerkte. Die drei beendeten ihr Gespräch unter Gelächter, dann schulterten die Frauen ihre Säcke, grüßten Sofie und machten sich auf den Weg.

»*Hola.*« Andrés musterte erst sie, dann den Behälter in ihrer Hand. Wieder trug er Arbeitskleidung; eine alte, locker sitzende Hose und ein Shirt, das sicher nicht mehr neu war, aber frisch duftete und sich an seinen Oberkörper schmiegte. Wieder musste Sofie an den vergangenen Abend denken, an den Moment, als sich ihre Hände berührt hatten; und ein Teil der Sonnenstrahlen, die sich durch die Blätter der Bäume mogelten, verfing sich auf ihren Wangen. »Hast du gut geschlafen?«

»Tief und fest, aber das tue ich immer, seit ich hier bin. Kaum berührt mein Kopf das Kissen, bin ich weg. Und du?«

Andrés zuckte die Schultern. »Ich bin etwas früher aufgestanden, um die Bewässerungsanlage zu kontrollieren.«

Im Haupthaus bewegte sich eine Gardine, dann war eine Silhouette am Fenster zu sehen. Natürlich, während seines Aufenthalts wohnte Antonio Landero hier.

So lange das Haus noch ihm gehört.

Ob es Andrés schwerfiel, so weiterzumachen, als wäre nichts geschehen? Andererseits – was blieb ihm übrig? Am liebsten hätte Sofie etwas Aufmunterndes gesagt, und noch viel lieber hätte sie ihn umarmt. Stattdessen streckte sie ihm die Dose mit dem Kuchen entgegen. »Für dich, mit besten Grüßen von Señora Landero. Wir haben heute Morgen gebacken, und sie sagt, den würdest du mögen.«

Er hob den Deckel ab, schnupperte am Inhalt und versuchte eindeutig zu verbergen, wie gerührt er war.

Sie hatten den Kuchen mit einem Guss aus Orangensaft und Puderzucker sowie den kandierten Orangenscheiben verziert, und er duftete genauso gut wie die Orangenbäume. »Mit Walnüssen?«

Sofie nickte. »Ein Rezept aus dem Notizbuch, das die Señora mir geschenkt hat. Es gehörte ihrer Freundin Estrella. Sämtliche Rezepte darin haben mit Orangen zu tun, und ich glaube, ich werde sie alle ausprobieren!«

Endlich schlich sich das lang vermisste Lächeln auf Andrés' Lippen. Eine Weile lang musterte er sie, als würde er mit jeder Sekunde mehr über sie erfahren. »Du strahlst regelrecht, wenn du über solche Dinge redest.«

»Wirklich?« Sie lächelte. »Aber ja, man könnte sagen, dass es meine Leidenschaft ist. Backen, kochen ... aber nur, wenn es mit Obst zu tun hat. Vor allem mit Orangen. Das habe ich von meinem Großvater. Er ...« Sie hielt inne. Bis gerade eben hatte sie verdrängt, dass sie mit Opa Nando telefoniert hatte – und warum. Dass sie wusste, wer die Figur aus der Kirche gestohlen hatte.

»Sofia? Alles in Ordnung?« Andrés betrachtete sie mit gerunzelter Stirn. Da waren sie wieder, die Bernsteinfunken in seinen Augen, die sie mehr faszinierten als alles andere.

»Ja, natürlich«, sagte sie schnell. »Mir ist nur gerade eingefallen, dass ich der Señora noch sein besonderes Rezept für Orangenmarmelade zeigen möchte. Du weißt schon, im Gegenzug dafür, dass sie mir all ihre Spezialitäten verrät.« Sie deutete auf den Kuchen.

Es fühlte sich nicht gut an, ihn anzulügen. Aber sie musste diese Sache erst in Ordnung bringen, ehe sie weiter über die Konsequenzen nachdachte. Hoffentlich brachte Nadja das Paket schnell zur Post!

Sie schwiegen, und diesmal schien die Stille nicht nur Sofie nervös zu machen. Schließlich brach Andrés ein Stück vom Kuchen ab und schob es sich in den Mund. »Das schmeckt hervorragend.« Er hielt ihr die Dose hin, und sie kostete ebenfalls. Der Kuchen hatte die richtige Konsistenz, locker und saftig, mit dem vollen Geschmack nach Orangen, zu dem die Walnüsse einen ausgezeichneten Kontrast bildeten.

Andrés nahm eine kandierte Orangenscheibe. »Rosaria versucht immer, Dinge mit gutem Essen wieder geradezurücken. In dieser Hinsicht ähneln sie und Abelia sich sehr. Wenn ich mir als kleiner Junge das Knie aufgeschlagen hatte oder in späteren Jahren von der Leiter gefallen war, gab es stets Kekse oder Kuchen.«

Sofie hob eine Augenbraue. »Und als dir das klar wurde, hattest du auffallend oft aufgeschlagene Knie?«

»Erwischt«, sagte er, beugte sich vor und pflückte ihr etwas aus dem Haar. Sofie sah nicht, was es war, aber es spielte auch keine Rolle. Wichtig war nur der winzige Moment, in dem seine Fingerspitzen ihre Wange streiften. »Abgesehen davon konnte ich als Teenager einiges vertragen, und das war ein Vorteil. Am Anfang habe ich nämlich nicht immer bedacht, dass ich es ausbalancieren muss, wenn der Obstsack voll ist.« Er deutete eine Bewegung quer vor dem Körper an. »Tonio war sauer, wenn ich ausgefallen bin – und zwar weil er Angst hatte, dass Abelia ihm die Hölle heiß macht. Ich …« Sein Handy klingelte, und er zog es aus der Tasche, um einen Blick darauf zu werfen. »Tut mir leid, da muss ich ran.«

»Kein Problem, ich will dich nicht von der Arbeit abhalten.« Sofie drehte sich um und schlenderte ein Stück von ihm weg, um ihn in Ruhe telefonieren zu lassen. Direkt vor ihr leuchtete im dunklen Grün der Blätter eine Orange. Sie pflückte sie und schnupperte daran. Die Schale war von einem satten Orange, allerdings nicht so makellos, wie sie es aus den heimischen Supermärkten kannte – sie fand eine grünliche Stelle und mehrere bräunliche Streifen. Aber sie hatte schon früh gelernt, Obst mit Eigenheiten zu schätzen. »Nichts ist schlimmer als dieses perfekt aussehende Zeug, das sich wie Plastik anfühlt und auch so schmeckt«, hatte Opa Nando stets gesagt. Seitdem griff sie selbst im Supermarkt nie zu den auf Hochglanz polierten Exemplaren.

»Ich weiß, sie sind nicht so hübsch wie manche anderen, die du zu Hause in Deutschland vermutlich gewohnt bist«, sagte Andrés hinter ihr. »Aber dafür versichere ich dir, dass du auch die Schale für deine Rezepte verwenden kannst. Wir arbeiten weder mit Wachsen noch mit Konservierungsmitteln.« Seine Stimme war dunkel und leise, als würde er ihr ein Geheimnis verraten. Etwas, das nur sie beide miteinander teilten.

Sofies Herz vollführte einen winzigen Hüpfer. Zuvor war das Gespräch locker gewesen, doch jetzt war da wieder diese Spannung zwischen ihnen. Vielleicht lag es daran, dass Andrés einen Hauch näher bei ihr stand als zuvor, vielleicht war der Blick aus seinen dunklen Augen eine Spur intensiver. Auffordernder. So als wartete er darauf, dass sie heute den ersten Schritt wagte.

Sie strich mit dem Daumen über die Schale. »Opa Nando hat immer gesagt, dass Obst Ecken und Kanten haben sollte, so wie Menschen. Sonst würde irgendwas mit ihnen nicht stimmen, und man sollte misstrauisch sein.«

»Ein guter Rat.« Er schob sein Handy zurück in die Hosentasche. »Ich habe Antonio zwar davon überzeugt, auf *ecológico* umzustellen, aber es gibt Tage, da hat er Zweifel, ob die Entscheidung richtig war. Es hat ihn eine Stange Geld gekostet, und noch lohnt sich der Bio-Anbau nicht wirklich, weil die Bäume weniger Erträge bringen.«

Sofie nickte. »Es sei denn, ihr verzichtet auf den Umweg über den Großhandel.«

Er wirkte überrascht. »Du hast es dir gemerkt.«

»Natürlich. Die Vorstellung eines Hofladens hat mich faszieniert.« Ihre Bemerkung war lediglich als Neckerei gedacht, um seine Laune zu heben – schließlich wusste sie, dass ein solcher Laden in seinen Plänen nicht vorkam –, aber kaum hatte sie es ausgesprochen, merkte sie, dass es stimmte. Sie sah es regelrecht vor sich: einen Verkaufsraum mit einer Holztheke, hinter der Gläser und Körbe mit handgemalten Schildern auf Kunden warteten. Dazu eine hübsche Deko aus Holz und Gräsern, leise Musik, der Duft von Zitrusfrüchten und die Gewissheit, dass die Zukunft der Plantage gesichert war – auf die Weise, wie Andrés es sich wünschte.

Was würde wohl nach dem Verkauf aus der Landero-Farm werden? Würden Fahrzeuge mit Pestiziden anrücken, die das gesamte Geschäftsmodell veränderten? Und würde Andrés dann überhaupt noch hier arbeiten wollen? Wenn alles, was er in den vergangenen Jahren etabliert hatte und was ihm wichtig war, keine Rolle mehr spielte?

Ihre Fragen spiegelten sich in dem Schatten, der über sein Gesicht zog, und Sofie wünschte sich so sehr, ihn verschwinden zu lassen. »Also«, sagte sie, um ihn abzulenken, und warf ihm die Orange zu. »Was macht den Landero-Bio-Betrieb aus? Was genau bedeutet *ecológico*? Da Simon nun für dich arbeitet, wird er mich demnächst mit seinem neu erworbenen Wissen bombardieren, und da will ich mitreden können.«

»Und natürlich könnte ich es nicht verantworten, wenn du in einem solchen Fall unvorbereitet wärst«, entgegnete er und deutete nach vorn. Sie schlenderten los und tauchten in den nächsten Korridor zwischen zwei Baumreihen ein. »Im Gegensatz zum konventionellen Orangenanbau setzen wir keinen Mineraldünger ein, sondern nutzen den aus unserer

Kompostanlage hinter dem Haupthaus. Außerdem sind dir vielleicht die Hühner aufgefallen, die überall rumlaufen – die tragen auch ihren Teil bei.« Wie aufs Stichwort gackerte etwas ganz in der Nähe, dann tauchten zwei Tiere auf, nur um sofort wieder zu verschwinden.

Sofie blickte ihnen hinterher. »Und was ist mit Schädlingen?«

Andrés kontrollierte im Vorbeigehen die Früchte an einem Baum mit routinierten Handgriffen. »Wir spritzen mit natürlichem Paraffin-Öl, das für den Bio-Anbau zugelassen ist, und stellen Duftöl-Fallen für die Zitrus-Fliegen auf. So verhindern wir, dass sie ihre Eier auf den Orangen ablegen.«

»Und das funktioniert so einfach? Sie lassen die Orangen links liegen?«

»Diese Fliegen sind recht bestechlich, *sí*. Sie orientieren sich am Zitrusduft, da ihn beispielsweise Wespen meiden, die sich von ihren Larven ernähren. Wir bieten ihnen also einen Geruch an, der stärker ist, denn die Wahl des Orts für ihre Eiablage wird von einem Duftrezeptor im Hirn gesteuert. Natürlich kontrollieren wir das regelmäßig und modifizieren die Fallen, wenn nötig.«

»Hinterhältig«, murmelte sie.

»Schuldig. Aber auch raffiniert. Das sind übrigens Navel-Orangen«, sagte er dann und deutete nach vorn, »eine unserer späten Sorten. Mittelgroß und guter Saftgehalt, dafür sehr süß. Außerdem hat sie keine Kerne; im Supermarkt wird sie oft als Saft-Orange bezeichnet. Genügt das, um deinen Bruder zu beeindrucken?«

»Ich weiß nun, wie Fruchtfliegen ihre Entscheidungen treffen. Damit werde ich vermutlich überall punkten.«

Es war faszinierend, wie er ihr Lächeln erwiderte – und dass sie sich auch auf dieser Ebene verstanden. Sie hatte es gemocht, mit ihm über ernste Themen zu reden, aber Andrés verfügte zudem über einen feinen Humor. »Ich freue mich, dass ich dir diesen Vorteil verschaffen konnte.«

Er blickte über ihre Schulter, und als sie sich umdrehte, sah sie jemanden neben der Tür des Haupthauses stehen – vermutlich Señor Landero. Die Vorstellung, dass er es sich bislang hatte gut gehen lassen, während Andrés seit Tagesanbruch auf den Beinen war, ließ einen Hauch Ärger in ihr aufwallen. Aber womöglich hatte er sich ja auch um Geschäftliches gekümmert.

Andrés blieb stehen. »Ich muss leider weitermachen. Wenn du magst, zeige ich dir demnächst den Rest der Plantage.«

»Gern«, sagte Sofie und versuchte, sich ihre Enttäuschung nicht anmerken zu lassen. Wenn es nach ihr gegangen wäre, hätte ihr Andrés auch den Hühnerstall vorführen können. Sie hätte nichts dagegen gehabt, stundenlang mit ihm hier herumzulaufen und sich Details über den Betrieb anzuhören. »Ich wollte dich nicht aufhalten.«

Er ließ sich Zeit mit der Antwort. »Das hast du nicht«, sagte er leise. »Ich meine, doch, das hast du, aber das ist vollkommen in Ordnung.«

Sie musterte ihn eingehend. »Ist es das?«

Er zögerte. »Sofia, ich …«

Ein Bellen ließ sie zusammenfahren, und als sie aufblickte, entdeckte sie etwas Dunkles vor dem Haus, das sich als Señor Landeros Hund entpuppte. In der Nähe antwortete verstörtes Gegacker, und einige Schatten huschten wild im Schutz der Bäume umher.

Zunächst war Sofie enttäuscht darüber, dass dieser Moment zerstört worden war, doch wie schon einmal versuchte sie, sich an die Vernunft zu halten. Bald würde sie nach Deutschland zurückfliegen, und Andrés gehörte hierher, unter die spanische Sonne, wo er zu früh aufstehen und abends müde ins Bett fallen konnte, nachdem er tagsüber gegen Wind und Wetter hatte kämpfen müssen. »Es scheint, als möchte Señor Landero mit dir reden.«

»*Sí*«, sagte er, fuhr sich übers Kinn und richtete sich auf. »Ich verspreche, mich zu melden, sollte dein Bruder von der Leiter fallen.« Er zögerte, beugte sich dann blitzschnell vor und küsste ihre Wange, wobei sein Haar die Haut an ihrem Hals streifte. Ehe sie darauf reagieren konnte, hatte er sich umgedreht und war verschwunden.

Sofie blickte ihm nach, bis er das Haus erreichte und von Señor Landero in ein Gespräch verwickelt wurde. Sein Gesicht konnte sie nicht erkennen, aber seine Körperhaltung verriet, dass er wieder seine unnahbare Seite hervorgeholt hatte, mit der er den Dingen begegnete, die ihn trafen oder ihm Probleme verursachten.

Es bereitete ihr Sorgen, dass er alles mit sich allein ausmachen wollte. Selbst am Strand, inmitten seiner engsten Freunde, hatte er sich zunächst abgesondert.

Es war nicht fair von Antonio Landero, Andrés in diese Situation zu bringen. Oder war es ihm egal, solange am Ende des Tages nur genug Geld auf sein Konto floss? Hing sein Herz denn gar nicht mehr an dem Ort, wo er aufgewachsen war?

Falls ja, dann glich er in der Hinsicht Opa Nando. Wobei – nein, mittlerweile glaubte sie das nicht mehr. Etwas war damals in Cielente vorgefallen, das ihren Großvater in

Aufruhr versetzt hatte. Dass er einem ganzen Dorf einen Denkzettel verpassen wollte, weil die Leute dort in seinen Augen zu abergläubisch waren – das passte nicht zu ihm. Sie wettete darauf, dass ihr Opa diese Gegend selbst jetzt, nach all den Jahren, mehr liebte als Antonio Landero es jemals tun würde. Was war das nur mit diesem Ort, der so viele Geheimnisse barg?

Mit einem letzten Zögern drehte sie sich um und machte sich auf den Weg zurück zur Finca.

16

Das Stimmengewirr kam aus der Nähe und klang ganz danach, als wären Tereza und Simon für heute mit ihrer Arbeit fertig.

Sofie stand auf, klopfte sich den Schmutz von den Knien und betrachtete die Beete vor sich. Sie hatte Bohnen, Kohlrabi und Kartoffeln von Unkraut befreit, die Erde gelockert und das reife Gemüse geerntet. Die Señora benötigte eindeutig Hilfe in ihrem Garten. An manchen Stellen war das Gras so hoch über die Begrenzungen gewuchert, dass es einen guten Teil der Sonne für sich beanspruchte und von den Pflanzen fernhielt.

Sie nahm die Schüssel und machte sich auf den Weg zum Haus. Tereza, Simon und Miguel standen vor der Tür und unterhielten sich – vielmehr redeten Tereza und Miguel, während Simon sichtlich erschöpft an der Wand lehnte und sich das Gesicht mit einer Flasche Wasser kühlte.

»War es so schlimm?«, begrüßte Sofie die drei und beäugte ihren Bruder.

»Ach, gar nicht.« Tereza umarmte sie. »Natürlich ist die Arbeit superanstrengend, und uns werden morgen sämtliche Knochen wehtun, aber das ist genau das, was wir wollten, nicht wahr, *querido*?« Sie drückte Simon einen Kuss auf die Wange. »Wir fühlen uns, als würden wir hierhergehören!«

»Ich fühle mich eher, als würde ich in eine Fahne gehören«, sagte der und trank einen Schluck Wasser.

»Er meint vermutlich in eine Badewanne«, erklärte Sofie auf Miguels verwirrten Blick hin.

Dessen Augenbrauen wanderten noch ein Stück höher, dann boxte er Simon gegen die Schulter. »Mach dir nichts draus. Ein paar Tage, dann spürst du die Schmerzen und die Erschöpfung zwar noch, hast aber gelernt, sie zu akzeptieren. So ging es mir in meiner ersten Saison auch.«

»Was, du hast auf einer Plantage gearbeitet? Der Sohn des Bürgermeisters?« Tereza knickste, wobei sie einen imaginären Rock anhob.

Miguel zog eine Grimasse. »Wenn du in Cielente geboren und nicht mindestens einmal in deinem Leben mit Muskelkater vom Pflücken nach Hause gekommen bist, gehörst du nicht wirklich dazu, egal, ob Sohn des Bürgermeisters oder nicht.«

Die drei lachten, dann verabschiedeten sich Simon und Tereza, um eine Dusche zu nehmen und – laut Simon – ihre Wunden zu versorgen.

Miguel beugte sich vor und lugte in die Schüssel in Sofies Händen. »Karotten? Du kümmerst dich also ums Abendessen.«

»Heute ja, allerdings habe ich die hier für Smoothies eingeplant und muss noch Rezepte wälzen. So wie mein Bruder momentan leidet, würde er mich vermutlich durch die ganze Finca jagen, wenn ich ihm nur einen Shake vorsetze und nichts, auf dem er herumkauen kann.«

»Da brauchst du dir wohl keine Sorgen zu machen. Ich glaube, Simon wird den Abend auf dem Sofa verbringen. Er wird es sehr zu schätzen wissen, wenn jemand für ihn kocht.«

Da war etwas dran. »Dann muss ich nur noch die Señora überreden, die Küche heute mir zu überlassen. Tereza und Simon helfen auf der Plantage aus, da will ich nicht einfach nur rumsitzen und täglich mit ihr darüber diskutieren, dass ich unsere Zimmer gern bezahlen möchte. Das hatten wir zwar anfangs festgelegt, aber auf einmal will Señora Landero nichts mehr davon hören.«

»Da wirst du bei Rosaria kein Glück haben. Ihr seid ihre Gäste, sie wird kein Geld von dir annehmen.«

Sofie seufzte leise. »Allmählich vermute ich das auch. Daher will ich mich zumindest revanchieren, indem ich mich ein wenig nützlich mache. Außerdem habe ich noch mehr Spaß am Kochen, wenn die frischen Zutaten nur ein paar Schritte entfernt wachsen.«

Miguel überlegte. »Heißt das, du bist heute Abend beschäftigt?«

»Ich denke schon. Warum fragst du?«

Er legte den Kopf schräg und betrachtete sie eingehend. Das erinnerte sie daran, wie Andrés sie manchmal ansah, als würde er den Schwung von Augen, Lippen und Wangen mit seinem Blick nachfahren. Doch jetzt erzeugte es keine wohlige Wärme auf ihrer Haut, sondern weckte den Wunsch, etwas mehr Abstand zwischen sich und Miguel zu bringen. Nicht weil sie ihn nicht mochte. Sondern weil es sich falsch anfühlte. Er war ein netter Kerl, hilfsbereit und humorvoll, spontan und zudem gutaussehend. Jemand, der für sie mit der Zeit sicherlich ein guter Freund werden konnte – aber nicht mehr.

»Na ja, ich hatte überlegt, dir mehr von der Gegend zu zeigen. Unseren Lieblingsstrand kennst du ja bereits, aber es gibt noch so viele schöne Stellen in der Umgebung. Zwischen den Farmen verläuft zum Beispiel ein Wanderpfad, von dem man eine atemberaubende Aussicht auf den Sonnenuntergang hat.« Er berührte sie an der Schulter und drehte sie sanft zur Seite, sodass sie auf die Hügelkette im Westen blickte. »Von hier kannst du ihn zwar nicht sehen, aber er verläuft unterhalb der vorletzten Erhebung. Genau dort.« Er streckte eine Hand aus, und auf einmal spürte sie seinen Atem an ihrem Hals.

»Das klingt gut«, sagte sie, drehte sich wieder um und brachte dabei unauffällig die Schüssel zwischen sich und Miguel. »Ich wette, Simon und Tereza hätten auch Interesse, sofern ihr Wunsch nach einem Abend auf dem Sofa nicht zu übermächtig ist. Und vielleicht können ja auch Lucía, Yago und Andrés mitkommen, so wie neulich am Strand.«

Für eine Millisekunde flackerte Enttäuschung über sein Gesicht, aber abgesehen davon ließ er sich nichts anmerken. »*Vale*, das bekommen wir sicher hin. Meld dich einfach, wenn dir die Decke auf den Kopf fällt. Valencia wäre auch eine Möglichkeit.«

»Das mach ich, danke. Dir noch einen schönen Abend, Miguel.«

Er verabschiedete sich, ging zu seinem Wagen und hob noch einmal die Hand, ehe er einstieg.

Sofie wartete nicht, bis er losgefahren war, sondern betrat die Finca, schloss die Tür hinter sich und blieb stehen. Hatte Miguel gerade wirklich mit ihr geflirtet? Sie hoffte, dass es nicht so war, denn das würde ihre Zeit hier nur verkomplizieren. Mit etwas Glück würde er merken, dass sie kein Interesse hatte, und die Sache auf sich beruhen lassen. Er schien nicht von der aufdringlichen Sorte zu sein, die ein Nein nicht akzeptierte.

Im Gästebad wurde soeben die Dusche angestellt, und Sofie machte sich auf den Weg in die Küche. Unterwegs kam sie am Schlafzimmer der Señora vorbei. Die Tür stand einen Spalt offen, und sanftes Schnarchen war zu hören. Sie musste sich hingelegt haben, nachdem sich Miguel verabschiedet hatte. Vermutlich hatte er noch einmal nach dem Rechten gesehen, was die Reparaturen betraf.

Damit stand fest, dass Sofie sich um das Abendessen kümmern würde. Vielleicht fand sie in Estrellas Büchlein ja ein passendes Rezept, ansonsten würde sie improvisieren.

Ihr Handy meldete sich, kaum dass sie die Schüssel auf dem Küchentisch abgestellt hatte: eine Nachricht von Nadja.

Hab deine Figur gefunden und das Paket gerade per Express losgeschickt. Die Frau am Schalter sagt, dass es übermorgen ankommt. Verrätst du mir jetzt, was los ist? Schick am besten eine Sprachnachricht, bin auf dem Weg zum Yoga. Drück dich!

Sofie atmete auf und merkte im selben Moment, dass sie beim Lesen der Sätze nervös geworden war. Die Figur war auf dem Weg nach Cielente, und es lag an ihr, sie unauffällig an ihren angestammten Platz zurückzubringen. Daran führte kein Weg mehr vorbei.

Noch zwei Tage.

Sie lehnte sich gegen die Arbeitsplatte und überlegte, was sie antworten sollte. Einerseits scheute sie sich, die Geschichte über den Diebstahl zu verbreiten, andererseits war Nadja ihre beste Freundin und würde die Sache auf jeden Fall für sich behalten. Also schloss sie die Küchentür, und fasste alles, auch ihre Zweifel, in einer Sprachnachricht zusammen. Noch immer gefiel es ihr nicht, die Menschen, die sie so freundlich aufgenommen hatten, zu belügen – denn so fühlte es sich an, wenn sie dieses Geheimnis weiter bewahrte. Doch vielleicht konnte sie ja, wenn die erste Empörung nachgelassen und die Gemüter sich wieder beruhigt hatten, mit der wahren Geschichte herausrücken.

Kurz grübelte sie, ob sie Opa Nando darüber informieren sollte, dass die Princesa auf dem Weg nach Spanien war, entschied sich dann aber dagegen. Seitdem sie ihm mitgeteilt hatte, dass sie wusste, was damals geschehen war, herrschte von seiner Seite aus Funkstille. Selbst im Familienchat kommentierte er nichts mehr, was schlicht bedeutete, dass sein Dickkopf wieder die Oberhand gewonnen hatte. Sie war, was Santa Isabel betraf, auf sich allein gestellt.

Seufzend blätterte sie in Estrellas Büchlein, fand ein Rezept für Orangenmöhren mit Salat, warf einen Blick in den Vorratsschrank und legte los. Sie hatte die Auflaufform mit den Karotten gerade in den Ofen geschoben und nippte an ihrem Smoothie, als sie Schritte hörte, gefolgt vom Geräusch der Eingangstür.

Im Vorbeigehen warf sie einen Blick aus dem Fenster. Draußen hatte sich die Dämmerung bereits angeschlichen, doch noch war es hell genug, um die Señora zu erkennen. Das Haar fiel ihr offen über den Rücken – vermutlich war sie eben erst von ihrem Nachmittagsschläfchen aufgestanden –, und sie hatte sich ein Tuch um die Schultern gelegt. Es sah aus, als würde sie auf jemanden warten; vielleicht genoss sie aber auch die frische Luft, um wach zu werden.

Sofies Handy klingelte, und sie fuhr zusammen. Bestimmt war es Nadja, die ihre Yogastunde ausfallen ließ, weil sie nicht glauben konnte, dass Opa Nando eine Heiligenfigur gestohlen haben sollte, und weil sie mindestens eine Idee hatte, wie Sofie Santa Isabel zurück in die Kirche schmuggeln könnte.

Beinahe konnte sie Nadjas begeisterte Stimme hören.

Erzähl ihnen, du hättest eine dunkle Kapuzengestalt neben der Kirche erwischt, die daraufhin geflüchtet ist und die Figur hat fallen lassen!

Erzähl ihnen, dass dein Opa 1965 beim Aussteigen aus dem Zug gestürzt ist, seitdem Teile seines Gedächtnisses verloren hat und nichts mehr von der Statue weiß!

Erzähl ihnen, dass dein Opa jemandem aus Cielente versprochen hat, die Figur nach Deutschland mitzunehmen – aber bei seinem Leben und dem seiner ungeborenen Kinder schwören musste, dessen Namen niemals zu verraten! Irgendwas mit Mafia. Gibt's die nicht auch in Spanien?

Auf dem Display leuchtete jedoch Andrés' Name, und schlagartig verstummten ihre Gedanken rund um Isabel la amante, Opa Nando und Nadjas überbordende Fantasie.

Sofie atmete behutsam ein und wieder aus, dann nahm sie das Gespräch an. »Hey, ist alles in Ordnung? Hat mein Bruder Chaos auf der Farm angerichtet? Oder willst du ihn jetzt schon feuern?«

Andrés lachte leise, ein Geräusch, das mühelos den Weg unter ihre Haut fand. »Dein Bruder hat vorbildlich alles so hinterlassen, wie es sein sollte. Er war zwar langsam, aber das ist normal, wenn man keine Übung hat. Ich werde ihn also noch eine Weile behalten.«

»Er hat heute schon ein bisschen gejammert«, sagte Sofie amüsiert. Sie beide schwiegen, also gab sie sich einen Ruck. »Aber du rufst nicht an, um meinen Bruder zu loben, oder?«

»Nein«, sagte er schnell. »Natürlich nicht.« Wieder Schweigen, das nicht gerade dazu beitrug, dass sich Sofies Nervosität legte. Dann räusperte er sich. »Ich habe vorhin mit Abelia telefoniert und sie noch mal auf deinen Großvater angesprochen.«

»Oh.« Damit hatte sie nicht gerechnet. Sie dachte daran, was Andrés auf dem Fest des Alcalde gesagt hatte: dass er glaubte, seine Ziehmutter wüsste möglicherweise mehr über Opa Nando, als sie zugab. »Und? Hat sie sich an noch was erinnert?« Sie stieß die Worte hervor, während ein Teil von ihr zögerte. Zwar wusste sie, dass es unsinnig war, aber sie fühlte sich gewissermaßen ertappt. Ahnte Abelia etwa, dass Opa Nando den gesamten Ort bestohlen hatte?

»Das hat sie. Sie meint, er habe früher gern Vögel beobachtet.«

Sofie war gleichzeitig erleichtert und enttäuscht – das war eine vergleichsweise nichtssagende Information. »Das tut er heute noch. Er kann stundenlang mit seinem Fernglas am Fenster sitzen, und dabei erstellt er Listen, welche Vögel sich wie oft am Futterplatz in seinem Garten blicken lassen. Er hat so lange auf die gesamte Familie eingeredet, bis jeder einen bei sich errichtet hat, damit er auch dort Vögel beobachten kann, wenn er zu Besuch ist.«

»Damals ist er dafür wohl oft in einen Naturpark in der Nähe gefahren, den Parque Natural de l'Albufera südlich von hier.« Etwas an dem Namen kam Sofie bekannt vor, und dann erinnerte sie sich: Der Park war unter den zahlreichen Tipps gewesen, die Opa Nando ihr geschickt hatte, um sie von Cielente fernzuhalten. »Eine ehemalige Meeresbucht«, fuhr Andrés fort, »und heute eine Süßwasserlagune, die zum Vogelschutzgebiet erklärt wurde. Ich war schon öfter dort, und es ist riesig. Zwar weiß Abelia nicht, wo genau dein Opa dort unterwegs war, aber wenn du möchtest, fahre ich mit dir hin.«

»Das wäre super!«, sagte Sofie. Natürlich war es großartig, weiter auf Opa Nandos Spuren wandeln zu können, vor allem aber freute sie sich darüber, mehr Zeit mit Andrés zu verbringen. Trotz aller Vernunft. Einfach nur in seiner Nähe zu sein und diese Spannung zu genießen, die sie so lange nicht mehr gespürt hatte. Es musste ja nicht zu mehr kommen. »Wann hättest du denn Zeit?«

»Jetzt zum Beispiel.«

Erstaunt blickte sie auf die Uhr. »Ich dachte, du wärst noch eine Weile im Betrieb beschäftigt.«

»Ich bin fertig mit allem. Es muss auch nicht heute sein«, sagte Andrés. »Du hast ja vielleicht auch schon etwas vor, und ...«

»Nein.«

»Nein?«

»Ich meine, ich hab rein gar nichts vor. Das Essen für die anderen ist gerade im Ofen, ich hatte einen Smoothie und hätte den Abend gemütlich mit einem Buch verbracht. Das tausche ich aber sehr gern gegen einen Ausflug in Opa Nandos Vergangenheit.«

Von draußen ertönten Stimmen – die der Señora und die eines Mannes. Sie klangen aufgeregt, fast schon ungehalten. Leise trat Sofie zurück ans Fenster und zog es behutsam zu, da sie nicht lauschen wollte, auch wenn sie sich fragte, wer Señora Landero gegenüber einen solchen Ton anschlug. Doch auch ihre Gastgeberin klang anders als sonst: kühler und mit einer Härte im Ton, die gar nicht zu ihr passte.

Ob sie kurz nach dem Rechten sehen sollte?

»Gut«, sagte Andrés. »Ich kann sofort zusammenpacken und bin in zehn Minuten bei dir.«

»Du musst nicht extra hier hochfahren. Ich lauf dir entgegen.« Dann konnte sie zumindest einen Blick auf den Besucher werfen und entscheiden, ob sie besser noch eine Weile blieb, um der Señora nötigenfalls beizustehen. Sie verabschiedete sich von Andrés, legte auf, drehte sich um und überlegte.

War das nun ein Date?

Hastig prüfte sie die Möhren, war froh, dass sie gar waren, stellte den Ofen aus sowie die Auflaufform auf den Tisch und deckte sie ab. Dann eilte sie ins Bad, bürstete sich die Haare und wuschelte sie mit feuchten Händen durch. Anschließend frischte sie ihre Wimperntusche auf – das genügte. Sie schminkte sich selten und wollte an diesem Abend mit Andrés nicht jemand anders sein. Abgesehen davon hatte die Sonne Spaniens ihrer Haut einen warmen Honigton verpasst, der das Graugrün ihrer Augen so leuchten ließ wie kein Lidschatten der Welt.

Schnell tauschte sie ihren kurzen Rock gegen eine lockere Stoffhose, strich ihr Shirt glatt und schlüpfte in die Sneaker, ehe sie sich ihre Tasche schnappte und das Zimmer verließ.

Die Señora und ihr Besucher standen ein Stück von der Tür entfernt und redeten mit schwungvollen Gesten aufeinander ein. Sofie erkannte Señor Landero. Die zwei sahen sich nicht besonders ähnlich, und ihre Charaktere schienen sich sehr voneinander zu unterscheiden, aber wenn die Señora einmal in Fahrt war, stand ihre Energie der ihres Bruders in nichts nach.

Osito saß neben ihr, als wollte er sie beschützen, und sein kleiner Kopf ruckte von einer Seite zur anderen, wie der eines Zuschauers bei einem Tennismatch. Jetzt wandte er sich Sofie zu, und sie glaubte, Hilflosigkeit in den dunklen Knopfaugen schimmern zu sehen.

Die Geschwister bemerkten sie jedoch nicht, also hustete sie und trat kräftiger auf. Es funktionierte: Zwei weitere Augenpaare richteten sich auf sie. »Ich bin noch unterwegs«, rief sie und hob eine Hand. »In der Küche steht das Abendessen für alle. Orangenmöhren mit Salat.«

»Ach, *querida*«, sagte die Señora, und ihre Stimme war rau von dem ungewohnten Wortwechsel. »Das hättest du doch nicht tun müssen.« Sie wirkte etwas ertappt; Antonio jedoch starrte Sofie mit finsterer Miene an und gönnte ihr lediglich ein knappes Nicken.

Sie erwiderte es. »Das hab ich doch gern gemacht, Señora Landero.«

Wenn Sie Hilfe brauchen und ich bleiben soll, geben Sie mir ein Zeichen!

Die Señora schien zu verstehen; Sofie glaubte, ein angedeutetes Kopfschütteln zu erkennen. »Einen schönen Abend, Sofie. Bis später!«

Sofie gab sich einen Ruck und lief weiter – die Privatangelegenheiten der beiden gingen sie wirklich nichts an. Wobei sie vermutete, dass ihr Gespräch etwas mit dem Verkauf der Plantage zu tun hatte. Sie widerstand dem Drang, sich noch einmal umzudrehen, kraulte Osito, der sie ein Stück begleitete, und entdeckte dann Andrés.

Er wartete an der Abzweigung zur Farm, lehnte an der Fahrertür seines Wagens, dessen Scheinwerfer helle Streifen in die Dunkelheit malten, und betrachtete den Sternenhimmel. Es war ein so friedliches Bild, dass sie ihr Tempo unwillkürlich verlangsamte.

Die Nacht meißelte die Konturen seines Gesichts auf eine Weise heraus, die nahezu gewollt wirkte. Als würden die Sterne ihr Licht bündeln, um ihn in Szene zu setzen. Die Mauer aus Pflicht und Stolz, die ihn normalerweise umgab, bröckelte. Dieser Andrés war ein anderer als jener, der sein Leben Tag für Tag der Plantage widmete und der die Pläne anderer Menschen, die ihm Steine in den Weg legten, äußerlich ohne mit der Wimper zu zucken hinnahm. Dieser Andrés hatte Träume, Wünsche und eine ganz andere Vision als Antonio Landero – sowie das nötige Wissen und die Energie, sie umzusetzen.

Sofie wünschte sich, er würde mit ihr über all das reden, genau wie an dem Abend, als er sie zur Finca zurückgebracht hatte. Dann schalt sie sich eine Idiotin. Warum sollte er seine Gedanken ausgerechnet mit ihr teilen? Es gab Menschen, die ihn seit Jahren kannten und denen er sich anvertrauen konnte: Miguel oder Abelia Pacheco, vielleicht auch Señora Landero.

Allerdings hatte er an jenem Abend ihre Hand gehalten und war ihr so nahe gewesen. Sie war sich sicher, dass es auch ihm etwas bedeutet hatte.

Er hatte sie gehört, noch ehe er den Kopf in ihre Richtung wandte – das merkte sie an der Art, wie er sich aufrichtete und die Schultern straffte. Seine Lippen, die zuvor leicht geöffnet gewesen waren, schlossen sich, und die Linie seines Kinns trat im Licht der Scheinwerfer stärker hervor.

Der Schutzwall umgab ihn wieder, und am liebsten hätte Sofie Andrés zugerufen, wie gern sie den Mann dahinter weiter kennenlernen würde.

»Hey«, sagte sie stattdessen und lächelte. »Du hast gerade so entspannt ausgesehen.«

Er zuckte die Schultern. »Ich glaube, es tut mir ganz gut, wenn ich heute Abend etwas Abstand bekomme.« Als sie ihn nur schweigend anblickte, schüttelte er knapp den Kopf. »Ich hatte ein Gespräch mit Tonio. Es war … anstrengender als sonst.« Die Mauer bröckelte ein wenig, aber nicht genug, dass er dahinter hervortreten konnte.

»Er ist oben und redet mit der Señora«, sagte Sofie und deutete zurück zur Finca. »Sie klangen beide nicht sehr glücklich.«

Sein Gesicht verfinsterte sich. »Er sollte seine Schwester mit Respekt behandeln. Sie hat in den vergangenen Jahren einiges hingenommen, ohne auf ihre Rechte zu pochen.« Das war das Höchstmaß an Kritik, das er bislang zu der ganzen Sache oder überhaupt an seinem Chef geäußert hatte.

Sofie fasste sich ein Herz, trat vor und griff nach seiner Hand. »Falls du was loswerden willst – bei einer Außenstehenden, die einfach nur zuhört, dann kannst du das jederzeit tun.« Sie hielt den Atem an, als er seine Hand nicht sofort zurückzog und dann den behutsamen Druck ihrer Finger erwiderte. Wie ein Versprechen.

Sein Blick suchte den ihren, hielt ihn fest, und ihr Herz wurde schwerer, als sie die Antwort darin las. »Danke, Sofia. Ich weiß das zu schätzen, wirklich, und es war schön, neulich mit dir darüber zu reden und den ersten Schock zu verdauen. Aber ich hab mich wieder gefangen und verspreche, es geht mir gut. Ab jetzt muss ich das mit mir ausmachen, bis ich weiß, wo genau ich in dieser Sache stehe.«

»Natürlich«, murmelte sie. Ein sanfter Wind kam auf und ließ ein verhaltenes Konzert aus raschelnden Blättern und Gräsern erklingen, für das sogar die Zikaden vorübergehend

283

verstummten. Es war schön, dem Ganzen gemeinsam mit Andrés zu lauschen, und wenn es nach ihr gegangen wäre, hätten sie den Abend auch hier verbringen können.

Doch dann ließ er sie los und öffnete die Beifahrertür für sie. »Wie sieht es aus? Bist du bereit?«

»Ja«, sagte sie und räusperte sich, da ihre Stimme kratzte. »Fahren wir.«

Sie stiegen ein; Andrés wendete und nahm den Weg hinab zur Straße, wo er sich Richtung Süden hielt und die dünnen Lichterschnüre des Dorfes hinter sich ließ. Nur wenige Fahrzeuge kamen ihnen entgegen. Die Scheinwerfer huschten zunächst über Bäume, Wiesen und Felder, und nach einer Weile mischten sich Steinmauern und Lagerhallen hinein. In der Ferne tauchten die Silhouetten größerer Gebäude auf, bei denen es sich um die Ausläufer von Valencia handeln musste. Als die Gebirgszüge hinter ihnen zurückblieben, war die Gegend so flach, dass sich Sofie an ihre Ausflüge nach Holland erinnert fühlte. Einzelne Hochspannungsleitungen zogen sich hindurch.

Im Wagen herrschte Stille und schuf eine friedliche Atmosphäre, in die sie sich nur zu gern fallen ließ. Immer wenn sie einen Blick mit Andrés wechselte, fand sie in seinem Gesicht eine tiefe Ruhe, und das war ihr so viel wert, dass sie sich mit einem glücklichen Lächeln zurücklehnte.

Dann plötzlich änderte sich die Landschaft. Zu beiden Seiten der Straße glitzerte Wasser, und als Sofie das Fenster ein Stück hinabließ, war die Luft kühler und frischer geworden. Inzwischen war es fast vollständig dunkel, und in den vergangenen zehn Minuten war ihnen kein Fahrzeug entgegengekommen. Sofie sah auf die Uhr – sie waren bereits eine knappe Dreiviertelstunde unterwegs. Damit hatte sie nicht gerechnet, aber in Andrés' Gegenwart schmolz die Zeit dahin, als würde sie keinen Regeln unterliegen.

»Wir sind gleich da.«

»Das hier ist schon der Park, oder?«

»Ganz genau. Abelia meinte, dass dein Großvater gern rund um den See wandern gegangen ist, daher schlage ich vor, dass wir erst mal den ansteuern.«

»Einverstanden.«

»Ich habe mich natürlich vorbereitet. Möchtest du, dass dein persönlicher Reiseführer dir was über die Gegend erzählt?« Er schien seine gute Laune wiedergefunden zu haben. Womöglich hatte er wirklich den räumlichen Abstand zur Farm gebraucht.

Sofie kuschelte sich in den Sitz. »Wie könnte ich ein solches Angebot ausschlagen?«

»Wie du wünschst, Señorita Lenau.« Er deutete mit großer Geste nach vorn. »Im Zentrum des Parks liegt der Albufera-See, der nur durch eine Sanddüne vom Mittelmeer getrennt ist. Er ist knapp dreißig Quadratkilometer groß und beherbergt sechs kleine Inseln. Ansonsten gibt es Strände, Dünen und in der Nähe auch einen Wald.«

»Wow, ich hätte nicht gedacht, dass es dermaßen riesig ist.« Sofie versuchte, mehr zu erkennen. Auf der linken Seite ragte etwas hinter dem Wasser auf – Gebüsch oder niedrige Bäume.

Andrés gab einen Laut irgendwo zwischen Brummen und Zustimmung von sich. »Der Naturpark rund um den See ist fast noch mal zweihundert Quadratkilometer groß, und seinen offiziellen Status hat er 1986 erhalten. Ich weiß nicht, welche Vogelarten dein Opa beobachtet hat, aber es gibt insgesamt rund zweihundertfünfzig hier. Nur kann ich dir leider nicht sagen, welche wir wo in diesem Areal finden. Ansonsten haben wir hier Restaurants und Campingplätze, und es wird auch Obst angebaut. Sogar Reis.«

»Andrés, hast du das etwa auswendig gelernt?«

»Selbstverständlich«, erklärte er hoheitsvoll und ging vom Gas, damit sie sich besser umsehen konnten.

Sofie grinste. »Bei zweihundertfünfzig Vogelarten haben wir immerhin eine gute Chance, zumindest einer zu begegnen.« Was im Grunde keine Rolle spielte. Wichtig war, dass sie einen Ort besuchte, den Opa Nando geliebt hatte – und dass Andrés neben ihr saß. Selbst wenn sie heute Abend nicht einmal eine Vogelfeder fand, würde sie doch mit so viel zurückkommen.

Andrés bog ab, und zu ihrer Überraschung befanden sie sich nun auf einer größeren Straße, die von Wiesen und einem Baumgürtel begrenzt wurde und laut Beschilderung zu dem See führen sollte, der sich noch hinter reichlich Schilf versteckte. Die Beleuchtung nahm zu, und es herrschte geringfügig mehr Verkehr. Nach einer Weile tauchten Parkplätze auf, und dahinter schimmerte das Wasser, eingerahmt von Wegen, einer Holzbalustrade und Hinweistafeln. Das Ganze erinnerte an eine typische Strandpromenade, und Sofie hätte sich nicht gewundert, wenn sie auf Shops gestoßen wären, in denen aufblasbare Schwimmtiere, Postkarten und Softdrinks verkauft wurden.

»Keine Sorge«, sagte Andrés, der offenbar ihre Gedanken gelesen hatte. »Wir fahren noch ein Stück.«

Schon bald wurde die kurze Promenade von Schilf und Bäumen abgelöst, und auch das Glitzern des Sees zog sich zurück, als hätte er fürs Erste genug von sich preisgegeben. Sofie beobachtete, wie die Lichter im Rückspiegel schwächer wurden, während sich über ihnen die Äste der Bäume miteinander zu einem natürlichen Dach verschlangen.

Sie passierten einen Kreisverkehr, und kurz darauf tauchte an der linken Seite ein Schild auf. Es zeigte Menschen in einem Swimmingpool, eingerahmt von Fahnen, die schlaff herunterhingen.

»Océano Azul Resort«, las Sofie. »Bungalows, Supermercado, Ristorante. Ein Campingplatz?«

»Ja, hier parken wir.« Andrés ging vom Gas und lenkte den Wagen durch eine reetgedeckte Einfahrt auf einen Platz dahinter. Als er den Motor abstellte, tauchte jemand auf, ein Mann in einem weißen Hemd, und winkte ihnen zu. Andrés stieg aus, die beiden wechselten einige Worte und schüttelte sich die Hände, dann winkte der Unbekannte Sofie zum Abschied und verschwand wieder.

»Bruno ist ein alter Freund.« Andrés nahm einen Rucksack aus dem Wagen und schulterte ihn. »Wir sehen uns selten, aber ich hab ihn vorhin angerufen und uns angekündigt.« Er zog etwas aus dem Rucksack und reichte es Sofie: eine Taschenlampe.

Sie nahm sie entgegen, froh darüber, dass Andrés daran gedacht hatte. Die Dämmerung hatte sich Zeit gelassen, aber die Nacht war dafür umso schneller hereingebrochen. In der unmittelbaren Umgebung regte sich nichts, lediglich im Pförtnerhäuschen brannte schummeriges Licht. Die Bungalows in der Nähe lagen im Dunkeln, nur in der Ferne ertönten Stimmen und Gelächter, dort, wo einzelne Lichtpunkte die Nacht erhellten.

Sofie schaltete die Taschenlampe ein. »Was hast du vor?«

»Vertraust du mir?« Sein Lächeln war so schnell wieder verschwunden, wie es gekommen war, und verlieh der Frage eine Tiefe, die sich so vertraut anfühlte, dass es nur eine Antwort geben konnte.

Sofie nickte, wenn auch zögerlich.

Ist das Ganze eine gute Idee, wenn du Spanien demnächst den Rücken kehrst? Was willst du – dem Mann, der dein Herz schneller schlagen lässt, näherkommen, um ihn dann nie wiederzusehen? Oder im besten Fall einmal im Jahr zur Urlaubszeit? Ist dir das genug? Ist ihm das genug?

Die Erkenntnis machte sie traurig, daher konzentrierte sie sich auf die Umgebung, auf das Gewicht der Taschenlampe in ihrer Hand.

Doch keiner von ihnen bewegte sich. Auf einmal war da so viel mehr als nur die Lichter des Campingplatzes und die ausgelassenen Menschen in Parzellen hinter den Palmen und Blumenstauden. Eine Spannung zwischen ihnen, für die Sofie jetzt keine Worte finden, sondern ihr einfach nur nachspüren wollte. Aber sie wünschte sich, dieser Moment würde länger dauern.

»*Vale*«, sagte Andrés dann, die Stimme so leise, dass selbst der leichte Wind sie mit sich nahm. Er deutete über die Schulter, und sie setzten sich in Bewegung. Seine Taschenlampe flammte auf, als sie die leere Straße überquerten. Auf der anderen Seite war eine Fahrbahnbegrenzung aus niedrigen Holzbalken angebracht. Eine Lücke wies auf den Weg hin, der sich ins Dickicht schlängelte.

Hier klangen die Geräusche anders, verändert durch das Dauerzirpen der Zikaden und die dichten Büsche. Der Pfad war nicht sehr breit, wurde aber offenbar häufig genutzt, denn der Boden war fest und hart, und die Pflanzen, die von den Seiten hineinrankten, waren teilweise niedergetrampelt. Die Temperatur fiel spürbar ab, als sie die Straße hinter sich ließen.

Andrés ging voraus und sah sich immer wieder zu Sofie um, mit diesem Ausdruck in den Augen, der ihr sagte, dass alles in Ordnung war.

Nach einer Weile kreuzte ein weiterer Weg den ihren, breiter und aus Beton, und Andrés folgte ihm. Hier konnten sie nebeneinander laufen, sodass sich ihre Schultern, ihre Arme und manchmal sogar ihre Finger trafen. Trotz aller Bedenken und inneren Fragen genoss Sofie dieses Spiel und erschauerte jedes Mal, wenn die Berührung einen dieser flüchtigen Blitze über ihre Haut schickte.

Nach und nach wurde der Untergrund sandiger, und die Vegetation veränderte sich. Zuerst verschwanden die Bäume, dann dünnten die Sträucher aus, bis sie harten Gräsern das Feld überließen. Und dann, endlich, erreichten sie die Dünen zwischen dem See und dem Meer.

»Dort lang.« Andrés schwenkte die Taschenlampe, und ihr Lichtkegel erzeugte ein Funkeln in der Ferne.

Nach der übernächsten Düne begrüßte der Ozean sie mit seinem Rauschen. Hier endete der gepflasterte Weg.

»Warte.« Sofie blieb stehen und beugte sich hinab, um aus ihren Schuhen zu schlüpfen. Andrés stützte sie, ließ sie aber nicht los, als sie barfuß und mit erhitzten Wangen vor ihm stand. »Das fühlt sich schön an«, flüsterte sie und grub die Zehen in den noch immer warmen Sand.

Andrés zupfte ihr ein Haar von der Wange, das vermutlich nicht einmal existierte. Sie hielt den Atem an, als seine Finger zu ihrem Kinn glitten, die Konturen nachfuhren und die empfindliche Stelle hinter ihrem Ohr berührten. Seine andere Hand hing locker nach unten, sodass das Licht der Taschenlampe vom Sand reflektiert wurde und Andrés' Gesicht geheimnisvoll aufleuchten ließ.

»Ich fürchte«, flüsterte er, »dass es zu dunkel ist, um Vögel zu beobachten.«

Sofie trat nach vorn, und seine Hand glitt über ihren Rücken. »Das ist … schade.« Sie öffnete ihre Lippen, und im nächsten Moment berührte er sie mit seinen. Sofie schloss die Augen, legte die Hände an seine Taille und zog ihn näher zu sich heran.

Alles an diesem Moment war behutsam. Sie bewegten sich langsam und stellten stumme Fragen, ehe sie einen winzigen Schritt weitergingen. Sofie löste sich von Andrés und küsste ihn erneut, seine Lippen, die Mundwinkel, dann die warme Haut daneben. Er ließ sie gewähren und senkte den Kopf, vertiefte sich für wenige Sekunden in den nächsten Kuss und unterbrach ihn dann wieder. Dabei tasteten sich seine Hände weiter, über ihren Rücken bis zu den Schultern und dann an ihrer Wirbelsäule entlang. Er beugte sich vor und berührte ihren Hals, als sie die Stirn auf seine Schulter sinken ließ. Ein Schauer rann über Sofies Rücken, als er ihre Haare zur Seite schob und über ihren Nacken strich, und sie lachte leise, fasziniert davon, wie sehr er ihren Puls anfachte.

Bei Nick war es niemals so gewesen. Er hatte ihr Verlangen nicht auf diese Weise geweckt.

Sie zwang sich, die Augen zu öffnen, um das Funkeln in seinen zu finden. Ihr Blick fiel auf den Sand zu ihren Füßen, auf seinen Arm, der trotz aller Sanftheit angespannt war, auf die Ader an seinem Hals, deren schnelles Pochen sie gerade noch gespürt hatte.

Und dann wollte sie nicht mehr warten, stellte sich auf die Zehenspitzen und fuhr mit den Fingern durch seine dunklen Locken. Andrés verstand, zog sie eng an sich und küsste sie, dieses Mal ohne Fragen, ohne Zögern und ohne jede Verspieltheit.

Sofie ließ sich in diesen Kuss fallen und vergaß alles um sich herum: den Sand, den mäßigen Wind und das Rauschen des Meeres. Genauso gut hätte sie mit Andrés in einer endlosen Betonwüste stehen können, dieser Moment hätte sie dennoch völlig verzaubert.

Nach einer Weile wurden seine Berührungen wieder sanfter. Warm strich sein Atem über ihre Haut, als er sie mit einer Zärtlichkeit musterte, die ihr den Atem stocken ließ. »Sofia«, flüsterte er mit dieser wundervollen Betonung auf der letzten Silbe. Wieder griff er nach einer Strähne ihres Haars und ließ sie durch die Finger gleiten.

In einiger Entfernung riefen zwei Möwen, und im selben Moment frischte der Wind auf. Sofie lehnte sich an Andrés, und er schloss sie in die Arme, in denen sie sich so geborgen fühlte.

Nach einer Weile schlenderten sie zum Wasser, langsam und ganz ohne jeden Abstand zwischen sich. Sie nahmen einen der Trampelpfade, die durch die letzten Dünen führten, und dann, endlich, lag das Meer vor ihnen.

Noch ein paar Tage, dann würde der Mond seine hübsch geschwungene Sichelform verlieren, aber bereits jetzt schenkte er ausreichend Licht, um die Umgebung sichtbar zu machen.

Der Strand war erstaunlich breit und verlief flach bis zur Wasserkante. An manchen Stellen formten Dünen kleine Buchten. Zwei unregelmäßige Schatten ragten vor ihnen auf, die sich nach einer Weile als eine Stranddusche und ein Fahrrad entpuppten, das jemand hier vergessen haben musste.

Andrés führte Sofie zu einem der kleinen Dünentäler zwischen den von Gräsern bewachsenen Sandhügeln, zog eine Decke aus seinem Rucksack und breitete sie auf dem Boden aus. »Bitte.« Sie setzte sich, streckte die Beine aus, und Andrés folgte ihrem Beispiel. Aus dem Rucksack ragte der Hals einer Weinflasche.

Er hatte wirklich an alles gedacht.

Noch immer sandte Sofies Herz bei jedem Schlag einen Hauch Erregung durch ihren Körper, und sie sehnte sich nach Andrés' Berührungen.

Als sie den Kopf wandte, stellte sie fest, dass er ihr Profil musterte. »Versuchst du etwa gerade, meine Gedanken zu lesen?«, flüsterte sie.

Da war es wieder, dieses verführerische Zucken seiner Mundwinkel. »Gut möglich.«

»Ach?« Sie wandte sich ihm zu und zog die Beine an, damit er näher rücken konnte, wenn er wollte. »Dann weißt du jetzt also, dass ich mir gerade nichts sehnlicher wünsche als eine Strandpromenade mit Eisbude, Riesenrad und alter Leierkastenmusik?«

In seinem Gesicht rührte sich kein Muskel; lediglich sein Blick wanderte von ihren Augen zu ihren Lippen. Wie war es möglich, dass sie es nahezu körperlich spürte, wenn er sie ansah?

»Ich glaube dir kein Wort«, sagte Andrés, rückte näher und legte eine Hand an ihre Wange. Wieder küsste er sie. Es war so natürlich, als wären sie Teil dieser Natur, Teil dieser Kulisse aus Wind, Meer und Sand.

Seine Hände wanderten über ihre Arme und dann zum Saum ihrer Bluse. Behutsam fuhr er darunter, und als er ihre nackte Haut berührte, erschauerte sie, obwohl ihr mit jeder

Sekunde wärmer wurde. Sofie sank auf den Rücken und zog ihn mit sich, betrachtete sein Gesicht und die Sterne dahinter. Alles war im Gleichklang miteinander, und sie lächelte, staunend und dankbar für diesen wunderbaren Moment. Bei ihrem nächsten Kuss tastete sie sich zu seinem Bauch vor, entlockte ihm ein leises Keuchen. Ungeduldig zupfte sie an dem störenden Stoff, bis er sich endlich das Shirt über den Kopf zog und es achtlos hinter sich warf.

Sofie nahm sich Zeit, ihn zu betrachten und die Linien seiner Brust nachzufahren. Sein Atem beschleunigte sich, strich über ihren Hals, ihr Kinn, ihre Lippen. Irgendwann knöpfte Andrés ihre Bluse auf, so unendlich langsam, dass sie ihm am liebsten geholfen hätte, um ihn endlich ganz zu spüren. Dann schließlich hüllte seine warme Haut sie ein, und als er ein Bein zwischen ihre schob, drückte sie sich an ihn und küsste ihn so verlangend, dass sämtliche Zweifel verschwanden.

17

Das Kreischen der Möwen wob sich in ihren Traum von endlosen Stränden mit Orangenbäumen, unter denen sich Seevögel und Hühner um herabgefallene Früchte und Obstkuchen stritten. Erst die sanfte Sonne drängte den Schlaf langsam zurück, und Sofie wurde sich bewusst, wo sie war.

Noch immer am Strand.

Noch immer in Andrés' Armen.

Sie blinzelte in das sanfte Licht des Morgens und schmiegte sich enger an ihn. Er reagierte, indem er über ihren Rippenbogen strich, dann lag er wieder still, die Augen geschlossen. Sand hatte sich in seinem Haar verfangen und verlieh ihm etwas Abenteuerliches, doch es war sein Gesicht, von dem sich Sofie kaum losreißen konnte: Die harten Linien waren verschwunden und hatten Ruhe und Entspannung Platz gemacht. Langsam fuhr sie mit dem Zeigefinger seinen Wangenknochen entlang bis zu der Stelle, wo sich dunkle Bartstoppeln zeigten. Andrés lächelte und murmelte etwas Unverständliches.

Sofie drehte sich ein Stück zur Seite – behutsam, um ihn nicht zu wecken – und hob den Kopf. Das Meer hatte einen silbrigen Ton angenommen, und der Strand war völlig leer bis auf ein paar Möwen und, weiter entfernt, eine Schar kleinerer Vögel. Der Wind war aufgefrischt, strich über ihre

Wangen und wehte dünne Schichten Sand heran. Doch sie störte sich nicht daran, auch nicht an der Tatsache, dass ihr Körper schwach protestierte, da sie trotz der Decke nicht besonders gemütlich gelegen hatte.

Sofie lächelte und lauschte Andrés' Atem. Sie hatten nicht geplant, die Nacht hier zu verbringen, aber zwischen Küssen, Berührungen und Gesprächen war die Zeit nur so verflogen. Irgendwann hatte Sofie zwischen Andrés' Beinen gesessen, den Rücken an seine Brust geschmiegt. Sie hatten dem Rauschen des Meeres gelauscht und darüber geredet, was sie tun würden, wenn es keine Bindungen gäbe, keinen Job, der einen vor Ort hielt, kein Geld, das verdient werden musste. Wenn sie so frei wären wie die Möwen, die sich in der Nähe niedergelassen hatten und regelmäßig einen Kundschafter losschickten, um herauszufinden, ob man den Menschen etwas Essbares stibitzen konnte.

Sofie hatte überlegt, mehr reisen zu wollen, um weitere Notizbücher wie Estrellas zu finden, in denen sie etwas über das Leben vor vielen Jahren erfahren und neue Rezeptideen sammeln konnte. Unterwegs würde sie in einem Café oder einem Hofladen aushelfen, um die Menschen der Umgebung kennenzulernen, und zwischendurch immer wieder nach Hause zurückkehren, zu dem Platz, an den sie gehörte. Und vielleicht würde sie eines Tages ihr eigenes Café eröffnen, wo sie Opa Nandos Orangenmarmelade ebenso verkaufte wie Gebäckspezialitäten, deren Rezepte sie in verschiedenen Ländern zusammengetragen hatte.

Andrés hatte sich ausgemalt, seine eigene Orangenplantage zu erwerben – deutlich kleiner als die von Tonio Landero – und sie so zu führen, wie er es für richtig hielt. Als er letzte Nacht die Details beschrieben hatte, mit begeisterten

Gesten und Feuer in der Stimme direkt an ihrem Ohr, war seine Sehnsucht nach mehr Freiheit geradezu greifbar gewesen. Danach, eigene Entscheidungen zu treffen und nicht von denen eines anderen abhängig zu sein.

»Wenn diese Plantage nicht so klein wäre, könntest du auch Zimmer vermieten«, hatte Sofie gesagt, während er mit dem Daumen zärtlich ihren Arm hinauf- und hinabgefahren war.

»Dann bräuchte ich allerdings auch jemanden, der sich darum kümmert.«

»Das könnte ich übernehmen, neben dem Hofladen, für den du mir selbstverständlich Räumlichkeiten zur Verfügung stellst.«

»Selbstverständlich.«

Sie wandte sich zu ihm um und grinste. »Und wo ich morgens Frühstück und nachmittags Kuchen verkaufe. Natürlich wird jedes Rezept Orangen oder andere Zitrusfrüchte enthalten.«

»Natürlich.« Andrés küsste ihre Nasenspitze.

»Und wir lassen meinen Bruder den Namen für das Café auswählen!«

»Natürlich nicht.«

Sie hatten gelacht, und Sofie hatte wieder nach vorn geblickt, gewärmt nicht nur von Andrés' Armen, sondern auch von der Vorstellung eines gemütlichen Ortes mit einer gut gefüllten Kuchentheke.

Jetzt stand sie auf und wischte sich den Sand vom Körper. Ob sie Andrés wecken sollte? Nachdenklich blinzelte sie in die Morgensonne, entschied sich dann aber dagegen. Normalerweise wäre er schon längst auf den Beinen gewesen, aber etwas hier draußen sorgte dafür, dass er endlich bekam, was er dringend benötigte: eine Auszeit und mehr Schlaf. Sie würde es auf sich nehmen, dass er zu spät zurück zur Plantage kam. Seine Leute wussten Bescheid, was zu tun war, und zur Not gab es ja noch Pedro, seinen Vorarbeiter. Andrés schuftete täglich bis zum Abend, da würden die zwei, drei Stunden Abwesenheit keine Katastrophe bedeuten.

Sie widerstand dem Drang, ihn noch einmal zu berühren, und ging zum Meer, wo sie das Wasser über ihre Zehen schwappen ließ. Es war kälter als erwartet, doch schon nach wenigen Sekunden hatte sie sich daran gewöhnt. Hoch über ihr kreisten Möwen und fragten sich zweifellos, wann sie endlich ihr Frühstück auspackten, und an der Horizontlinie zog ein Schiff vorbei. Plötzlich drang Gebell an ihr Ohr, und sie entdeckte eine Frau, die Bälle für ihre zwei Hunde warf, die sich ihnen nach in die Fluten stürzten.

Sofie breitete die Arme aus und atmete tief ein. Das war ein perfekter Augenblick, an den sie sich für immer erinnern wollte.

Hast du auch hier gestanden, Opa Nando, mit den Zehen im Wasser und voller Zukunftspläne, von denen die Hälfte aus Träumereien bestand? Hast du vielleicht auch am Strand geschlafen und morgens als Erstes dein Fernglas gezückt, um Vögel zu beobachten? Und warst du auch glücklich und traurig zugleich, weil sich alles in dir danach sehnte, zu bleiben, aber ein Teil von dir sagte, dass du gehen musst? Warst du unsicher oder im Gegenteil schon fest entschlossen? Ich weiß, wie du bist, wenn du dir was in den Kopf gesetzt hast. Danach gibt es für dich keine anderen Optionen mehr.

Jetzt wünschte sie sich, in dieser Hinsicht mehr wie ihr Großvater zu sein. Denn ihr fiel es schwer, den Tatsachen ins Auge zu blicken: dass sie nun einmal nicht für immer in

Cielente bleiben konnte. Sie musste zurück nach Deutschland, sich einen neuen Job suchen und ihr Leben dort wieder aufnehmen.

Nur, warum fiel es ihr bloß so schwer zu akzeptieren, dass ihre Zeit hier früher oder später zu Ende sein würde? Sie sah zu den Dünen – Andrés rührte sich noch immer nicht.

Natürlich wusste sie die Antwort längst. Es war seinetwegen – allerdings nicht nur. Sie biss sich auf die Unterlippe, um ihre Tränen zurückzuhalten, doch ohne Erfolg: Ihre Sicht verschwamm. Mit dem Handrücken wischte sie sich über die Augen und verfluchte ihre Sentimentalität.

Sie hatte sich wirklich und wahrhaftig verliebt. Hier, in Cielente.

Das Leben in diesem Dorf war so anders. Nicht ausschließlich romantisch, so wie es manche Reiseführer und Seiten im Internet darzustellen versuchten. Die Menschen arbeiteten hart, und sie stritten und schlugen sich mit Problemen herum wie überall auf der Welt.

Trotzdem konnte Sofie hier auf eine Weise durchatmen, die sie so nicht kannte. Oder nicht mehr gekannt hatte. Es war, als wäre sie auf der Finca, der Plantage oder hier am Strand nicht nur näher an der Natur, sondern am Leben überhaupt – so wie man es empfand, wenn sämtliche Teile an den richtigen Platz rückten.

Manchmal war es schwer, ehrlich zu sich selbst zu sein, doch hier draußen konnte Sofie nicht anders. Wenn sie die freie Wahl hätte, so wie in ihren Fantasien der vergangenen Nacht, würde sie bleiben. In Cielente – und bei Andrés.

Denn das war sie, die Wahrheit. Sie brachte einen Teil dieser atemlosen Energie von gestern Nacht zurück, machte sie aber auch traurig.

Sofie bewegte ihre Zehen, beobachtete den Sand, den sie damit aufwirbelte – und musste plötzlich trotz allem lächeln, weil leise Schritte hinter ihr ertönten.

»Du bist früh wach«, flüsterte Andrés und legte die Arme um sie.

Sofie lehnte sich zurück, ließ sich von ihm halten und schloss die Augen. Sie spürte den frischen Wind auf ihrem Gesicht und den Schlag seines Herzens. »Ich wollte die Stille hier mit den Füßen im Wasser genießen. Wobei es gar nicht so still ist, oder? Es gibt so viel zu hören.«

Andrés schwieg eine Weile, möglicherweise lauschte er auch. »Ich hasse es, das zu erwähnen, aber ich muss zurück«, sagte er nach einer Weile. »Ich bin schon viel zu spät dran.«

Sofie drehte sich um und hob ihm das Gesicht entgegen. »Ich hab befürchtet, dass du das sagst.« Sie zögerte. »Du hast vorhin so friedlich gewirkt.«

»Es gibt hier draußen einiges, was mir hilft, meine Balance wiederzufinden.« Er deutete mit dem Kinn nach vorn. »Das Meer. Der Sonnenaufgang.« Er senkte den Kopf und lehnte seine Stirn an ihre. »Du.«

Sofie fasste sein Kinn und küsste ihn, lang und leidenschaftlich, bis sie Luft holen musste. »Ich wünsche dir, dass du einen Teil dieser Ruhe mit zurück zur Plantage nehmen kannst.«

Andrés strich ihr federleicht über die Lippen. »Ich versuch's. Wenn es nicht funktioniert, sage ich Bescheid und bitte dich um Hilfe.«

Sie verschränkte ihre Finger mit den seinen. »Jederzeit.«

Sofie legte die letzten Meter zur Finca zu Fuß zurück, was schon beinahe zur Gewohnheit geworden war. Der Betrieb auf der Plantage war bereits in vollem Gange, und wenn sie sich nicht irrte, hatte sie auch Simon und Tereza zwischen den Baumreihen entdeckt. Andrés hatte nichts gesagt, aber sie sah ihm das schlechte Gewissen an, nicht der Erste bei der Arbeit gewesen zu sein. Ehe sie aus dem Wagen stieg, hatte sie ihn ein letztes Mal an diesem Morgen geküsst.

Jetzt lief sie langsamer und ging in die Hocke, als ihr die Katze mit in die Höhe gerecktem Schwanz entgegenkam. »Na, du bist ja auch schon früh auf den Pfoten«, sagte sie und kraulte dem Tier das Köpfchen. Das verletzte Bein sah wieder völlig normal aus. »Willst du auch die Morgensonne genießen?« Das Kätzchen hielt kurz still, streckte sich dann und drückte sich an sie.

Sofie stand wieder auf. »Na los, wir wollen mal sehen, ob ich dir noch was zu …« Erstaunt hielt sie inne, als die Tür der Finca so hart aufgestoßen wurde, dass sie gegen die Wand prallte. Jemand presste eine Faust dagegen und stoppte sie, ehe sie wieder ins Schloss fallen konnte.

»Du solltest wissen, dass du so mit mir nicht reden kannst, Rosaria!«

Es war Antonio Landero.

Sofie hielt den Atem an. Das war ein unschönes Déjà-vu, und hätte sie nicht geahnt, dass es der Señora unangenehm gewesen wäre, wenn sie sich einmischte, wäre sie nun weitergegangen, direkt auf die Finca zu. So aber stieg sie über die niedrigen Hecken und nahm den Weg an den Vorbeeten vorbei in Richtung Garten.

»Ich habe viel zu lange nicht so mit dir geredet, wie du es verdient hast!«, rief Señora Landero hinter ihr, und Sofie wäre vor Erstaunen fast gestolpert und in die Kräuter gestürzt.

Diesen Ton hatte sie noch nie von ihrer Gastgeberin gehört.

Antonio war mittlerweile aus der Finca getreten, und seine Schwester folgte ihm mit energischen Schritten. Sie hielt ein kariertes Geschirrtuch in den Händen, mit dem sie nun durch die Luft fuhr, als wollte sie eine Fliege verscheuchen – oder es ihm ins Gesicht schleudern, was Sofie bevorzugt hätte. »Du hast dich zu sehr an deine Stellung gewöhnt, Tonio, und dabei vergessen, dass ich dich all die Jahre habe machen lassen. Aber das scheint mir keine gute Idee mehr zu sein.« Ein letztes Wedeln, dann verschränkte sie die Arme vor der Brust und hob das Kinn.

Antonio presste die Lippen so fest aufeinander, als würde er gleich explodieren, und zischte der Señora etwas zu, das Sofie nicht verstand. Dann drehte er sich um und marschierte in Richtung Einfahrt, wobei er zwei Hühner aufscheuchte. Er blieb stehen, als er sie zwischen den Kräutern entdeckte, und für zwei Herzschläge starrten sie sich an. Dann hob Sofie eine Hand zum Gruß, was er mit einem Schnauben kommentierte, ehe er weiterging. Es parkte kein Auto hier oben, also musste er zu Fuß vom Haupthaus gekommen sein.

Ein Hund bellte, dann jagte die Katze an Sofie vorbei, verfolgt von Osito.

»Hey, mein Freund, immer langsam!« Sie stellte sich dem weißen Bündel in den Weg, nahm ihn auf den Arm und bekam dafür einen begeisterten Stupser mit der feuchten Schnauze. Die Katze beobachtete sie aus sicherer Entfernung, wandte sich dann ab und verschwand, um sich um ihre Angelegenheiten zu kümmern.

Señor Landero war ebenfalls nicht mehr zu sehen, aber sie hörte ihn in der Ferne brüllen – vermutlich ließ er seinen Ärger an den Pflückern aus. Sie hoffte inständig, dass er nicht mit Tereza und Simon aneinandergeriet. »Was war denn da los, hm?«, flüsterte sie Osito zu.

Die Ohren des Hundes zuckten, aber statt einer Antwort hechelte er nur und genoss die Streicheleinheiten. Es dauerte nicht lange, bis er zu zappeln begann, und als Sofie ihn wieder auf dem Boden absetzte, schoss er wie der Blitz zum Haus davon.

In der Tür stand die Señora und starrte mit sorgenvoller Miene vor sich hin. Sofie zögerte, ging dann aber auf sie zu und bemühte sich, dabei möglichst viel Lärm zu veranstalten, indem sie sich unter lautem Geraschel durch Büsche zwängte und einen Stein wegkickte, der gegen die Mauer prallte.

Señora Landero lächelte, ehe sie Osito auf ihre Arme hob, doch ihre Bewegungen wirkten mechanisch. »Guten Morgen, meine Liebe. Mit dir habe ich so früh nicht gerechnet.« Sie blinzelte, und ein Teil ihrer Anspannung wich, als sie Sofies Wange berührte. »Du hast Farbe bekommen gestern und siehst wunderbar erholt aus. Wart ihr am Strand?« Es schien sie nicht zu erstaunen, dass Sofie die Nacht woanders verbracht hatte. Wusste die Señora, dass sie mit Andrés unterwegs gewesen war?

Sofie war froh über ihre Sonnenbräune, da ihre Wangen tatsächlich warm wurden. »Wir waren im L'Albufera. Mein Großvater ist früher oft dort gewesen, um Vögel zu beobachten. Es war gar nicht geplant, dass wir da übernachten.« Sie hielt die Aussage absichtlich allgemein – so klang es nicht zwangsläufig danach, als wäre sie mit Andrés allein gewesen. Zwar musste sie sich dafür nicht schämen, aber momentan waren wegen der Entscheidung über den Verkauf der Plantage schon genug Augen auf ihn gerichtet. Das Letzte, was er gebrauchen konnte, war Getuschel wegen einer Touristin.

Die Señora strahlte. »Ah, dort gibt es sehr schöne Ecken! Du hattest bestimmt eine herrliche Zeit.«

Wie zur Antwort knurrte Sofies Magen. Osito blickte sich um, auf der Suche nach dem vermeintlichen zweiten Hund, und endlich lockerten sich auch die Schultern der Señora. »*Dios mío*, ihr jungen Leute«, sagte sie, ging ins Haus und ließ die Tür hinter sich offen. »Ihr vergesst immer das Wichtigste: einen großen Picknickkorb einzupacken!«

Sofie folgte ihr in die Küche, wo Kaffee und frisch gebackenes Brot warteten, das zur Hälfte verputzt worden war – ein Indiz, dass Simon und Tereza bereits gefrühstückt hatten.

»Setz dich«, sagte die Señora. »Ich mache dir rasch ein Omelett.«

»Bitte keine Umstände, Señora, das kann ich doch selbst.« Vor allem würde sie heute endlich in Anas Laden einkaufen und die Vorratskammer wieder aufstocken. Seit ihrer Ankunft versuchten sie alle drei, der Señora Geld für Lebensmittel zu überlassen, doch sie hatte das stets mit deutlicher Empörung abgelehnt.

»Nein«, sagte Señora Landero bestimmt. »Das werde ich übernehmen, *querida*. Es lenkt mich von dem unerfreulichen Morgen ab.«

Sofie nickte nachdenklich und holte sich eine Tasse aus dem Schrank. »Ich hoffe, es ist alles in Ordnung«, sagte sie leise.

Der Raum füllte sich mit Schweigen, dann schüttelte die Señora den Kopf. »Im Moment ist nichts so, wie es sein soll. Ich mag es, wenn gute Dinge Bestand haben, aber ich sträube mich nicht generell gegen Veränderungen. Nur sehe ich in manchen keinen Sinn.« Sie schnappte sich eine Pfanne und stellte sie mit Schwung auf den Herd.

Sofie gab Milch in den Kaffee, rührte um und nahm einen Schluck. »Hat es was mit Ihrem Bruder zu tun? Er sah gestern schon nicht sehr fröhlich aus.«

»Na, dann weiß er ja, wie sich andere gerade fühlen. Er ist manchmal so ein Klotz!« Das Stück Butter sprang durch ihre heftigen Bewegungen beinahe wieder aus der Pfanne.

Sofie stellte ihre Tasse ab, fasste die Señora behutsam am Arm und dirigierte sie zum Tisch. Dann goss sie ihr eine Tasse Kaffee ein und platzierte sie vor ihr.

»Danke.« Die Señora legte beide Hände darum und sah aus, als wüsste sie nicht, was sie damit anfangen sollte. »Tut mir leid, all diese Probleme sind nicht für die Ohren meiner Gäste bestimmt. Ihr sollt hier entspannen und eine schöne Zeit haben.«

»Die haben wir. Aber sie wäre noch schöner, wenn alle in der Finca glücklich wären.«

Die Señora schwenkte mit einer vagen Geste die Hand durch die Luft. »Mach dir um mich keine Sorgen.«

»Aber das tu ich doch längst«, sagte Sofie leise.

Es waren die richtigen Worte. Sie sah förmlich, wie Stolz, Gewohnheit und Höflichkeit dahinschmolzen, dann nahm Señora Landero einen tiefen Schluck und seufzte. »Ich hab in den letzten Tagen viel nachgedacht. Über das, was du mir von deiner Großmutter erzählt hast. Es klingt nach einer sehr starken Frau.«

Sofie dachte an Oma Anneliese, an die alten Fotos, auf denen sie so oft den Kopf gesenkt hielt oder Opa Nando anblickte, als würde sie darauf warten, dass er auf eine Frage antwortete oder ein Problem löste. Selbst das Schwarz-Weiß der Fotografien konnten ihren schüchternen Gesichtsausdruck nicht verbergen. Aber Sofie kannte auch ihr lautes Lachen oder die energischen Anweisungen, mit denen sie Herbert losschickte, um etwas zu holen oder den Fernseher auszustellen. Ihre Oma formulierte es zwar stets als Bitte, aber ihr Tonfall legte stets nahe, dieser auf jeden Fall nachzukommen. Selbst Opa Nando, der weitaus störrischer war als Herbert, widersprach ihr nicht.

Die sanfte Seite war noch immer ein Teil von Anneliese, aber sie hatte sich im Laufe der Jahre auch andere zugelegt. War das Stärke? Vermutlich, wenn man bedachte, wie sie erzogen worden war. Es war schwerer, Gewohnheiten abzulegen, je länger man sie mit sich herumtrug.

Sofie nahm noch einen Schluck Kaffee. »Ja, das ist sie tatsächlich. Und die beste Großmutter, die ich mir wünschen kann.«

Die Señora faltete die Hände auf dem Tisch und runzelte die Stirn. Mit einem Finger rieb sie über ihre Haut, wie um einen der Flecken zu entfernen, die sich dort gebildet hatten und niemals wieder verschwinden würden.

»Im Laufe meines Lebens, noch ehe ich meinen Tico traf, habe ich manchmal versucht, es meinem Bruder zu sagen, wenn ich anderer Meinung war als er. Es fühlte sich immer an, als würde ich ihn angreifen oder Streit beginnen wollen, und ich denke, so hat er das auch aufgefasst. Ich war es einfach nicht gewohnt, ihn zu kritisieren – und er ebenso wenig. Er hatte doch in den Augen meiner Eltern immer alles richtig gemacht.« Sie redete leise, stockend, mehr mit sich selbst, also schwieg Sofie und gab ihr die Zeit, die sie brauchte. Langsam schüttelte die Señora den Kopf. »Tico war es, der mir manchmal gesagt hat, dass meine Stimme ebenso wichtig ist. Und dass sie ebenso laut sein kann wie Tonios.« Sie lächelte wehmütig. »Doch es hat nie sehr gut funktioniert. Weil mein Bruder sich gefragt hat, warum ich plötzlich meine Nase in Dinge stecke, die mich nichts angehen. Aber ... das stimmt nicht. Sie gehen mich etwas an.« Sie blickte Sofie an. »Das Land, die Plantage, all das hat früher unseren Eltern gehört, und sie haben es ihren Kindern zu gleichen Teilen überlassen. Ich war nur einfach so zufrieden mit meiner Finca und dass ich meinen Tico hatte, also warum hätte ich mich einmischen sollen, wenn Antonio doch für das Geschäft brannte? Irgendwann war es seine Plantage, und wir haben beide nicht weiter darüber nachgedacht. Tico, der hat mir immer wieder gesagt, dass ich mich dabei nicht selbst aus den Augen verlieren soll. Aber dann war ich allein und ... ich denke, ich hatte keine Kraft mehr. Für lange Zeit.«

Sofie kraulte Osito, der die Vorderpfoten gegen ihre Wade gestemmt hatte. »Also gehört alles zur Hälfte Ihnen?«, fragte sie leise und wünschte sich, der Señora etwas von ihrer Trauer abnehmen zu können.

»Ja, das tut es.« Señora Landero sah müde aus. »Auf dem Papier. Aber es war Tonio, der all die Jahre seine Energie reingesteckt hat, also wer bin ich, ihm plötzlich etwas streitig machen zu wollen? Dieses Arrangement habe ich lange hingenommen, auch wenn ich hin und wieder gegrübelt habe, ob ich mehr Verantwortung zeigen sollte. Aber es lief doch alles so gut.« Ihr Lächeln hatte etwas Wehmütiges an sich. »Bis zu dem Abend, als Tico meinen Bruder auf einer Feier korrigiert hat, weil Tonio dauerhaft von *seiner* Plantage sprach und von *seinen* Bäumen, *seinem* Besitz. Er hatte damals einiges …« Sie vollführte eine rasche Kippbewegung mit der Hand vor ihren Lippen. »Dann wird er immer laut und redselig. Meinem lieben Mann, Gott hab ihn selig«, sie bekreuzigte sich, »war das irgendwann zu viel, und er machte eine große Sache daraus, dass ich Miteigentümerin bin. Was ich hätte erwähnen sollen.«

»Oh.« Sofie hielt mit dem Kraulen inne, was Osito mit leisem Fiepen beantwortete. »Das kam sicher nicht gut an.«

»Nein, ganz und gar nicht. Tonio war sehr erzürnt und warf Tico vor, auf der faulen Haut zu liegen und sich sein hart verdientes Geld erschleichen zu wollen. Und ich … ich dachte damals, er hat sich ja wirklich immer um die Plantage gekümmert, und Tico hatte seine Arbeit in der Textilfabrik. Außerdem wollte ich keinen Streit, also habe ich meinen Mann beschwichtigt und ihn gebeten, das Thema ruhen zu lassen. Weil doch auch alles wunderbar lief, und mit Andrés erst recht. Mein Bruder hat sich seit jeher sehr auf ihn verlassen. Wenn ich daran denke, wie der Junge hier angefangen hat …« Sie hielt eine Hand in die Luft vor sich. »Bei der lieben Frau, so groß war er damals erst, mit ganz wilden Locken, und immer schmutzig im Gesicht vom Raufen.« Sie lächelte. »Aber er war ehrgeizig und er hat sich gemacht, von Jahr zu Jahr, bis er zu dem stattlichen Mann wurde, der er heute ist. Je älter Tonio wurde, desto mehr Verantwortung hat er ihm übertragen, und für mich – für uns alle! – stand fest, dass Andrés eines Tages die Plantage übernehmen würde. Wie das genau ablaufen würde, nun«, sie verzog das Gesicht, »darüber habe ich nicht groß nachgedacht. Ich hab einfach darauf vertraut, dass sich ein Weg finden würde, wenn es so weit wäre. Ein Weg, der uns alle glücklich macht.«

Sie klang so verzweifelt, dass es Sofie schwer ums Herz wurde. »Sie haben nicht damit gerechnet, dass Ihr Bruder die Farm verkaufen würde, wenn er sich zur Ruhe setzt.«

»Nein. Nicht im Traum wäre ich darauf gekommen. Weder darauf, dass er Andrés aus seinen Plänen ausschließt, noch darauf, dass er eine so grundlegende Entscheidung nicht zuerst mit mir bespricht. Ich meine, selbst wenn er denkt, dass ich dazu keine Meinung habe oder dass ich seiner zustimme, egal, wie sie aussieht – das hier ist doch mein Zuhause! Ich kenne kein anderes, und ich möchte hier meinen Lebensabend verbringen. Ist das denn überhaupt möglich, wenn Fremde bestimmen, was mit unserem Land passiert?« Sie hatte immer schneller geredet und energisch gestikuliert, und nun sanken ihre Hände müde zurück auf den Tisch.

Sie tat Sofie unendlich leid, und sie wünschte sich so sehr, eine Lösung für alles zu finden. »Ich finde, dass niemand Ihnen das Mitspracherecht verwehren darf, wenn es um Ihr Zuhause geht. Haben Sie das gestern und vorhin mit Ihrem Bruder besprochen? Ist er deswegen so wütend gewesen?«

Dankbar drückte die Señora ihre Finger. »Nun, zuerst habe ich ihm gesagt, dass die Vorbereitungen für das Fest der Liebe heute Abend hier stattfinden werden, auf der Plantage. Es ist immer eine eigene kleine Feier, musst du wissen, neben der am Vorabend des Umzugs und natürlich dem großen Tag selbst, an dem wir das Dorfzentrum schmücken und ein Bild unserer Heiligen aus der Kirche tragen. Wobei, *Fest* ist ein wenig zu hoch gegriffen, es ist mehr ein Treffen. Wir Frauen kommen zusammen, basteln die Dekorationen und essen gemeinsam.«

»Das klingt sehr schön.«

»Ja, das ist es. Normalerweise richtet Abelia das Vorbereitungsfest aus, oben auf der Finca des Alcalde. Aber ich habe mit ihr geredet, und sie war einverstanden, es heute spontan auf die Landero-Farm zu verlegen. Das habe ich Tonio gesagt, und als er nicht verstehen wollte, warum es mir so wichtig ist … na ja, ich fürchte, da ist mein Temperament mit mir durchgegangen, und ich habe den Verkauf der Farm angesprochen.«

Sofie begriff. Nicht nur das soeben Gehörte, sondern auch, was alles damit zusammenhing. Die Señora hatte ihrem Bruder zum ersten Mal seit vielen Jahren die Stirn geboten und mit der Feier im Haus der Landeros einen unkomplizierten Einstieg dafür gefunden.

Die Señora stand auf, holte zwei kleine Gläser sowie eine Flasche Orujo aus dem Schrank und goss ihnen beiden etwas von dem Traubentrester-Schnaps ein. Sie hielt ihr Glas in die Höhe, nippte daran und erzählte weiter: Wie sie ihrem Bruder die Meinung gesagt hatte, ohne die Hemmungen und Höflichkeiten, die ihm gegenüber sonst stets Normalität gewesen waren. Einmal in Fahrt, hatte sie sich nur schwer bremsen können, bis sie ihn zuletzt als Idioten bezeichnet hatte, wenn er einen Mann wie Andrés überginge. Jemanden, der nicht nur die Menschen hier kannte, sondern auch jeden Quadratmeter des Landes, auf dem und für das er täglich arbeitete. Er wusste, welcher Baum krankte und im kommenden Jahr weniger Ertrag bringen würde, er kannte die Lieferanten und Käufer, und er war jung genug, um die Plantage mit neuen Ideen in die Zukunft zu führen.

Den Rest konnte sich Sofie zusammenreimen. Mit so einer Menge an Vorwürfen und Kritik – und dann auch noch aus dem Mund seiner sonst so sanften und fügsamen Schwester – wusste Antonio Landero nicht umzugehen, und er hatte das Einzige getan, was ihm noch geblieben war: die Flucht ergriffen.

In Sofies Augen war ein solches Gespräch schon längst überfällig gewesen. »Es ist doch gut möglich, dass er über alles nachdenkt, oder?« Ein Hauch von Hoffnung keimte in ihr auf. Konnte es sein, dass sich das Blatt für Andrés noch wendete?

Die Señora zuckte die Schultern. »Da bin ich überfragt, Liebes. Wir kennen unsere Charaktere, mein Bruder und ich, doch solche Gespräche sind für uns neu. Ich vermute, dass er abreisen und nicht erreichbar sein wird. Kritik hat er noch nie gemocht. Wobei, wer mag die schon?« Sie stand auf, mühsam, als wäre sie in den vergangenen Minuten um Jahre gealtert. »Aber genug davon, ich mache dir jetzt endlich dein Omelett. Und danach muss ich ins Dorf, meine Bestellung bei Ana abholen. Mal sehen, ob Maria Zeit hat oder Renata, um mich zu fahren.«

»Das mache ich. Und ich kann auch die Lieferung abholen, wenn Sie möchten.«

Endlich verschwand der trübe Schleier von Señora Landeros Augen. »Das würde mich ja um die Möglichkeit bringen, mit meinen Freundinnen auf dem Marktplatz zu tratschen. Aber für deine Begleitung wäre ich sehr dankbar.«

18

»Sof?«

Sofie blieb wie angewurzelt stehen. Bisher hatte noch nie ein Baum zu ihr gesprochen, doch bis auf die Blätter und einige grünliche Früchte, die noch nachreifen mussten, war nichts zu sehen.

Dann bewegten sich die Zweige, es raschelte, und Simon sprang auf den Weg, ein breites Grinsen im Gesicht.

»Erwischt! Was treibst du hier?« Er starrte auf den Korb in ihrer Hand, der voller Folie, Krepppapier und anderen Bastelmaterialien war – in Rot, Rosa und Pink. Seine Wangen waren gerötet, auf der Nase hatte er eindeutig einen Sonnenbrand, Klamotten und Haare waren dreckig, und einige Strähnen klebten ihm in der Stirn. Doch er strahlte.

»Ich bereite eine kleine Bastelparty der Frauen vor. Aber die Frage ist wohl eher, was du hier machst. Es dämmert bald. Sag nicht, dass du noch immer auf deiner Leiter stehst!« Hatte Andrés nicht gesagt, dass nur bis zum Nachmittag geerntet wurde?

Er winkte ab. »Keine Sorge, Pedro sorgt dafür, dass wir alle rechtzeitig Feierabend haben.« Hinter den Bäumen ertönten schnelle Stimmen. Offenbar saß die Pflücker-Crew zusammen und lieferte sich hitzige Diskussionen.

»Dann bin ich ja beruhigt. Ist Tereza auch hier?«

Simon kratzte sich am Kopf. »Sie war heute mit einigen anderen fürs Verpacken zuständig, also Orangen in Kisten, aber wie die Frauen so sind … sie haben sich verquatscht, Tereza hat allen die Karten gelegt, also brauchen sie etwas länger.«

»Uns muss sie auch noch die Karten legen!«, rief jemand ganz in der Nähe. »Ich will wissen, ob ich die schöne Señora vom vergangenen Wochenende wiedersehe!«

»Kein Problem«, brüllte Simon zurück. »Das mit den Karten, meine ich. Bei der schönen Señora habe ich keine Artbildung!« Gelächter antwortete, und er warf Sofie einen irritierten Blick zu.

Die grinste. »Dann will ich dich mal nicht aufhalten.« Sie wollte sich abwenden, als Simon sich ein Stück rotes Krepppapier schnappte.

»Was hast du damit vor? Planst du ein romantisches Date mit Andrés? Da wäre ich skeptisch, ob so was das passende Ambiente schafft. Der Boss scheint mir doch eher der bodenständige Typ zu sein.«

Sofie hatte protestieren wollen, jetzt aber hielt sie inne. »Der Boss?«

Er zuckte die Schultern. »So nennen ihn hier alle – hinter seinem Rücken. Er sieht sich nicht als Boss, sondern als Organisator.«

»Und wie nennen sie Señor Landero?«

Er verzog das Gesicht. »Im besten Fall beim Namen. Ansonsten *la ciudad.*«

»Die Stadt?«, fragte sie sicherheitshalber nach, obwohl sie wusste, dass Simon diese Vokabel auf jeden Fall beherrschte.

Er trat näher. »Ich glaube ...« Er flüsterte, obwohl außer ihnen vermutlich niemand hier Deutsch verstand. »Momentan ist niemand gut auf ihn zu sprechen. Er hat wohl eine kleine Rede gehalten, dass sie sich keine Sorgen machen müssen und ihre Arbeitsplätze auch nach dem Verkauf gesichert sind, aber wir wissen ja beide, wie sehr man sich auf mündliche Zusagen verlassen kann, wenn Geld im Spiel ist.«

»Ja«, sagte Sofie düster. »Das wissen wir. Und wie ist die Stimmung sonst?«

»Durchwachsen. Es gibt ja keine andere Möglichkeit, als weiterzumachen, aber alle finden es mies, wie Landero Andrés behandelt. Dass er ihn nicht mal vorab informiert hat. Manche überlegen sogar, ob sie geschlossen zu *la ciudad* gehen, um mit ihm zu reden. Ich denke allerdings nicht, dass er ihnen zuhören wird, und Druckmittel haben sie auch keines. Ich meine, wir sind ja nicht bei der Bahn, wo man einfach immer wieder streikt, bis die ganz oben sich geeinigt haben.«

Trotz allem war es gut zu wissen, dass Andrés' Leute hinter ihm standen. »Ich glaube nicht, dass ein Großinvestor Probleme haben wird, neue Arbeiter zu finden, sollten die alten ihm Probleme machen«, sagte Sofie. »Aber vielleicht würde es Andrés guttun, etwas Zuspruch zu bekommen.«

»Meinst du? Hat er was gesagt?«

Sofie blinzelte. »Was gesagt?«

»Na ja, zu dir. Ihr redet doch viel und hängt zusammen rum. Und ...« Er hob die Augenbrauen. »Komm schon Sof, mir kannst du's erzählen.«

Das stimmte. Wenn Simon auch manchmal in ein Gespräch polterte – er wusste, wann er zu schweigen hatte, und stand zu seinem Wort. Außerdem wusste er über fast alles Bescheid, was in Sofies Leben passierte. »Wir haben ein bisschen geredet, ja. Natürlich macht es ihm zu schaffen. Andrés hat über Jahre hinweg daran gearbeitet, die ganze Plantage auf biologischen Anbau umzustellen. Das liegt ihm am Herzen, und das hier ist einfach sein Zuhause. Das der Señora übrigens auch, und sie ist ebenfalls nicht glücklich über die Neuigkeiten.«

»Wenn Landero seine eigene Schwester vertreibt, kann er keinen Fuß mehr ins Dorf setzen.«

»Das weiß er sicher. Aber es ist natürlich was ganz anderes, in der Finca zu leben, wenn der ehemalige Familienbesitz nebenan plötzlich Fremden gehört.« Sofie grübelte, wie schon so oft an diesem Tag, aber ihr fiel einfach keine Lösung ein.

Simon scharrte mit einem Fuß über den Boden. »Wir bleiben so lange, bis sich alles geklärt hat, ja?«

Überrascht sah sie ihn an. Darüber hatte sie noch nicht nachgedacht, aber jetzt wurde ihr klar, dass sie das nie infrage gestellt hatte. Sie würden Señora Landero, Andrés und allen anderen beistehen, so gut sie konnten. »Natürlich.«

»Gut. Und jetzt will ich dich nicht länger aufhalten, Sof. Geh, heitere Andrés auf und gib ihm einen Kuss von mir.« Er malte mit beiden Händen ein Herz in die Luft und legte sie dann an seine Brust. »Ihr habt euch doch schon geküsst, oder? Sag.«

Sofie schüttelte den Kopf. »Als wärst du zwölf.«

»Habt ihr?«

Sie versuchte es mit Schweigen, aber Simon starrte sie weiter unverwandt an. »Ich muss demnächst zurück nach

Deutschland, Simon. Und Andrés hat gerade andere Sorgen.«

»Warum?«

»Sag mal, bist du doch von der Leiter gefallen? Wegen der Sache mit dem Verkauf!«

»Nein, ich meine, warum musst du zurück nach Deutschland? Du liebst es doch hier.«

Das war so typisch ihr Bruder, dass sie ihn kurz an sich drückte. »Nur weil man was liebt, kann man nicht alles aufgeben, was man bereits hat. So, ich muss weiter. Wir sehen uns später.«

Dennoch verfolgten seine Worte sie bis zum Haus. Mit jedem Schritt klangen sie in Sofies Ohren nach. Simon war schon immer der Sorglose von ihnen beiden gewesen und vertraute stets auf die Zukunft. Darauf, dass sich alles fügen würde.

Auch wenn Sofie ihn manchmal um diese Unbeschwertheit beneidete, fühlte sie sich nicht wohl dabei, Hals über Kopf Entscheidungen zu treffen – oder nicht zu wissen, was auf sie zukäme. Ein Urlaub in Spanien war wundervoll, aber sie hätte nicht wie Simon ein halbes Jahr durch Europa reisen können, ohne einen Job und damit eine Sicherheit zu haben, die nach ihrer Rückkehr auf sie wartete.

Wie wohl Simon und Tereza ihre Beziehung handhaben würden, wenn diese Auszeit vorbei war? Die zwei konnten schließlich nicht ewig hierbleiben und Obst pflücken, ganz abgesehen davon, dass Señora Landero, so gastfreundlich sie auch war, ihre Finca irgendwann wieder für sich allein brauchte.

Sie hatte die Baumreihen hinter sich gelassen, als sie das Plätschern von Wasser hörte, also änderte sie die Richtung und hielt auf den Anbau zu. Andrés stand vor dem steinernen, mit Wasser gefüllten Trog neben dem Haus und wusch sich die Hände. Als er sie entdeckte, richtete er sich auf, schüttelte die Tropfen ab und strich sich mit den noch feuchten Fingern durchs Haar.

Die Zeit stolperte unmerklich, wie immer, wenn Sofie ihn sah, und dieses Mal hielt sie ihr Lächeln nicht zurück. Das wäre auch gar nicht möglich gewesen. Am liebsten hätte sie Andrés gebeten, wieder mit ihr zum Strand zu fahren oder raus in die Natur, irgendwohin, wo niemand sie beobachten konnte – denn hier war er *der Boss* und würde sie nicht für einen atemlosen Kuss gegen die Wand drängen.

Hör auf, an so was zu denken.

Schnell konzentrierte sie sich auf das Nächstbeste – war das da ein Riss in seinem Shirt? – und verlagerte ihr Gewicht auf das andere Bein.

»Du kommst früher, als ich dachte.«

Sofie hob ihren Korb. »Señora Landero hatte alles schnell beisammen. Wenn du noch was zu erledigen hast, warte ich einfach, das ist kein Problem.«

Noch einmal tauchte er die Finger ins Wasser und strich sich damit über Hals und Nacken. »Ich meinte nicht, dass du zu früh dran bist«, sagte er und trat näher. »Wenn ich ehrlich bin, habe ich schon die ganze Zeit nach dir Ausschau gehalten.«

Ein Wassertropfen rann seinen Hals hinab und versickerte in seinem Shirt, und Sofie musste ihren Blick davon losreißen. »Was, während der Arbeitszeit?«

Er berührte sie sanft an der Schulter, direkt neben dem Träger ihres Kleids, und die Kühle des restlichen Wassers ließ sie erschauern. »Wenn du es niemandem verrätst, dann mache ich jetzt eine außerplanmäßige Pause und zeige dir, wo im Haupthaus ihr heute Abend feiern könnt.«

»Einverstanden.« Dann fiel ihr etwas ein. »Was ist mit Señor Landero?« Sie hatte keine große Lust, ihm zu begegnen.

»Der ist vorhin abgereist. Angeblich, weil seine Nerven die Vorbereitungsfeier der Frauen nicht verkraften.«

Sein Tonfall verriet, dass er die Begründung ebenso wenig glaubte wie sie. »Hat er noch mit dir geredet? Über das Geschäftliche?«

Seine Miene verfinsterte sich. »Nein, aber es gibt auch nicht viel mehr zu sagen. Er regelt den Verkauf, und ich kümmere mich weiter um die Plantage, bis die Veränderungen spruchreif sind. Später treffe ich mich mit Pedro Martín. Er besitzt eine Plantage in der Nähe und hat gute Kontakte. Vielleicht ergibt sich dadurch irgendwas für mich.«

»Denkst du, das wird nötig sein? Dir was anderes zu suchen?« Sofie dachte an die Arbeiter, die gerade mit Simon zusammensaßen und komplett hinter Andrés standen. »Wenn sie schlau sind, werden sie dich übernehmen.«

Die Ader an seinem Hals pochte. »Ich bin aber noch nicht sicher, ob ich das will, Sofia. Tonio kann viel fordern, aber die neuen Eigentümer werden das Land so bewirtschaften, wie es ihnen richtig erscheint. Und ich bin einfach der Falsche, wenn es darum geht, die Böden mit Pestiziden zu überschwemmen oder die Bedingungen für unsere Arbeiter zu verschlechtern.« Er winkte ab. »Natürlich spielt der Gewinn eine Rolle. Ich wäre dumm, das zu leugnen. Es gibt nur einfach Bereiche, in denen man sich bewegen kann, und andere, die man meiden sollte. Vor allem gibt es Grenzen. Das hier«, seine Geste fasste die gesamte Gegend ein, »wird mich nie reich machen. Trotzdem, es ist die einzige Arbeit, die ich kenne und bei der ich mich wie ich selbst fühle. Das bedeutet für mich Freiheit. Aber du bist nicht hier, um dir das anzuhören. Gehen wir.« Er deutete zum Haus.

Er wollte nicht weiter darüber reden, das war sein gutes Recht. Doch Sofie fühlte sich plötzlich so hilflos. Sie wollte ihn unterstützen, etwas tun, eine Lösung finden – obwohl sie ahnte, wie unwahrscheinlich es war, dass ihr das gelang. Sie kannte weder die Branche noch die Mitbewerber, wusste nicht, was bei einer Entscheidung zu berücksichtigen war. Alles, was sie für Andrés tun konnte, war, ihm zuzuhören und für ihn da zu sein.

Als sie die Eingangstür erreichten, drehte er sich um und schenkte ihr seine Version eines Lächelns, bei dem sich die Mundwinkel um eine Winzigkeit hoben. Und das genügte, um einen Teil des Gewichts verschwinden zu lassen, das ohne Sofies Wissen auf ihr gelastet hatte.

Die Tür mitten in der für die Region so typischen Steinfassade war aus schwerem Holz gefertigt, schwang aber lautlos auf. Im Inneren war es herrlich kühl, was vor allem den Fensterläden und dem breiten Sonnensegel vor der Front zu verdanken war. Einige wenige massive Möbel säumten den Eingangsbereich. Zur Rechten öffnete sich eine Nische mit einer Sitzecke, auf der anderen Seite befanden sich die Garderobe, zwei Türen und ein Gang. Naturbelassene Holzbalken zogen sich an der Decke entlang und umrahmten einen Kristallleuchter, der überraschend gut mit dem sonst so rustikalen Flair harmonierte. Es roch leicht nach Kaffee und Männerparfüm.

»Das ist wunderschön«, sagte Sofie und strich über eine Kommode mit auffälliger Oberflächenstruktur. Eisennieten zogen sich an den Seiten entlang. Das gute Stück schien einige Jahre auf dem Buckel zu haben, war jedoch perfekt restauriert worden.

»Die meisten Möbel stammen aus den Anfangszeiten der Plantage. Das Haus wurde 1903 erbaut, aber im Laufe der Zeit mehrmals restauriert. Zuletzt vor fünf Jahren. Tonio legt großen Wert darauf, alles so zu erhalten, wie es einst war. In diese Einrichtung hat er Unmengen von Zeit und Geld gesteckt.«

Sofie fand es aufregend, dass all diese Möbel ihre eigene Geschichte erzählten, trotzdem stimmte das Gehörte sie nachdenklich. Wenn Señor Landero so viel an der Vergangenheit lag, warum wollte er dann nicht auch die Farm so erhalten, wie sie war? Schließlich war sie das schlagende Herz des gesamten Besitzes.

Andrés deutete auf die Türen. »Dort geht's zum Gäste-WC und zum Wohn- und Esszimmer, aber ich glaube, ihr braucht heute Abend die Küche.« Er führte Sofie den kurzen Gang entlang und durch ein weiteres Zimmer bis zu einem riesigen, offenen Raum. Hier waren nicht nur die Balken, sondern auch die gesamte Zimmerdecke aus warmem Holz gefertigt. Ein Deckenlicht sowie schmale Fenster an zwei Seiten sorgten für ausreichend Helligkeit. Große Türen führten auf eine Terrasse. Über einer Theke mit Korbstühlen hingen drei Lampen aus Milchglas, das einige Sprünge aufwies. Trotzdem wirkte die Küche wie ein Showroom; die schwarzen Vorder- und Seitenteile der zwei alten Öfen waren auf Hochglanz poliert.

Sofie stellte den Korb ab und strich über die ausladende Arbeitsplatte an einer Seite. Dieser Raum strahlte eine solche Wärme und Gemütlichkeit aus – es war eine regelrechte

Verschwendung, dass all das einem Mann gehörte, der so selten vor Ort war. »Nutzt Señor Landero seine Küche überhaupt?«

»Er macht sich Kaffee oder Frühstück, aber er kocht nie selbst.«

Sie schlenderte weiter, trat an die Terrassentür und musterte den Wiesenstreifen, der sich von hier bis in die Ferne zog. An einer Seite schlossen sich die Reihen der Orangenbäume an, und weit hinten ragten die Felsmassive des iberischen Gebirges auf. Ein Schatten huschte vorbei, und im letzten Augenblick erkannte Sofie die Katze. Sie musste ihr hierher gefolgt sein.

Andrés trat zu ihr, und sie spürte der Wärme nach, die sein Atem in ihrem Nacken erzeugte. »Für heute gehört es euch. Bei Fragen weißt du ja, wo du mich findest.«

Sie drehte sich um. »Du bleibst nicht?«

Er sah ihr in die Augen, so lange, dass sie unruhig wurde, ehe er kaum merklich den Kopf schüttelte. »Nein, und die Damen würden mich davonjagen, wenn ich es versuche. Bei den Vorbereitungen für das Fest der Liebe lassen sich die Frauen nicht reinreden, das ist allein ihre Verantwortung.« Er hob die Hände und ließ sie wieder fallen. »Es ist ja beinahe schon ein Bruch mit der Tradition, dass es hier stattfindet.«

»Dann freut es mich umso mehr, dass alle einverstanden waren. Kommt deine Pflegemutter auch? Abelia?« Ihre Recherchen zu Opa Nando waren durch die Ereignisse etwas in den Hintergrund getreten, aber vielleicht hatte sie ja am Abend Gelegenheit, sich länger mit der Mutter des Alcalde zu unterhalten und mehr herauszufinden.

»Natürlich.« Ein Teil der wundervollen Spannung zwischen ihnen schwand, als Andrés die Stirn runzelte. »Sie wirkt so geistesabwesend in letzter Zeit, vermutlich hat sie viel zu tun. Deshalb hat sie wohl auch so schnell zugestimmt, die Vorbereitungen zu verlegen – ich glaube, sie war ganz froh, nicht selbst die Gastgeberin spielen zu müssen.« Er schien sich Sorgen um sie zu machen – trotz all der Probleme, mit denen er selbst zu kämpfen hatte. Sein Blick wanderte von Sofies Augen zu ihren Lippen. Seine waren leicht geöffnet und nur wenige Zentimeter entfernt. Dann gab er sich einen Ruck. »So gern ich weiter mit dir reden würde, ich muss los und die Abendrunde drehen. Ich wünsche dir viel Spaß, Sofia.« Er strich ihr über die Wange und ließ seine Hand an ihrem Hals ruhen. Dann beugte er sich vor und küsste sie, hart und intensiv. Sein Keuchen ließ ihren Puls schlagartig in die Höhe schießen, und sie erwiderte den Kuss ebenso hungrig, als er die Arme fest um ihre Taille schlang. Es gefiel ihr, wie schnell sich seine Brust hob und senkte. Dass sie diese Wirkung auf den sonst so beherrschten Mann hatte.

»*Hola!*«, schallte es quer durchs Erdgeschoss. Eine Frauenstimme, die Sofie nicht sofort einordnen konnte.

Andrés stöhnte unwillig, sein Atem kam schnell und streifte Sofies Lippen.

Schritte hielten auf sie zu. »*Hola?*«

Hastig löste sich Sofie von ihm, trat einen Schritt zurück und drehte sich um. Keine Sekunde zu früh, denn eine Frau, beladen mit mehreren Stofftaschen, trat ein.

»Hey, da seid ihr ja! Die Tür war offen.« Ihre dunklen Haare hatte sie auf dem Kopf zusammengebunden, und jetzt erkannte Sofie Elena, die sie bei ihrem ersten Besuch auf dem Markt von Cielente kennengelernt hatte. Sie begrüßten sich, ehe Elena Andrés in eine herzliche Umarmung zog und ihn dann skeptisch musterte. »Du weißt, dass du nicht bleiben kannst.«

Er nickte todernst. »Das würde ich auch nicht wagen. Wenn ihr Fragen habt, ich bin im Anbau, aber Rosaria kennt sich ja bestens aus. Habt Spaß.«

»Das werden wir«, kam die Antwort aus der Diele, und Elenas Schwester Marisa betrat die Küche, im Arm einen Korb mit Wein- und Sektflaschen. »Sind wir die Ersten? Ich wusste, wir kommen zu früh, aber Elena war neugierig. In all den Jahren waren wir noch nie hier drin, Andrés! Es ist sehr lieb von dir, uns das Haus für den Abend zu überlassen.«

»Na ja, es ist nicht meines. Richtet also kein Chaos an, sonst muss ich den Kopf dafür hinhalten. Bis morgen!« Er deutete eine Verbeugung an, sah noch einmal zu Sofie und verließ die Küche.

»Das wäre wirklich ein Verlust, ich finde ihn nämlich recht ansehnlich, diesen Kopf.« Elena schnappte sich eine Flasche aus dem Korb ihrer Schwester, und kurz darauf knallte der Korken. »Wo sind die Gläser? Lasst uns schon mal einschenken, damit wir alle gebührend begrüßen können.«

Schon ging die Eingangstür erneut, und bald erfüllte Stimmengewirr das Haus. Señora Landero erschien in Begleitung ihrer Freundinnen Maria und Renata, sorgte dafür, dass sich jede zurechtfand, und ließ sich von den anderen dafür auf die Schulter klopfen, dass sie ihrem Bruder die Meinung gesagt und die Feier hierher verlegt hatte.

»Das war längst überfällig«, sagte Maria und zupfte an ihrer grauschwarzen Lockenpracht. »Aber es ist sehr weise von dir, Rosa, dass du ihn Schritt für Schritt an die Erkenntnis heranführst, nicht mehr der Alleinherrscher im Landero-Universum zu sein. Dann ist der Schock für ihn nicht mehr ganz so groß, und er schlägt vielleicht weniger um sich.«

Die Señora nickte, doch es wirkte nachdenklich. »Ich war so oft kurz davor, ihm einen Spiegel vorzuhalten. Damit er sieht, wie er sich aufführt. Er war schon immer energisch, aber in den vergangenen Jahren …« Sie winkte ab, wie um die Erinnerungen zu vertreiben.

»Ich bin ganz Marias Meinung.« Renata leerte ihr Sektglas. »Das ist wie die Sache mit dem Frosch im Wasser. Wenn man es langsam erwärmt, merkt er es nicht. Genauso musst du das mit deinem Bruder handhaben: ganz winzige Schritte. Und ehe du dich's versiehst, tanzt der Herr nach deiner Pfeife.«

»Na, nun übertreibst du«, sagte Maria und drückte Señora Landero einen Kuss auf die Wange. »Du hast das gut gemacht, und jetzt werden wir einen wundervollen Abend miteinander verbringen, nicht wahr, Mädels?« Ihre Frage wurde mit lautem Johlen und Applaus beantwortet.

Mittlerweile waren Ana vom Lebensmittelladen, Nita und weitere Frauen eingetroffen, die Sofie vom Sehen oder von kurzen Gesprächen kannte – sowie Lucía in einem hinreißenden rosa Petticoatkleid, die sie mit einer festen Umarmung begrüßte. Nach einer Weile betrat auch Abelia Pacheco in Begleitung ihrer Haushälterin Señora Bisbal die Küche, was für Begeisterungsrufe sorgte. Sie grüßte in die Runde und zog die Señora für ein Gespräch beiseite. Jemand hatte ein Radio mitgebracht, und kurz darauf zogen Gitarrenklänge und spanischer Gesang durch die Luft.

Sofie ließ sich von der Stimmung anstecken. Gläser, Tassen und Teller mit Antipasti wurden herumgereicht, und alle möglichen Gespräche erfüllten gleichzeitig die Küche, denn auch wenn alle im selben Ort lebten, hatten manche seit längerer Zeit keine Gelegenheit gefunden, sich zu unterhalten.

An diesem Abend war alles anders. Er gehörte einzig und allein den Frauen Cielentes, geboren aus einer Tradition, in der Dinge besprochen werden konnten, die nicht für die Ohren der Männer bestimmt waren.

Sofie freute sich darüber, wie selbstverständlich sie miteinbezogen wurde. Marisa, Lucía und Señora Bisbal erklärten ihr, wie sie den Blumen- und Girlandenschmuck für den Festumzug bastelten, dann stürzten sie sich alle mit Feuereifer in die Arbeit.

Zwischendurch schielte Sofia immer wieder zu Abelia Pacheco, doch die nickte ihr lediglich zu und wandte sich wieder an die Señora. Wenn Sofie es recht bedachte, war Abelia die einzige Frau, mit der sie sich heute Abend noch nicht unterhalten hatte, aber das blieb bei solch einer fröhlichen und großen Runde wohl nicht aus. Da sie sich allerdings die Gelegenheit nicht entgehen lassen wollte, vielleicht doch noch etwas über Opa Nando herauszufinden – die anderen Frauen bedauerten auf ihre Fragen hin, ihr nicht weiterhelfen zu können; sie erinnerten sich höchstens an den Namen Montejo, aber nicht an mehr –, entschuldigte sie sich bei ihrem kleinen Grüppchen und ging quer durch die Küche auf Abelia zu. Die stieß soeben mit der Señora an, die sich zu Sofies Erleichterung bestens zu amüsieren schien. Zumindest jetzt trübte der Streit mit ihrem Bruder ihre Stimmung nicht.

»Ah, Sofie«, rief sie und streckte die Hand nach ihr aus. »Amüsierst du dich, Liebes?«

Sofie nickte. »Es ist eine schöne Tradition. Was gibt es Besseres, als mit so vielen Menschen gemeinsam zu basteln und zu essen? Guten Abend, Abelia.«

Señora Pachecos Lächeln wirkte ein wenig distanziert, was Sofie wunderte. Hatte sie auf dem Fest etwas gesagt, das unhöflich auf die ältere Frau gewirkt haben konnte? Wahrscheinlicher war wohl, dass sich Simon einen seiner sprachlichen Fauxpas geleistet hatte und die ehemalige Bürgermeisterin die Gäste aus Deutschland jetzt alle in einen Topf warf.

Aber davon wollte sie sich nicht abschrecken lassen.

»Andrés hat mir das Vogelschutzgebiet gezeigt«, begann sie. »Es war faszinierend, einen Ort zu besuchen, wo auch mein Opa früher gerne war, und ich habe mich gefragt, ob du dich in der Zwischenzeit eventuell an mehr erinnert hast? Manchmal löst eine Erinnerung ja eine weitere aus.« Ihr Lachen klang nervös – was vor allem daran lag, dass Abelias Lächeln nach und nach verblasste.

Ihre sonst so vollen Lippen waren schmal geworden, und sie schüttelte den Kopf. »Nein, leider nicht, Sofie. Tut mir leid.«

»Oh.« Sie nagte an ihrer Unterlippe. Etwas an der Antwort war seltsam. Sie war so schnell gekommen. »Ich dachte nur, weil ...«

»Da ist sonst nichts«, sagte Abelia leise.

Verwundert sah Sofie zu Señora Landero, aber die wirkte ebenso überrascht wie sie. Wusste Abelia etwa doch über die Heiligenfigur Bescheid und darüber, dass Opa Nando hinter deren Verschwinden steckte? Aber dann hätte sie doch sicher etwas gesagt?

»Ich verstehe.« Es war das Erste, was ihr einfiel, und die größte Lüge, die ihr in diesem Augenblick über die Lippen kommen konnte. »Dann bastle ich mal weiter und wünsche dir noch einen schönen Abend.«

Sie flüchtete sich auf den Platz neben Lucía und brauchte eine ganze Weile, bis ihre Gedanken aufhörten, um das Nicht-Gespräch mit Abelia zu kreisen. Obendrein musste sie permanent dem Drang widerstehen, sich noch einmal zu den beiden Frauen umzublicken.

Lucía und Marisa schafften es jedoch schließlich, ihre Aufmerksamkeit wieder auf das rote Krepppapier zu lenken, und kurz darauf zog Sofie ihre erste Girlande auseinander. Die Herzen waren zwar nicht symmetrisch, aber sie erntete dennoch Applaus von ihren Sitznachbarinnen.

»Bravo.« Lucía strich darüber. »Auf dass sie uns Glück bringen zum Fest der Liebe und Santa Isabel uns nach diesem Umzug endlich wieder zulächelt.« Sie küsste ihre Finger und legte die Hand auf ihr Herz.

Elena trat zu ihnen und grinste. »Wir wissen ganz gut, auf wessen Lächeln du eigentlich aus bist.«

Lucía wurde rot und schielte nach links, wo Ana und Renata Papierblumen auf eine Schnur fädelten. Neben ihnen döste eine ältere Frau mit grauem Dutt auf einem Stuhl, einen Teller mit Kartoffelbällchen in der Hand, der in eine gefährliche Schieflage geraten war. »Nicht so laut«, zischte sie Elena zu.

Die gab sich unbekümmert. »Ich würde meinen, zumindest hier wissen alle Bescheid. Und mach dir mal keine Sorgen wegen Berta, die ist halb taub, und außerdem schläft sie.«

Wie zur Bestätigung schnarchte die Frau laut auf und zuckte ein wenig, wobei ein Bällchen zu Boden fiel.

Lucía beugte sich zu Sofie. »Berta ist Yagos und Miguels Großtante.«

»Verstehe«, murmelte sie und griff nach Papier für die nächste Girlande. Allein schon für Lucía wünschte sie sich, dass all diese Bemühungen rund um die Heilige Isabel etwas brachten. Wobei wohl eher erst das Wiederauftauchen der Figur für ein Umdenken in Cielente sorgen würde – und vielleicht sogar half, den Streit zwischen Lucías und Yagos Familien zu beenden.

»Sofie?« Marisa pflückte ihr die Schere aus den Fingern, und sie merkte, dass sie in Gedanken versunken gewesen war.

»Hm?«

»Wie es bei dir mit der Liebe bestellt ist, wollte ich wissen. Wartet ein Mann zu Hause in Deutschland auf dich?«

»Nicht dass ich wüsste«, sagte sie und war froh, dass zumindest ihre Nacht am Strand mit Andrés noch nicht die Runde gemacht hatte. Lediglich Lucía sah sie wissend an, legte dann aber einen Finger auf die Lippen.

Señora Bisbal schnalzte mit der Zunge. »Manchmal fasse ich es nicht, dass ihr hübschen jungen Frauen alle allein seid. Was ist nur los mit den Männern heutzutage? Woran liegt es, Señorita Lenau?«

Die Liebe war wirklich das Hauptthema in Cielente, da konnte keine Seifenoper mithalten.

Es liegt daran, dass der Mann, an den ich seit Tagen denke, viele Kilometer von mir entfernt wohnt, und dass ich aufpassen muss, nicht in eine traurige Liebesgeschichte hineinzuschlittern, so wie Lucía.

Sie biss sich auf die Zunge und zwang sich zu einem Lächeln. »Ich schätze, den Richtigen muss ich erst noch finden.«

»Bloß wo?«, fragte Señora Bisbal ein wenig verzweifelt und tastete über ihre Hochsteckfrisur.

Ein Pfiff von der Tür ließ alle herumfahren: Dort stand Tereza, mit noch nassem Haar, und hielt ihre Tarotkarten in die Höhe. »Das kann ich eventuell beantworten. Ich hab gehört, das ist ein Ladys-only-Abend? Dann hab ich das Richtige mitgebracht.«

19

»Diese Konstellation bedeutet, dass du vor Leuten stehen und sie mit Worten zu etwas Neuem führen wirst. Vielleicht von einer Bühne aus? Es könnte auch auf eine späte Karriere hindeuten.« Tereza betrachtete noch einmal die Karten, die sie in einer Art Doppelkreuz vor sich ausgebreitet hatte. »Aber denk immer daran: Bei meiner Legung folge ich keiner traditionellen Deutung, *vale*, sondern ich habe von meiner Tante und vor allem durch eigene Erfahrung in den vergangenen Jahren gelernt, wie ich die Botschaft der Karten am besten interpretiere.«

Sie strahlte Abelia Pacheco so begeistert an, dass Sofie ihr einfach glauben wollte. Tatsächlich trug Terezas Enthusiasmus einen großen Teil dazu bei, dass so viele Frauen sich die Karten von ihr legen lassen wollten.

Wenn auch nicht alle.

Abelia hatte lediglich hin und wieder höflich genickt, als Tereza ihr erklärte, was ihre Zukunft für sie bereithielt. Jetzt strich sie sich die Haarsträhnen zurück, die sich aus ihrem grauen Zopf gelöst hatten. »Ich denke nicht, dass ich noch mal etwas Neues anfangen werde. Mit dem, was ich gerade zu tun habe, bin ich gut ausgelastet.«

»Hört, hört«, rief Ana und beendete die gespannte Stille: Die Frauen lachten, redeten durcheinander, kommentierten

Abelias Schicksal, zupften an den Karten, um sich die Motive noch einmal anzusehen, und steckten sich immer wieder Oliven, Brot oder Kuchen in den Mund.

Ricarda – eine fröhliche Frau, deren Sohn bald das Haus verlassen und studieren würde – war die Erste gewesen, für die Tereza einen Blick in die Zukunft geworfen hatte. »Ich möchte wissen, was ich mit dem leeren Zimmer anstellen soll. Vermieten? Mir ein Hobby suchen? Oder einen Liebhaber?« Die Runde hatte gekichert und mögliche Kandidaten vorgeschlagen, doch Tereza hatte sich an den runden Tisch gesetzt und neue Freiheiten für Ricarda gesehen, die allerdings hinter einigen Hürden auf sie warteten.

»Vermutlich will dein Mann dir das Zimmer für seine Pokerrunde streitig machen«, hatte Ana gemeint.

Nach und nach hatten die Frauen sich zu ihnen gesellt, und nun legte Tereza die Karten schon seit einer Stunde. Jetzt blickte sie auf. »Was ist mit dir, Sofie?«

Sofie hatte geglaubt, dass sie mit der Zeit müde werden würde, doch das Gegenteil war der Fall: Terezas Leidenschaft für ihr Hobby schien ihr permanent neue Energie zu schenken.

»Ja, los«, rief Lucía, andere applaudierten, und Elena schob sie lachend nach vorn.

Keine zwei Sekunden später saß sie auf dem Stuhl, umringt von zweiundzwanzig Gesichtern, die zum großen Teil neugieriger wirkten, als sie selbst sich fühlte. »Also gut.«

Tereza hob einen Daumen, nahm die Karten und mischte sie, ehe sie den Stapel vor Sofie ablegte. »Bitte.«

Sofie wusste bereits, dass sie ihn in zwei Hälften teilen musste, und dann fing Tereza auch schon an. Die Motive gefielen Sofie: Sie waren überwiegend in gedeckten Farben mit viel Gold und Silber gehalten und ließen sie an Abbildungen in alten Büchern denken.

»Ah.« Tereza tippte mit einem Finger auf die Karte direkt vor ihr. »Der Narr.«

»Veränderung«, flüsterte jemand. Einige Frauen waren bereits zu halben Tarot-Novizinnen geworden. Sofie dagegen hatte nur hin und wieder halbherzig zugehört und keine Ahnung, was ihr der Narr sagen sollte. Besonders vorteilhaft klang die Karte nicht, auch wenn der Mann recht geheimnisvoll wirkte mit dem dunkelroten Mantel, der um seine Stiefel wirbelte, und der Haube, die einen Teil seines Gesichts verdeckte.

Tereza nickte. »Du bist auf einer Reise, die erst vor kurzer Zeit begonnen hat.«

»Na, das wusstest du auch ohne die Karten.«

Tereza warf ihr einen strafenden Blick zu und studierte die nächsten Motive. »Der Ritter der Kelche und der Ritter der Stäbe. Du bist nicht nur auf einer physischen Reise, sondern auch auf einer zu dir selbst, vielleicht in Teile deines Lebens, denen du bisher keine oder wenig Beachtung geschenkt hast. Auf dem Weg wirst du Gleichgesinnte finden oder hast sie schon gefunden, die dich bei deinem Prozess unterstützen und dir bestätigen, dass deine neue Ausrichtung die richtige ist. Eine, die auch zu deinem Herzen führt.« Von irgendwoher ertönte ein Seufzer, und die Runde brach in Gelächter aus.

Lucía beugte sich über Sofies Schulter und betrachtete das Arrangement auf dem Tisch. »Und die Liebe?«, fragte sie leise. »Siehst du sie vielleicht für Sofie? Immerhin wird sie nicht ewig in Cielente bleiben und kann dem Fluch entkommen.«

Sofie schüttelte kaum merklich den Kopf. »Es gibt keinen Fluch, Lucía.«

»Natürlich gibt es den. Das musst du doch mittlerweile gemerkt haben.«

»Nein, das habe ich nicht«, sagte Sofie bestimmt. Sie mochte Lucía sehr und wünschte ihr und Yago nur das Beste. Manchmal flirteten die beiden, was das Zeug hielt, aber dann war da wieder diese Distanz zwischen ihnen. Und wenn sie die Sehnsucht in Lucías Augen bemerkte, so wie jetzt, tat ihr das unendlich leid. »Es ist doch gut möglich, dass etwas Schönes entsteht, wenn man eine Sache selbst in die Hand nimmt, oder?«

Lucías tiefbraune Augen blickten skeptisch. »Was willst du sagen?«

»Dass es keinen Fluch gibt. Und was die Liebe angeht, für die jeder von uns selbst verantwortlich ist … also, ich bin auf Reisen, zumindest sagt das der Narr. Um alles andere kümmere ich mich, wenn ich wieder zu Hause bin.«

Tereza gab einen Laut von sich, der vor allem Skepsis ausdrückte, und tippte sich mit zwei Fingern gegen die Schläfe, während sie nachdachte. »Hm«, meinte sie. »Dazu kann ich nichts sagen. Aber dass in nächster Zeit ein kleines Lebewesen auftauchen wird, mit dem du deine vier Wände teilst, das sehe ich ganz deutlich.« Dieses Mal tippte sie so energisch auf eine der Karten, dass sie unter ihrem Finger wegrutschte.

Um sie herum brach ein Tumult aus. Die Frauen, beschwingt von der Stimmung und dem Wein, riefen Sofie Glückwünsche zu und machten anzügliche Scherze. Elena klopfte Sofie auf die Schulter, als hätte sie etwas Großartiges geleistet, und musste sich sichtlich zusammenreißen, um nicht loszulachen.

»O nein.« Sofie erhob sich. »Das wird ganz sicher nicht passieren. Zumindest nicht im nächsten Jahr. Ich hab ja nicht mal …«

Aber niemand hörte auf sie. Die fröhliche Runde war nicht mehr zu halten, und jetzt redeten alle durcheinander, von ihren Kindern, anderen Kindern, die sie kannten, und Kindern von Frauen, die nicht einmal schwanger waren.

»… einen Partner«, beendete Sofie den Satz, ohne Beachtung zu finden, und warf Tereza einen vorwurfsvollen Blick zu. »Vielen Dank.«

Die sammelte die Karten ein und band das Tuch darum, ehe sie den Stapel in ihre Tasche schob. »Ich habe nur interpretiert, was die Karten mir gezeigt haben.« Sie blinzelte so unschuldig, dass auch Sofie lachen musste.

Kopfschüttelnd beobachtete sie das fröhliche Treiben in der Küche.

Sie war dankbar dafür, mehr und mehr in den Hintergrund zu geraten – das war tausendmal besser, als wenn man sie in Gespräche über Babynamen verwickelt hätte! Nach einer Weile schnappte sie sich einen Teller und füllte ihn mit den Resten des weitgehend geplünderten Büfetts. Als sie sich wieder abwandte, traf ihr Blick den von Abelia Pacheco. Die ältere Frau musterte sie so nachdenklich, als fragte sie sich, ob an Terezas Prophezeiung wirklich etwas dran war. Dann nickte sie ihr ernst zu. Zumindest war ein Teil der Distanz von vorhin verschwunden.

Sofie erwiderte den Gruß, drehte sich um, schlüpfte durch die Küchentür und ließ den Lärm hinter sich.

Die Stille vor dem Haus dröhnte ihr regelrecht in den Ohren. Sofie atmete aus, betrachtete den Sternenhimmel und zuckte zusammen, als jemand in der Küche aufkreischte und damit eine neue Lachsalve auslöste.

Hoffentlich blieb auch zu fortgeschrittener Stunde alles heil dort drinnen, aber die Señora würde schon ein Auge darauf haben. Sie hatte sich zurückgehalten an diesem Abend, mit ihren Freundinnen geplaudert und sich kaum von ihrem Platz auf einem der Hocker gerührt. Ob es seltsam für sie war, nach so langer Zeit wieder in der Küche zu feiern, die früher ihren Eltern gehört hatte?

Sofie schlenderte über den Hof, der zum Teil in Mondlicht gebadet war, bis sie die erste Baumreihe erreichte. Die Wege dazwischen lagen im Dunkeln, und wo tagsüber die Pflücker schwitzten und lachten, schienen sich jetzt lauter Geheimnisse zu verbergen. Ob Simon mit seinen neuen Freunden auch irgendwo feierte?

In der Ferne glommen Lichter wie erstarrte Glühwürmchen, und obwohl sich die Landero-Farm ein Stück vom Ort entfernt befand, fühlte es sich nicht so an. Vielmehr kam es Sofie vor, als wäre sie das Zentrum Cielentes. Aber so war es wohl, wenn man Menschen ins Herz geschlossen hatte: Der Ort, wo sie lebten, wurde zum Mittelpunkt, egal, ob es ein Haus in der Stadt, eine Farm auf dem Land oder eine einsame Hütte mitten im Nichts war.

Umso mehr sträubte sich alles in ihr dagegen, sich die Plantage in den Händen eines Fremden vorzustellen. Man verkaufte Herzen nicht. Man konnte sie nur verschenken.

Sie kehrte um und ging an der Längsseite des Hauses in Richtung Anbau. Dort brannte Licht, und hinter einem der Fenster entdeckte sie Andrés' Silhouette. Er hielt den Kopf gesenkt, entweder las er oder arbeitete. Sie tippte auf Letzteres.

Nachdem sie geklopft hatte, dauerte es ein wenig, bis seine Schritte ertönten und er die Tür öffnete. Er trug eine lockere, helle Leinenhose sowie ein Hemd und war barfuß, hatte die Arbeit auf den Feldern also für heute beendet. »Sofia. Ist was passiert?« Er blickte sie erstaunt an. Dass die Feier noch nicht vorbei war, hörte man bis hier.

Ihr Körper reagierte zuerst und trieb ihren Puls an, doch ihr beherrscht-vernünftiger Kopf flüsterte ihr zu, dass jederzeit jemand aus dem Haus kommen konnte. Sie musste vermeiden, dass die begeisterten Frauen Andrés zu einem Baby gratulierten, das nur in ihren Vorstellungen – und offenbar Terezas Tarotkarten – existierte, also hielt sie ihm den Teller entgegen. »Keine Sorge, die Küche steht noch. Aber ich wollte dich nicht verhungern lassen. Und um ehrlich zu sein, brauche ich eine Pause.«

Er nickte, nahm ihr den Teller ab und trat zur Seite. »Komm rein. Und das sieht toll aus, danke.«

Im Inneren war es angenehm kühl. Andrés führte sie durch die Diele in einen Raum, der Wohn- und Arbeitszimmer in einem war. Auf dem Schreibtisch brannte eine Lampe und warf ihr Licht über mehrere Papierstapel.

»Du arbeitest noch?« Es musste schon nach zehn sein.

Er stellte den Teller auf dem Tisch vor dem Sofa ab. Es stand auf der anderen Seite des Zimmers und war kein neues Modell, aber groß und mit seinen vielen Kissen sehr gemütlich. »Im Laufe der Jahre ist der Papierkram regelmäßig zu kurz gekommen, und wenn jetzt die Übergabe ansteht, möchte ich alles fertig haben.«

»Wäre das nicht die Aufgabe von Señor Landero?«

»Nein«, sagte er, und wieder hatte sich der düstere Unterton in seine Stimme geschlichen, der ihr verriet, dass sie besser nicht weiterfragte. Dann gab er sich einen Ruck und seufzte, aber immerhin sanken die angespannten Schultern ein kleines Stück nach unten. »Ich habe mich in all den vergangenen Jahren darum gekümmert. Tonio hat sich schon lange aus dem aktiven Geschäft zurückgezogen und ist nicht auf dem aktuellen Stand, was Sonderkonditionen, Buchungen oder Instandhaltungen betrifft. Sofern ich mich in dem Rahmen bewege, den ich mit ihm abgesprochen habe, passt alles für ihn.«

Der Señor macht es sich ja ziemlich leicht.

»Setz dich doch. Möchtest du was trinken?« Andrés wollte eindeutig das Thema wechseln, was ganz in Sofies Sinn war – so konnte er seine Sorgen zumindest für eine kurze Weile beiseiteschieben.

»Nein, danke«, sagte sie, nahm auf dem Sofa Platz und kuschelte sich in die Kissen, die genauso gemütlich waren, wie sie aussahen.

Er blieb vor ihr stehen und hob die Augenbrauen, als gedämpfte Jubelschreie aus dem Haupthaus herüberdrangen. »Sicher, dass du nicht wieder zu den anderen gehen möchtest?«

Sie blickte zu ihm auf. »Jetzt bin ich erst mal hier.«

Er setzte sich neben sie. »Und ich habe nichts dagegen.«

Nur fünf Worte, leise hervorgebracht in diesem Ton, der ihr augenblicklich unter die Haut ging.

Andrés schob seine Hand vorwärts, bis seine Fingerspitzen ihre berührten. Da war es wieder, dieses Vibrieren, als würde die gesamte Welt gemeinsam mit ihnen den Atem anhalten.

Er setzte sie wieder in Gang, indem er beide Hände an Sofies Taille legte und ihr tief in die Augen blickte. Sein

Kuss war nur eine Sekunde lang sanft, dann forderten seine Lippen mehr und verrieten, wie sehr er sich nach ihr gesehnt hatte.

Sofie lehnte sich ihm entgegen, schob ihre Finger unter sein Hemd und tastete über die warme, samtige Haut an seinem Bauch. In der Nacht am Strand hatten sie sich lediglich geküsst, umarmt und die Nähe des anderen genossen. Sie hatten sich erlaubt, die Augen zu schließen und sich dem Gefühl der Geborgenheit hinzugeben. Aber das hier war anders. Eine Frage und gleichzeitig ein Versprechen auf mehr.

Andrés fuhr durch ihre Haare und flüsterte etwas, das sie nicht verstand, aber trotzdem noch einmal hören wollte. Sie fand eine Frage in den dunkelgoldenen Funken seiner Augen und beantwortete sie mit einem verhaltenen Nicken. Im nächsten Moment stand er auf, küsste sie erneut und hob sie hoch.

Sofie lachte leise auf und schlang ihre Arme um seinen Hals. Während er sie in den Flur trug, fuhr sie mit den Lippen über sein Kinn und die rauen Stoppeln dort, genoss das Spiel seiner Muskeln und lauschte seinen Schritten, die sich veränderten, nachdem er eine Tür aufgestoßen hatte. Jetzt war da kein nackter Boden mehr, sondern Teppich, und als sie blinzelte, sah sie einen gemütlichen Raum, schwach beleuchtet vom Mondlicht, mit wenigen Möbeln, einer Grünpflanze und Vorhängen.

Andrés ließ sich behutsam mit ihr auf dem Bett nieder, und sie machte sich mit angehaltenem Atem daran, sein Hemd aufzuknöpfen. Jetzt benötigten sie keine Worte, ihre Blicke und Berührungen sagten so viel mehr.

Sie nahm sich die Zeit, ihn zu mustern, als sie ihm den Stoff von den Schultern streifte: die schimmernde Haut mit dem schmalen Schatten, der sich bis zum Nabel zog, die Muskeln an Brust, Bauch und Oberarmen. Er erschauerte, als sie sich vorbeugte, seinen Hals küsste und ihre Lippen tiefer wandern ließ. Dann aber drückte er sie behutsam in die Kissen und strich ihr eine Haarsträhne von der Wange. Seine Finger wanderten weiter, stets gefolgt von einem flüchtigen Kuss. Sofie keuchte leise auf, als er ihren Hals erreichte und dann ihr Schlüsselbein, während er ihr zugleich die Bluse aufknöpfte. Ein weiteres Mal zog er eine Spur zunächst mit den Fingern, dann mit seinen Lippen, dieses Mal über ihr Dekolleté und den Bauch. Er streichelte ihre Haut, und dann erreichten seine Finger den zarten Spitzenstoff an ihren Brüsten.

Hitze schoss durch Sofies Körper. Sie wollte Andrés näher an sich ziehen, wollte aber auch, dass er nicht aufhörte. Seine Lippen waren leicht geöffnet, und er atmete schwer. Mit einer fließenden Bewegung war er über ihr. Und obwohl sie dieses Vorspiel am liebsten stundenlang ausgedehnt hätte, um seinen Körper zu erforschen, wollte sie doch jetzt alles von ihm, ohne zu warten und die Spannung weiter zu steigern, da sie es ohnehin kaum noch ertragen konnte.

Also tastete sie über Andrés' Bauch und den Stoff seiner Hose und zeigte ihm, was sie sich wünschte.

Er stockte kurz, stand dann aber auf und entledigte sich rasch seiner restlichen Kleidung. Sofie konnte nicht anders, als ihn dabei zu beobachten, die Bewegung seiner Schulterblätter zu verfolgen, als er sich abwandte, um alles auf den Boden zu werfen – und tief auszuatmen, als er sich wieder umdrehte. Unendlich langsam zog er ihr Rock und Slip über die Hüften und ließ sie nicht aus den Augen, als er sich langsam auf sie senkte.

Sofie stöhnte auf und vergrub das Gesicht an seinem Hals. Im nächsten Moment verschwanden sämtliche Bedenken und nahmen alle Gedanken mit sich.

Ihr Handy meldete sich, und die Folge aus Glockentönen klang unbarmherziger als jemals zuvor. Sofie tastete nach dem Nachttisch, griff jedoch ins Leere. Verwirrt blinzelte sie – und erinnerte sich daran, wo sie war: nicht in der Finca, sondern bei Andrés.

In seinen Armen. In seinem Bett.

»Hm«, brummte es neben ihr, etwas regte sich auf ihrem Körper – Andrés' Bein, das mit ihrem verschlungen war. Unwillkürlich kuschelte sie sich enger an ihn und atmete den Duft seiner Haut ein. Alles war genauso, wie es sein sollte.

Bis auf ihr Handy, das einfach nicht verstummen wollte.

»Ist ja gut«, murmelte sie, befreite einen Arm und erntete einen weiteren Protestlaut. Mit einem Lächeln musterte sie Andrés, der sich noch immer nicht rührte. So hatte sie ihn erst einmal zuvor gesehen. Die feinen Sorgenfalten auf seiner Stirn waren vollends verschwunden, die harten Konturen des Kiefers hatten sich gelockert. Einige Haarsträhnen hingen ihm ins Gesicht und berührten seine Wangenknochen und Lippen, wie sie selbst es in der vergangenen Nacht so oft getan hatte, und ein kaum merkliches Lächeln kräuselte seinen Mund.

»Sofia«, flüsterte er, noch immer halb im Schlaf. »Bleib.«

Sie genoss die Gänsehaut, die der Klang ihres Namens bei ihr erzeugte. Doch obwohl es ihr schwerfiel, riss sie sich von seinem Anblick los und tappte zu ihrer Tasche. Das Dämmerlicht im Zimmer zeugte davon, dass Andrés irgendwann in der Nacht die Vorhänge zugezogen haben musste.

Das Handy klingelte weiter. Wer war denn bitte derart hartnäckig? Endlich fand sie es, sah auf die Uhr – bereits kurz nach sieben – und dann auf den Namen, der auf dem Display blinkte. Es war Lucía.

Rasch nahm sie ab, ging zurück zum Bett und kuschelte sich wieder in die Laken. »Du bist aber früh wach.«

Keine Antwort. Sofie wartete einen Moment, und betrachtete dann noch einmal das Display. Die Sekundenanzeige für den Anruf lief weiter. »Hallo?«, versuchte sie es noch einmal. »Lucía?« Vermutlich war es ein typischer Hosentaschenanruf – Lucía trug das Handy am Körper, und durch den Druck bei einer Bewegung hatte es sich zufällig entsperrt und eine der eingespeicherten oder auch zuletzt gewählten Nummern aktiviert.

Sie wollte gerade wieder auflegen, als sie ein unterdrücktes Geräusch am anderen Ende der Leitung hörte. Es klang wie ein Flüstern oder ein … Schluchzen?

»Lucía? Hörst du mich?«

Es wurde lauter, und jetzt war sie sicher, dass jemand am anderen Ende weinte. Obwohl ihr gerade noch so warm gewesen war, fröstelte sie nun und zog sich die Decke bis zur Taille.

Andrés blinzelte und musterte sie fragend.

Sie zuckte die Schultern und schüttelte knapp den Kopf. »Lucía?«

»*Sí*«, kam endlich die stockende Antwort, hell und voller Tränen. »Ich bin noch dran.«

»Was ist passiert?«

Andrés setzte sich auf, alarmiert von ihrem Tonfall, legte das andere Ende der Decke um Sofies Schultern und wartete.

Lucía stammelte etwas. Viel zu leise.

»Tut mir leid, Süße, aber ich hab dich nicht verstanden«, sagte Sofie liebevoll und hoffte, die Ruhe in ihrer Stimme würde auf Lucía abfärben.

»Ich bin in den Feldern, ich konnte nicht mehr zu Hause bleiben.« Lucía schluchzte auf. »Entschuldige, dass ich dich so früh anrufe.« Die Worte kamen stoßweise. »Ich wollte … ich muss mit jemandem reden, mit einer Freundin, aber keiner … von hier.«

Sofie beschlich eine dunkle Vorahnung. »Gut«, sagte sie, obwohl offensichtlich gar nichts gut war. »Ich mach mich sofort auf den Weg und bring dir einen Kaffee mit.«

»Ich …« Lucía weinte noch immer, aber das Gespräch schien sie doch zu beruhigen. »Ich bekomm nichts runter«, hauchte sie.

»Du sollst auch nichts essen, Liebes, aber was Heißes zu trinken wird dir guttun.« Denn das war es, was Lucía in ihrem Zustand nun brauchte: Wärme und Gesellschaft. »Wo genau ist dieses Feld?« Sie lauschte der gestammelten Beschreibung, versprach noch einmal, bald da zu sein, und legte auf.

»Was ist los?« Andrés war aufgestanden, hatte ihre Sachen zusammengesammelt und reichte sie ihr.

Sofie zog sich eilig an. Sie bedauerte, dass ihre gemeinsame Zeit so abrupt endete und sie nicht in seinen Armen liegen und an die vergangene Nacht denken konnte. Andrés war leidenschaftlich gewesen und hatte darauf geachtet, was ihr gefiel und was nicht – wobei er es hervorragend verstand, ihre Reaktionen zu deuten. Sie waren immer nur kurz eingeschlafen, zu fasziniert von der Gegenwart des anderen.

Mit Bedauern riss sie sich von seinem Anblick los und verfluchte das Morgenlicht, das seine Haut und die Muskeln umschmeichelte. »Das war Lucía. Da ist irgendwas passiert, und ich vermute, es hat mit Yago zu tun.«

Er bedachte sie mit einem Blick, den sie nicht ganz deuten konnte. Vermutlich war er einfach noch müde – und einmal mehr zu spät dran für den Arbeitsbeginn auf der Plantage. »Soll ich mitkommen?«

»Lieb von dir, aber ich glaube, es ist besser, wenn ich allein mit ihr rede.« Sie trat zu ihm, legte beide Hände an seine Wangen und küsste ihn.

Zunächst reagierte er nicht, aber dann öffnete er die Lippen und strich mit der Zunge federleicht über die ihren. Viel zu schnell zog er sich wieder zurück. »Drück sie von mir.«

»Mach ich. Bis später.« Sofie schlüpfte in die Schuhe, nahm ihre Tasche und machte sich auf den Weg. An der Tür drehte sie sich noch einmal um. »Andrés?«

Er hatte sich seine Shorts übergezogen und griff soeben nach seiner Hose. »*Sí*?«

»Ich …« Sie zögerte. »Ich wünschte, ich könnte den ganzen Tag bei dir bleiben. Das hier fühlt sich nicht mehr an wie eine bloße Urlaubsbekanntschaft.«

Es war heraus, ehe sie weiter darüber nachdenken konnte. In gewisser Weise war ihr bei ihren eigenen Worten, als hätte sie jemand mit Eiswasser übergossen.

Ein Effekt, den nur die Wahrheit hatte. Denn das war es, oder? Die Wahrheit. Sie hatte Gefühle für Andrés entwickelt, gerade langsam genug, dass Platz für ihre Zweifel gewesen war. Doch die waren endgültig verstummt. Nach der vergangenen Nacht spielte es keine Rolle mehr, wie viele Kilometer zwischen Spanien und Deutschland lagen. Wenn

Andrés sie anblickte, dachte sie nicht mehr darüber nach, ob der Abschied ihr das Herz brechen würde. Nur der Moment zählte, mit allem anderen würde sie sich befassen, wenn es so weit war.

Andrés antwortete nicht. Er musterte sie ernst und nachdenklich, dann streckte er eine Hand nach ihr aus und küsste ihre Finger.

Sofie seufzte, riss sich endlich los und machte sich auf den Weg zu Lucía.

20

Im Grunde hätte dieser Morgen mit der Aussicht und dem Rotkehlchenpärchen, das in der Nähe am Boden herumpickte, zauberhaft sein können: Die Sonne brannte noch nicht, sondern wärmte einfach nur die Haut und malte durch die wenigen Wolken am Himmel Muster auf die Landschaft, während weit hinten die Gebirgszüge leuchteten. Irgendwo rief ein Esel, und das silbrige Grün der Olivenbäume zog eine Linie bis zum Horizont.

In die Felder und Wiesen rund um Cielente verirrten sich nur wenige Menschen, geschweige denn Fahrzeuge, und so gehörte die Landschaft den Frauen, die sich auf der urigen Bank am Wegesrand niedergelassen hatten.

In der Idylle war hin und wieder ein leises Schniefen zu hören, und Sofies Shirt war auf der linken Seite, wohin Lucía ihren Kopf gebettet hatte, feucht von ihren Tränen. Sie hielt die Hand ihrer Freundin und streichelte sie sanft, starrte in die Ferne und kämpfte mit ihrem schlechten Gewissen. Immerhin hatte sie auf der Feier gestern Abend betont, dass es keinen Fluch gäbe. Was genau hatte sie gleich wieder gesagt?

Es ist doch gut möglich, dass etwas Schönes entsteht, wenn man eine Sache selbst in die Hand nimmt, oder?

Wie hatte sie so gedankenlos sein können! Sie hätte damit rechnen müssen, dass Lucía das auf sich und Yago bezog.

»Ich hab's versucht«, hatte sie gesagt, das Gesicht gerötet vom Weinen. Ihr bunter Rock war zerknittert. »Aber jetzt ist alles viel schlimmer als vorher, und ich weiß nicht mehr, was ich tun soll. Ich kann mit niemandem sonst darüber reden, weil mir alle sagen werden, dass sie es haben kommen sehen. Aber das will ich jetzt nicht hören! Natürlich haben sie es kommen sehen, so wie ich, aber ich hab … ich hab gehofft, dass …«

Sofie hatte sie umarmt und ihr den Rücken gestreichelt, bis die Schluchzer leiser geworden waren und Lucías Atem ruhiger ging. Dann hatte sie ihre Freundin zu der Bank geführt, und nach einer Weile hatte Lucía erzählt, was vorgefallen war.

Sie hatte kurz nach Sofie die Feier verlassen und war, durch die Tarotkarten und Sofies Worte ermutigt, bei ihren Eltern vorbeigefahren und hatte ihnen von ihrer Zuneigung zu Yago erzählt. Zunächst voller Selbstvertrauen und in der Hoffnung, dass es eine Zukunft für sie geben würde.

Doch vor allem die Reaktion ihres Vaters war erschreckend ausgefallen – er hatte ihr geradezu verboten, Yago Pacheco allein zu sehen. Mehr noch, er hatte so lange auf sie eingeredet, bis sie ein schlechtes Gewissen bekam und an sich selbst zweifelte. War sie wirklich undankbar und unbedacht, weil sie sich ausgerechnet in Yago verliebt hatte, wo ihre Familie doch jeden Mann außer ihm akzeptieren würde? Wenn es denn überhaupt Liebe war und nicht nur der Reiz des Verbotenen!

Sofie hatte kaum gewusst, was sie dazu sagen sollte, und musste sich ins Gedächtnis rufen, dass es in Cielente anders zuging als in Osnabrück. Hier aufzuwachsen, brachte Privilegien, aber auch Pflichten und Besonderheiten mit sich, die zu unsichtbaren Käfigen heranwachsen konnten – selbst für eine Frau wie Lucía, die zu alt war, um sich Vorschriften machen zu lassen. Die Familiengefüge waren zu Netzen geknüpft, die einen auffingen, wenn man strauchelte, aber die im Gegenzug auch einiges von einem fernhielten.

Was hatte Opa Nando bei ihrem Telefonat gesagt?

Und daran siehst du, wo ihr gelandet seid, Sofie: im tiefsten Mittelalter. In einer Zeit, in der Menschen ihr Glück an etwas festmachen, das einer ihrer Ahnen mal getan oder gesagt hat.

In diesem Punkt musste sie ihm zustimmen. Sie kannte Yago nicht besonders gut, aber er schien ein netter Kerl zu sein, und ihr gefiel, wie er Lucía anblickte, wenn er glaubte, dass es niemand bemerkte. Doch sie hatte schon einmal etwas dazu gesagt – diesen Fehler würde sie kein zweites Mal begehen.

»Was hast du vor?«, fragte sie leise, als Lucías leises Schniefen fast verstummt war.

Ihre Freundin zuckte die Schultern, richtete sich wieder auf und rieb sich übers Gesicht. »Ihn vergessen, schätze ich.« Sie putzte sich die Nase. »Ich weiß, was du denkst, und wenn ich es laut sage, klingt es auch für mich schräg. Wenn ich hier wegziehen wollte, dann wäre alles anders. Aber Cielente ist mein Zuhause, ich mag es und habe es nicht weit zur Arbeit. Ich liebe meine Eltern, auch wenn ich weiß, dass sie ihre Meinung nie ändern werden.«

Also opferst du dein mögliches Glück.

Sofie nagte an ihrer Lippe. »Manches begreife ich einfach nicht«, murmelte sie, und merkte erst, dass sie laut geredet hatte, als Lucía sie fragend anblickte. »Na, das mit der Liebe in Cielente. Einerseits betrauern so viele Menschen das Verschwinden der Heiligenfigur und denken, dass sich mit ihr die Liebe verabschiedet hat, und wollen sie dringend zurückhaben. Aber dann verlieben sich zwei Menschen, und es ist auch nicht in Ordnung. Weil dein Vorfahr vergessen hatte, die Kirche abzuschließen. So war es doch?« Sie übertrieb es absichtlich mit der Betonung und freute sich, als ein schwaches Lächeln über Lucías Gesicht huschte.

»Genau. Seitdem ist die Kirche außerhalb der Gottesdienste immer abgeschlossen, und mein Onkel hat aus Angst, den Schlüssel zu verlieren, für jeden aus der Familie einen als Ersatz anfertigen lassen. Das kann er nämlich gut. Was verlieren, meine ich. Ich kann gar nicht mehr mitzählen, wie viele Schlüssel es in seinem Leben bereits waren. Und stell dir das Drama vor – der eine Kirchenhüter lässt die Kirche offen, sodass unsere Heilige gestohlen wird, und der nächste sorgt dafür, dass niemand mehr in die Kirche kann.«

»Man würde deine gesamte Familie bis zur Landero-Farm jagen«, sagte Sofie todernst.

Lucía nickte mit Grabesmiene. »Wo dann irgendwer über ein Huhn stolpern würde, das vor lauter Schreck einem Herzinfarkt erläge.«

»Wodurch ihr die nächste Klage am Hals hättet.«

»Samt der Großfamilie des Bauern, der die Hühner gezüchtet hat.«

»Der vermutlich einflussreiche Kontakte hat, was euch erst recht Probleme bereiten würde.«

»Die nur der Alcalde aus dem Weg schaffen könnte, der aber noch immer versucht, durch ein Fenster in die Kirche zu klettern.«

Die beiden starrten sich an. Dann kiekste Sofie, weil sie ein Kichern nicht mehr unterdrücken konnte. Einen

Atemzug später lachten sie beide, und mit jeder Sekunde wich mehr von der Anspannung. Es tat so gut zu sehen, wie Lucías Sorgen zumindest für den Moment verschwanden.

»Also, wie ist das«, fragte Sofie und wischte sich die Augen. »Dein Onkel ruft dich manchmal an und bittet dich, ihm den Ersatzschlüssel zu bringen?«

Lucía lehnte sich zurück. »Das ist genau ein Mal vorgekommen, da war ich am Strand, und danach habe ich ihm gesagt, dass ich das blöde Ding ab sofort in der kleinen Tasche aufbewahre, die hinten an meinem Fahrradsattel hängt, und das steht auf dem Hof hinterm Haus. So kann er jederzeit an den Schlüssel.«

»Eine gute Lösung.«

»Ja«, sagte Lucía, legte den Kopf in den Nacken und starrte in den Himmel. »Für kleine Probleme finde ich immer eine.«

Und für die größeren finden wir sie zusammen.

Sofie tat es ihr gleich und betrachtete die wenigen Wolken. Zumindest bei einer Angelegenheit hatte sie jetzt keine Zweifel mehr: Die Princesa musste so bald wie möglich zurück an ihren Platz in der Kirche. Das war das einzig Richtige. Vielleicht konnte die kleine Figur etwas für Lucía und Yago tun, wenn schon Menschen dazu nicht in der Lage waren.

»Möchtest du vielleicht mit zur Finca?«, fragte sie spontan. »Dort bekämst du etwas Abstand. Mein Bett ist zwar zu schmal für zwei, aber in meinem Zimmer passt noch ein Schlaflager auf den Boden. Und so wie ich die Señora kenne, wird sie einverstanden sein. Sie liebt es, Gäste zu haben, und seit Simon und Tereza auf der Farm arbeiten, bekommt sie die beiden kaum noch zu Gesicht.«

Sie wusste, dass Lucía eine eigene Wohnung hatte, ihr Elternhaus jedoch nur eine Straße weiter lag. Außerdem begegnete man in dem kleinen Ort früher oder später jedem – und oft vor allem jenen, die man gerade am wenigsten sehen wollte.

»Ehrlich?« Lucías Augen waren groß. »Das wäre toll. Eine Pause von meiner Familie wäre gut für meine Seele. Aber ist das auch für dich in Ordnung?«

»Klar, sonst hätte ich es dir nicht vorgeschlagen.« Sofie fiel ein Stein vom Herzen, weil Lucía fast wieder normal klang. Vielleicht sogar ein wenig zuversichtlich. »Ich hatte mir vorgenommen, mich um den Garten zu kümmern, das ist der Señora häufig zu anstrengend. Wenn du magst, kannst du mir helfen, und danach legen wir uns in die Sonne.«

»Ach, Sofie.« Lucía umarmte sie. »Du bist ein Goldstück.«

Sofie verzog das Gesicht. »So fühle ich mich nicht. Im Gegenteil, ich habe ein schlechtes Gewissen.«

»Ich ahne warum, aber bitte nicht. Du hast mich doch zu nichts gezwungen, sondern mir nur deine Meinung gesagt, und ich bin alt genug, um zu entscheiden, was ich daraus mache.«

»Du bist also nicht sauer?«

»Auf dich? Unsinn, nein! Im Gegenteil, mir tut es leid, dass du alles abbekommen hast. Die ganze Breitseite meines Weinkrampfs. Hier, dein Shirt ist ganz feucht.« Verlegen zupfte sie daran.

»Skandalös«, sagte Sofie grinsend, stand auf und zog Lucía mit hoch. »Möchtest du sofort umziehen? Ich könnte warten, während du ein paar Sachen packst.«

»Lieb von dir, aber ich will noch einige Dinge regeln und kurz in der Arbeit vorbeisehen, um zwei Schichten zu tauschen – nachdem ich mein Gesicht mit Eis gekühlt habe. Passt es für dich, dass ich heute Nachmittag vorbeikomme? Ich ruf dich vorher an.«

»Klar, ich werde im Garten oder in der Küche sein. Die Señora wollte probebacken für das Vorfest. Nicht dass es nötig wäre.«

Lucía reckte sich und schüttelte Arme und Beine, als könnte sie so den Rest ihrer Trauer loswerden. »Damit ist sie nicht allein. Alle hier hegen die Horrorvorstellung, dass ausgerechnet an dem großen Tag irgendwas schiefgeht, und backen sich quasi warm.«

»Die Bezeichnung werde ich mir merken.« Vor allem Simon würde sie lieben, da *warmbacken* schlicht bedeutete, noch mehr Kuchen essen zu können. »Also dann, bis später. Ich freu mich.«

»Ich mich auch!« Lucía fuhr sich mit entschlossener Miene durchs Haar. Dann lief sie los und drehte sich noch einmal um, ehe sie wild winkend zwischen den Häusern am Ortsrand verschwand.

Sofie hielt auf der letzten Erhebung vor der Landero-Farm, ehe die Straße wieder nach unten abfiel, in einer Parkbucht am Wegesrand. Eine Weile genoss sie die Aussicht auf die Bäume und das Haupthaus mit seinen warmen Steinfarben. Von hier aus war die Finca nur ein schimmernder Fleck hinter den Olivenbäumen.

Zwischen den Baumreihen bewegten sich Menschen. Ob einer von ihnen Andrés war? Sofie zog ihr Handy aus der Tasche, war kurz enttäuscht, dass er noch nicht auf ihre Nachricht geantwortet hatte, und überflog sie noch einmal.

Ich bin auf dem Weg zurück zur Finca
und werde den Nachmittag über dort-
bleiben. Vielleicht sehen wir uns später?

Er hatte sie gelesen, was die beiden blauen Häkchen verrieten, aber wohl noch keine Zeit gefunden, sie zu beantworten.

Die Buchstaben traten in den Hintergrund und machten Platz für die Erinnerungen an vergangene Nacht. An Andrés' entspanntes Gesicht an diesem Morgen. An seine sanften Berührungen, an seine Leidenschaft, die er manchmal mit Mühe zurückgehalten hatte, um ihr Verlangen noch weiter zu steigern.

»Wo bist du da nur reingestolpert, Sofie?«, flüsterte sie.

An diesem Morgen war sie so glücklich gewesen – das war sie noch immer, aber sie wusste auch, dass dieses hochfliegende Gefühl nicht von Dauer sein konnte. Noch vor Kurzem hatte sie komplett auf Vernunft gesetzt und sich gesagt, dass es nichts weiter als eine Urlaubsromanze war und ihre Gefühle daher nicht zu tief gehen durften.

Ein realistischer Vorsatz – besäße Andrés nicht die fatale Fähigkeit, ihren Verstand mit einem einzigen Kuss komplett auszuhebeln.

Noch einmal las sie ihre Nachricht und wählte dann seine Nummer.

Es klingelte lange, aber er nahm nicht ab. Sie legte ihr Handy auf den Beifahrersitz, ließ den Motor wieder an und legte den letzten Teil der Strecke in gemächlichem Tempo zurück.

Vor der Finca saß die Señora mit einem Buch in der Sonne. Neben ihren Füßen hechelte Osito, sprang auf und hopste dem Wagen entgegen. Sofie parkte auf ihrem mittlerweile angestammten Platz neben den Olivenbäumen, stieg aus und ließ die Begrüßung samt begeisterten Sprüngen und feuchter Hundenase lächelnd über sich ergehen.

»Da hatte aber jemand Sehnsucht«, rief sie der Señora zu, hob Osito auf die Arme und versuchte, seiner Zunge zu entkommen, während er zappelte, um sich weiter nach oben zu schieben.

»Er ist eifersüchtig auf unser Katzen-Findelkind«, sagte die Señora. »Hattest du bis jetzt einen schönen Tag? Du bist ja gestern verschwunden, nachdem Tereza dir die Karten gelesen hat.« Bei ihr war es keine Andeutung; sie beschrieb lediglich eine Tatsache. Vielleicht entschied Sofie deshalb, mit der Sprache herauszurücken, oder vielleicht war sie nach dem Gespräch mit Lucía auch nur die Geheimniskrämerei leid. Es gab keinen Grund zu verheimlichen, dass sie sich zu Andrés hingezogen fühlte – höchstens, dass sie nicht sicher war, wie sie weiterhin damit umgehen sollte.

»Ich war bei Andrés, und heute Morgen habe ich mich mit Lucía getroffen.« Sie zögerte. »Sie hatte eine Auseinandersetzung mit ihren Eltern und braucht etwas Abstand. Ich habe sie hierher eingeladen und hoffe, das ist in Ordnung für Sie?«

Das Gesicht der Señora verzog sich mitfühlend. »Natürlich, sie kann gern über Nacht bleiben, wenn sie möchte. Auch mehrere Tage.«

Sofie fiel ein Stein vom Herzen. Sie hatte Lucía spontan eingeladen, weil sie ihr unbedingt hatte helfen wollen, dabei hätte sie zuerst Señora Landero fragen müssen, ob es ihr überhaupt recht wäre. »Danke, das ist sehr lieb von Ihnen.«

»Das Sofa im Wohnzimmer ist allerdings zu kurz, um gemütlich darauf zu nächtigen. Wir könnten ihr auf dem Boden davor ein Lager bauen.«

»Sie kann sehr gern mit in mein Zimmer. Simon hat eine Isomatte in seinem Gepäck, das bekommen wir hin.«

»Ach, *querida*. Wenn es nur etwas Gastfreundschaft bräuchte, um Probleme aus dem Weg zu schaffen, würde ich mit Freuden die halbe Welt beherbergen.« Die Señora tastete über ihren Dutt. »Aber du sagtest, du warst gestern bei Andrés?«

»Ja, ich hab ihm was zu essen gebracht. Vor allem habe ich die Gelegenheit genutzt, um zu verschwinden, ehe Tereza mir noch mehr Kinder andichten konnte.«

Señora Landero nickte, als hätte sie mit nichts anderem gerechnet. »Ich bekomme ihn wie jedes Jahr um diese Zeit kaum zu Gesicht, dabei will ich so gerne mal mit ihm reden.« Sie machte sich eindeutig Sorgen um ihn, kannte ihn aber vermutlich gut genug, um zu wissen, dass man ihn nicht zu einem Gespräch zwingen konnte. »Wie geht es ihm?«

»Er macht weiter wie bisher«, sagte Sofie und setzte Osito wieder auf den Boden. Sofort stob er in Richtung Gemüsegarten davon, wo die Hühner gackerten. »Eine andere Möglichkeit bleibt ihm wohl auch nicht.«

»Ja«, seufzte die Señora und rieb sich die Nasenwurzel. »Da hast du recht. Aber vielleicht magst du ihm später ein Stück Kuchen vorbeibringen.«

»Sie wollen also wirklich probebacken? Das haben Sie doch gar nicht nötig.«

»Natürlich nicht«, sagte die Señora und hob den Kopf mit einer stolzen Geste. »Ich mache es einfach nur gern. Möchtest du mir Gesellschaft leisten?«

»Auf jeden Fall. Was steht auf dem Plan?«

»Für unsere großen Feste halten wir es traditionell, also habe ich mich für meine Schokoküchlein mit Orangensoße entschieden. Und ich habe überlegt …« Sie hielt inne. »Vielleicht hättest du Lust, auch etwas von dir beizusteuern?«

»Etwas von mir?«

»Die Orangenmarmelade deines Großvaters, von der du mir erzählt hast. Das Rezept klingt bezaubernd, auch weil es nicht viele Zutaten braucht. Das mag ich lieber als all diese Experimente, bei denen man viel zusammenmischt, um wenig rauszubekommen. Wir könnten frisches Brot dazu backen, und wenn du ein paar Gläser abfüllst, könnten wir sie nach dem Festumzug verteilen.«

Allein schon der Vorschlag erfüllte Sofie mit Stolz. Sie war im Gegensatz zu Señora Landero keine Spezialistin der lokalen Küche, aber Opa Nandos Marmelade hatte sie bereits so oft zubereitet, dass sie vermutlich im Halbschlaf herausschmecken würde, wie viel Alkohol in einem Glas enthalten war – und zwar auf den Milliliter genau. »Das ist eine wundervolle Idee!« Opa Nandos Spezialität auf einem Fest in seinem Heimatort! Damit würde sich ein kleiner Kreis schließen. Wenn auch noch die Statue rechtzeitig eintraf … dann war es vielleicht wirklich Schicksal, dass sie ausgerechnet jetzt hier gelandet war. Auf einmal fiel es ihr schwer, stillzustehen. »Also gut, wann legen wir los?«

Die Señora drehte sich schwungvoll um und klatschte zweimal in die Hände, woraufhin Osito aus dem Dickicht auftauchte und vor ihr ins Haus lief.

In der Küche gingen sie zu einer fast schon vertrauten Routine über: Die Señora begutachtete die Orangen in der großen Schale sowie in der Kiste neben dem Tisch und wählte die besten Exemplare aus. Anschließend machte sie sich daran, die restlichen Zutaten zusammenzutragen.

Sofie widmete sich zunächst der Marmelade, kümmerte sich um die Früchte, wusch sie heiß und trocknete sie ab, um die Schalen abzureiben. Dann trennte sie diese mit einem scharfen Messer vom Fruchtfleisch, entfernte die weiße Haut und filetierte die Orangen, indem sie die Stücke zwischen den Trennhäuten behutsam herauslöste. Dabei fing sie in einer Schüssel den Saft auf. Auf diese Weise verarbeitete sie vier Kilo und gab Saft und die Stücke gemeinsam mit dem Gelierzucker in den größten Topf, den die Señora in ihrer Kammer hatte finden können.

»Der war früher viel im Einsatz, wenn mein Tico und ich Besuch von Freunden oder seinen Arbeitskollegen bekamen. Oft haben sie ihre Kinder mitgebracht.« Mit einem Hauch Wehmut fuhr sie über den Deckel. »Mittlerweile brauche ich ihn nur noch in dieser Zeit des Jahres.«

»Sie können doch weiterhin Freunde einladen«, sagte Sofie und rührte in dem Topf. Wieder musste sie an den Hofladen denken, den sie Andrés gegenüber erwähnt hatte. Dafür wäre dieser Topf ideal – und bestimmt hätte auch die Señora Spaß daran, einen solchen Laden mitzubetreuen. Sie war glücklich hier oben auf der Finca, aber sie brauchte eine Aufgabe – die vielleicht mehr umfasste, als hin und wieder die Marktstände ihrer Freundinnen aufzustocken. »Mir fällt auf Anhieb eine Handvoll Menschen ein, die sich über einen Abend mit dieser Aussicht sehr freuen würden.«

Die Señora lächelte verträumt. »*Sí*, ich habe wirklich gern Besuch. Aber ich möchte niemanden zum Helfen verdonnern, und allein ist mir das mittlerweile zu viel mit den Vorbereitungen und dem Aufräumen hinterher.«

Sofie hielt inne. »Das tut mir so leid.«

»Was meinst du?«

»Dass ich einfach so verschwunden bin gestern Abend. Ich hätte daran denken müssen, dass es unten im Haus viel zu tun gibt.«

Die Señora legte ihr eine Hand auf die Schulter. »Und das gibt es noch immer. Renata und Maria kommen später vorbei und kümmern sich darum.«

»O nein. Lucía und ich erledigen das, während Sie sich mit Renata und Maria unter den Sonnenschirm im Garten setzen und frischen Orangensaft genießen. Und ich wäre sehr froh, wenn Sie mir nun nicht widersprächen.«

Die Señora überlegte. »Wenn wir den Saft durch einen Cocktail ersetzen, lassen die zwei sicher mit sich reden.«

»Das sollte machbar sein. Estrella hat sogar ein entsprechendes Rezept in ihrem Notizbuch festgehalten, weil sie den Namen des Cocktails so absurd fand.«

»*Bee's Knees*, ich erinnere mich. Sie hat Andrés damals gebeten, ihr den Namen zu übersetzen, und konnte stundenlang darüber lamentieren, ob ein Reim eine derartige Absurdität rechtfertigt.«

Sofie lachte. »Ich stimme ihr zu. Aber haben Sie denn Gin im Haus?«

Die Señora hielt inne. »Nein, natürlich nicht, wie schade.«

»Keine Sorge, ich treibe welchen auf, wenn wir hier fertig sind. Vielleicht hat Andrés eine Flasche. Ich frage ihn, wenn ich mit Lucía zum Aufräumen gehe.«

Die Señora schenkte ihr ein dankbares Lächeln und machte sich daran, leere Gläser aus der Vorratskammer zu holen, mit kochendem Wasser auszugießen und dann in den Ofen zu stellen.

Sofie pürierte indessen das Gemisch in ihrem Topf mit einem Mixstab und ließ es dann weiter köcheln. Zum Schluss fügte sie selbst gemachten Orangenlikör hinzu und füllte Glas um Glas mit der fertigen Marmelade. Sobald sie abgekühlt war, würde die Señora die Deckel mit kleinen Zweigen und Papierblumen verzieren.

Sofie betrachtete die aufgereihten Gläser, stand dann einer Eingebung folgend auf und nahm Estrellas Notizbuch von einem Regal. Sie hatte es dort abgelegt, nachdem sie nachgesehen hatte, ob darin auch das Rezept für die Schokoküchlein mit Orangensoße notiert war. Jetzt fand sie es beinahe augenblicklich wieder. Die Ecken der Seite waren umgeknickt, doch die Überschrift mit besonders vielen Herzen und Schmetterlingen verziert: *Rosarias beste dunkle Kuchen mit Orangensoße.*

Sofie starrte auf die Buchstaben und wünschte sich mehr denn je, Estrella begegnet zu sein, bei der sie dank der vielen Einträge neben den Rezepten das Gefühl hatte, sie ein wenig zu kennen.

Leise Schritte ertönten hinter ihr, und dann beugte sich die Señora über ihre Schulter. Zögernd streckte sie eine Hand aus, auf der sich Mehl in den Falten und unter den Nägeln abgesetzt hatte, und strich über die Buchstaben. Ihre Finger zitterten, und hauchzarte, helle Spuren blieben auf dem Papier zurück. »Sie hat diese Kuchen so geliebt«, flüsterte sie. »Ich musste sie zu jedem ihrer Geburtstage mitbringen, und jetzt wünschte ich mir so sehr, es noch ein einziges Mal zu können.«

Sofies Kehle wurde eng. Sie schluckte dagegen an und hätte nichts lieber getan, als aufzustehen und diese wundervolle ältere Dame zu umarmen, die sie so selbstverständlich in ihr Leben gelassen hatte – in dieses und eines, das schon so viele Jahre zurücklag. Aber sie wagte es lediglich, ihre

Hand auf die der Señora zu legen. »Sie wissen, ich bin nicht abergläubisch. Aber vielleicht ist Estrella ja trotzdem bei Ihnen. Auf die eine oder andere Art.«

Die Señora nickte, ohne den Blick von dem Büchlein abzuwenden. *Para los mejores momentos de la vida.*

»Darauf vertraue ich«, sagte sie und richtete sich wieder auf. »Und ich weiß, wie sehr sie sich darüber freuen würde, dass ihre Sammlung und all ihre Gedanken und Geschichten endlich wieder ans Licht gebracht werden.« Sie zog einen Stift aus der Tasche, legte ihn vor Sofie auf den Tisch und ging zurück zur Arbeitsfläche, um mit dem Aufräumen zu beginnen.

Sofie betrachtete den Stift – einen alten Füllfederhalter – und schielte zur Decke. *Dann sollte ich dich wohl nicht länger warten lassen, Estrella.*

Die Seite neben *Rosarias beste dunkle Kuchen* war noch frei. Sofie schraubte die Kappe des Füllers ab, überlegte nur kurz und setzte ihn an.

Es hat eine Weile gedauert, bis dieses Rezept, das Cielente einst verließ, wieder zurückgekehrt ist. Sechzig Jahre, um genau zu sein. Und jetzt sitze ich hier, in dieser gemütlichen Küche an diesem wundervollen Ort in der Gesellschaft von Menschen, die mich so warmherzig aufgenommen haben, als wäre dieses Rezept nie um die Welt gereist, sondern all die Jahre hier groß geworden, wo es jeder so kennen und lieben durfte, wie ich es stets getan habe.

Sie las die Zeilen noch einmal und malte ineinander verschlungene Linien darunter, die an Ranken erinnerten. Daneben einen Schmetterling, der denen von Estrella ähnelte, dann noch einen und immer mehr, bis die Flügel auf die gegenüberliegende Seite reichten und die Schmetterlinge beider Rezepte eine Welle bildeten, als würden sie miteinander tanzen.

Sofie atmete aus und betrachtete das Ergebnis, ehe sie die Überschrift notierte.

Opa Nandos Orangenmarmelade

Sie schrieb das Rezept darunter, wartete, bis die Tinte getrocknet war, und klappte das Buch behutsam zu. Zu ihrer Überraschung waren ihre Augen feucht, dabei war sie nicht traurig, sondern froh, sogar etwas enthusiastisch, da sie etwas zu Ende gebracht hatte, das zu viele Jahre hatte warten müssen. Sie fragte sich, wie lange es wohl dauerte, bis sie alle Seiten in Estrellas Buch gefüllt hatte. Eines Tages wäre es geschafft, auch wenn sie die letzten Rezepte in Osnabrück notieren würde.

Die Erkenntnis stürzte wie ein grauer Felsblock in eine Welt, die gerade eben noch hell und warm gewesen war, und Sofie atmete tief durch. Sie wollte jetzt nicht grübeln, sondern einfach nur hier sein, in der Küche der Finca, und später in Andrés' Armen liegen, ohne daran zu denken, dass sie sich bald voneinander verabschieden mussten.

Lärm empfing Sofie, als sie, gefolgt von Lucía, die sperrige Holztür des Schuppens aufzog und auf das Fließband blickte – sowie auf die Rücken von Tereza und Nita. Mit ihnen strömte das Sonnenlicht herein, malte ein Muster an die gegenüberliegende Wand und verriet ihre Ankunft.

Beide Frauen wandten sich um, und Nita betätigte einen Hebel, woraufhin das Band stoppte und mit ihm die ihnen entgegenrollenden Orangen.

»Hey, was treibt ihr denn hier?« Tereza wischte sich über die Stirn und rückte das Tuch zurecht, mit dem sie sich die Haare zusammengebunden hatte.

Lucía grinste. »Überraschungsbesuch. Wir waren neugierig.«

Nita schnappte sich eine Flasche Wasser. »Es ist ohnehin Zeit für eine Pause. Ich geh nach draußen, ich will noch mit meiner Freundin telefonieren.« Mit einem Winken war sie verschwunden.

Auch Tereza trank einen Schluck und lehnte sich an das Band. Neben ihr stapelten sich leere Kisten auf der einen und ordentlich mit Orangen gefüllte auf der anderen Seite. Es war warm; der Ventilator in einer Ecke kämpfte tapfer, aber weitgehend erfolglos gegen die Temperatur an. Der Duft nach Orangen, draußen vom Wind aufgelockert, lag hier übermächtig in der Luft. »Sucht ihr Simon? Der schwitzt irgendwo in den Bäumen. Aber nachdem Andrés gemerkt hat, dass ich ziemlich schnell im Aussortieren und Einpacken bin, hat er mich hierher zu Nita verfrachtet.«

Lucía trat näher. »Jetzt wohne ich schon mein Leben lang in Cielente, hab aber noch nie gesehen, wo die Orangen eingepackt werden.«

Tereza ließ sich etwas Wasser über Hals und Gesicht fließen und schüttelte sich. »Im Grunde ist es ganz einfach. Die großen Sammelbehälter werden dort hinten entleert«, sie zeigte zur Seite, »und dann zu uns transportiert. Die Geschwindigkeit können wir selbst regeln und haben ein ganz gutes Tempo für uns gefunden. Dann prüfen wir die Schalen auf Mängel.« Sie deutete zur Seite, wo in großen Körben jene Exemplare lagerten, die den Test nicht bestanden hatten. »Die werden später zu Saft verarbeitet. Die anderen werden in Kisten verpackt, wobei wir auf die Größen achten und ein Packmuster einhalten, sprich die verschiedenen Lagen sind versetzt zueinander angeordnet, damit die Lücken zwischen den Orangen genutzt werden. Eine Kiste ist zehn Kilo schwer. Andrés verpasst ihnen einen Barcode, ehe sie von den Händlern abgeholt werden.«

Der Schuppen hatte etwas von einer Miniaturfabrik, was Sofie erstaunte. Aber was hatte sie auch erwartet? Dass alles von Hand gemacht wurde? Dieses Transportband war im Gegensatz zu vielen anderen Maschinen, die sie in Dokumentationen im Internet gesehen hatte, noch eine vergleichsweise simple Hilfe.

»Das klingt, als wäre es nach einer Weile recht anstrengend.«

Tereza stellte die Flasche ab. »Nicht wenn man den richtigen Ansatz findet. Nita und ich arbeiten gut zusammen. Manchmal singen wir, hin und wieder bauen wir kleine Wettbewerbe ein, und in den Pausen erzählen wir uns, an wen uns manche Orangen erinnern. Die hier beispielsweise«, sie nahm eine aus einem Korb, »ähnelt eindeutig Tom Cruise, findet ihr nicht? Hier, die Nase. Und die Zähne. Tom zeigt recht viel Zahn, wenn er grinst.« Sie drehte die Frucht und zog dabei die Lippen zurück, sodass alle drei lachen mussten.

»Es macht dir also Spaß«, sagte Sofie.

»Klar, körperlich ist es nicht leicht, aber es ist genau das, was ich wollte. Und ich mag die Menschen hier.«

»Das hoffe ich doch«, murmelte Lucía und erntete einen liebevollen Klaps auf den Oberarm.

»Du hast sowieso eine Sonderstellung«, sagte Tereza und umarmte Lucía rasch. »Simon geht's übrigens genauso, auch wenn ich weiß, dass er mir anfangs nur gefallen wollte und deshalb zugestimmt hat, sich einen Job zu suchen. Aber jetzt fühlt er sich einfach wohl. Ich glaube, sogar sein Spanisch wird besser. Oder aber die anderen haben sich dran gewöhnt, dass er süßen Unsinn redet.«

Sofie nahm die Tom-Cruise-Orange und legte sie behutsam wieder zurück. »Wir sind übrigens hier, um im Haupthaus aufzuräumen. Weißt du zufällig, wo Andrés steckt? Ich möchte ihm vorher Bescheid geben und nicht einfach einbrechen, auch wenn die Tür vermutlich offensteht.«

Tereza überlegte. »Er war vor einer halben Stunde hier und wollte noch mal los, die letzten Big Packs für heute einholen. Das dauert nicht allzu lange. Er müsste demnächst wieder auftauchen.«

»Alles klar, dann halten wir draußen Ausschau. Möchtest du mitkommen?«

»Gute Idee, ich kann frische Luft gebrauchen.«

Zu dritt traten sie aus dem Schuppen, und als Sofie um die Ecke spähte, stand dort der Traktor und hinter ihm der Anhänger mit den großen Behältern. Andrés war also bereits zurück. Sie wollte sich gerade umwenden und weitersuchen, als er hinter den riesigen Reifen hervortrat.

»Bin gleich wieder da«, rief sie Tereza und Lucía zu, die in ein Gespräch vertieft waren.

Andrés schien etwas an der Hinterachse zu kontrollieren, rieb sich über den Nacken und drehte sich zu ihr um. Seine Mundwinkel zuckten, aber das, was nicht für ein Lächeln reichte, war zu schnell wieder verschwunden.

Hoffentlich keine weiteren Probleme mit der Arbeit.

»Hey«, sagte sie und konnte nicht anders, als ihn anzustrahlen. Seine Gegenwart genügte, um ihre ohnehin gute Laune zu heben. »Lucía und ich sind gekommen, um Ordnung im Haus zu machen und die Reste der Party zu beseitigen. Und wenn möglich eine Flasche Gin für die Señora mitzunehmen, wenn es hier so was gibt und das für dich in Ordnung ist.« Sie trat zu ihm, um ihn zu küssen.

Andrés nahm ihre Hände und drehte seinen Kopf eine Winzigkeit, sodass ihre Lippen auf seiner Wange landeten und seine auf ihrer. »Die Tür ist offen, und wenn ihr Gin findet, nehmt ihn. Tonio trinkt eh nur noch selten. Tut mir leid, wenn ich euch nicht helfen kann, aber gerade ist wenig Zeit.«

»Alles gut.« Er sah wirklich gestresst aus, und das erklärte wohl auch, warum er noch nicht auf ihre Nachricht reagiert hatte. »Meldest du dich später?«

Er drückte ihre Hand, murmelte etwas und war in der nächsten Sekunde verschwunden.

Sofie verdrängte das Gefühl der Enttäuschung und schlenderte zurück zu den anderen. Aber so war Andrés, wenn es um die Arbeit ging, und sie akzeptierte es. Am Abend würde er sich sicher melden, ehe er sich wieder auf die Buchhaltung stürzte.

»Also dann«, rief sie Lucía zu, »wir haben die Erlaubnis, die heiligen Hallen zu betreten, um sie so zu hinterlassen, wie wir sie vorgefunden haben.«

»Wird auch Zeit«, sagte Lucía. »Ich habe mir Lobeshymnen auf deinen Bruder angehört und bin jetzt etwas eifersüchtig. Vor allem, seit er gestern Abend auf der Party erwähnt hat, dass ich ihn an Wut erinnere – oder an Galle. Das wollte ich schon immer von einem Mann hören.«

Sofie schlug sich mit der Hand vor die Stirn und ging in Gedanken die Übersetzungsmöglichkeiten durch. *Bilis* bedeutete Galle oder Wut. »Dieses Mal habe ich wirklich keine Idee, was er damit sagen wollte.«

Tereza zupfte an ihrem Haarband. »Er meinte eine Tänzerin. Du bewegst dich manchmal so, als würdest du schweben, Lucía.«

»Das stimmt«, sagte Sofie. »Also, du Ballerina, legen wir los. Sehen wir uns später, Tereza? Die Señora hat euch Kuchen zur Seite gestellt, um eure Meinung zu hören. Es ist ein wichtiger Test für die Feier vor dem Festumzug.«

»Wie könnte ich da Nein sagen? Ihr könnt euch darauf verlassen, dass ich ihn später probieren werde. Bis dann!« Sie schwenkte ihre Wasserflasche, sodass Tropfen in alle Richtungen spritzten, und schlenderte zurück zum Schuppen.

21

Am nächsten Morgen schlief Lucía noch, als Sofie aufwachte und als Erstes einen Blick auf ihr Handy warf. Ihr Herz sank ein klein wenig, da noch immer keine Antwort von Andrés eingetroffen war. Gestern hatte sie ein weiteres Mal vergeblich versucht, ihn zu erreichen und es dabei belassen, da sie sich nicht aufdrängen wollte. Er hatte ihre Nummer, würde bemerken, dass sie sich gemeldet hatte, und zurückrufen, wenn er Zeit dafür fand.

Trotzdem nagte es an ihr, dass er es seit ihrem hastigen Aufbruch am Morgen nicht getan hatte. Bei anderen Männern, die sie erst kurze Zeit kannte, hätte sie geargwöhnt, dass es ihnen nur darum gegangen war, sie ins Bett zu bekommen, aber das konnte sie sich bei Andrés nicht vorstellen. Es passte nicht zu ihm.

Sie setzte sich auf und betrachtete Lucía. Ihre Freundin hatte sich im Schlaf zusammengerollt, die Wolldecke bis zu den Schultern hochgezogen, und hielt eine Ecke mit den Fingern umklammert. Gestern Abend hatten sie lange geredet, und auch wenn Lucía tapfer gewesen war, hatte sie doch immer wieder Tränen vergossen.

Die Señora hatte ihnen zwischendurch einen Teller mit Käse, Serrano-Schinken, Brot, Oliven, Albondigas – pikant gewürzte Hackfleischbällchen in Tomatensauce – sowie einen Salat mit Orangenfilets vorbeigebracht, stumm Lucías Wange gestreichelt und war wieder verschwunden. Obwohl Lucía beteuert hatte, keinen Hunger zu haben, war der Teller innerhalb kürzester Zeit leer gewesen, und gegen Mitternacht waren sie schlafen gegangen.

Als es jetzt leise an die Tür klopfte, sah Sofie auf die Uhr – kurz nach sechs –, stieg aus dem Bett und über Lucía hinweg, die sich nicht rührte. Kein Wunder, die Gefühlsachterbahn vom Vortag hatte an ihren Kräften gezehrt.

Zu ihrem Erstaunen wartete Simon auf dem Flur, etwas Großes in den Händen. Er gähnte, und seine Haare waren ungekämmt, doch er hatte sich bereits angezogen.

Sofie trat aus dem Zimmer und zog die Tür hinter sich zu. »Es ist immer noch ungewohnt, dich so früh auf den Beinen zu sehen.«

»Sag das meinem Organismus, der ist auch total verwirrt«, murmelte er und drückte ihr das Paket in die Arme. »Das ist gestern Abend für dich angekommen und stand in der Küche, aber wir wollten euch nicht stören. Ist das die Figur?«

Sofies Herz machte einen Hüpfer, als sie Nadjas Namen im Absenderfeld entdeckte. »Ja, sieht ganz danach aus. Aber warum gestern Abend? So spät?«

Simon zuckte lediglich die Achseln. »Der Bote hat eine Cousine im Nachbarort und sich dort verquatscht. Ist ein netter Typ; wenn er demnächst mehr Zeit hat, spielen wir eine Runde Karten zusammen. Aber jetzt muss ich los, sonst macht Pedro mir die Hölle heiß.« Die Tatsache, dass die Heiligenfigur zurück in Cielente war, schien ihn nicht großartig zu interessieren – vermutlich konnte sein Hirn so früh am Tag nur wenige neue Informationen verarbeiten.

»Du nimmst die Sache ja richtig ernst.«

Er nickte langsam. »Tereza hatte schon recht, weißt du? Als Tourist erhält man immer nur Momentaufnahmen. Da sind die Leute aus Höflichkeit nett zu dir. Aber jetzt raunzt mich Marcelo schon mal an, wenn ich ihm im Weg herumstehe, oder Pedro lobt mich, weil ich schneller werde, und sie alle grübeln die ganze Zeit darüber nach, wie sie die Landero-Farm retten können, ehe sie ganz untergeht.«

»Sie bleibt bestehen, Simon«, flüsterte sie. »So wie die Arbeitsplätze. Nur wird nichts mehr sein wie zuvor.«

»Du hast recht. Und das darf nicht passieren.« Damit schnippte er ihr sachte gegen das Kinn, drehte sich um und schlich den Gang entlang. Kurz darauf ertönten vor der Finca gedämpfte Stimmen – Tereza hatte also bereits auf ihn gewartet.

Sofie trat ans Fenster und beobachtete, wie die beiden die Einfahrt hinunterliefen, gefolgt von der Katze, die sich so elegant bewegte, als hätte es die Verletzung an der Pfote nie gegeben. Aus dem Zimmer der Señora drang wie so oft leises Schnarchen.

Sofie drehte sich unschlüssig um, doch das war jetzt einfach der perfekte Augenblick. Schnell stellte sie das Paket neben der Tür ab und schlich zurück in ihr Zimmer. Lucía rührte sich noch immer nicht, also schnappte sich Sofie ein Paar Schuhe, eine legere Hose, ein frisches Shirt samt Cardigan und ihre Tasche. Im Wohnzimmer zog sie sich schnell um. Sie hängte sich die Tasche um und machte sich mit dem Paket auf den Weg nach draußen.

Die Morgenstimmung war einfach traumhaft. In der Luft lag noch ein Hauch von Kühle, und die am Horizont aufsteigende Sonne hatte den Himmel bereits rötlich verfärbt, die Dämmerung jedoch noch nicht vollständig vertreiben können. Die Zikaden begrüßten sie ebenso wie das Rascheln der Kräuter und Gräser neben ihr, die ihr zuflüsterten, dass sie sich beeilen musste, wenn sie ihr Vorhaben in die Tat umsetzen wollte.

Zum Glück lag ihr Parkplatz neben den Olivenbäumen – wo jetzt auch Lucías Odysseus stand – einige Schritte von der Finca entfernt, so würde vielleicht nicht jeder wach, wenn sie den Motor startete. Und wenn doch, wäre es zu spät, um sie aufzuhalten. Aber niemand erschien in der Tür, so oft sie auch beim Wenden in den Rückspiegel blickte.

Mit Erreichen der Weggabelung entdeckte sie mehr und mehr Bewegungen, als befänden sich Finca und Plantage in zwei Welten, deren Bewohner in unterschiedlichen Rhythmen lebten. Liebend gern wäre sie langsamer gefahren oder hätte gebremst, um Ausschau nach Andrés zu halten, doch dafür war jetzt keine Zeit.

An der Straße setzte sie sorgsam den Blinker und bog in Richtung Cielente ab. Auch wenn sie nur wenigen anderen Fahrzeugen begegnete, fühlte sie sich beobachtet, als wüssten die Menschen genau, was sie im Schilde führte.

Ihr Herz vollführte einen nervösen kleinen Trommelwirbel, als sie die ersten Häuser sowie die Hauptstraße des Ortes hinter sich ließ und in die nächste Seitenstraße einbog. Hier hatte sich die Sonne noch keinen Platz erkämpft, es war dunkel und einsam, was ihren Eindruck, etwas Verbotenes zu tun, noch einmal verstärkte.

Sofie fuhr langsamer und hoffte, dass sie sich an den Weg erinnerte. Das Haus mit dem großen Riss an der Front hatte sie bereits entdeckt, und die Keramikblumen an dem daneben kamen ihr auch bekannt vor. An einem Fenster im oberen Geschoss bewegte sich eine Gardine, und sie war sicher, ein Gesicht zu sehen. Wahrscheinlich war es ungewöhnlich, dass jemand so früh am Morgen hier herumfuhr.

Verflixt, sie hätte am Ortsrand parken sollen. Welcher Wochentag war heute noch mal? All ihre Gedanken waren auf ihre geheime Mission ausgerichtet und auf die Tatsache, dass sie sich auf keinen Fall erwischen lassen durfte.

Zu ihrer Erleichterung erkannte sie das Haus, in dem Lucía im ersten Stock wohnte, an den hellblau lackierten Fensterläden. Sie parkte und blickte sich möglichst unauffällig um, entdeckte aber keine Bewegungen hinter den Fenstern zu beiden Seiten. Auch auf der Straße war gerade niemand, also stieg sie hastig aus und huschte mit gesenktem Kopf los.

Das Fahrrad, ein einst knallrotes und nun halb verrostetes Damenmodell, stand wie beschrieben im Hinterhof, und in der Satteltasche fand Sofie den länglichen Schlüssel mit dem runden Halm und dem geschweiften Bart. Schnell schob sie ihn in ihre Hosentasche und machte sich auf den Rückweg. Ein feiner Schweißfilm stand auf ihrer Stirn, als sie, ohne Zeit auf ein Wendemanöver zu verschwenden, im Rückwärtsgang die Straße hinabrollte. Jetzt hieß es, ebenso unbemerkt zu ihrem Ziel zu gelangen!

Zu ihrem Leidwesen waren rund um die Kirche bereits einige Frühaufsteher unterwegs, also gab sie vor, mit ihrem Handy beschäftigt zu sein, bis zwei Frauen an ihr vorbeigeschlendert waren, wobei sie unverhohlen in den Wagen blickten. Sofie wartete, bis sie weit genug entfernt waren, kontrollierte noch einmal die Umgebung und machte sich daran, Nadjas Paket zu öffnen.

Ihre Freundin hatte die Princesa in mehrere Lagen Luftpolsterfolie eingeschlagen und einen Zettel dazugelegt.

Kaum bist du in Spanien, schon wirst du wunderlich. Ich hoffe, das (was auch immer es ist) hat mit einer gewonnenen Wette, einem tollen Mann oder dem Weltfrieden zu tun. Ich freu mich auf eine Erklärung, wenn du zurück bist, und natürlich auch auf dich! Deine Fotos sind toll, aber Nachrichten von dir noch viel besser. Kuss Nads

Sofort bekam Sofie ein schlechtes Gewissen. Sie war zwar niemand, die im Urlaub permanent am Handy klebte und ihre Lieben zu Hause über jeden Schritt und jedes Erlebnis auf dem Laufenden hielt, aber momentan geschah so viel, dass sie ihrer besten Freundin eigentlich davon hätte berichten müssen.

Vor allem von Andrés. Aber da musste sie ja selbst erst ihre Gedanken ordnen. Sie hatte ihre Prinzipien über Bord geschmissen und ihn in ihr Herz gelassen, auch wenn sie das eigentlich auf jeden Fall hatte vermeiden wollen. Das war neu, verwirrend und machte ihr – wenn sie ehrlich war – auch etwas Angst.

Nadja würde darüber diskutieren wollen, und dazu musste sich Sofie erst einmal im Klaren sein, welche Position sie selbst vertrat. Und wie sie sich die Zukunft vorstellte, wo doch der rationale Teil von ihr wusste, dass es für sie und Andrés keine gab. Sie würde ihn wohl kaum überreden können, mit ihr nach Deutschland zu kommen, nur weil Antonio Landero die Farm in fremde Hände gab. Also blieb ihr lediglich, sich in nicht allzu ferner Zukunft von ihm zu verabschieden.

Die restlichen Angelegenheiten in Cielente waren zu speziell, um sie in einer Textnachricht oder einem kurzen Anruf abzuhandeln. Man musste die Menschen und ihre besondere Mentalität kennen, um zu verstehen, wie tief die Verknüpfungen, Probleme und Entscheidungen wirklich reichten. Wenn sie ihrer Freundin erklärte, wie wichtig diese Heiligenstatue war und was alles davon abhing, würde Nadja zu Recht den Kopf schütteln.

Genau das hätte Sofie vor ihrer Ankunft ja auch getan. Hätte ihr damals jemand erzählt, dass sie in eine Kirche einbrechen würde, um einer Freundin zu ermöglichen, mit dem Mann zusammenzukommen, den sie liebte, hätte sie ihm geraten, weniger dramatische Filme zu gucken.

»Heute haben wir eine Mission, Isabel«, sagte sie und wickelte die Figur aus. Sie war ihr seltsam vertraut – das blauweiße Gewand, das an manchen Stellen gesplitterte Holz, der gesenkte Kopf, die gefalteten Hände und das rote Herz auf der Brust. Nach zahlreichen Blicken aus dem Fenster und in die Seitenspiegel schlang Sofie ihren dünnen Cardigan darum und stieg aus, Lucías Schlüssel griffbereit in der Hand.

Als ein Geräusch in der Nähe ertönte, blieb sie stocksteif stehen und spürte, wie sich Hitze auf ihren Wangen ausbreitete. Langsam drehte sie sich um, gefasst darauf, dass man sie entdeckt hatte – doch es waren nur die beiden Hunde, denen sie schon öfter begegnet war, auf der Suche nach Frühstück. Sie blieben stehen und starrten Sofie an, da sie schließlich etwas Essbares unter dem Stoff versteckt haben mochte.

Sofort fühlte sie sich ertappt und wünschte sich, die beiden würden verschwinden, ehe sie bellten und damit Aufmerksamkeit auf sie lenkten.

Die Touristin aus Deutschland ist in unsere Kirche eingebrochen!

Sie wollte sich nicht vorstellen, wie schnell das in Cielente die Runde machen würde.

»Ich hab nichts für euch, tut mir leid«, flüsterte sie, sah sich noch einmal um und huschte zur Kirche. Das Holz des Eingangsportals strahlte Kühle aus wie eine Warnung, und probehalber drückte sie die schwere Klinke nach unten.

Abgesperrt.

Sie schob den Schlüssel ins Schloss und brauchte mehrere Anläufe, um ihn zu drehen, ohne die Figur loszulassen. Endlich knackte es, die Klinke ruckte, und das Tor schwang nach innen auf. Sofie schlüpfte hindurch, zog das Portal hinter sich zu und lauschte.

Totenstille empfing sie. Es war kühl in der Kirche, woran auch die vereinzelten ewigen Lichter nichts änderten. Die Luft roch leicht nach Weihrauch. Das Marmorbecken im Eingangsbereich war halb mit Wasser gefüllt, und auf den Ablagen der Holzbänke lagen ordentlich aufgereihte Gesangbücher. Den Altar schmückte ein Blumenkranz.

Obwohl sie allein war, schlich sie weiter, zunächst zu der Tür hinter dem Altar. Sie war ebenfalls abgeschlossen, also legte Sofie ein Ohr ans Holz und lauschte, hörte aber nichts. Erst dann ging sie zu der Nische. Der dunkelblaue Samtvorhang war zugezogen: Lucía hatte ihr gestern Abend erklärt, dass dies zum Brauch gehörte und auch nach dem Verschwinden der Figur beibehalten worden war. Drei Tage vor dem Festumzug ruhte Isabel la amante, ohne dass jemand sie sehen durfte. Die Legende besagte, dass sie ihre besondere Macht nicht unter den Augen der Sterblichen sammeln wollte.

Als hätte eine Heilige etwas zu verbergen.

Sofie kam das nun allerdings entgegen – so würde bis zum Umzug niemand bemerken, dass sie zurück war, und alle würden sich weiterhin auf den großen Tag konzentrieren.

Sofie stellte die Statue auf ihren angestammten Platz und drehte sie, bis sie nach vorn blickte. Sie trat zurück, betrachtete das Ergebnis und das Foto darüber. Auch wenn die Heilige Isabel den Kopf demütig im Gebet gesenkt hielt, kam es ihr vor, als würde sie ihr zulächeln.

Abgesehen davon passierte nichts, aber womit hatte sie auch gerechnet? Dass sie spürte, wie die Liebe ihren Weg zurück nach Cielente fand und die Luft erwärmte? Das würde durch die Menschen selbst geschehen, wenn sie durch die Rückkehr der Statue wieder an bessere Zeiten glaubten, in denen ihre Lebensgeschichten zu einem guten Ende fanden – und sich entsprechend verhielten. Wenn sie wieder mehr träumten, mehr redeten, mehr wagten und sich nicht mehr zurückhielten, nur weil das Symbol der Liebe in ihrer Kirche fehlte. Vielleicht glaubten sie dann auch wieder mehr an sich selbst.

Plötzlich fiel Sofie ein riesiger Stein vom Herzen. Sie hatte nicht gemerkt, wie angespannt sie gewesen war, seit sie die Wahrheit über die Princesa herausgefunden hatte. Jetzt konnte sie das Fest der Liebe mit einem Mal kaum noch erwarten, bei dem nach so vielen Jahren wieder diese Figur durch die Straßen getragen werden würde. Vielleicht würde sich dann auch eine Chance für Lucía und Yago ergeben. Sie zumindest hatte alles dafür getan, was in ihrer Macht stand.

»Also dann«, flüsterte sie, strich ein letztes Mal über das Holz und die vertrauten Rillen. »Wirke deine Magie, Santa Isabel.« Sie zog ihr Handy hervor, erhöhte die Helligkeit und schoss ein Foto. Die Qualität war bei den Lichtverhältnissen nicht besonders gut und das Ergebnis körnig, aber das Motiv trotzdem deutlich zu erkennen. Schnell schickte sie das Bild an Opa Nando und fügte nur einen Satz hinzu:

Endlich ist sie wieder dort,
wo sie hingehört.

Eine Weile starrte sie auf den Haken unterhalb der Nachricht, aber vermutlich war es noch zu früh – ihr Opa würde sicher erst später auf sein Handy sehen.

Zu guter Letzt zog sie den Vorhang vor die Nische und machte sich auf den Weg zum Eingangsportal. Sie würde den Schlüssel wieder in der Satteltasche verstauen, und sollte Lucía bei ihrer Rückkehr bereits wach sein, würde sie ihr erklären, dass sie nicht mehr hatte schlafen können. Was gewissermaßen sogar stimmte.

Ihre Schritte hallten, und sie widerstand dem Drang, sich umzudrehen. So langsam wie möglich drückte sie die Türklinke nach unten und lugte durch den Spalt. Die Geräuschkulisse vor der Kirche hatte sich nur minimal verändert. Sie hörte Vögel, weiter entfernt Stimmen und Motorengeräusche, und am anderen Ende des Marktplatzes waren Menschen unterwegs. Sollte sie es wagen? Würde man sie sehen, wenn man zufällig in ihre Richtung blickte? Sie wartete noch einige Atemzüge ab, entschied dann, dass sie keine bessere Gelegenheit mehr bekommen würde, und trat nach draußen.

»Guten Morgen, Sofia.«

Sie blieb stocksteif stehen, die Hand mit dem Schlüssel erhoben. Das Herz pochte ihr bis zum Hals, und die soeben noch empfundene Ruhe war schlagartig verschwunden.

Miguel stand neben dem Eingangsportal, die Arme vor der Brust verschränkt und einen Fuß gegen die Fassade gestemmt. Er betrachtete sie aufmerksam, aber in seinem Blick lagen auch Verwunderung und ein Hauch Misstrauen.

»Miguel. Was treibst du denn so früh hier?« Sie konnte nicht verhindern, dass ihre Stimme kiekste; gleichzeitig war ihr bewusst, dass sie sich nicht herausreden konnte. Und es auch gar nicht wollte. Natürlich war es möglich, dass er ihr glaubte, wenn sie ihm erzählte, dass sie sich den Schlüssel von Lucía geliehen hatte, um sich noch einmal in der Kirche umzusehen. Aber es hatte bereits zu viele Lügen gegeben, und einige davon hingen über dem Ort wie ein Echo, das nicht weichen wollte.

Er ließ sich Zeit mit der Antwort, und die Art, wie er sie mit seinen dunklen Augen musterte, machte sie nervös. Sie hatte Miguel als fröhlichen, zuverlässigen Menschen kennengelernt, aber jetzt erinnerte er sie an einen Wachhund, der erst lockerlassen würde, wenn er bekommen hatte, was er wollte – und das war eine Antwort auf die Frage, die er unweigerlich noch stellen würde.

»Ich war mit meinem Bruder unterwegs«, sagte er langsam. »Yago geht es nicht gut wegen der Sache mit Lu, also waren wir am Strand und sind früh zurückgekommen. Ich wollte die Gelegenheit nutzen und Señor Olante sein Werkzeug zurückbringen.« Er deutete auf ein aufgerolltes Bündel neben sich am Boden. »Und da sehe ich dich mit einem Paket in die Kirche schleichen, wobei du den Eindruck gemacht hast, als würde dich jemand verfolgen. Zumindest hast du dich sehr oft umgeblickt. Tja, und da dachte ich, besser ist es, wenn ich nachsehe, ob alles in Ordnung ist.« In seinen Augen mochte Misstrauen liegen, doch in seiner Stimme schwang vor allem eines mit: die Aufforderung, ihm nicht mit Ausflüchten zu kommen.

Aber das hatte sie auch nicht vor.

Sie atmete aus und spürte, wie ihre Schultern nach unten sackten. »Okay. Ich zeige es dir.«

Seine Augenbrauen wanderten hoch. Damit hatte er eindeutig nicht gerechnet.

Sofie drückte die Tür wieder auf und gab ihm ein Zeichen, ihr zu folgen. Sie musste sich nicht umdrehen, um sich zu vergewissern, dass er ihrer Aufforderung Folge leistete – sie spürte ja förmlich, wie sich sein Blick in ihren Rücken brannte.

Sie blieb vor der Nische stehen, ebenso Miguel, wobei er sich umsah, als würde er weitere Personen erwarten. Glaubte er etwa, dass sie in der Kirche eine Party veranstaltet hatten? Sie nickte ihm zu, trat vor und zog den Vorhang mit einem Ruck zur Seite.

Miguel sog scharf den Atem ein. »Was zur …?« Er hob eine Hand, ließ sie aber wieder fallen. »Wie hast du …?«

»Das ist eine lange Geschichte«, sagte sie und schielte zu ihm hinüber, »aber wichtig ist doch einzig, dass die Figur wieder da ist, findest du nicht?«

Er schüttelte fassungslos den Kopf, trat näher und betrachtete abwechselnd das Foto und die Skulptur, als müsste er sich vergewissern, dass er der richtigen Statue gegenüberstand. Natürlich, er kannte sie ja nur aus Erzählungen oder von Fotos! »Sie ist echt, nicht wahr?«

»Ja«, murmelte Sofie.

Behutsam berührte er das Holz. Es war seltsam, den pragmatischen Miguel so ergriffen zu sehen. Dann ließ er den Arm sinken und wandte sich ihr zu. »Tut mir leid, Sofie, aber jetzt wirst du mir alles erzählen müssen.«

»Ja, das hab ich mir schon gedacht.« Sie nagte an ihrer Unterlippe und versuchte, die Konsequenzen abzuschätzen.

Würde Miguel ihr Geheimnis wahren? Sicher würde er verstehen, dass sie ihren Opa schützen wollte – vor allem, da manche Menschen in Cielente extrem nachtragend waren, wenn es um die Heiligenfigur ging. Er selbst gehörte nicht dazu, und sie glaubte auch nicht, dass er das Verschwinden Isabels für alles verantwortlich machte, was schiefging.

»Aber nicht hier. Mir wäre es lieber, wenn nicht noch mehr Menschen mitbekämen, wer die Statue zurückgebracht hat.«

»*Das* willst du also verheimlichen?« Seine Skepsis war zurück. Vielleicht würde es doch nicht so einfach werden, ihn zu überzeugen – schließlich verlangte sie damit, dass er seine Familie, Freunde, Nachbarn und Bekannten anlog.

»Können wir woanders reden?«, fragte sie mit flehendem Unterton. »Bitte. Dann erzähle ich dir auch alles. Versprochen.«

Er sah von ihr zur Statue und wieder zurück. Sofie atmete auf, als er nickte. »*Vale.*«

Die Landschaft außerhalb des Dorfes war Sofie bereits so vertraut wie die Finca und die Landero-Farm selbst. Hier, auf der alten Holzbank, hatte Lucía ihr von dem Streit mit ihrer Familie erzählt, und jetzt hatte Miguel alles rund um Opa Nando und das Verschwinden der Heiligen Isabel erfahren.

»Und daher«, schloss sie ihren Bericht, »habe ich meine beste Freundin gebeten, mir die Figur zu schicken. Weil manche Probleme von heute noch immer mit den alten Geschichten zusammenhängen. Lucía und Yago beispielsweise. Du hast selbst gesagt, dass du mit deinem Bruder unterwegs warst, um ihn abzulenken. Die zwei sind eindeutig ineinander verliebt, aber diese Fehde zwischen euren Familien verhindert, dass sie miteinander glücklich sein dürfen. Weil einmal jemand die Kirche nicht abgeschlossen hat und man seitdem verfeindet ist!« Sie zerknüllte einen Grashalm und schleuderte ihn von sich. Erst dann atmete sie tief durch, um auch den Rest ihrer Empörung loszuwerden. »Aber ich habe auch gehört, wie sehr manche Menschen noch immer daran festhalten, denjenigen zu bestrafen, der die Figur damals«, sie wählte ihre Worte mit Bedacht, »hat verschwinden lassen. Und deshalb habe ich sie heimlich zurückgebracht. Ich möchte nicht, dass mein Opa Probleme bekommt. Er ist ein alter Mann.«

Miguel starrte in die Ferne und schien in Gedanken versunken. Nach einer Weile nickte er langsam. »Du hast gesagt, er redet nicht gern über seine Zeit hier.«

»Nein, das tut er nicht. Irgendwas muss damals passiert sein, was ihn dazu gebracht hat, so zu handeln. Seine Abneigung gegen den Aberglauben kann nicht der einzige Grund gewesen sein. Und wenn jetzt nach all den Jahren wütende Menschen aus seiner Vergangenheit wieder bei ihm auftauchen würden …« Sie zupfte den nächsten Halm ab. »Ich möchte, dass es ihm gut geht; er soll nicht in einen dämlichen Rechtsstreit geraten. Eigentlich ist es doch auch nicht wichtig, wo die Statue war, sondern dass sie wieder zurück ist, meinst du nicht?«

Miguel blinzelte in ihre Richtung. »Versuchst du gerade, mich zu beeinflussen?«

»Würdest du das an meiner Stelle denn nicht tun?«

»Vermutlich schon, *sí*.« Er dachte kurz nach. »Du verlangst also, dass ich dein Geheimnis bewahre, später überrascht tue und offiziell nicht einmal einen Verdacht habe, wie die Figur in die Kirche zurückgelangt sein könnte?«

Sofie starrte auf ihre Hände, wo das Gras grünliche Flecken hinterlassen hatte. »Wenn du das so sagst, klingt es schon etwas radikal. Aber ja, im Grunde würde ich mir wünschen, dass du niemandem davon erzählst.«

»Hm.« Allmählich machte er sie unruhig. »Woher hast du eigentlich den Schlüssel?«

»Von Lucía. Also, vielmehr aus ihrem Geheimversteck. Sie hat beiläufig erwähnt, wo sie ihn aufbewahrt, und keine Ahnung, dass ich ihn mir geborgt habe.« Sie zog eine Grimasse. »Das müsstest du auch für dich behalten.«

»Ganz schön viele Geheimnisse für eine einzelne Frau«, sagte Miguel, klang aber schon weniger nachdenklich. »Also gut. Ich werde nichts sagen, weder zu Lucía noch zu irgendwem anders. Aber ich habe eine Bedingung.«

»Oh.« Sofie knetete ihre Finger. »Und die wäre?«

»Du begleitest mich morgen zur Feier.«

Sofie zögerte. Redete er etwa von einem offiziellen Date? Sie dachte an ihre Begegnungen, daran, wie er bei der Finca ihre Hand gehalten hatte, an seine Einladungen und seine Blicke, die manchmal so intensiv gewesen waren. So wie jetzt.

Allerdings würde er für sie nie mehr als ein Freund sein.

Ganz abgesehen davon, dass ihr Herz beim Gedanken an jemand anderen schneller schlug. Sie hatte gehofft, mit Andrés zur Feier vor dem Fest der Liebe zu gehen, aber sie würde ihm so oder so dort begegnen – und sie glaubte nicht, dass Miguel sie völlig für sich beanspruchte. Es war ja kein Ball oder dergleichen. Sie würde die anderen dort treffen, Simon und Tereza, Lucía und Yago. Und Andrés. Sie würden alle zusammen feiern, egal, wer in wessen Begleitung erschienen war.

»Miguel«, begann sie und zögerte.

Er lachte über ihre Unsicherheit, doch es klang nicht sehr fröhlich. »Komm schon, Sofia. Du weißt, dass ich dich mag.«

»Ja«, murmelte sie. »Und ich gehe gern mit dir auf die Feier. Aber als eine Freundin, so wie es Lucía für dich ist, nicht mehr. Tut mir leid.« Auch wenn er das nicht hören wollte, war sie froh, als die Worte heraus waren.

Miguel schürzte die Lippen. Etwas huschte über sein Gesicht, veränderte sich aber zu schnell, als dass sie es hätte deuten können. »Das habe ich mir bereits gedacht. Aber ich bewahre dein Geheimnis auch dann, wenn ich einfach nur den Abend mit einer schönen Frau an meiner Seite verbringen kann.« Er streckte ihr die Hand entgegen. »Damit haben wir einen Deal.«

Sofie zögerte. »Unter Freunden.«

»Abgemacht.«

22

In diesem Teil der Plantage waren die Pflücker bereits fleißig gewesen. Bis auf das gelegentliche Huhn bewegte sich nichts, und Sofie entdeckte weder Leitern noch ein Big Pack. Als Stimmen ertönten, waren sie so weit entfernt, dass sie nicht verstand, was sie sagten.

Sie betrachtete die Katze, die ihr hierher gefolgt war – zwischenzeitlich auf Storchenbeinen, wenn die Bäume gewässert worden und der Boden noch feucht gewesen war. »Die Idylle färbt sogar auf dich ab, hm? Oder hast du mittlerweile Freundschaft mit ihnen geschlossen?« Sie nickte in Richtung des Huhns, das sie mit zuckendem Kopf beobachtete.

Die Katze ignorierte es, streckte die Vorderpfoten und gähnte, und Sofie war einmal mehr froh über ihre Begleitung. Sie freute sich darauf, Andrés zu sehen, aber ein Teil von ihr war ob seiner Funkstille angespannt. Ja, er hatte viel zu tun, aber für eine kurze Nachricht wäre doch seit ihrem letzten Treffen sicherlich Zeit gewesen?

Als sich ein Brief auf die Finca verirrt hatte, auf dem mit dicken Buchstaben *Andrés Celaya* gedruckt stand, hatte sie daher ihre Arbeit im Gemüsegarten unterbrochen und sich angeboten, ihn vorbeizubringen. Señora Landero hatte den Vorschlag begrüßt und ihr einen Teil des Schokokuchens in die Hand gedrückt. »In der Erntezeit kann zusätzliche Energie nicht schaden.« Zur Einstimmung auf das Fest morgen Abend hatte sie ihn auf einer mit roten Herzen bedruckten Serviette drapiert und mit kleinen Papierrosen geschmückt.

Seit dem Treffen der Frauen im Haupthaus der Plantage schien sie immer öfter in Hochstimmung zu sein. Sofie hatte sie gefragt, ob das mit dem Fest zu tun hatte, doch ihre Gastgeberin hatte nur abgewinkt und betont, dass es noch viel zu erledigen gebe. Da sie offenbar nicht mit der Sprache herausrücken wollte, half Sofie ihr schließlich, zwei wunderschöne Kleider aus dem hintersten Winkel ihres Schranks zu holen, einen Saum zu flicken und eine große Stoffschleife am anderen zu befestigen. Beide sahen atemberaubend aus in ihren Feuerfarben, die wunderbar zur Señora passten.

»Ich habe sie so viele Jahre nicht mehr getragen«, sagte sie und strich mit einer Hand darüber. »Nicht mehr, seit mein Tico gestorben ist. Da war ich bereits eine alte Frau, und jetzt bin ich noch älter und hab mich jedes Jahr gefragt, warum sich jemand, der so viele Falten und graue Haare mit sich rumschleppt, noch für ein Fest herausputzen soll.«

Sofie und Lucía protestierten und hielten ihr die Kleider an, immer abwechselnd, bis sich die Señora überraschend für das gewagtere Modell von beiden entschied. Das Oberteil war in Rot gehalten, das sich nach unten hin aufhellte, so als würden kleine Flammen über den Saum tanzen. Lucía steckte der Señora die Haare hoch und befestigte eine Rose darin, und Sofie staunte über die Veränderung: Sie hatte nicht nur mit dem Kleid zu tun, sondern vor allem mit der Haltung, in der ein Stolz mitschwang, der unter ihrer Eleganz verborgen gewesen war. Außerdem haftete der Señora, seit sie das Treffen der Frauen ins Haupthaus verlegt hatte, eine neue Entschlossenheit an.

Sie hatte ihre Schmuckschatulle geöffnet, einige Armreifen herausgenommen, die sie sich überstreifte, sowie ein hübsches kupferfarbenes Armband, an dem zahlreiche, an Münzen erinnernde Plättchen baumelten. Sofie hatte es sofort gemocht, und als die Señora das bemerkte, hatte sie es ihr geschenkt und ihren Protest ignoriert. »Ich trage es ohnehin nicht mehr. Sieh nur, es ist mir zu eng, und da ist es schön, wenn ich dir eine Freude machen kann, *querida*.«

Jetzt klimperte es leise an Sofies Arm.

Als sie den Anbau erreichte und anklopfte, huschte die Katze ins Dickicht davon. Es dauerte nicht lange, bis Andrés' Gesicht am Fenster auftauchte und augenblicklich wieder verschwand.

Einen Atemzug später öffnete er die Tür. »Sofia«, sagte er leise.

Zunächst glaubte sie, er sähe müde aus, aber dann erkannte sie die Niedergeschlagenheit in seinen Augen. Sofort verschwand ihre Unsicherheit und machte Sorge Platz. Gab es Neuigkeiten hinsichtlich des Verkaufs?

»Ist was passiert?«, stieß sie hervor. »Wegen der Plantage?«

Er wirkte erstaunt, schüttelte dann aber den Kopf. »Nein. Da ist alles noch beim Alten.«

Verwundert betrachtete sie ihn, aber er reagierte nicht. Also zwang sie ein Lächeln auf ihre Lippen, um ihn aufzumuntern. »Kann ich reinkommen?«

Er zögerte, tat dann aber einen Schritt zurück und hielt ihr die Tür auf. »Bitte.« Seine Bewegungen waren steif, die Gesten förmlich. Der Andrés, der niemanden hinter seine Fassade blicken ließ und sämtliche Probleme mit sich allein ausmachte, war zurück.

Sofie drückte ihm den Brief in die Hand und trat ein. »Hier, der wurde auf der Finca abgegeben. Und das«, sie ließ den Korb folgen, »ist von Señora Landero.«

Am liebsten hätte sie ihn umarmt, weil sie sich trotz allem freute, ihn zu sehen, aber es war allzu deutlich, dass etwas nicht stimmte.

Andrés starrte auf den Kuchen und die Papierrosen, als wüsste er nicht, was er damit anfangen sollte. »Danke«, sagte er endlich und stellte ihn auf der Kommode in der Diele ab. »Ich muss leider gleich wieder an die Arbeit.« Er sah sie nicht einmal an.

Sie schluckte, und es kratzte mehr in ihrem Hals, als es sollte. »Andrés«, sagte sie leise und hob eine Hand. Er wich zurück. »Was ist los?«

Es tat weh. Nachdem sie sich so nahe gewesen waren, konnte sie diese Ablehnung und Distanz nur schwer ertragen.

Seine Nasenflügel blähten sich, und er starrte zu Boden, als würden sich dort auf magische Weise Lösungen für alle Probleme auftun. Dann hob er den Kopf. »Es tut mir leid, Sofia«, sagte er und klang dabei so erschreckend neutral. »Aber ich kann das nicht.«

Ihr erster Impuls war, nachzufragen, was genau er meinte, obwohl sie es bereits wusste. Sie hörte es an seinem Tonfall, sah es in seinen Augen und an den Fingern, die sich leicht krümmten und wieder streckten, als wollte er auf irgendetwas einschlagen, statt mit ihr zu reden. Trotzdem war es völlig surreal. Solche Sachen passierten in Filmen oder irgendwelchen entfernten Bekannten: Menschen zogen sich ohne eine Erklärung von ihnen zurück.

Nicht Andrés. Das passt nicht zu ihm.

Aber wie konnte sie das wissen? Kannte sie ihn wirklich gut genug, um das mit Sicherheit behaupten zu können? Oder war es nur ihre Wunschvorstellung von ihm?

Sie räusperte sich, doch das kratzige Gefühl in ihrer Kehle wollte nicht verschwinden. »Ist es wegen dem, was ich gesagt habe, nachdem wir miteinander geschlafen haben? Dass du mehr für mich bist als ein … Urlaubsflirt?«

Er schüttelte energisch den Kopf, hielt dann aber inne. Sofie musste sich zusammenreißen, um auf seine Antwort zu warten. Ihr Herz raste.

»Sofia, es liegt nicht an … *Mierda*, das klingt zu sehr nach einem Klischee, und das soll es nicht«, sagte er so heftig, dass sie zusammenzuckte. »Aber es ist leider so, und so lange ich auch nachdenke, ich finde keine passenderen Worte dafür.«

»Für was?«

»Ich bin noch nicht bereit für was Neues.«

Ungläubig starrte sie ihn an, obwohl sie genau verstanden hatte. Ihr ganzer Körper war jetzt so verkrampft, dass es schmerzte. »Sag jetzt nicht, dass es mit diesem verdammten Aberglauben zu tun hat«, brachte sie mit tauben Lippen hervor.

Andrés riss die Augen auf. »Nein, natürlich nicht. Es ist nur die falsche Zeit für einen Neuanfang. Mein Leben ist im Moment ein riesiges Fragezeichen, und ich hab keine Ahnung, wie meine Zukunft aussehen wird. Deshalb kann ich das mit dir nicht so weiterführen. Ich darf es nicht noch intensiver werden lassen.« Er hob die Stimme am Ende des Satzes, als wollte er noch etwas sagen, und sie las die restlichen Worte in seinen Augen, die er nicht aussprach: *Ich darf es nicht noch intensiver werden lassen, als es bereits ist.*

Als er begriff, dass sie ihn verstanden hatte, wandte er sich ab und schob den Korb ein Stück zur Seite, sodass die Vase daneben schwankte. Andrés achtete nicht darauf. »Und Aberglaube hin oder her«, presste er zwischen zusammengebissenen Zähnen hervor, »die Liebe und ich sind keine sonderlich guten Freunde.«

Sofie schüttelte den Kopf, weil ihr andere Bewegungen nicht mehr möglich schienen. Redete er etwa von seiner geplatzten Verlobung?

Lucía hatte ihr erzählt, dass Andrés' Freundin – Cristina – es sich damals kurz vor der Hochzeit anders überlegt hatte, aber er hatte sie niemals erwähnt, und daher hatte sie nicht das Gefühl gehabt, dass ihm die Geschichte noch nachhing.

»Ich dachte, du glaubst nicht daran?« Ihre Worte klangen bitter. »So was ist Unsinn, und das weißt du ebenso gut wie ich.«

»Sofia«, sagte er, und zum ersten Mal wünschte sie sich, er würde ihren Namen nicht auf diese Weise betonen. Mehr noch, sie wünschte sich, Andrés wäre nicht der Mann, in den sie sich verliebt hatte.

Denn genau das war passiert, auch wenn sie versucht hatte, diese Worte so lange wie möglich aus ihren Gedanken zu verbannen.

Als würden sich Gefühle ändern, wenn man ihnen eine andere Bezeichnung verpasste.

Aber die für Andrés waren bereits zu stark, und Sofie ahnte, dass sie ihn nicht so schnell würde vergessen können. Ihn und die Zeit, die sie miteinander verbracht hatten. Sie kannte ihn gut genug, um zu wissen, dass er weder vorschnell eine Entscheidung traf noch seine Meinung änderte, und damit gab es nichts mehr, was sie tun konnte. Außer hinnehmen, was er ihr mitgeteilt hatte, und dabei ihren Stolz wahren, wenn sie schon einen Teil ihres Herzens verloren hatte. »Also gut«, sagte sie viel zu leise. »Das war es dann wohl.«

Er hob den Kopf und sah sie an, als hätte er auf etwas anderes gehofft, aber dann nickte er. »Es tut mir leid. Wirklich. Ich …«

»Das braucht es nicht«, sagte sie, und ihre Mundwinkel zitterten. »Ist ja auch nicht viel passiert, oder? Es war ja nur eine Nacht.«

Und all die Momente zuvor. Als sie geredet hatten. Als er ihre Finger berührt hatte. Als sie sich so nahe gewesen waren, obwohl mehrere Handbreit Abstand zwischen ihnen lagen. In all diesen Augenblicken hatte sie begriffen, wie wichtig es war, gemeinsam schweigen zu können und zugleich so viel miteinander zu teilen. Mit keinem ihrer Ex-Freunde hatte sie so etwas je erlebt.

Dann nickte Andrés, langsam nur, aber es vergrößerte die Distanz zwischen ihnen ins Unendliche.

Sofie imitierte die Geste und brachte das künstlichste Lächeln der Welt zustande. »Wir sehen uns morgen beim Fest.« Damit drehte sie sich um und verließ den Anbau.

Automatisch wählte sie den Weg über die Längsseite des Hauses, weil sich dort die Baumreihen ausdünnten und damit die Chance geringer war, auf Simon und Tereza oder andere Arbeiter zu treffen. Jeder Schritt fühlte sich seltsam an; ihr Körper war wie versteinert, während ihre Gedanken durcheinanderrasten, auf der Suche nach einer Erklärung oder einer Lösung, die es nicht gab. Ein Teil von ihr lauschte auf die Geräusche der Umgebung in der Hoffnung, dass Andrés ihr folgen und ihr sagen würde, dass sie ihn falsch verstanden und er einfach nur ein paar Sekunden länger gebraucht hätte, um sich dessen bewusst zu werden, dass er dasselbe für sie empfand wie sie für ihn. Aber natürlich passierte das nicht. Nicht bei Andrés, der zu seinem Wort stand, egal, in welcher Situation.

Mit einem Anflug von Wut wischte sich Sofie über die Augen, als die Ränder ihrer Sicht verschwammen. Das alles konnte sie doch unmöglich so tief treffen nach dieser kurzen Zeit! Aber die Vernunft hatte keine Chance, wenn das Herz litt.

Sie ließ die letzte Baumreihe hinter sich und entdeckte einen Trampelpfad dort, wo Gras in die spärlichen Hecken wucherte. Hier war das Land sich selbst überlassen worden. An einem anderen Tag hätte es Sofie fasziniert, wie die Gräser sich mit den niedrigen Zweigen verflochten hatten und die Farbtupfer der Wildblumen das Gemisch aus Grün und Braun auflockerten, aber jetzt fühlte sie sich bei diesem Anblick einfach nur allein. Trotzdem folgte sie dem überwachsenen Weg und ignorierte, dass es an ihren Beinen kratzte und stach.

Vor ihr tauchte, halb von den Hecken verborgen, eine verwitterte Holzbank auf. Zwei Latten im Rückenteil und die mittlere in der Sitzfläche fehlten, weggefressen vom Wetter, der Zeit und der Tatsache, dass sie in Vergessenheit geraten war.

Sofie blieb stehen und presste beide Hände gegen das Holz. Es knarrte, schien aber noch stabil genug zu sein, um sie zu tragen, also ließ sie sich nieder. Von hier sah sie das Dach des Haupthauses sowie die Anhöhe, auf der die Finca stand. Sie dagegen war hinter den Hecken und Gräsern so gut wie unsichtbar, und nichts erschien ihr momentan verlockender, als bis zum Abend hierzubleiben.

Sie versuchte, tief und gleichmäßig zu atmen, und starrte in den Himmel, der noch immer sein wundervolles Blau zeigte, aber plötzlich viel weiter weg zu sein schien. Dort oben war alles wie immer, während sich für sie so viel verändert hatte.

»Verdammt«, flüsterte Sofie, und die Tränen, gegen die sie so energisch ankämpfte, ließen ihre Stimme zittern.

Sie fuhr herum, als es hinter ihr raschelte. Etwas Helles bewegte sich neben der Bank, dann wand sich die Katze aus dem Gebüsch, blieb stehen und sah zu Sofie hinauf. Ihre Ohren zuckten.

»Hey.« Sofie beugte sich zu ihr hinab, um sie zu streicheln und ein Blatt von ihrem Rücken zu zupfen. »Da bist du ja wieder.«

Die Katze streckte sich, schmiegte sich an Sofies Beine und schnurrte leise, als sie ihr über den weichen Rücken strich. Nach einer Weile hüpfte das Tier mit einem eleganten Satz auf die Bank und rollte sich neben Sofie zusammen, zufrieden mit ihrer Gesellschaft. Ein Teil seiner Ruhe ging auf Sofie über, und auch wenn ihre Gedanken noch immer durcheinanderstolperten und sie keine der unzähligen Fragen beantworten konnte, die sie sich wieder und wieder stellte, war sie dankbar. Dafür, jetzt nicht allein zu sein – und doch nicht über das reden zu müssen, was soeben geschehen war. Was hätte sie auch sagen können? Sie verstand nichts davon. Sie verstand nicht einmal sich selbst.

Nach der Nacht mit Andrés hatte sie geglaubt, ihre Zweifel wären verschwunden. Dass sie und er eine Lösung finden würden, wenn das zwischen ihnen echt war – und genauso hatte es sich angefühlt. Aber sie hatte sich etwas vorgemacht. Zweifel verschwanden nicht, wenn man auf rosaroten Wolken schwebte. Sie wurden lediglich für eine Weile unsichtbar.

Ihr Handy klingelte in der Hosentasche, und die Katze hob abrupt den Kopf. Sofie hielt den Atem an, als sie es herauszog – und stieß ihn enttäuscht wieder aus. Es war nicht Andrés, sondern Opa Nando.

Sie versuchte, einen Teil ihrer Beklemmung und Sehnsucht herunterzuschlucken, und nahm das Gespräch an. »Hallo.«

»Du hast sie also zurückgebracht«, sagte er statt einer Begrüßung.

Sie wollte antworten, ihm sagen, dass sie es hatte tun müssen, doch die Silben verhakten sich in ihrer Kehle. Der Druck wurde schnell unerträglich.

»Ja«, schluchzte sie, und auf einmal brach alles aus ihr heraus, was sie seit dem Gespräch mit Andrés zurückgehalten hatte. »Aber ich war zu spät, und du hast vollkommen recht, Opa. Hier ist es wie im Mittelalter. Die Menschen glauben daran, dass … dass irgendwelche Statuen über ihr Glück bestimmen oder dass sie generell kein Glück in der Liebe haben, und Lucía und Yago können nicht zusammen sein, denn ihre Eltern sind dagegen, weil sich irgendwelche Vorfahren zerstritten haben wegen einer dummen Kirchentür, die nicht abgeschlossen war, und ich gehe mit Miguel zum Fest vor dem Umzug, dabei wollte ich … ich habe …« Jetzt liefen ihr die Tränen nur so über die Wangen und nahmen einen Teil ihrer Worte mit sich. Der Rest verhedderte sich so sehr, dass Sofie schließlich überhaupt nichts mehr herausbrachte. Es war zu spät, um Stärke zu zeigen und sich zusammenzunehmen. Die Trauer brach sich Bahn, gemeinsam mit der Fassungslosigkeit darüber, dass sie ihr Herz bereits nach so kurzer Zeit verschenkt hatte.

Die Katze stemmte die Vorderpfoten gegen Sofies Oberschenkel, die schräg gestellten gelbgrünen Augen voller
Verwunderung über diesen Menschen, der so traurig war,
obwohl die Sonne schien und das Gras nach Frische und
Freiheit roch.

»Kind«, sagte Opa Nando nach einer Weile. Seine Stimme
war ruhig und so vertraut, dass sich Sofie wünschte, bei ihm
zu sein. Mit ihm in seiner Wohnung zu sitzen, wo er ihre
Hand nehmen und ihr mit gerunzelter Stirn erklären würde,
dass nichts so schlimm sein konnte, um den gesamten Tag
in trüben Farben auszumalen.

Opa Nando zeigte seine Gefühle selten und wenn, dann
nur kurz, aber seine fast schon militärische Strenge besaß
stets einen liebevollen Unterton. Jetzt sehnte sie sich danach,
von ihm zu hören, dass diese Gegend zu schön war, um sich
hinter Tränen zu verstecken.

»Kind«, sagte er stattdessen noch einmal, die Stimme so
sanft, wie sie es noch nie von ihm gehört hatte. »Was ist
denn nur passiert?«

Überraschenderweise halfen die ungewohnte Milde und
seine Anteilnahme. Sofie brauchte noch einen Moment, aber
allmählich wurden ihre Schluchzer leiser, bis sie endlich gegen
den Kloß in ihrer Kehle anschlucken und antworten konnte.

»Ich schätze«, flüsterte sie, »ich hab mich verliebt. Aber es
hat keine Zukunft. Trotzdem weigere ich mich zu glauben,
dass es an diesem Ort liegt. Das kann nicht sein, oder, Opa?
Die ganze Zeit versuche ich, den Menschen zu erklären, dass
es keinen Fluch gibt und Holzstatuen keine Macht haben, die
eigenen Gedanken dafür umso mehr. Nur … wie kann ich
etwas ändern, das sich dermaßen in den Köpfen festgesetzt
hat, selbst bei denen, die gar nicht abergläubisch sind?« Sie

hatte geredet, ohne Luft zu holen, und das holte sie jetzt nach, tief und zittrig. »Möglicherweise kennen sie es ja nicht anders. Ich meine, sie haben es schon als Kinder eingetrichtert bekommen, und deshalb missachten sie alles um sich herum, was mit der Liebe zu tun hat, weil sie ... ich weiß nicht, weil sie es nicht mehr wagen ...« Sofie umklammerte das Handy wie einen Rettungsanker, während Opa Nando leise auf sie einredete.

Sie ließ sich vom Klang seiner Worte einhüllen wie in ein weiches, warmes Tuch, und es dauerte eine Weile, bis sie merkte, dass es spanische Koseworte waren.

»*Dios mío.*« Lucía blieb in der Tür stehen und sah sich in der Küche um. »Hat man dir etwa erzählt, dass halb Valencia zu unserem Fest kommen wird? Oder ... ich weiß nicht, die spanische Armee? Eine große, sehr hungrige Sportmannschaft?« Seit sie auf der Finca war, gab es tatsächlich Zeiten, in denen sich ihre Laune hob.

Sofie war froh, mit ihrer Vermutung recht behalten zu haben; der Abstand und das Gefühl, hier oben in einer eigenen kleinen Welt zu leben, wirkten Wunder. Zumindest, bis Lucía in die Realität des Alltags zurückkehren musste, aber daran wollte Sofie jetzt nicht denken.

Sie betrachtete die Marmeladengläser, die sich auf der Anrichte reihten, die kandierten und mit Schokolade überzogenen Orangenscheiben und die endlosen Reihen von Muffins, die sie seit dem Morgen gebacken hatte. Gut, vielleicht hatte sie es wirklich ein wenig übertrieben. Aber die Beschäftigung in der Küche lenkte sie ab, da sie sich einerseits auf die Rezepte in Estrellas Büchlein konzentrierte und andererseits manche Handgriffe im Schlaf ausführen konnte.

Auch wenn sie der Señora nichts von dem Gespräch mit Andrés erzählt hatte, schien diese zu ahnen, dass auf der Landero-Farm etwas vorgefallen war. Sie hatte Sofie einen Arm um die Schultern gelegt und ihr versichert, dass sie sich in der Küche austoben konnte, wann immer sie wollte. »Gern auch den ganzen Tag. Ich weiß, wie gut diese schöne Arbeit den Kopf von Dingen frei hält, die einen umtreiben«, hatte sie gesagt und Sofie über die Schulter gestrichen.

Das hatte Sofie gerührt. Die Señora hatte sie nicht ausgefragt, für sie war nur wichtig, jemandem zu helfen, dem es nicht gut ging. Sie verströmte noch immer jene Energie, die sie vor Kurzem in sich wiederentdeckt hatte, und verbrachte viel Zeit am Telefon, wo sie in energischem, schnellem Spanisch redete. Bei ihrer letzten Begegnung hatte sie einen feuerroten Seidenschal um den Hals getragen, der hervorragend mit dem Rosenmuster ihres Kleids harmonierte und bei jeder Bewegung hochwehte, als wäre sie eine Superheldin.

Sofie wünschte sich, ein Teil dieses Feuers würde auf sie übergreifen, denn sie mochte diese Lethargie nicht, gegen die sie nun bereits seit zwei Tagen ankämpfte. Andrés hatte sich nach ihrem Gespräch nicht gemeldet, und er würde es auch nicht mehr tun, so viel stand fest.

Von Simon und Tereza wusste sie, dass die Arbeit auf der Farm ihren gewohnten Gang nahm, die Stimmung aber nicht mehr dieselbe war und immer öfter über *la ciudad* geflucht wurde. Überall lag Abschied in der Luft, und auch sie hatte für sich entschieden, nach dem Fest und dem Umzug am Folgetag ihre Sachen zu packen und Cielente zu verlassen – in der Hoffnung, dass sich mit dem Wiederauftauchen der Heiligen Isabel zumindest die Weichen für Lucía und Yago neu stellten. Sie war gekommen, um den Spuren ihres Opas zu folgen. Eigene hinterlassen wollte sie nicht.

Eines Tages würde sie an ihre Zeit hier denken und an den Mann, mit dem sie sich so viel hätte vorstellen können, und sie hoffte, dass sie dann bei der Erinnerung daran lächeln würde.

Jetzt griff sie nach dem Geschirrtuch und wischte sich die Finger ab. »Die Marmelade hält sich, und der Rest wird sicher bei der Feier vernichtet.« Sie lächelte Lucía zu und war froh, dass ihr das schon deutlich leichter fiel als in den vergangenen Tagen.

Im Gegensatz zur Señora hatte Lucía mehrmals versucht herauszufinden, was geschehen war, doch Sofie betonte jedes Mal, nicht darüber reden zu wollen. Jetzt ließ sich ihre Freundin auf einen Stuhl fallen, schnappte sich einen Muffin und biss hinein. »Generell würde ich dir recht geben, aber du kennst die Menschen in Cielente nicht, wenn es um das Fest vor dem großen Umzug geht. Jeder denkt, dass er im Alleingang das gesamte Dorf ernähren muss, und im Endeffekt leben wir alle noch wochenlang von den Resten. Für mehrere Monate danach können wir den Geschmack von Orangen nicht ausstehen, und dann fängt alles wieder von vorne an.« Als Sofie ihr Lächeln erwiderte, lehnte sie den Kopf an ihre Schulter und atmete aus.

»Hat sich Yago gemeldet?«, fragte Sofie.

Lucía bewegte knapp den Kopf. *Nein.* »Er wird sich sagen, dass wir die Sache für uns nur schlimmer machen, wenn wir Kontakt halten. Damit hat er vermutlich recht, aber es ist furchtbar schwer.«

»Er ist doch bald wieder geschäftlich unterwegs«, gab Sofie zu bedenken. »Dann bekäme er den Unmut seiner Familie sowieso nicht mehr mit.«

Wieder eine Kopfbewegung. »Aber er ist der Sohn des Alcalde und wird gerade in diesen Tagen versuchen, seinen Vater bei allen Vorbereitungen zu unterstützen. Ich kenne Yago, er denkt dann schnell nicht mehr an sich, sondern nur an die anderen. Und genau das …« Sie winkte ab.

Sofie wusste, was sie hatte sagen wollen: dass sie genau das so sehr an Yago liebte – seine Zuverlässigkeit und Rücksichtnahme, wenn es darum ging, anderen zu helfen. Und ausgerechnet das wurde ihm nun zum Verhängnis. Er war so darauf aus, seine Familie glücklich zu machen, dass er Lucía und sich keine Chance gab.

Sie hätte so viel dazu sagen mögen, aber angesichts der Überzeugung eines ganzen Dorfes schienen ihre Worte einfach zu verpuffen. Also tat sie das Einzige, was ihr übrig blieb, und schlang die Arme fest um ihre Freundin. Lucía erwiderte die Geste, und eine ganze Weile saßen sie einfach nur so da, getröstet durch die Gegenwart der anderen.

Erst als ein bekannter Ton durch die Finca zog, hob Lucía den Kopf. »Das kam aus unserem Zimmer.«

»Ja, mein Handy.«

»Na, geh schon nachsehen.« Lucía stupste sie an. »Vielleicht ist es wichtig, und dann kann ich mich zumindest nützlich machen und ein wenig Ordnung in dem Chaos schaffen, das du veranstaltet hast.«

Von Chaos konnte keine Rede sein, aber da Sofie nur zu gut wusste, dass Ablenkung half, nickte sie und verließ die Küche. Bis gestern hatte sie noch bei jeder Nachricht gehofft, dass sich Andrés meldete, aber mittlerweile wusste sie, dass es Wunschdenken bleiben würde.

Die Nachricht war von Miguel.

Sofia, ich brauche deine Hilfe.
Es geht um meinen Bruder.
Ist Lu noch bei dir?

Erschrocken starrte sie auf die Zeilen und zwang die Bilder zurück, die sich sofort in ihrem Kopf festsetzen wollten. Wenn Yago etwas geschehen wäre, hätte Miguel anders geklungen.

Schon schwebte ihr Finger über der Taste mit dem Telefonsymbol, aber dann warf sie einen Blick zur Tür. Lucía konnte sie womöglich hören, und sie wollte sich nicht verdächtig machen, indem sie flüsterte. Also tippte sie.

Ja, sie ist nebenan. Was ist passiert?
Was kann ich tun?

Miguels Antwort kam sofort – entweder schien er ebenfalls nicht reden zu können, oder er hatte begriffen, dass ein Anruf unpassend wäre.

Er plant abzureisen, weil er Lucía auf
dem Fest nicht begegnen will.
Ich gestehe, ich war skeptisch in Bezug
auf die beiden, weil es einen Haufen
Probleme schafft. Aber es geht ihm
wirklich nicht gut. Hast du eine Idee?

Sie starrte auf die Buchstaben, während Bilder durch ihren Kopf zogen: Lucía und Yago, die am Strand miteinander lachten. Lucías verträumter Gesichtsausdruck, wenn sie von ihm redete.

Sie mussten Zeit gewinnen. Und wenn es nur darum ging, dass Yago und Lucía noch ein klitzekleines bisschen durchhielten, bis alles in Cielente wieder so war wie vor sechzig Jahren.

Wir müssen den Vorhang bereits heute lüften.

Sie war sicher, dass Miguel verstehen würde, und wirklich antwortete er fast augenblicklich.

Ich besorge den Schlüssel.
Wir treffen uns dort.

Entschlossen steckte Sofie das Handy ein und griff nach ihrer Tasche. Wenn sie schon ihre eigene Geschichte nicht zu einem Happy End bringen konnte, dann zumindest die von Lucía und Yago.

Sie ging zurück in die Küche, wo Lucía die Arbeitsfläche mit so energischen Bewegungen abwischte, dass die Muskeln an ihrem Oberarm spielten. Sie hatte die gesamte Finca mehrmals geputzt, seit sie hier wohnte, ebenso sämtliche Gartengeräte und die Steine, mit denen die Beete eingefasst waren.

Sofie erntete einen empörten Blick, als sie ihr den Schwamm aus der Hand nahm. »Das kannst du auch später machen, wir haben was zu erledigen. Abgesehen davon ist es hier blitzsauber.«

»Ist es nicht«, sagte Lucía, entdeckte ein Staubkorn, das nur in ihrer Fantasie existierte, und stürzte sich darauf.

»Lucía.«

»Nein, ich werde erst ...« Sie hielt überrascht inne, als jemand ihre Hand festhielt.

Señora Landero war unbemerkt zu ihnen getreten. »Ich übernehme das«, sagte sie mit dieser Bestimmtheit, die sie sich in den vergangenen Tagen mehr und mehr angeeignet hatte. Ihr Tonfall verriet, dass es in der Sache keine Diskussion geben würde.

Und wirklich ließ Lucía – nicht ohne einen Blick des Bedauerns – den Schwamm los und nickte erst der Señora, dann Sofie zu. »*Vale.* Worum geht's?«

Sofie entschied, dass es nicht schaden konnte, sich die Señora zum Vorbild zu nehmen. »Das siehst du, wenn wir da sind«, sagte sie und deutete zur Tür. »Los, zieh dich an, und beeil dich. Wir nehmen Odysseus.«

Lucía murmelte etwas über herrische Feldwebel, verschwand dann aber mit einem Kopfschütteln.

Señora Landero legte den Schwamm neben die Spüle und musterte Sofie. »Endlich hast du wieder etwas Farbe im Gesicht«, sagte sie. »Plant ihr was Nettes?«

Sofie zögerte. Am liebsten hätte sie die Señora eingeweiht, aber damit musste sie bis zum Umzug warten. Dann würde das ganze Dorf versammelt und der Effekt am größten sein. Abgesehen davon durfte sie nicht riskieren, dass man sie verdächtigte, die Statue zurückgebracht zu haben – und damit Opa Nando, der Dieb zu sein. Vor allem seinetwegen würde sie schweigen. »Ich hoffe es. Zumindest sollte es Lucía aufheitern, wenn alles klappt.«

Die dunklen Augen der Señora schienen sie mühelos zu durchdringen. »Das ist gut. Es ist nicht schön, zwei junge Frauen so traurig zu sehen.«

»Aber ich …«

»Ts.« Señora Landero wedelte mit einer Hand durch die Luft. »Ich hatte über siebzig Jahre lang Zeit, Schauspiele-

398

rei zu durchschauen, Kind. Und davon gab es eine Menge in Cielente. Daher weiß ich auch, dass du vorgestern sehr niedergeschlagen von dem Besuch bei Andrés zurückgekommen bist, der dir eigentlich ein Lächeln auf die Lippen hätte zaubern sollen.«

Sofie brauchte einen Moment, bis sie die Bedeutung hinter den Worten verstand. »Sie haben mich absichtlich zum Haupthaus geschickt?«

»Nun, den Brief brauchte er ja so oder so.« Die Falten um die mit Rot betonten Lippen der Señora tanzten. »Andrés hat sich verändert, seitdem du hier bist, weißt du? So habe ich ihn lange nicht gesehen, mit diesem besonderen Lächeln, wenn er glaubt, dass es niemand merkt. Und obwohl er es versucht hat, es zu verbergen, hat er immer nach dir Ausschau gehalten, wenn du in der Nähe warst. Das hat mich an die Zeit erinnert, als Cristina mit ihm im Anbau wohnte.«

»Seine Verlobte.« Sofie hatte nicht gewusst, dass sie ebenfalls auf der Landero-Farm gelebt hatte.

Die Señora nickte. »Es hat mich dran erinnert – und doch war es anders.«

»Inwiefern?«, flüsterte Sofie, da sie ihrer Stimme nicht mehr traute. Zu Recht, denn sie kratzte, als würden die Worte ausfransen, kaum dass sie ihre Kehle verlassen hatten.

Die Señora drückte ihre Hand. »Ich konnte mich nicht erinnern, wann ich den Jungen zuletzt entspannt erlebt habe. Nicht wenn er auf der Farm arbeitete, nicht an seinen wenigen freien Tagen, und auch nicht mit Cristina. Das hat sich geändert, seit du hier bist. Sogar nachdem mein Bruder uns von seinen idiotischen Plänen erzählt hat, gab es diese Momente, in denen Andrés der Mensch war, von dem ich immer gehofft habe, dass er eines Tages wieder zum Vorschein kommt. Und das, meine Liebe, ist was Besonderes.«

Sofie wusste nicht, was sie mehr erstaunte; die Aussage an sich oder die Tatsache, wie die Señora über Antonio Landero sprach. »Nur leider«, sagte sie langsam, »sind manche Gewohnheiten zu stark, um sie dauerhaft ablegen zu können. Manchmal ändern sich Menschen nicht.«

»Ich würde dir so gern widersprechen«, sagte die Señora traurig. »Du hast recht, und ich habe es am eigenen Leib erfahren. Trotzdem, wir können diese alten Muster durchbrechen, wenn uns etwas wichtig genug ist. Mit einer kleinen Portion Glück wachen wir eines Tages auf und merken, dass wir eine bestimmte Sache in unserem Leben nicht mehr hinnehmen können. Ich habe das spät gelernt, aber jetzt weiß ich es.« Sie fasste nach Sofies Händen und drückte sie leicht.

Sofie sah nach unten, auf die runzeligen Finger neben ihren und die Flecken auf den Handrücken, die in all den Jahren entstanden waren, in denen Señora Landero so gelebt hatte, wie es ihr anerzogen worden war. »Ja, das stimmt. Bloß kann man Entscheidungen nicht immer allein treffen.«

Dieses Mal antwortete ihr Schweigen, und als sie wieder aufblickte, schimmerten die Augen der Señora feucht.

Sofie zog ihre Finger behutsam zurück, als sich Lucías Schritte näherten. Immerhin eine von ihnen sollte glücklich werden.

23

»Wieso steht die Tür offen?« Lucía blieb vor dem Kirchenportal stehen, sah sich um und steckte ihren Kopf hindurch. »Onkel Esteban?« Ihre Stimme hallte kurz im Inneren nach.

»Immer rein mit euch!«, kam die Antwort, und sie drehte sich mit gerunzelter Stirn zu Sofie um.

»Das war nicht mein Onkel.«

»Nein, das war Miguel«, sagte Sofie und schob sie nach drinnen. »Na los, ehe halb Cielente hinter uns steht und wissen will, was hier los ist.«

»Ich hätte nichts dagegen, weil ich mich nämlich dasselbe frage wie halb Cielente.«

»Wenn du dich nicht bewegst, wirst du es niemals herausfinden.« Sofie verdoppelte ihre Anstrengungen, mit dem Ergebnis, dass Lucía in die Kirche stolperte und dann so unvermittelt stehenblieb, dass sie fast gestürzt wäre. »Was macht ihr denn hier?«

Miguel und Yago lehnten an den hintersten Bänken. Miguel mit verschränkten Armen und wissendem Blick, Yago eindeutig verwirrt. Als er Lucía sah, richtete er sich kerzengerade auf. »Was ...?« Selbst der Kerzenschimmer konnte seine Nervosität nicht verbergen. »Okay, *hermano*, allmählich solltest du mit der Sprache rausrücken, warum wir hier sind.« Noch ein Blinzeln in Lucías Richtung. »Ich meine, wir ...«

Sie stand ebenso steif da wie er und erinnerte an ein Reh im Scheinwerferlicht.

Sofie nickte Miguel zu und setzte sich in Bewegung. Besser, sie zögerten das Ganze nicht weiter hinaus, sonst würde einer der beiden wirklich noch das Weite suchen. »Wir wollten euch was zeigen«, sagte sie entschlossen und blieb vor dem Wandschrein stehen. Der Vorhang war noch immer zugezogen.

»Was tust du?«, rief Lucía, als sie einen Arm hob. »Die Tradition will es, dass wir ...«

Sofie zog den Stoff mit einem so energischen Ruck zur Seite, dass ihr Armband klimperte, und erntete Totenstille. Langsam drehte sie sich um. Miguel wirkte ernst, aber auch ein wenig belustigt, Yago hatte die Augen aufgerissen, und Lucías Lippen klafften auseinander, da sie mitten im Satz unterbrochen worden war.

»Was ...?« Sie trat vor, streckte eine Hand aus, zog sie aber sofort wieder zurück. »Ist sie das etwa? Santa Isabel? Das Original?«

»Sieht ganz so aus«, sagte Miguel und schob rasch hinterher: »Unglaublich, wie ist sie so plötzlich wieder aufgetaucht?« Es klang nicht sonderlich überzeugend, doch Yago und Lucía waren zu sehr mit Staunen beschäftigt, um ihm Beachtung zu schenken.

»Ich glaub das einfach nicht.« Yago trat neben Lucía und berührte die Figur, fuhr die Rillen und Splitter nach, wobei seine Finger Lucías sehr nah kamen.

»Ich auch nicht«, sagte Miguel und sah Sofie an.

Sie schüttelte knapp den Kopf. *Übertreib es nicht*, formte sie mit den Lippen, und er machte ein unschuldiges Gesicht.

Eine Weile herrschte andächtiges Schweigen, ehe sich Lucía zu Sofie umwandte. »Was hast du damit zu tun?«

»Ich?«

»Ja, du. Und Miguel. Ihr wusstet Bescheid, sonst hättet ihr uns nicht hergebracht. Und wie seid ihr überhaupt reingekommen?«

Miguel räusperte sich, ehe Sofie antworten konnte. »Ich denke, das ist meine Schuld. Gestern habe ich Sofie noch einmal rumgeführt, weil ihr doch die Kirche so gut gefallen hat. Ich dachte, damit könnte ich Eindruck schinden.« Er zwinkerte ihr zu. »Und den Schlüssel habe ich von unserem Vater. Als Alcalde hat er natürlich ebenfalls einen.« Der letzte Satz galt Sofie. Miguels Schultern bewegten sich, als er die Hände hinter dem Rücken verschränkte, und sie war sicher, dass er soeben die Finger kreuzte.

Das war zwar nicht genau das, was sie auf dem Weg hierher per Textnachricht vereinbart hatten, aber es klang glaubwürdig genug.

Lucías Kopf ruckte von einem zum anderen, und Yago schlug seinem Bruder auf die Schulter. »Mann, du wirst eine Frau niemals beeindrucken, indem du ihr eine alte Kirche zeigst! Hast du denn in all den Jahren gar nichts gelernt?«

»Zu spät«, sagte Miguel leichthin und deutete auf die Figur. »Und darum geht's jetzt auch gar nicht. Sondern um sie.«

»Sie sieht genauso aus wie auf den Fotos«, hauchte Lucía.

Sofie gab Miguel einen Wink, und sie zogen sich zur letzten Bank vor dem Eingang zurück. »Das scheint gut zu laufen«, wisperte sie. »Auch wenn du in der Begeisterung für deine Rolle vergessen hast, dass du eigentlich schon von der Statue gewusst haben solltest. Immerhin hast du mich angeblich gestern hergebracht, du erinnerst dich?«

Miguel hob die Hände. »Ist doch keinem von beiden aufgefallen.«

Lucía und Yago standen nah zusammen und redeten miteinander, während sie weiterhin die Figur anstarrten.

Sofie fuhr die Rückenlehne der Bank nach. »Ich hoffe, es kommt was Gutes dabei heraus.«

»Wer weiß, was wir gerade in Gang gesetzt haben. Manchmal muss sich nur eine Winzigkeit im Gesamtgefüge ändern ...«

»Um große Wellen zu schlagen?« Sofie lächelte. »Du willst sagen, dass du seit heute nicht mehr skeptisch bist, wenn es um die beiden geht?«

Er grinste, wurde aber augenblicklich wieder ernst. »Nein, das hat sich schon vorher geändert. Erinnerst du dich an den Tag, als wir alle am Strand waren? Da habe ich Yago zwar noch gepredigt, dass es genug Frauen auf der Welt gibt und er sich nicht ausgerechnet auf die einzige versteifen soll, die unserer Familie Kopfzerbrechen bereitet. Aber dann habe ich gesehen, wie glücklich er in ihrer Nähe war. In den letzten drei Tagen hat er dagegen kein einziges Mal gelächelt, obwohl er mich sonst schon beim Frühstück mit seinen dummen Witzen in den Wahnsinn getrieben hat. Also nein, Sofia, die Änderungen hier«, er tippte sich an die Schläfe, »haben schon vorher eingesetzt. Eventuell«, er senkte die Stimme und zwinkerte ihr zu, »hast du die Welle ja bereits vor deinem Einbruch in unsere Kirche ausgelöst. Einfach, indem du mit Simon und Tereza in Cielente aufgetaucht bist.«

Sie ließ sich seine Worte durch den Kopf gehen. Das war gar nicht so abwegig. Nachdem im Dorf seit Jahren oder gar Jahrzehnten alles seinen gewohnten Gang genommen hatte, waren sie zu der Gemeinschaft gestoßen. Gut möglich, dass das Reisefieber, das sie mitgebracht hatten, neuen Mut in Yago und Lucía entfacht hatte – oder ein Gespräch mit Simon und Tereza die Hoffnung, dass jede Differenz überwunden werden konnte, schließlich waren die beiden auf den ersten Blick ein recht ungleiches Paar.

»Möglich«, flüsterte sie und betrachtete ihn genauer. Das Grau seiner Augen hatte einen Silberschimmer bekommen. »Ganz zufrieden siehst du aber nicht aus. Was denkst du?«

»Dass wir morgen trotz allem noch eine Menge Überzeugungsarbeit werden leisten müssen.« Er deutete auf Yago und Lucía.

»Vielleicht auch nicht. Womöglich sind alle dermaßen glücklich über die Rückkehr von Santa Isabel, dass sie es nicht wagen, sich einer jungen Liebe in den Weg zu stellen?«

Miguel lächelte breit. »Bist du etwa tief im Herzen eine Romantikerin, Sofia?«

Sie überlegte noch, was sie darauf antworten sollte, als sich Schritte näherten.

»Wie ist das möglich?«, fragte Lucía, griff nach Sofies Händen und klang, als wäre sie hundert Meter gerannt. »Das ist sie! Isabel la amante! Das alte Holz, und die Farbe ist an manchen Stellen abgeblättert … sie sieht haargenau aus wie auf den Fotos! Meine Oma hat eine Zeichnung von ihr an der Wand und meine Eltern ein Bild von einem Festumzug, und ich schwöre bei allem, was mir einfällt: Sie ist es!« Sie strahlte in die Runde und schwenkte Sofies Arme so enthusiastisch, dass sie fast gestolpert wäre. »Wie ist sie hergekommen? Ich versteh das nicht. Meine Familie hat Schlüssel für die Kirche, der Alcalde hat ebenfalls einen, aber sonst …?«

Sofie lehnte sich gegen die Bank, um möglichst lässig anstatt ertappt zu wirken. Sie vertuschte in dieser Geschichte bereits so viel und wollte ihren Freunden keine weiteren Lügen auftischen, indem sie sich nun mögliche Erklärungen aus den Fingern saugte.

Miguel schien ihre Gedanken zu lesen. »Das werden wir wohl nie rausfinden. Santa Isabel ist vor so vielen Jahren verschwunden, und ich vermute mal, dass das Schloss am Portal seitdem nicht ausgetauscht wurde?«

Lucía schüttelte langsam den Kopf. »Nein, ich denke nicht. Aber warum …«

»Gut möglich, dass es damals mehr Schlüssel gegeben hat. Wir wissen nicht, wer sich alles einen nachgemacht hat.«

»Stimmt«, murmelte Lucía.

»Also bringen uns Spekulationen rein gar nichts.«

Er war gut. Seine Argumente waren überzeugend, seine Stimme fest. Sofie würde ihn bei passender Gelegenheit fragen, ob er jemals darüber nachgedacht hatte, Schauspieler zu werden.

Lucía nickte. »Du hast recht, Miguel. Aber jetzt müssen wir es öffentlich machen, dass Isabel wieder hier ist! Jeder muss es wissen!«

»Nein«, sagte Sofie schnell – zu schnell, denn Lucía und Yago starrten sie erstaunt an. »Ich hab schon mit Miguel darüber geredet.« Das stimmte, auch wenn das Gespräch weiter in der Vergangenheit lag, als die zwei ahnten. »Wir glauben, dass das vor dem Umzug zu viel Aufruhr verursachen würde. Niemand könnte sich mehr auf die Vorbereitungen konzentrieren. Wäre das nicht schade?«

»Und dem Anlass nicht gerecht«, murmelte Miguel und starrte an die Decke.

»Hm. Da ist was dran.« Lucía wandte sich an Yago. »Was denkst du?«

Der hob einen Daumen und flüsterte ihr etwas zu, worauf sie in sich hineinlächelte.

Miguel klatschte in die Hände. »*Vale*. Habt ihr den Vorhang wieder zugezogen?« Die beiden nickten. »Dann bleibt es dabei. Wir behalten dieses Geheimnis für uns und setzen darauf, dass morgen der schönste Festumzug stattfinden wird, den wir in Cielente je erlebt haben.« Er streckte eine Hand aus und stieß Sofie sanft mit der Schulter an. Sie begriff und legte ihre darauf, gefolgt von Lucía und Yago. Eine ganze Weile standen sie so da und ließen die Stille auf sich wirken, während die ewigen Lichter ihre Haut in einen Hauch von Gold badeten.

Endlich merkte Sofie, wie sich ihre Schultern lockerten. Dies war ein wundervoller Moment voller Versprechen. Auch wenn ihre eigene Liebesgeschichte in Cielente beendet war, gab es Hoffnung für eine andere. Und vielleicht hatte ihre kleine Reisegruppe ja wirklich Dinge in Gang gesetzt, die sich erst in der Zukunft offenbarten. Sie hoffte, dass sie ein Lächeln auf möglichst viele Lippen zauberten, so wie gerade bei Lucía.

Miguel zog seine Hand als Erster zurück. »Also dann, gehen wir. Ich möchte den Schlüssel zurückhängen, ehe es Papá auffällt, dass er fehlt. Was ist mit dir, Yago?«

Sein Bruder ließ sich die Haare in die Stirn fallen, als wollte er das Blitzen seiner Augen dahinter verstecken. »Ich komme nach, ich … wollte noch die Strecke ablaufen. Du weißt schon, nachsehen, ob alles in Ordnung ist und keine Pflastersteine fehlen, wodurch die Leute morgen stolpern könnten. Ich meine, überleg mal, wie schlimm es wäre, wenn Santa Isabel zum ersten Mal seit Jahrzehnten wieder durch die Straßen getragen wird und dann, ich weiß nicht, runterfällt, weil einer der Träger stürzt.«

Er war weit weniger überzeugend als sein Bruder – und mit Abstand der schlechteste Lügner, den Sofie jemals erlebt hatte.

»Hm«, sagte Miguel. »Soll ich dich dann nachher zum Bahnhof bringen?« In seiner Stimme schwang zwar Ironie mit, war aber so fein, dass man sie mit guter Laune verwechseln konnte.

Lucías Kopf ruckte zu ihm herum, Sofie trat ihm möglichst unbemerkt auf den Fuß, und Yago räusperte sich. »Ähm, nein, danke, Großer. Mir ist eingefallen, dass ich ...« Er winkte ab. »Ich will sagen, ich kann auch von zu Hause aus arbeiten.«

»Wunderbar«, sagte Sofie und zwängte sich an den Pacheco-Brüdern vorbei. »Ich habe auch noch was zu erledigen. Telefonate mit Deutschland. Ich fürchte, ich habe ganz die Zeit vergessen.«

»Ich nehm dich gern mit«, sagte Miguel.

Sie traten aus der Kirche, Miguel schloss ab, und dann machten er und Sofie sich auf den Weg zu seinem Wagen. Mittlerweile waren einige Menschen unterwegs, und es war gut möglich, dass jemand sie gesehen hatte. Aber Miguel ließ alles so selbstverständlich wirken, dass niemand ihn darauf ansprechen würde.

Er streckte sich, dass es in seinem Rücken knackte. »Das wäre erledigt. Jetzt bin ich gespannt, was diese Holzfigur draufhat. Vielleicht schafft sie es ja, unsere Familien umzustimmen.«

Sofie schmunzelte. »Du glaubst also nicht, dass die Heilige Isabel die Liebe zurückgebracht hat?«

Sie erreichten seinen Wagen, und er öffnete die Beifahrertür. »Da du noch nicht in wilder Leidenschaft zu mir entflammt bist: nein. Aber keine Sorge, damit komm ich klar. Und nun, Señorita Lenau, musst du zurück zur Finca, damit Rosaria Hilfe bei ihren Vorbereitungen bekommt und ich dich pünktlich um sieben abholen kann.«

Der Gesang hatte irgendwann in den vergangenen Minuten eingesetzt. Zunächst hatte Sofie geglaubt, es wäre das Radio, doch in der Finca war es bis auf Ositos Japsen vor der Tür still.

»Was ist denn los, Kleiner?«, fragte sie, hockte sich neben ihn, kraulte sein Köpfchen und lauschte. Die Töne kamen von draußen, wo sich mindestens fünf, wenn nicht mehr Stimmen mischten. Sie sangen ein spanisches Lied, das sie nicht kannte, aber etwas in den Silben berührte sie auf eine tiefe, urtümliche Weise.

Leise Schritte hinter ihr verrieten Señora Landero. »Jetzt kommt die Zeit, dass ich wandern muss und Abschied nehmen von dem, was gut ist und schön. Eine Weile wollt ich dich lieben und sehnte den Kuss, doch der Wind ruft, und ich muss gehn«, sagte sie leise. Als sich Sofie zu ihr umdrehte, hatte sie beide Hände vor der Brust zusammengelegt. Auf ihrem Gesicht lag eine Sehnsucht, wie sie nicht besser zu den Zeilen hätte passen können. »Das singen wir hier auf diesem Land jedes Jahr zum Ende der Ernte. Die Helfer verabschieden sich, denn die letzten Arbeiten wird Andrés allein erledigen.«

Sofie nickte langsam und blickte wieder aus dem Fenster, obwohl sie wusste, dass sie das Haupthaus und die Schuppen von hier nicht sehen konnte. Es war ein seltsames Gefühl, in der Finca zu stehen, ausgeschlossen von der Tradition der Landero-Farm – und es machte sie traurig, weil der

Abschied, von dem das Lied handelte, in diesem Jahr für die Farm besonders real war. Niemand wusste, wie ihre Zukunft aussehen würde oder wer darin eine Rolle spielte. Dazu brannte ihr eigener Abschied von hier – von Andrés – ihr derart in der Kehle, dass sie dagegen anschlucken musste.

Am liebsten wäre sie zur Plantage gegangen, um bei ihm zu sein, so wie Simon und Tereza, die sich seit ihrem Arbeitsbeginn als Orangenpflücker keinen einzigen freien Tag genommen und nie darüber geklagt hatten. Offenbar hatte sich dort unten, zwischen den Baumreihen, eine neue kleine Gemeinschaft gebildet.

»Das klingt wunderschön«, sagte sie und blinzelte. »Aber auch traurig.«

»*Sí*, das ist es.« Die Señora legte ihr einen Arm um die Schultern und öffnete die Tür. Osito stürmte hinaus und setzte sich dann hin, nun ganz ruhig und aufmerksam.

Der Gesang begann von vorn und zog über die hügelige Landschaft. Vor ihnen bewegte sich etwas, dann schälte sich die Katze aus der Dämmerung und kam mit hochgerecktem Schwanz und gemächlichen Schritten auf sie zu. Mehrere Meter vor Osito blieb sie stehen und beäugte ihn, ehe sie sich neben ihn hockte. Sein Köpfchen zuckte von ihr zur Señora und wieder nach vorn, aber er blieb, wo er war. Sie alle richteten ihre Aufmerksamkeit auf die Plantage, wo nun nach und nach Lichter entzündet wurden.

»Das ist ein hübscher Brauch«, murmelte Sofie und sagte sich, dass es besser war, wenn sie Andrés nicht über den Weg lief – allerhöchstens bei einem offiziellen Event wie dem Fest am Abend.

»Unsere Großeltern haben ihn etabliert. Nach dem Gesang stoßen alle mit einem Glas *Licor de Naranja* an.« Die

Señora beugte sich hinab und nahm Osito auf den Arm. »Du solltest hingehen. Stell dich zu deinem Bruder und Tereza. Es dauert nicht lang. Andrés wird eine kurze Rede halten und sich bei allen für ihre Hilfe bedanken, und wer dann noch zusammensitzen möchte, kann das tun, bis der Orangenlikör alle ist.« Sie kraulte Osito, in Gedanken auf einmal unendlich weit weg. »Mein Vater und sein Vater vor ihm haben noch richtige Berichte abgeliefert, Zahlen und Erträge genannt, vielleicht sogar Prognosen gestellt, aber Andrés ist kein Mann für lange Vorträge. Er hat mir einmal gesagt, wenn jemand was wissen möchte, kann er ihn jederzeit fragen.« Der Blick aus dunklen Augen ruhte auf Sofie.

»Ich möchte nicht stören«, sagte sie. »Und ich gehöre auch nicht dorthin. Ich glaube, ich hab genau eine Orange gepflückt und sie behalten. Im Grunde habe ich die Landeros also bestohlen.«

Die Señora lachte und wedelte mit einer Hand in Sofies Richtung. »Ich verzeihe dir. Aber hol doch bitte Tereza und Simon ab, damit sie sich rechtzeitig für das Fest fertigmachen können. Tereza wünscht sich, dass ich ihr das Haar hochstecke. Das mache ich gern, aber ich bin nicht mehr die Schnellste und möchte gleich vor lauter Hektik nicht über mein Kleid stolpern und mir am Abend vor dem großen Umzug ein Bein brechen.«

Sofie wusste, dass diese Befürchtungen völlig aus der Luft gegriffen waren, aber auch, wann sie eine Schlacht verloren hatte. Außerdem würde sie es schaffen, Andrés zu grüßen und zur erfolgreich beendeten Ernte zu beglückwünschen. Sie waren beide erwachsen, hatten es miteinander versucht, doch die Umstände hatten ihnen einen Strich durch die

Rechnung gemacht – und im Grunde konnte sie ihm dankbar dafür sein, dass er den ersten Schritt in Richtung Vernunft getan hatte. Denn sobald sie ihre Koffer für Deutschland gepackt hätte, wäre, was auch immer zwischen ihnen gewesen war, ohnehin beendet gewesen.

Im Grunde wusste sie das schon lange, nur hatte sie sich von ihren Gefühlen hinreißen lassen, zum ersten Mal in ihrem Leben. Aber jetzt stand ihr Entschluss fest, auch wenn er bei dem Gesang im Hintergrund und den Lichtern vor sich ins Wanken geriet: Nach dem Festumzug würde sie einen Flug buchen, sich freundschaftlich von Andrés verabschieden und in einigen Wochen bei den schönen Erinnerungen lächeln.

Ein Schatten huschte an ihre Seite, als sie sich auf den Weg machte. »Na, möchtest du dich auch verabschieden?«, fragte Sofie und ging in die Hocke, um die Katze zu kraulen. Zwei, drei Sekunden genoss diese ihre Streicheleinheiten, ehe sie weiterlief, fort aus dem Reich des kleinen Hundes, dorthin, wo niemand außer ihr die Nacht beherrschte.

Sofies Handy meldete sich mit einer Textnachricht, als sie die Hälfte der Strecke hinter sich gebracht hatte.

Bleibst du noch so lange dort?

Sie wusste, dass Opa Nando den Festumzug meinte. Seit sie am Telefon in Tränen ausgebrochen war – er hatte versprechen müssen, zu Hause niemandem etwas zu erzählen –, hatte er noch dreimal angerufen, weil er sich Sorgen machte.

Ihre Gespräche waren anders gewesen als früher. Zwischen ihnen gab es kaum noch Geheimnisse. Allerdings war

Sofie noch immer überzeugt davon, dass er ihr ein entscheidendes Detail aus seiner Vergangenheit vorenthielt.

Mittlerweile schämte sie sich ein wenig dafür, dass sie so dünnhäutig gewesen war. Es war lange nicht mehr vorgekommen, dass ein Mann sie in Verzweiflung gestürzt hatte. Ihr erster Freund Thomas hatte es damals geschafft, als er sich wegen Patricia von ihr getrennt hatte, die zehn Jahre älter und zehn Zentimeter größer gewesen war. Seitdem hatte sie zwei längere Beziehungen geführt, die ruhig und in gegenseitigem Einvernehmen zu Ende gegangen waren.

Betont langsam atmete sie aus und schrieb.

Ja. Aber danach wird es Zeit,
zurückzukommen.

Sie las die Zeile noch einmal, versuchte, die Trauer zu ignorieren und sich lieber auf den winzigen Funken Hoffnung zu konzentrieren, der nicht so recht wachsen wollte. Das Kapitel in Cielente war beinahe vorbei, und sie würde vielleicht sogar Kontakt halten zu Lucía, Miguel und der Señora. Schon allein, weil sie wissen wollte, wie es mit der Farm weiterging.

Opa Nando antwortete nicht, aber er hatte ja erfahren, was er wissen wollte.

Hinter den Baumreihen mischten sich Stimmen. Die Arbeiter hatten sich vor dem Schuppen versammelt, der an den Anbau anschloss, und hielten Schnapsgläser in den Händen. Andrés stand mitten unter ihnen. Hühner lungerten in der Nähe herum, leicht verstört über das, was hier vor sich ging, und vielleicht in der Erwartung, zu dieser späten Stunde noch einmal gefüttert zu werden. Sie stoben davon, als die Katze einen Buckel machte und losjagte, lautlos wie ein Geist.

Andrés hob den Kopf und hielt inne, als er Sofie bemerkte, sein Glas in der Luft. Die anderen tranken und brachen in Jubel aus. Jemand applaudierte, ein zweiter fiel mit ein, und Nita rief etwas und brachte die Runde zum Lachen.

Sofie hob eine Hand und lächelte Andrés zu. Es war seltsam, ihn auf diese Weise wiederzusehen, und sie kam sich etwas unbeholfen vor, wie sie hier stand, die Arme neben dem Körper und die Finger ohne etwas, das sie kneten oder an dem sie herumzupfen konnte.

Er starrte sie an, viel zu lange, aber die anderen waren zum Glück damit beschäftigt, sich gegenseitig aufzuziehen.

»Mein Großvater steht mit einem Bein sicherer auf der Leiter als du!«

»Ein paarmal wär ich fast hochgeklettert, um dir zu helfen, das konnte man ja nicht mit ansehen!«

»In der Zeit, die du für den ersten Sack gebraucht hast, hätte ich Simon nicht nur fließend Spanisch, sondern gleich noch Katalanisch beibringen können!«

Gelächter flog an Sofie vorbei, während sie in Andrés' dunkle Augen blickte. Er öffnete den Mund, eine Hand noch immer erhoben, als wollte er sie zu sich winken. Doch dann blinzelte er und nickte ihr zu, knapp und distanziert, ehe er sich umwandte, etwas von der Holzbank neben dem Gebäude nahm und verschwand. Entweder bemerkte es niemand, oder es war keine große Sache, dass sich der Boss wortlos zurückzog – zumindest machte niemand Anstalten, ihm zu folgen.

Auch wenn Sofie für sich beschlossen hatte, dass seine Entscheidung die einzig richtige war, tat die Zurückweisung

414

weh. Andrés war sehr gut darin, Mauern um sich zu errichten, und manche waren mit langen Dornen gespickt.

»He, Sof!« Simon hatte sie entdeckt und kam auf sie zu, in einer Hand ein Schnapsglas, die andere locker über Terezas Schultern gelegt. Beide wirkten erschöpft, aber auch glücklich und erleichtert. In Terezas hochgestecktem Haar hatten sich Blätter verfangen, und Simons linke Wange zierte ein Schmutzstreifen. »Hier, probier mal; erinnert mich an Opa Nandos Likör. Der wurde letztes Jahr angesetzt und gerade geöffnet. Das machen sie hier jedes Jahr so. In den kommenden Tagen wird neuer für nächstes Jahr in Angriff genommen.«

Tereza lehnte sich gegen ihn. »Oder auch nicht. Andrés sagte gerade, dass alles noch sehr unsicher ist, was die Käufer betrifft.«

Sofie griff nach dem Glas, in dem sich nur noch ein Rest befand, schnupperte daran und trank. Der Likör war süß, aber kräftig, und rann wie Honig ihre Kehle hinab. »Das ist gut. Und ich hoffe für alle hier, dass es auch im nächsten Jahr einen Abschiedstrunk geben wird.« Noch einmal sah sie nach vorn, doch Andrés war nicht zurückgekehrt. Dafür verabschiedeten sich die Helfer voneinander; zwei waren bereits auf dem Weg zu ihren Autos, die auf dem Hof neben den Schuppen parkten. »Die Señora schickt mich. Ihr sollt nicht zu lange rumtrödeln, erst recht nicht, wenn sie dir noch die Haare machen soll, Tereza.«

»Wir kommen.« Sie nahm Sofie das Gläschen aus der Hand und stellte es auf ein Tablett auf der Bank. »Seit dem Morgen sind alle in Feierlaune und haben nur vom letzten Tag der Ernte und dem Fest später geredet. Einerseits bin ich froh, dass es vorbei ist und ich ab sofort länger schlafen kann, aber andererseits werde ich es auch vermissen.« Sie drehte sich langsam im Kreis, als wollte sie sich von den Orangenbäumen verabschieden.

»Dich werden sie auch vermissen.« Simon bedachte sie mit einem zärtlichen Blick und grinste seine Schwester an. »Sie hat sämtlichen Kollegen die Karten gelesen und sie möglicherweise ganz, ganz leicht beeinflusst.« Er hielt Daumen und Zeigefinger im Abstand von mehreren Zentimetern zueinander in die Höhe.

»Ich hab nur erläutert, was die Karten mir gezeigt haben«, konterte Tereza mit gespielter Empörung. »Gut, vielleicht war ich bei der Interpretation hin und wieder etwas … großzügig. Du weißt schon, damit die Menschen wieder an die Liebe glauben und daran, dass es keine gute Idee ist, die Landero-Farm in fremde Hände zu geben.«

Sofie schaffte es, eine ernste Miene zu wahren. »Kurz gesagt, du hast die Menschen zur Revolution angestachelt.«

»Das würde ich niemals tun.« Tereza ließ einen Finger über ihrem Kopf kreisen und deutete einen Heiligenschein an. »Ich hab ihnen nur was zum Nachdenken gegeben. Meine Interpretation auf ihr eigenes Leben umlegen und handeln müssen sie schon selbst.«

Wieder schlang Simon einen Arm um seine Freundin. »Du hast ihre Köpfe verschlampt. So wie meinen.«

Tereza lächelte und küsste ihn auf die Nasenspitze. »Genau das hab ich getan.«

»Wow, das nenne ich mal eine Festbeleuchtung!« Simon parkte den Wagen in der Zufahrt zum Haus des Alcalde, wo sich die Autos bereits Stoßstange an Stoßstange drängten, gab Señora Landero auf dem Beifahrersitz ein Zeichen, zu warten, stieg aus und joggte auf die andere Seite, um ihr die Tür zu öffnen.

Sofie und Tereza nahmen sich einige Momente, um den Anblick auf sich wirken zu lassen. Lucía war mit Odysseus unterwegs hierher, da sie nach Hause gefahren war, um sich für das Fest zurechtzumachen, und Miguel, der Sofie eigentlich hatte abholen wollen, hatte ihr geschrieben, dass er und Yago bei den Vorbereitungen helfen mussten und nicht wegkonnten.

Wenn sie sich nun umsah, hatte es sich mehr als gelohnt.

Bereits bei ihrem ersten Besuch hatte das Anwesen sie beeindruckt, aber jetzt wirkte es nahezu mystisch. Die Dämmerung war mittlerweile der Dunkelheit gewichen, und überall flackerten Kerzen und Feuerschalen. Das Haus selbst war mit Lichterketten geschmückt. Sie setzten die Tür- und Fensterrahmen sowie das Dach in Szene. Weitere Lichter säumten die Wege und erhellten Bäume und Hecken. Hier glommen sie in tiefem Gold und hellem Rosa, um Blätter und Blüten in pure Magie zu verwandeln.

»Das ist zauberhaft«, sprach Sofie das Erste aus, was ihr in den Sinn kam, aber nichts hätte besser gepasst.

Señora Landero nickte. »Wartet, bis ihr den Garten seht. Der Alcalde ist sehr stolz darauf, das passende Ambiente für das zweitwichtigste Ereignis des Jahres zu schaffen.« Sie strich über die Blüten der Bougainvillea, deren kräftiges Pink mit einem Goldschimmer überzogen war.

Wenn das Haus des Alcalde sich für diese Nacht in ein Fantasiereich verwandelt hatte, dann war die Señora eine Königin. Sie trug ein malvenfarbenes Kleid und hatte eine dazu passende große Stoffblüte in ihren Dutt gesteckt. Ihr straff zurückgebundenes Haar glänzte dunkel, da die Nacht das Grau herausfilterte, betonte die Linien ihres Gesichts, und sie bewegte sich mit majestätischer Eleganz. An ihren Armen schimmerten unzählige, goldene Reifen.

Vorhin auf der Finca hatte sie zunächst Terezas Haare zu einem Kranz geflochten, sie hochgesteckt und dann mit einer Stoffblüte – in Gelb, passend zu Terezas weitem, fröhlichem Sommerkleid – befestigt, ehe sie sich an Sofie wandte. »Dein hübsches Gesicht sollten wir betonen, mein Kind.«

Sofie hatte sich überreden lassen, sich ebenfalls in ihre kundigen Hände zu begeben. Auch ihre Haare hatte die Señora im Nacken zu einem Knoten gebunden, und sie war überrascht gewesen, wie gut ihr die Frisur stand. In Ermangelung weiterer Stoffblumen hatte sie Hibiskusblüten aus dem Garten geholt, geschickt miteinander verflochten und um den Dutt geschlungen. Sofie hatte ein Kleid in Pastelltönen mit Wasserfallausschnitt gewählt, das ihr locker um die Beine schwang, und nur wenig Make-up benutzt. Auf Schmuck hatte sie ebenfalls weitgehend verzichtet und lediglich eine dünne Kette mit einem Anhänger in Herzform passend zum Anlass aus ihrer Reisetasche gekramt.

Rasch ging sie zum Kofferraum und holte den großen Korb heraus. Die Gläser darin klirrten leise, und Sofie wurde warm ums Herz bei dem Gedanken, dass zumindest Opa Nandos Marmelade dabei sein würde, wenn er selbst schon seiner alten Heimat fernblieb.

Ehe sie aufgebrochen waren, hatten sie ein Foto von sich geschossen und in den Familienchat gestellt. Ihre Eltern hatten Herzchen geschickt, und kurz darauf war darunter eine Nachricht von Oma Anneliese erschienen:

Der alte Knurrkopf würde es nie
zugeben, aber er hat glänzende Augen
bekommen, als er das Foto betrachtet
hat. Ihr seht alle wundervoll aus. Spanien
bekommt euch. Ihr habt es eben im Blut.

Die Worte hatten sie gerührt, weil sie genau wusste, was ihre Oma damit sagen wollte: dass es gut für Opa Nando wäre, wenn er den alten Groll, worin er auch immer wurzelte, hinter sich ließ und sich mit dem versöhnte, von dem er einst ein Teil gewesen war.

»Sof?« Simon trat zu ihr. »Alles in Ordnung?« Er sah feierlich aus in seiner dunklen Hose und dem hellen Hemd. Auf einer Wange prangte noch immer der Kratzer, den er sich an seinem letzten Tag als Obstpflücker bei der Begegnung mit einem störrischen Ast zugezogen hatte und der ihm laut Tereza etwas Verwegenes verlieh. »Du musst nicht stundenlang in die Gegend starren, weil du dir alles merken willst, damit du es später Nadja erzählen kannst. Ich hab Fotos gemacht.« Er schwenkte sein Handy.

Sofie schüttelte den Kopf. »Das mit der Romantik musst du noch üben.«

»Och, Tereza ist ganz zufrieden. Und bei dir schaffen wir das auch noch.«

»Bei mir?«

Er maß sie mit einem strafenden Blick. »Du denkst wirklich, dass ich nichts bemerke, oder? Ich weiß, dass du heute mit Miguel verabredet bist, aber viel lieber mit Andrés hergekommen wärst. Wenn ich dich mit Miguel sehe, denke ich an zwei Freunde, die zusammen ein Bier trinken gehen.«

»Aber ...«

»Ich weiß nicht, was zwischen dir und Andrés passiert ist, aber ich kenne dich und deine Zweifel, und ich habe beobachtet, wie sich seine Laune in den vergangenen Tagen verändert hat. Und das hat nichts mit dem Verkauf der Farm zu tun, denn davon weiß er schon länger und hat ganz normal weitergemacht. Also zumindest uns Helfern gegenüber. Keine Ahnung, wie er abends allein zu Hause drauf war, aber immerhin hat er nicht randaliert, der Anbau steht ja noch.«

»Ich hab …«

»Manchmal bist du so verdammt vernünftig, Sofie, dass kein Platz mehr für was anderes bleibt! Hast du ihm etwa gesagt, dass das mit euch nichts werden kann, weil du bald nach Deutschland zurückgehst? Hast du vielleicht mal darüber nachgedacht, dass du auch noch andere Optionen im Leben hast, als da weiterzumachen, wo du vor deiner Reise aufgehört hast? Was erwartet dich denn in Osnabrück? Ein Job und eine Wohnung schon mal nicht, und soweit ich weiß, bist du Single und hast in letzter Zeit auch kein Date gehabt.«

Völlig perplex starrte Sofie ihn an, ehe sie eine Hand hob und ihn endlich zum Schweigen brachte. Normalerweise hielt Simon keine so langen Reden. Nur wenn ihm etwas extrem wichtig war.

Sie war gerührt und wollte etwas erwidern, aber seine Worte brandeten noch immer durch ihren Kopf. Neben ihnen waren die Señora und Tereza in ein Gespräch vertieft, und ihre gedämpften Stimmen sorgten dafür, dass sich ihr Puls, der bei Simons Monolog in die Höhe geschossen war, wieder beruhigte. »Ich wusste nicht, dass du so viel mitbekommen hast.«

Simon seufzte. »Schwesterherz, wenn's um dich selbst geht, bist du manchmal blind. Nur weil ich mich nicht einmische, heißt das nicht, dass ich kein Auge auf dich habe. Immerhin hättest du hier auch an einen spanischen Macho geraten können, der dich blöd behandelt.«

Sie lachte auf. »Und dann?«

»Dann hätte ich ein ernstes Wort mit ihm reden müssen.« Er reckte eine Hand in die Luft und ließ sie langsam wieder sinken, als sie lediglich eine Augenbraue hob. »Das klingt fast, als hätten die alten Traditionen von Cielente auf mich abgefärbt, oder?«

»Ziemlich, ja. Aber es ist schön zu wissen, dass sich mein kleiner Bruder um mich sorgt.«

»Das ist doch logisch! Ich will mich ja nicht einmischen. Es ist dein Leben. Aber vielleicht denkst du über alles noch mal nach. Du weißt schon, wegen Andrés.«

Sofie sog den Atem tief in ihre Lunge und stieß ihn langsam wieder aus. »Das muss ich nicht. Er war es, der die Sache beendet hat. Aber das ist in Ordnung. Vermutlich ist er einfach ähnlich vernünftig wie ich.«

Simon runzelte die Stirn. »Dafür hat es ihn aber ziemlich mitgenommen.«

»Vernünftig zu sein und seine Entscheidung trotzdem zu bedauern, schließt sich nicht aus«, sagte sie und brachte ein Lächeln zustande, auch wenn es sich verkrampft anfühlte. »Außerdem kann es viele Gründe geben, warum er momentan keine gute Laune hat. Vielleicht gab es noch ein Gespräch mit Antonio Landero oder sogar mit den Käufern der Farm. Oder Probleme damit, dass er weiter dort arbeitet.«

Simon drückte sie kurz an sich. »Das glaube ich nicht, denn seine Laune ist immer dann merklich abgestürzt, wenn ich dich erwähnt habe. Nachdem es mir zum ersten Mal aufgefallen ist, habe ich es natürlich getestet.«

»Natürlich«, murmelte sie düster und wollte sich lieber nicht vorstellen, wie durchschaubar Simons kleine Tests gewesen sein mochten.

Er winkte ab. »Keine Sorge, ich hab bloß hin und wieder ganz nebenbei von dir erzählt. Nein, Sof, was auch immer ihm durch den Kopf geht, es hat mit dir zu tun.« Er ließ sie los und nickte zur Seite. »Aber darüber sollten wir später reden.«

Sofie erstarrte, als die Bedeutung seiner Worte endlich zu ihr durchsickerte, doch dann bemerkte sie, dass jemand auf sie zuhielt – mit Abstand am edelsten gekleidet in einem teuer wirkenden Hemd und einer locker sitzenden, dunklen Hose.

»Da seid ihr ja! Bereit für die beste Party des Jahres?«, rief Miguel.

Simon hob einen Daumen. »Wir können kaum spionieren!«

24

»Ist mir egal, ob es zueinander passt oder nicht«, sagte Ana, bestrich ein weiteres Stück Käse mit Sofies Marmelade und schob es sich in den Mund. »Ihr würdet euch wundern, was manchmal in meinem Lebensmittelladen gekauft wird, um es zusammen aufzutischen. Und diese Marmelade ist zu gut, um sie nicht sofort zu essen!« Sie klopfte Sofie so begeistert auf die Schulter, dass die sich fast verschluckte. »Dein Großvater scheint ein anständiger Kerl zu sein. Schade, dass er sich hier nicht mehr blicken lässt, ich hätte nichts gegen einen feschen Junggesellen.«

Die Umstehenden kicherten, manche verdrehten die Augen. »Du würdest ihn nur verschrecken«, sagte Señora Bisbal, die den Käse mitgebracht hatte, von dem sich Ana in kürzester Zeit drei Stücke abgeschnitten hatte.

»I wo.« Ana winkte ab. »Ich brauche sein Rezept, und ich muss genau wissen, welchen Likör du da reingemischt hast, Sofie, damit ich exakt denselben kaufe. Diese Marmelade macht mich glücklich.«

Erneutes Gelächter. »Verrat es ihr besser nicht«, meinte eine Frau, deren Namen Sofie in all dem Trubel vergessen hatte. »Sonst kauft Ana wieder auf Vorrat, und ich schwöre dir, nichts davon wird lange genug überleben, um in irgendeiner Marmelade zu landen.«

»Wie stellst du mich denn dar?«, fragte Ana empört und mit vollem Mund.

Miguel tauchte hinter ihnen auf und gab Sofie einen Wink. Sie verabschiedete sich, betonte noch einmal, wie sehr sie sich freute, dass Opa Nandos Rezept so gut ankam, und machte sich auf den Weg.

Auch hier im Garten hatte sich die Familie des Alcalde selbst übertroffen. Die Lichter waren ähnlich beeindruckend wie die in der Einfahrt, wobei hier ganze Bäume geschmückt worden waren. Endlose Tischreihen und Bänke boten Sitzgelegenheiten und Platz für das Büfett, und auf einem großen Tisch sprudelte ein Schokoladenbrunnen neben den Getränken. Auf einem kleineren daneben wartete fruchtige Orangenbowle auf die Gäste.

»Tut mir leid, dass es noch mal gedauert hat«, sagte Miguel, »nachdem ich dich schon nicht abholen konnte. Aber Abelia ging es nicht so gut.«

»Ist sie krank?« Die Mutter des Bürgermeisters hatte sich ihr gegenüber zuletzt zwar reserviert gegeben, aber Sofie mochte sie dennoch. Sie strahlte eine Mischung aus Entschlossenheit und Sanftheit aus und war sicher eine gute Gesprächspartnerin. Es war schade, dass sie sich in der ganzen Zeit kaum miteinander unterhalten hatten, aber Abelia Pacheco war offenbar eine vielbeschäftigte Frau.

Miguel schien unschlüssig. »Nein, das nicht. Um ehrlich zu sein, weiß ich es nicht genau. Sie ist nervös und schiebt es auf den Festumzug und die Vorbereitungen. Aber so war sie noch nie, und sie hat sich immer gemeinsam mit meinen Eltern darum gekümmert. Wenn, dann war höchstens sie diejenige, die den anderen gesagt hat, dass sie mal durchatmen müssten.«

»Vielleicht heitert sie die Rückkehr einer ganz besonderen Heiligen morgen auf«, wisperte Sofie und widerstand dem Drang, sich umzusehen.

Miguel warf ihr einen verschwörerischen Blick zu. »Gut möglich, bei einem aus unserer Familie hat sie ja bereits Wunder gewirkt.« Er verdrehte die Augen. »Yago ist zwei Stunden nach mir hier aufgetaucht und war wie ausgewechselt. Regelrecht aufgekratzt. Er redet davon, auch eine Plantage leiten und sich ein Leben in Cielente aufbauen zu wollen.«

»Wäre das denn so schlecht?«

»Abgesehen davon, dass er keine Ahnung vom Obstanbau hat, würde ihm spätestens nach ein paar Wochen die Decke auf den Kopf fallen. Versteh mich nicht falsch, unser Lebensmittelpunkt ist hier, und wir kehren beide immer wieder gern nach Hause zurück. Aber wir müssen zwischendurch unterwegs sein, in Valencia oder auch Madrid.«

»Manchmal ändern sich Ziele«, sagte Sofie, und Simons Worte hallten durch ihren Kopf.

Hast du vielleicht mal darüber nachgedacht, dass du auch noch andere Optionen im Leben hast, als da weiterzumachen, wo du vor deiner Reise aufgehört hast?

Miguel horchte auf. »Sprichst du aus Erfahrung?«

»Nein. Ich meine …« Sie überlegte. »Ich weiß es nicht. Normalerweise plane ich meine Zukunft. Ganz im Gegensatz zu Simon, der lässt sich durchs Leben treiben und ist dabei glücklich. Manchmal beneide ich ihn darum, aber ich stelle mir das auch sehr stressig vor. All diese Unsicherheit.«

»Ich versteh dich. Aber vielleicht muss es gar nicht das eine oder das andere sein; vielleicht geht irgendwas dazwischen, *vale*? Indem du beispielsweise von deinem ursprünglichen

Weg abweichst, aber den neuen auch ein wenig, sagen wir, strukturierst, damit es keine bösen Überraschungen gibt.«

Sofie hob die Augenbrauen. »Möchtest du mir was Bestimmtes sagen?«

»Nur dass sich Rosaria Landero sicher freuen würde, wenn du uns nicht direkt nach dem großen Festumzug verlässt. Ich mich übrigens auch. Selbst wenn du einfach nicht erkennen willst, dass ich eine ganz großartige Partie wäre.« Er reckte das Kinn.

Sie grinste und fragte sich, ob sie so leicht zu durchschauen war, als ein Raunen durch die Umstehenden ging. Marisa, die sich eine Bowle hatte nehmen wollen, ließ ihr zum Glück noch leeres Glas fallen, das ihre Schwester Elena geistesgegenwärtig auffing. Gemurmel setzte ein, und jemand rief etwas, das nicht sehr freundlich klang. Sofie hielt Ausschau nach Simon und Tereza und entdeckte sie bei Pedro und Nita. Alle vier steckten die Köpfe zusammen, während sie das Gartentor nicht aus den Augen ließen.

Sofie stellte sich auf die Zehenspitzen, und endlich sah sie, wer dort aufgetaucht war. »Antonio Landero. Mit dem habe ich nicht gerechnet.«

»Das hat wohl niemand«, sagte Miguel. »Ich bin nicht sicher, was er sich davon verspricht, aber mutig ist es allemal.«

»Ich dachte, er wäre längst abgereist.«

Sofie und Miguel ließen den Mann nicht aus den Augen, der langsam und hoch erhobenen Hauptes in Richtung der Festtafel schritt und dabei dem einen oder anderen zunickte.

»Das war er auch«, flüsterte Miguel, »aber er ist noch zweimal zurückgekehrt, um mit Leuten aus der Gegend zu reden. Mit Santiago Martín beispielsweise, der hat eine Farm in der Gegend, oder mit den Baldegos von der Avocadoplantage südlich von hier. Er hatte auch einen Termin mit meinem Vater, bei dem er erwähnte, dass ihm die Cielenteros seit seiner Ankündigung das Leben schwer machen. Es muss ein paar harte Gespräche gegeben haben.«

»Was hat er denn erwartet?« Sie konnte kein Mitleid für den Mann aufbringen.

Miguel fuhr sich über das Kinn. »Ich glaube, er hat nicht mit Gegenwind gerechnet. Tonio besitzt die Farm schon so lange, war aber seit vielen Jahren nie richtig hier. Er ist es gewohnt, Entscheidungen zu treffen, die dann umgesetzt werden. Ich vermute, in seinem Universum gibt es das Wort *Widerstand* gar nicht, und er ist zu weit weg von Cielente, um noch wirklich für die Gemeinschaft zu denken, auch wenn er das gern behauptet.« Er berührte die Stelle an seiner Brust, wo sein Herz schlug. »Laut Papá war er fassungslos, dass sich sogar die Pflücker gegen ihn stellen wollten. Er hat befürchtet, dass Andrés sie zu einem Streik animieren würde. Was totaler Schwachsinn ist.«

»Ja«, sagte Sofie düster. »Im Gegenteil. Andrés möchte nicht, dass irgendwer seinen Job verliert.«

Miguel nickte nachdenklich. »Mir gefällt nicht, dass er wieder dichtmacht und versucht, seine Probleme allein zu lösen. Es ist jedes Mal harte Arbeit, ihn davon abzubringen. Aber tut mir leid, ich wollte dir die Stimmung nicht verderben.«

»Unsinn, das hast du nicht. Ich …«

Beide blickten auf, als Stimmen laut wurden – nicht fröhlich und ausgelassen, so wie es auf einer Feier sein sollte, sondern schneidend und viel zu schnell.

»Was …?« Sofie trat einen Schritt zur Seite und erkannte eine ihr nur zu bekannte Stoffblüte, die vom Licht einer Feuerschale beschienen wurde. »Das ist Señora Landero!«

Am Rand des Rasens hatte sich eine Menschentraube gebildet, die stetig weiter anwuchs. Miguel fasste ihre Hand
und zog sie mit sich.

»Entschuldigung? Tut mir leid … Vorsicht!« Mit der
Selbstverständlichkeit des ältesten Sohnes des mächtigsten
Mannes im Ort drängte er sich nach vorn, während die auf-
gebrachte Stimme der Señora durch die Nacht hallte.

Zunächst erkannte Sofie Renata und Maria. Die beiden
standen ganz vorn auf der gegenüberliegenden Seite, hatten die Hände erhoben und hielten die Daumen gedrückt,
als wollten sie ihre Freundin anfeuern. Dann erreichten sie
und Miguel den Rand der Menge, und sie begriff, dass ihre
Gastgeberin keinerlei Unterstützung brauchte: Sie stand
vor ihrem Bruder und ließ ein Stakkato aus Sätzen auf ihn
los. Jetzt war auch der letzte Rest ihrer Zurückhaltung verschwunden, als hätte sich ein Schmetterling endlich aus seinem Kokon gekämpft. Diese sonst so sanfte und freundliche
Frau war nicht mehr bereit, sich ihrem Bruder unterzuord-
nen, so wie sie es ihr ganzes Leben lang getan hatte.

»Ich habe so viele Jahre zugesehen, Tonio, viel zu viele,
und habe dich machen lassen, weil es einfach schon immer
so war! Das war mein Fehler, mein einziger Fehler«, sie tippte
sich mehrfach gegen die Brust, »im Gegensatz zu deinen, die
ich nie kommentiert habe, weil ich dachte, du weißt schon,
was du tust! Aber jetzt bin ich mir da nicht mehr so sicher!«

Antonio Landero starrte sie an, als fragte er sich, ob sie
verrückt geworden war, und fuhr dann mit einer Hand durch
die Luft. »Pah!« Mit zusammengepressten Lippen wandte
er sich ab, doch die Frauen hinter ihm verschränkten die
Arme vor der Brust und standen Schulter an Schulter, nicht
gewillt, ihn vorbeizulassen.

Allmählich wurde ihm wohl bewusst, dass er um das Gespräch mit seiner Schwester nicht herumkam, und er drehte sich wieder um. »Die Plantage ist nicht dein Bereich. Halt dich da raus, so wie bisher auch.«

Mittlerweile war es fast auf dem gesamten Gelände totenstill geworden, lediglich die Freundinnen der Señora stießen auf Tonios Worte hin leise Flüche aus. Eine alte Dame, bei der es sich – wenn man die Ähnlichkeit bedachte – um Anas Mutter handeln musste, schüttelte ihre Faust in seine Richtung.

Die Lippen der Señora waren weiß. »Das habe ich zu lange getan. Und weißt du, warum? Weil es schon immer so war. Weil sich in unserer Familie die Männer um die Geschäfte und die Frauen um das Haus gekümmert haben.«

»Und das ist auch gut so«, knurrte er.

Sie beachtete seinen Einwand nicht. »Bloß wenn das dazu führt, dass jemand nur noch Zahlen auf Scheinen und Bankauszügen sieht, dann muss sich was ändern.«

Wieder diese Handbewegung direkt vor ihrer Nase. Sofie biss die Zähne zusammen, weil es so herablassend wirkte. »Du und Tico, ihr habt …«

»Tico und ich waren glücklich und vor allem genügsam, auch wenn ich mehr auf ihn hätte hören sollen, denn er hat oft über deine Marotten die Augen verdreht. Ich habe ihm dann gesagt, dass du dich schon wieder fängst, und so ist es ja auch immer gewesen. Aber jetzt willst du offenbar an deinem Plan festhalten, und deshalb erinnere ich dich noch einmal daran, dass die Landero-Farm auch mir gehört. Und zwar zur Hälfte, um genau zu sein. Du kannst nicht über meinen Kopf hinweg solche Entscheidungen treffen. Du musst vorher mit mir reden und alles klären. Ab sofort bestehe ich darauf.«

Nun schwiegen auch ihre Freundinnen. Köpfe drehten sich, Menschen sahen sich an, tauschten stumme Botschaften – und viele waren eindeutig überrascht.

Vermutlich hatten sie gedacht, dass es sich bei dem Besitz der Señora um das Land rund um die Finca handelte – und nicht um die Hälfte des gesamten Betriebs und der Ländereien, weil das Häuschen sich so eng an ihren Rand schmiegte und so wenig Platz einnahm.

Jetzt verlangte die Señora zum ersten Mal mehr. Es strengte sie an, das war an den gestreckten Fingern und den zu einem Strich zusammengepressten Lippen deutlich zu erkennen. Es musste schwer für sie sein, sich ihrem Bruder entgegenzustellen, wo sie sich ihm stets untergeordnet hatte. Und dann noch dazu in aller Öffentlichkeit! Aber sie hielt den Kopf hoch und gab nicht nach.

Miguel stieß einen leisen Pfiff aus. »Warum hat sie vorher nie was gesagt?«

»Weil sie glücklich war«, flüsterte Sofie. »Sie hatte ihren Mann und ihr Zuhause und somit alles, was sie brauchte. Aber er ist gegangen, und sie hat eingesehen, dass sie für ihr Zuhause kämpfen muss. Aber auch, dass sie es kann.«

Sie ließ ihren Blick über die Anwesenden wandern: Der einzige Mensch auf dem gesamten Gelände, dem die neue Haltung der Señora nicht gefiel, war ihr Bruder. Aber wenn es stimmte, was sie sagte, musste Señor Landero begreifen, dass er auf verlorenem Posten kämpfte.

Leider schien er auf diesem Auge blind zu sein. »Das ist albern, Rosaria.«

Er überragte seine Schwester um einen halben Kopf, aber dennoch war Sofie froh, dass deren kühler, entschlossener Blick nicht auf ihr ruhte.

»Ich lasse es nicht zu«, sagte die Señora ruhig. »Du kannst gern überlegen, die Plantage zu verkaufen. An jemanden, mit dem ich einverstanden bin. So wie Andrés. Mit allem anderen wirst du dir die Zähne an mir ausbeißen, Tonio. Ich habe ein dickes Fell.« Zwei weitere, endlose Sekunden lang lieferten sich die beiden ein Blickduell, dann wandte sich die Señora langsam ab. Unter den enthusiastischen Rufen ihrer Freundinnen verschwand sie in der Menge, die sich bereitwillig vor ihr teilte.

Sofie dachte nicht weiter nach und folgte ihr. Leise Entschuldigungen murmelnd, drängte sie sich an den anderen Gästen vorbei, die ihr allerdings an manchen Stellen so langsam Platz machten, dass sie Señora Landero aus den Augen verlor. Zögerlich setzten die Gespräche wieder ein, und sie alle drehten sich um das soeben Gehörte. Sofie erwiderte den Gruß von Marisa und Elena, deren Augen vor Begeisterung glänzten, wich einem Tisch aus … und starrte direkt in Andrés' Gesicht.

Er lehnte einige Meter entfernt an einer Säule, aber er hätte ebenso gut direkt vor ihr stehen können, da die Menschen und auch der Abstand zwischen ihnen auf einmal keine Rolle mehr spielten. Sofort fiel Sofie auf, wie bleich er war – das musste mit dem Streit der Landero-Geschwister zusammenhängen. Sicher hatte auch er nichts von den Anteilen der Señora gewusst, und nun war er für einen kurzen Moment gegen seinen Willen zum Mittelpunkt der Feier geworden. Jeder in Cielente wusste, dass Andrés' Zukunft in der Schwebe und an der Entscheidung eines Käufers hing, der den Platz einnahm, auf den er seit so vielen Jahren hingearbeitet hatte. Ihn nahm das mehr mit, als er zugeben wollte. Auf dieser Feier hatte er wohl mit allem gerechnet, nur nicht damit, dass sich die Señora auf die Hinterbeine stellen würde.

Aber da war noch etwas. Eine Unruhe, die sie so von ihm nicht kannte, zumindest nicht in dieser Intensität. Sie schimmerte in seinen Augen, und dieses Mal gelang es ihm nicht, sie vor ihr zu verbergen.

Sofie wollte ihn grüßen und weitergehen, damit sie ihn nicht weiter anstarrte, als hätte sie den Verstand verloren. Aber sie konnte sich nicht rühren, solange er es nicht zuerst tat.

Und Andrés machte keine Anstalten dazu. Stattdessen wurde sein Blick so weich, als wollte er ihr sagen, dass er einen riesigen Fehler gemacht hatte, indem er etwas beendete, noch ehe es groß und tief und wunderschön und endlos schmerzhaft hatte werden können.

Jemand neben ihr sagte etwas – zwar nicht zu ihr, aber es holte sie in die Gegenwart zurück. Sie rief sich ins Gedächtnis, dass sie mit der Absicht hergekommen war, sich völlig normal zu verhalten, und lächelte Andrés an. Er erwiderte ihr Lächeln nicht, stieß sich aber von der Säule ab und kam langsam auf sie zu.

»Hey, hier bist du.« Miguel schälte sich aus der Menge und legte freundschaftlich einen Arm um sie. Er hatte Andrés den Rücken zugewandt und bemerkte ihn nicht. »Hast du Rosaria noch erwischt?«

»Ich … nein«, stotterte sie heillos überfordert. Ihr Blick flackerte von ihm zurück in die Menge. Zu Andrés.

Er war stehen geblieben. Ein Schatten huschte über sein Gesicht, war aber so schnell verschwunden, als hätte sie ihn sich nur eingebildet. Dann nickte er ihr zu, wandte sich um und tauchte in der Menge unter.

Sofie starrte auf die Stelle, wo er eben noch gestanden hatte, und trat einen Schritt zur Seite, sodass Miguels Arm von ihren Schultern rutschte. Sollte sie Andrés folgen?

»Sofia?«

»Entschuldige«, murmelte sie und zwang ihre Aufmerksamkeit zurück zu Miguel. »Was hast du gesagt?«

Falls er ihr die plötzliche Distanz übel nahm, ließ er es sich nicht anmerken. »Ich bin gerade Lucía über den Weg gelaufen, und sie sah besorgt aus.«

»Vermutlich wegen der Landeros.«

»Nein«, sagte Miguel nachdenklich. »Den Eindruck hatte ich nicht.«

Sofie stutzte und sah ein letztes Mal in die Richtung, in die Andrés verschwunden war. »Denkst du etwa, es hat Ärger gegeben? Weil sie und Yago sich zusammen gezeigt haben?«

War es doch eine dumme Idee gewesen, die beiden am Tag vor dem Festumzug einzuweihen? Sie drehte sich einmal um sich selbst und hielt nach Lucía Ausschau, halb in der Erwartung, sie in der wütenden Traube ihrer Familie zu entdecken, die Yago mit dem Messer drohte und ihn zum Teufel jagte. Sie fand ihre Freundin neben Simon und Tereza, wo sie wild in der Gegend herumgestikulierte und dann in Sofies Richtung zeigte.

In ihrem Magen grummelte es unangenehm. Sie und Miguel setzten sich im selben Moment in Bewegung wie die anderen, und so trafen sie sich in der Mitte des Platzes. Eine Gruppe von Verschwörern, deren Geheimnis womöglich aufgeflogen war.

Lucía atmete schwer; ihr hübsches Gesicht wirkte im Licht der Feuerschalen fleckig. »Sofie. Miguel«, keuchte sie.

Sofie griff nach ihren Händen. »Was ist passiert?« Lucías Aufregung gefiel ihr ebenso wenig wie die Tatsache, dass Simon und Tereza alarmierte, wenn auch verständnislose Blicke wechselten. »Wo ist Yago?« Sie dachte an Messer und Flaschen. »Was haben sie mit ihm gemacht?«

»Wie?« Lucía verschluckte sich und hustete, als sie mit Atmen und Antworten durcheinanderkam.

Tereza klopfte ihr auf den Rücken, während Simon Sofie einen Ellenbogen in die Rippen stieß. »Hat das etwa was mit der Statue zu tun? Der von Opa Nando?«

Manchmal waren seine Schlussfolgerungen erschreckend scharfsinnig. Sofie zögerte – und ahnte, dass sich Lucía eventuell doch nicht um Yago sorgte.

»Was ist passiert, Lu?«, fragte Miguel in beruhigendem Ton, und endlich hatte sich Lucía so weit gefangen, dass sie antworten konnte.

»Onkel Esteban hat auf dem Weg hierher einen Abstecher in die Kirche gemacht, um ein letztes Mal zu kontrollieren, ob alles für morgen bereitsteht. Das macht er jedes Jahr, und normalerweise braucht er dafür nicht länger als zwanzig Minuten.«

»Dein Onkel?«, fragte Simon und rieb sich die Stirn. »Ist deine Familie nicht mit den Pachecos verfeindet? Warum kommen sie dann überhaupt her?«

Tereza gab ihm eine zärtliche Kopfnuss und sofort darauf einen Kuss. »Ich glaube, das ist gerade eher unwichtig.«

»Auf den offiziellen Festen dulden sie sich«, murmelte Lucía, war aber nicht ganz bei der Sache.

Sofie drückte ihre Finger. »Also, was ist mit deinem Onkel?«

Lucías Blick brannte sich in ihren und teilte ihr mit, was sie nicht aussprechen wollte. »Er hat vor zehn Minuten meinen Vater angerufen und ihn gebeten, zur Kirche zu kommen.«

Miguel gab eine Reihe interessanter spanischer Flüche zum Besten. »Denkst du, sie haben sie gefunden?«

»Was gefunden?«, fragte Tereza. Simon brachte die Lippen an ihr Ohr und weihte sie ein, worauf ihre Augen größer und größer wurden.

Lucía schenkte Sofie ein klägliches Lächeln. »Ich weiß, du wolltest nicht, dass jemand unser Geheimnis vor dem Festumzug aufdeckt. Aber nun ist es offenbar passiert, warum auch immer. Normalerweise hält sich mein Onkel an die Regeln und lässt den Vorhang bis zum großen Tag geschlossen. Tut mir echt leid.«

Sofie ging das Geschehen blitzschnell in Gedanken durch und kam zu dem Schluss, dass sie nichts mehr ändern konnte – und es letztlich auch keine Rolle mehr spielte, ob die Neuigkeit über die Statue heute oder morgen die Runde machten. Und wenn man sie und somit Opa Nando verdächtigte, dann war es eben so.

»Ist nicht schlimm«, sagte sie und winkte ab. »Ich glaube nicht, dass …«

Ein Ruf vom Eingang des Gartens her ließ sie zusammenfahren. Eine Frau stand dort und hatte beide Hände so fest gegen die Wangen gepresst, dass sie an Edvard Munchs Gemälde *Der Schrei* erinnerte. Dann hob sie die Arme und winkte.

»Santa Isabel! Sie ist wieder da! Die Heilige ist zurückgekehrt!«

25

Als Sofie mit den Pacheco-Brüdern, Simon, Tereza und Lucía die Kirche erreichte, hielt sie es für das größte Wunder an diesem Abend, dass sich niemand auf dem Weg dorthin verletzt hatte.

Nach dem Ausruf von Lucías Mutter war Chaos im Garten des Alcalde ausgebrochen. Die Gäste waren zu ihren Autos gestürmt, ohne darauf zu achten, dass sich auch noch andere Fahrzeuge und Menschen in ihrer Nähe befanden. Jeder wollte der Erste sein und nicht auch nur eine Sekunde länger darauf warten, das Wunder der Rückkehr von Isabel la amante mit eigenen Augen zu sehen. Manche hatten gar nicht erst daran gedacht, ihren Wagen zu nehmen, sondern waren einfach in Richtung Dorfkern losgerannt, bis sich irgendwer erbarmt und neben ihnen angehalten hatte, um sie einzusammeln.

Einen Unfall hatte es ebenfalls gegeben: Señor Olante hatte vor lauter Hektik eine Hecke gerammt und war quer auf dem Grünstreifen stehen geblieben, da sein Wagen sich weigerte, wieder anzuspringen. Miguel hatte den fluchenden älteren Mann auf seine Rückbank beordert und war weitergefahren.

In dieser Nacht glichen die Straßen Cielentes dem Schauplatz eines Autorennens – oder dem Set eines Hollywood-

Spionagefilms. Die Verkehrsregeln waren außer Kraft gesetzt, niemand achtete auf seine Geschwindigkeit, und überall erklang permanentes Hupen, da jede Sekunde, in der es nicht weiterging, eine zu viel war. Alle wollten das Wunder mit eigenen Augen sehen und es berühren.

»Das ist Wahnsinn«, sagte Simon und beäugte kopfschüttelnd das Gedränge vor dem Kirchenportal. Lucías Vater und ihr Onkel standen dort mit ausgebreiteten Armen und der eindeutigen Absicht, die Leute aufzuhalten – zu Recht, denn die Gefahr, dass die Figur durch zu viel Enthusiasmus Schaden nahm, war zu groß.

Die Cielenteros waren damit alles andere als einverstanden und drängten in einer riesigen Traube immer weiter nach vorn, wobei sie riefen, fragten, forderten. Eine alte Frau hatte das Gesicht in den Händen vergraben, und Sofie spürte einen Stich in der Brust, als sie begriff, dass sie weinte.

Was auch immer Opa Nando beabsichtigt hatte, als er die Holzfigur nach Deutschland mitnahm – er hatte sicher nicht mit einem solchen Szenario gerechnet. Und Sofie, als sie die Statue zurückbrachte, auch nicht.

Señora Landero stand am Rande der Menge. Jetzt trat sie, gefolgt von Marisa, zu der weinenden Frau und nahm sie in die Arme. Von Andrés war nichts zu sehen, so sehr Sofie auch nach ihm Ausschau hielt. Gut möglich, dass es ihm egal war, ob die Liebe wieder Einzug in Cielente hielt oder nicht, zumal er ihr – jedenfalls vorübergehend – abgeschworen hatte.

Ein schwarzer Geländewagen kam langsam auf den Marktplatz gefahren und hupte mehrmals, bis die Menschen ihm widerstrebend Platz machten. Er hielt neben dem Eingang, und es erstaunte Sofie nicht, dass Miguels Vater ausstieg, gefolgt von Yago, der mit erstaunlicher Zielgenauigkeit Lucía in der Menge ausmachte und zu sich winkte.

Sie zögerte, aber Tereza gab ihr einen Schubs. »Na, geh schon!«

Lucía drängte sich durch das Raunen und die Rufe zu Yago durch, der mit ausgestreckten Händen auf sie wartete. Auch der Alcalde war mittlerweile ausgestiegen und schien für den Moment keine Einwände zu haben, dass sein jüngerer Sohn mit der Tochter der verfeindeten Sippe Händchen hielt. Die Rückkehr der Statue stellte alles andere in den Schatten.

»Los«, sagte Miguel und fasste einmal mehr Sofies Hand. Geistesgegenwärtig griff sie nach Simons, sodass sie wie eine Reihe Schulkinder zum Eingang liefen. Der Alcalde nickte ihnen knapp zu, als sie den Wagen erreichten, und dann stieg Abelia Pacheco aus.

Manch einer mochte blass geworden sein, und Lucía fiel vor Nervosität offenbar fast in Ohnmacht, doch das war nichts im Vergleich zu Abelia, in deren Wangen kaum ein Tropfen Blut zurückgeblieben war. Zum ersten Mal, seit Sofie sie kannte, wirkte sie tatsächlich alt. Ihre Schritte waren schwer.

»Ich muss mit euch reden«, sagte sie zu Miguel und Sofie und deutete zur Seite. Ihnen wurde Platz gemacht, bevor sich die Reihen rasch wieder hinter ihnen schlossen.

Im Hintergrund versuchte jemand – entweder Lucías Onkel oder ihr Vater – die aufgeregte Menge zu beruhigen. Bislang hatte Sofie ihre Nervosität im Zaum halten können, aber das gelang ihr mit jeder Sekunde weniger. Vor allem, da sie jetzt hautnah miterlebte, wie wichtig die Figur der Santa Isabel den Menschen war.

Abelia Pacheco blieb neben der Kirche stehen. Hierher reichte das Licht der Laternen noch gerade so; ihr Gesicht lag im Schatten. »Was wisst ihr darüber?«, fragte sie freundlich, aber bestimmt.

Sofie riss sich zusammen, um Miguel nicht anzusehen. Abelia hatte denselben warmen Blick wie er, der einen dazu verleitete, sich zu entspannen, in dem Wissen, dass in ihrer Gegenwart nichts Schlimmes geschehen würde. »Was meinst du?«, entgegnete Miguel unschuldig, und sofort fühlte sich Sofie doppelt schlecht, weil er seiner Großmutter die Wahrheit vorenthielt. Wegen Opa Nando. Wegen *ihr*.

Abelia strich sich eine Strähne hinters Ohr. »Ich war noch nicht in der Kirche, um mir eine endgültige Meinung zu bilden, bin mir aber sehr sicher, dass die echte Isabel dort drinnen auf uns wartet. Nicht jeder von uns hatte das Glück, sie vor ihrem Verschwinden zu sehen. Dein lieber Vater schon einmal nicht, Miguel, der trotzdem gerade mit Esteban und Luis Marti versucht, Ordnung in dieses Chaos zu bringen.« Sie deutete nach vorn, wo sich noch immer die Menge drängte. »Und auch unser lieber Geistlicher kennt die Statue nur aus Erzählungen und von Fotos.« Das ging an Sofie.

Sie errötete unter Abelias wachem Blick. Selbst die Erkenntnis, dass Angehörige der verfeindeten Familien gemeinsam versuchten, die Menge zu beruhigen, war in diesem Augenblick nebensächlich. »Aber du hast sie gesehen«, flüsterte sie. »Nicht wahr?«

Abelia Pacheco nickte. »Ja, das habe ich. So wie dein Großvater.« Sie senkte den Kopf und schien eine Erklärung zu akzeptieren, die ihr niemand gegeben hatte. »Nach all den Jahren taucht sie wieder auf, und nur die wenigsten von uns können beurteilen, ob sie echt ist oder von jemandem kopiert wurde, der es gut mit uns meint und uns den

Glauben an die schönen Dinge wiedergeben möchte. Aber falls es so jemanden gibt, dann hat er nicht bedacht, dass die Wahrheit auf lange Sicht stets die bessere Wahl ist, auch wenn es anfangs manchmal nicht so scheint. Wie eine Decke, die zunächst kratzt, aber dennoch warmhält, bis man sich an das Gefühl auf der Haut gewöhnt hat.«

Sofie versuchte, sich zu überwinden und Abelia einzuweihen, aber die Worte wollten ihr einfach nicht über die Lippen.

»Das ist nur eine Vermutung«, sagte Miguel und drückte seine Großmutter an sich. »Wir haben keine Ahnung, wie die Statue zurückgekommen ist. Oder ob es das Original ist. Und spielt das überhaupt eine Rolle? Hauptsache, sie ist wieder hier. Wir wissen doch, dass die Leute nur etwas brauchen, an das sie glauben können, um neue Hoffnung zu schöpfen. Oder … mehr zu wagen.« Er blickte zur Seite, wo Yago und Lucía dicht nebeneinanderstanden. »Meinst du nicht auch? Wenn diese Statue beispielsweise dafür sorgt, dass unsere Familie und die Martis sich endlich wieder zusammenraufen und Yago mit seiner Lucía glücklich wird, dann kann sie meinetwegen aus China stammen.«

Abelia lehnte sich an ihn, schloss die Augen und streckte zu Sofies Überraschung eine Hand nach ihr aus. Im nächsten Moment musterte Abelia sie mit einer Intensität, die sie noch unruhiger machte. »Wie recht du hast, *querido*. Ich habe deinem Vater so oft gepredigt, dass er die alte Fehde ruhen lassen soll, aber ich muss dir nicht sagen, wie halsstarrig die Männer in unserer Familie seit jeher sind. Genau wie damals, als die Statue verschwand.« Miguel zog ein unschuldiges Gesicht, und sie lachte. »Jemand hat eine Tür nicht abgeschlossen, du meine Güte! Was für ein Verbrechen! Du hast recht,

Miguel. Es geht so oft darum, was wir glauben, und nicht darum, was wirklich vor uns liegt. Und manchmal ... manchmal entsteht der Glaube aus einem flüchtigen Gedanken, der sich festsetzt und verhärtet, oft unter dem Einfluss von Stolz. Dein Opa war ebenfalls ein stolzer Mann, Sofie.«

Die riss die Augen auf, erstaunt über den Themenwechsel. »War das damals so offensichtlich? Du hast doch gesagt, dass du ihn nicht so gut kanntest.«

Abelia legte den Kopf auf eine Weise schräg, die sie mit ihren Enkeln gemeinsam hatte. »Das kommt darauf an, was man darunter versteht. Manchmal glaubt man, jemanden zu kennen, und dann überrascht einen diese Person, indem sie völlig anders handelt als erwartet. Genauso ist es hier.«

Sofie zögerte. »Was meinst du?«

»Wir sind sehr traditionell aufgewachsen. Viele Männer reden nicht über das, was sie fühlen oder was in ihren Köpfen vor sich geht. Oft schieben sie es von sich und brauchen dann lange, um zu begreifen, was ihr Herz bereits weiß.« Sie musterte jemanden über Sofies Schulter hinweg.

Die sah zur Seite und entdeckte Andrés am Rande der Menge. Er schien in Gedanken versunken.

Redete Abelia etwa von ihm? Wenn ja, wie hatte sie mitbekommen, dass zwischen ihnen mehr gewesen war? Sie hatten sich nie in der Öffentlichkeit solche Blicke zugeworfen wie Lucía und Yago, geschweige denn Händchen gehalten. Selbst wenn Abelia sie zusammen gesehen hatte, zum Beispiel im Auto auf dem Weg ins Vogelschutzgebiet – Sofie war sich sicher, dass sie einem unbeteiligten Beobachter keinerlei Anhaltspunkte geliefert hatten. Abelia musste sehr feine Antennen besitzen. Oder aber sie konnte Andrés besser lesen als jeder andere; immerhin hatte sie ihn großgezogen.

»Ich denke, es gilt für viele Menschen, dass man seine eigenen Wünsche nicht immer sofort erkennt«, sagte sie, um von sich und ihrer Verlegenheit abzulenken. »Und letztlich kann sie jeder nur für sich selbst herausfinden. Niemand sonst.«

Abelia nickte nachdenklich. »Sie sind womöglich vorsichtig, diese Menschen. Aber ich glaube, wenn sie sich einmal für etwas entscheiden, dann stehen sie dahinter.«

Auf ihre Worte folgte eine Stille, die von plötzlich einsetzendem Jubel abgelöst wurde, und in die Menge vor der Kirche kam Bewegung. Offenbar hatten die Männer das Eingangsportal freigegeben, denn die meisten strebten nach vorn, manche unter ungeduldigen und aufgeregten Rufen, andere in atemlosem Schweigen.

Sofie, Miguel und Abelia gingen zurück zur Ecke: Im Inneren der Kirche flammten Lichter auf, stanzten die hohen, schmalen Fenster aus der Steinfassade und erzählten von dem großen Wunder, das auf Zeugen wartete.

Abelia klatschte in die Hände. »Wie auch immer«, sie gab Miguel einen Kuss auf die Wange, »ich schließe mich besser an. Welch ein Glück für dich, Sofie, dass du ausgerechnet jetzt zu Besuch bist und den wohl wichtigsten Tag für uns alle miterlebst!« Sie wandte sich ab und folgte der Menge.

Sofie starrte ihr hinterher. »Sie weiß es«, sagte sie dann. »Dass ich etwas mit der Rückkehr der Statue zu tun habe.«

»Das kann sie gar nicht. Es sei denn, sie hätte dich beobachtet, als du in die Kirche geschlichen bist, und ich bin mir sehr sicher, dass sie zu dem Zeitpunkt im Bett lag. Oder dass ich sie bemerkt hätte. Allerhöchstens ahnt sie es.«

»Denkst du, das könnte zu einem Problem für meinen Opa werden? Ich meine, wenn sie ihren Verdacht jemandem mitteilt?«

»Mach dir keine Sorgen.« Miguel gab Yago ein Zeichen, zu warten, als der sie zu sich winkte. Die Party war in die Kirche verlegt worden; heute Abend würde sich niemand mehr von hier vertreiben lassen. »So ist sie nicht. Sie mag keinen Streit, und auch wenn sie sich noch an die Zeit erinnert, als dein Opa hier gelebt hat, wird sie ihren Verdacht für sich behalten, wenn sie denn einen hegt. Wobei meine Oma recht pfiffig ist.« Ein Grinsen huschte über sein Gesicht. »Wer sie nicht gut kennt, unterschätzt sie leicht, weil sie sich gern im Hintergrund hält.«

»So wie Señora Landero.«

»Ganz genau.« Er nickte in Yagos Richtung. »Aber lassen wir meinen Bruder nicht so lange warten, sonst platzt er noch vor Aufregung. Möchten Sie mich in die Kirche begleiten, Señorita Lenau?« Er hielt ihr eine Hand entgegen und lachte. Es war eine rein freundschaftliche Geste.

Sie lauschte den Stimmen, die jetzt, durch die Akustik im Kirchenschiff, tiefer und voller klangen, und ergriff sie. »Wenn du mich so fragst, begleite ich dich überallhin.«

Sie folgten den anderen, die zum größten Teil bereits im Inneren verschwunden waren. Yago und Lucía standen noch immer mit Simon und Tereza vor der Kirche, eindeutig ungeduldig, aber alle vier mit wissendem Blick.

»Also dann.« Lucías Stimme vibrierte. »Wollen wir?« Ihre Hand zuckte, als wäre sie nicht sicher, ob sie es wirklich wagen sollte, sie auszustrecken.

Yago griff danach, ehe sie es sich anders überlegen konnte, und hauchte einen Kuss darauf. »Na los! Eine bessere Ge-

443

legenheit bekommen wir nicht, um unseren Familien zu beweisen, dass das mit uns eine gute Idee ist. Ich werde dich einfach vor die Statue zerren und vor aller Augen in Grund und Boden küssen. Sofern Santa Isabel dabei nicht in Flammen aufgeht, dürfte niemand etwas einzuwenden haben.«

»Interessante Idee«, sagte Miguel.

Tereza klatschte in die Hände. »Mir gefällt sie!«

Die Kirche platzte aus allen Nähten – was unter anderem damit zusammenhing, dass die meisten Besucher nicht still standen, sondern durcheinanderliefen, um möglichst alles mit allen zu diskutieren. Jeder nahm viel mehr Raum ein, als es bei einem Gottesdienst der Fall gewesen wäre, und die Begeisterung war ansteckend.

Vor der Nische in der Wand erreichte sie ihren Höhepunkt.

Der Vorhang war zurückgezogen, und die Heilige Isabel schien die Besucher mit gefalteten Händen und gesenktem Kopf erwartet zu haben. Das Gedränge erinnerte Sofie an ein Musikkonzert, bei dem jeder in der ersten Reihe stehen wollte. Hände reckten sich in die Höhe, wagten jedoch nicht, die Figur zu berühren – die Menschen von Cielente achteten trotz allem darauf, ihrem kostbaren Besitz keinen Schaden zuzufügen.

Sofie und die anderen bahnten sich ihren Weg zur rechten Seite zwischen Altar und Nische. Tereza legte den Kopf auf Simons Schulter, und Sofie fragte sich, ob sie bereits darüber geredet hatten, was aus ihnen werden sollte, wenn diese Reise endete.

Gut möglich, dass sie es auf sich zukommen ließen.

Gut möglich, dass sie selbst zu viel grübelte.

Dass sie Dinge zerdachte und so lange in ihrem Kopf hin- und herwälzte, bis sie Risse und Kanten bekamen.

Andrés fand sie in dem Trubel nicht, dafür aber Señora Landero, umringt von ihren Freundinnen und anderen wie Pedro Martín, die seit ihrer energischen Rede auf der Feier beim Alcalde zu einem kleinen Fanclub avanciert waren. Sie hielt beide Hände erhoben wie im Gebet und strahlte übers ganze Gesicht.

Von ihrem Bruder war weit und breit nichts zu sehen. Vermutlich hatte er sich zurückgezogen, nachdem er auf Widerstand gestoßen war, wo er keinen erwartet hatte, und begreifen musste, dass auch seinem Befehlsgehabe Grenzen gesetzt waren.

Die Rufe wurden lauter, als zwei Männer vor die Nische in der Wand traten: Lucías Onkel, Esteban Marti, und der Alcalde. Äußerlich sehr verschieden, ähnelten sie sich mit ihrem entschlossenen Blick und der Feierlichkeit auf ihren Zügen.

Neben Sofie hielt Lucía den Atem an, als die Männer einige Worte miteinander wechselten; allmählich wurde die Menge ruhiger und verstummte schließlich. Ganz Cielente stand reglos, als sich die beiden die Hände schüttelten. Es wirkte nicht übermäßig glücklich, nicht einmal herzlich, was nach all der Zeit der Distanz zwischen den Familien wohl auch kaum möglich war. Doch sie hatten den ersten Schritt getan, und mit etwas Glück würden weitere folgen.

»Ich glaube das nicht«, hauchte Lucía.

Yago nahm sie in dem Moment in die Arme, als die Stille wie auf ein geheimes Signal hin endete. Man klopfte ihm und Lucía auf die Schultern, dann auch Miguel, weil er direkt neben ihnen stand, und weiter vorn brandete Applaus auf.

Nun hoben der Pfarrer und der Alcalde die Heiligenfigur gemeinsam und überaus vorsichtig aus der Nische und hielten sie hoch über ihre Köpfe, was gar nicht mal so einfach war, da der Alcalde Lucías Onkel um beinahe einen Kopf überragte.

Mitten in dem jetzt ohrenbetäubenden Jubel der Menge fühlte Sofie sich auf einmal unendlich leicht. Es tat so gut, diese Freude zu erleben! Vielleicht war es doch richtig gewesen, nicht bis zum Fest zu warten. Wenn sie die euphorischen Gesichter betrachtete, konnte sie sich nicht vorstellen, dass irgendwer noch auf den alten Groll zurückkommen und versuchen würde, nach all den Jahren den Dieb ausfindig zu machen. Es spielte keine Rolle mehr, was damals geschehen war. Wichtig war nur die Gegenwart mit all ihrer Freude und Hoffnung.

Marisa und Elena Caldera hatten Señor Olante in ihre Mitte genommen, und alle drei strahlten sich an. Jemand rief einen Witz, der etwas mit einem alten Baum am Rand von Cielente zu tun hatte, und ein Stück entfernt spekulierten Maria und Señora Bisbal lautstark darüber, wer die Figur zurückgebracht hatte. Maria verdächtigte den Alcalde – schließlich habe er genug Geld, um die Heilige Isabel in der gesamten Welt per Privatdetektiv suchen lassen zu können –, doch Señora Bisbal wollte an etwas Besseres glauben als an Geld.

Sofie beobachtete, lauschte und zog sich dann unauffällig zurück. Lediglich Miguel bemerkte es, sein Blick kreuzte ihren, und er nickte ihr zu.

Lärm, Licht und Leben nahmen ab, je weiter sie sich dem Eingang näherte. Zwei Gestalten standen neben dem Beichtstuhl und hatten die Köpfe zusammengesteckt. Sofies Herz strauchelte, als sie Andrés und Abelia Pacheco erkannte. Sie hatte eine Hand auf seine gelegt und redete leise auf ihn

446

ein. Andrés hatte wie so oft die Stirn gerunzelt, und wenn er hin und wieder nickte, schien er das aus Höflichkeit zu tun. Dann aber berührte sie ihn am Kinn, wie um ihn daran zu erinnern, dass er sich mal wieder rasieren müsste, und seine Stirn glättete sich. Flüchtig blitzte es in seinen Augen auf. Zwar reichte es nicht für ein Lächeln, aber die Abwehr und die Schwere der vergangenen Tage verschwanden.

Es war schön, ihn in dieser Vertrautheit mit der Frau zu sehen, die sich so viele Jahre um ihn gekümmert hatte. Allerdings schmerzte die Distanz, die er zu Sofie hielt, dadurch um so mehr. Unauffällig steuerte sie weiter auf den Ausgang zu – und wäre fast in eine riesige Holzkiste gelaufen.

»Hm?« Ein Gesicht lugte daran vorbei, fragend und vorwurfsvoll. Es gehörte einem Teenager, den Sofie schon einmal gesehen hatte, aber nicht einordnen konnte. Da er keine Anstalten machte, sie vorbeizulassen, trat sie zur Seite.

Hinter der Kiste wurde eine Frauenstimme laut, und dann erschien Ana vom Lebensmittelladen und verpasste dem Jungen mit der flachen Hand einen Klaps auf den Kopf. »Was bringen dir deine Eltern eigentlich bei? Mach der Dame gefälligst Platz, *tonto*!« Die Holzkiste wackelte, bewegte sich zur Seite, und Ana schüttelte den Kopf in Sofies Richtung. »Mein Enkel! Lernt so einiges bei seinen Eltern drüben in Toledo, aber mit den Manieren hapert es. Willst du auch Zeug rüberholen?«

»Zeug?«

Ana hob die Tasche in ihren Händen und deutete auf die Kiste, in der sich – wie Sofie jetzt sehen konnte – Geschirr und Becher befanden. »Na, es wird ja niemand mehr zur Finca zurückfahren. Die Party findet heute hier statt!« Sie stupste ihren Enkel mit dem Ellenbogen an, worauf der sich

447

wieder in Bewegung setzte. »Ich habe ein paar Flaschen mitgenommen; der Rest kommt noch.«

Sofie fragte sich, was Lucías Onkel dazu sagen würde, dass in seiner Kirche Alkohol ausgeschenkt wurde, aber vermutlich war auch er zu sehr in Hochstimmung, um sich daran zu stören.

So wie das ganze Dorf. Im Grunde war es ein schöner Gedanke, das Wiederauftauchen der Figur hier zu feiern. Cielente hatte ein Puzzleteil zurückerhalten, das so viele Jahre gefehlt hatte. Und genau aus diesem Grund war Sofie hier fehl am Platz. Sie konnte nicht wie die anderen fröhlich über das Wunder von Isabels Rückkehr spekulieren – und sie wollte auch nicht vor so vielen die Unwissende spielen. Es war schlimm genug gewesen, manchen Menschen ins Gesicht lügen zu müssen.

Sie atmete auf, als sie in die klare Nachtluft hinaustrat. In der Ferne krochen Lichter wie müde Glühwürmchen die Straße empor, die zur Finca des Alcalde führte – vermutlich Dörfler, die mithalfen, die Feier in die Kirche zu verlegen. Langsam lief sie weiter. Sie würde einen Spaziergang machen, noch einmal an Opa Nandos altem Haus vorbeigehen und die Stille genießen.

Auf den Straßen war niemand zu sehen, und besonders im Vergleich zu den fröhlichen Stimmen in der Kirche nur wenige Momente zuvor wirkte Cielente wie ausgestorben.

Das Knirschen von Steinchen hinter ihr ertönte den Bruchteil einer Sekunde vor der leisen Stimme. »Sofia.«

Ihr Herz reagierte als Erstes und vollführte einen Satz, aber Sofie zählte absichtlich bis drei, ehe sie sich umdrehte.

Andrés stand auf der obersten Stufe der Kirchentreppe, die Hände in die Hosentaschen geschoben. »Du gehst schon?«

Sie deutete über ihre Schulter ins Dunkel. »Dieser Abend gehört eindeutig den Cielenteros, nicht den Gästen.« Jedes einzelne Wort fühlte sich einfach nur falsch an.

»Und Miguel?«

Sie blinzelte, zu perplex, um sofort zu antworten. »Ich weiß nicht, was du meinst.« Es war die falsche Antwort, und Sofie wusste nicht einmal, warum sie das gesagt hatte. Noch im selben Moment hätte sie Andrés am liebsten versichert, dass sie nichts mit Miguel verband als lockere Freundschaft. Aber etwas in ihr war erstarrt.

Eine ganze Weile reagierte er nicht, und dieses Mal machte sie nicht den Fehler, zu hoffen, dass er etwas sagen würde, um sie aufzuhalten.

Miguel hätte das getan. Doch nicht Andrés.

Um nicht sehen zu müssen, wie er ihr den Rücken zuwandte und sie allein ließ, hob sie eine Hand und lief weiter. Bei jedem Schritt spürte sie seinen Blick auf sich und atmete erst auf, als sie in den Schatten der nächsten Straße eingebogen war.

26

»Ich glaube, ich habe ein Déjà-vu«, sagte Sofie, als Simon mit leisem Stöhnen und zerstrubbelten Haaren an ihr vorbeischlurfte. Tereza war deutlich munterer und schob ihn liebevoll in Richtung Bad.

»Nimm eine kalte Dusche, dann wirst du schnell wach.«

Er murmelte etwas von Feldwebeln und Einhörnern und schlug die Tür hinter sich zu. Immerhin waren kurz darauf Rauschen und ein Fluch zu hören, was dafür sprach, dass er sich den Rat zu Herzen genommen, aber vergessen hatte, dass das Wasser in der Finca eine Weile brauchte, um warm zu werden.

Tereza wirkte zufrieden und drehte sich zu Sofie um. »Wo warst du gestern? Ich hab dich aus den Augen verloren.«

»Spazieren.« Sofie nahm einen Schluck aus ihrer Kaffeetasse und lehnte sich gegen die Wand. »Ich schätze, mein schlechtes Gewissen war doch zu groß, um direkt unter den Augen der Pachecos und Martis fröhlich feiern zu können.«

»Ach was«, sagte Tereza, nahm ihr die Tasse aus den Händen und leerte sie mit zwei großen Schlucken. »Du hast doch erst dafür gesorgt, dass sie überhaupt feiern konnten! Ich bin sicher, sie wären dir dankbar, wenn sie die Wahrheit erfahren würden.«

»Vielleicht. Aber dafür würde mein Opa sicher die eine oder andere böse Nachricht erhalten. Und das ist es nicht wert.«

»*Sí*«, sagte Tereza nachdenklich und fuhr mit einem Finger am Tassenrand entlang. »Da hast du vermutlich recht. Also bist du nach Hause gelaufen?«

Nach Hause.

»Ich bin nur bis zum alten Haus von Opa gekommen, dann hat Miguel mich angerufen und gefragt, wo ich bin. Er hat mich hergebracht.«

»Miguel«, sagte Tereza und sah irgendwie enttäuscht aus. »Läuft da mittlerweile was zwischen euch?«

Sofie schoss das Bild von ihrer letzten Begegnung mit Andrés durch den Kopf. Energisch verdrängte sie es. »Unsinn, nein. Wir mögen uns, mehr nicht. Außerdem fliege ich ohnehin bald zurück nach Deutschland. Darüber müssen wir uns übrigens noch unterhalten.«

»Ja«, sagte Tereza und machte ein betrübtes Gesicht. »Es wird vermutlich wirklich Zeit, weiterzuziehen. Ich könnte es zwar noch Wochen hier aushalten, aber allmählich habe ich Señora Landero gegenüber ein schlechtes Gewissen – und außerdem keinen Job mehr. Was meinst du, bleiben wir so lange, bis wir wissen, was mit der Plantage geschieht?«

»Und dann? Wir können doch sowieso nichts tun. Das ist eine Sache zwischen den Landeros.«

Sofies Handy vibrierte, und sie zog es aus der Tasche. Es war eine Nachricht von Nadja, die ihr Spaß beim heutigen Festumzug wünschte und sie bat, viele Fotos zu machen.

Sie antwortete rasch mit einem Daumen nach oben und öffnete ihre Übersicht. Von Opa Nando hatte sie zu ihrer Enttäuschung nichts mehr gehört. Sie hatte versucht, ihn anzurufen, und ihm geschrieben, als sie ihn nicht erreicht hatte. Er wusste nun, dass die Heiligenstatue entdeckt worden war, und sie hatte auch erwähnt, dass sich das Fest von der Finca des Alcalde in die Kirche verlagert hatte. Doch er schien das ebenso wenig zur Kenntnis nehmen zu wollen wie alles, was in irgendeiner Weise mit Cielente zusammenhing. Für ihn war das zu weit weg, um eine Rolle zu spielen. Und dass sie bald genauso denken würde, gefiel ihr nicht.

Sie hatte erlebt, wie Señora Landero und Lucía kämpften, für ihre Überzeugungen oder diejenigen, die ihnen am Herzen lagen. Und gestern Abend hatte etwas in Andrés' Augen ihr verraten, dass sie ihm trotz allem nicht gleichgültig war. Also warum fiel es ihr so schwer, ebenfalls den Kopf hochzuhalten und sich für das starkzumachen, was sie nicht hinter sich lassen wollte? War ihre Rückreise wirklich der Grund – oder eine Ausrede?

»Sofie?«

»Was?« Sie war völlig in Gedanken versunken gewesen.

Tereza beäugte sie eine Weile. »Ich hab dich gefragt, ob du mich zu Señorita Hernandéz fahren kannst.«

Sofie ging im Kopf all die Namen durch, die sie aus Cielente kannte. »Wer ist das?«

»Ich habe sie gestern Abend kennengelernt. Sie wohnt eine knappe halbe Stunde von hier entfernt, kommt jedes Jahr zum Festumzug nach Cielente und trifft sich vorher mit ihren Freundinnen. Sie hat erfahren, dass ich Karten lege, und gefragt, ob ich das heute für sie und ihre kleine Runde tun kann.«

»Heute noch?«

Tereza grinste. »Das lohnt sich schon bei fünf Damen, da konnte ich nicht Nein sagen. Simon hat sich gestern Abend

452

freiwillig zum Aufbau eingeteilt und ist vermutlich deshalb so hektisch.«

Beide lugten zur Badezimmertür, hinter der es noch immer hin und wieder polterte, stets unterbrochen von Flüchen.

»Klar, ich kann dich bringen«, sagte Sofie. »Für mich steht heute ohnehin nichts an. Ich will nur vorher sehen, wie es der Señora geht und ob ich ihr noch irgendwie helfen kann.«

»Super, sie ist im Garten. Dann frühstücke ich schnell und hole dich anschließend ab!« Tereza verschwand in einem Wirbel aus wogenden Stoffen und wehenden Haaren.

Sofie schüttelte amüsiert den Kopf und machte sich auf den Weg nach draußen.

Die Katze saß vor der Tür und blickte zu ihr auf, als hätte sie nur auf sie gewartet. Es war verboten idyllisch, als hinter ihr ein Schmetterling im noch fahlen Sonnenschein durch die Luft tanzte. Sofie ahnte, wie sehr sie diese morgendliche Ruhe vermissen würde. Das Aroma der Orangen erschien ihr intensiver als sonst, und sie erlaubte sich, in Richtung Plantage zu blicken und sich vorzustellen, wie dort alles zum Leben erwachte: Hühner, die sich ihren Weg zwischen den Bäumen bahnten, Sonnenstrahlen, die sich über das Grün von Blättern und Boden tasteten.

Die Katze drückte sich mit verhaltenem Schnurren gegen ihre Beine. Sofie beugte sich hinab, und das Tier ließ sich widerstandslos auf den Arm nehmen. »Weißt du schon, wie deine Zukunft aussehen wird, hm?«, fragte sie leise und kraulte das weiche Köpfchen. »Bleibst du hier und kämpfst mit Osito jeden Tag um einen Platz auf der Finca, oder siedelst du nach unten um?« Falls die neuen Besitzer denn eine Katze dulden würden. Und falls es überhaupt neue Besitzer geben würde. Die Señora hatte die Dinge ins Rollen gebracht, aber noch war fraglich, wie sie sich entwickeln würden.

Das war bei Sofie nicht anders. Bislang hatte sie weder darüber nachgedacht, wie ihre berufliche Zukunft aussehen sollte, noch darüber, ob sie in Osnabrück bleiben oder es vielleicht in einer anderen Stadt versuchen wollte.

Sie schmiegte eine Wange ans Fell der Katze und schloss die Augen.

So viel war in Bewegung. Sogar hier in Cielente, einem Ort, den man als Fremder auf den ersten Blick als verschlafen empfand. Bis man feststellte, wie sehr man sich täuschte. Bewegungen, Veränderungen, Beschleunigung … all das fand zuerst in den Menschen statt, ehe es sich auf die Umgebung auswirkte.

Die Katze maunzte leise, und Sofie hob den Kopf. »Tut mir leid, Süße, das war zu fest für dich, hm? Ich stecke wohl schon mitten im Abschiedsschmerz. Aber ehe ich fahre, werde ich noch etwas tun, womit wir viel zu lange gewartet haben, nämlich einen Namen für dich finden. Versprochen.«

Die Katze machte keine Anstalten, sich aus der Umarmung zu befreien. Beide genossen den Ausblick, bis Sofie sie zu Boden ließ und sich auf den Weg in den Garten machte.

Sie fand die Señora im hinteren Teil, wo sich Obsthecken mit Wildblumen vermischten, umgeben von einer Handvoll Hühner. Dort wucherte noch immer das Unkraut; sie hatte während ihres Aufenthalts längst nicht alles geschafft, was sie sich vorgenommen hatte.

Die Señora saß auf einer von Moos überzogenen Steinbank und blickte über den Ausschnitt des Tals, den die Ranken und Äste freigaben. Osito war nirgends zu sehen, dafür raschelte es im Unterholz.

Sofie räusperte sich, um sie nicht zu erschrecken, und nahm neben ihr Platz. »Störe ich?«

»Aber nein, *querida*. Ich war schon früh wach und konnte nicht mehr einschlafen nach all der Aufregung gestern.« Sie zupfte ein Blatt von ihrem Kleid und lächelte, als sich die Katze zu ihnen gesellte. »Bei der lieben Frau, ich war so glücklich und erleichtert, als ich hörte, dass die Statue zu uns zurückgekehrt ist. Vor allem, weil es die Leute an etwas anderes denken lässt als an die Sache mit der Plantage. Ich brauchte wirklich eine Pause von dem ganzen Trubel. Das war doch etwas viel für mein Herz.«

Sie wirkte müde. Zum ersten Mal sah Sofie ihre Gastgeberin ungeschminkt. Das Haar hatte sie locker im Nacken zusammengebunden, die Falten rund um ihre Augen schienen tiefer geworden zu sein.

Ob es besser war, das Thema zu wechseln? Aber dies war kein Moment für belanglose Plauderei. Also hob sie die Katze auf ihren Schoß, die sich sofort langmachte und ihre Vorderpfoten auf den Beinen der Señora platzierte. Als könnte er hellsehen, schoss Osito aus dem Gebüsch und bellte vor Empörung über die Aufmerksamkeit, die seiner Konkurrentin zuteilwurde. Die Señora beugte sich hinab, kraulte ihren Hund mit der einen und die Katze mit der anderen Hand.

»Wissen Sie denn nun, wie es weitergeht?«, fragte Sofie. »Mit dem Verkauf, meine ich.«

Die Señora hielt inne. »Nein. Mein Bruder hat die Angewohnheit, bei Gegenwind zu verschwinden und erst wieder aufzutauchen, wenn er weiß, wie er darauf reagieren soll. Aber nun habe ich das Thema aufgebracht und werde nicht mehr nachgeben, auch wenn es anstrengend ist.«

Spontan griff Sofie nach ihrer Hand. »Wir bleiben, bis alles in trockenen Tüchern ist. Haben Sie mit Andrés geredet?« Möglicherweise hatte er mit seinem umfassenden Einblick in den Geschäftsbereich der Plantage alternative Ideen, die man mit Antonio Landero besprechen konnte.

»Das habe ich mir für nach dem großen Umzug vorgenommen. Und was ist mit dir? Hast du mit ihm geredet?« Manche Menschen sahen einfach mehr als andere, und die Señora gehörte dazu.

»Ich denke nicht, dass er das möchte.«

»Wir sagen nicht immer, was wir wirklich wollen. Das hat mir das Leben nach all den Jahren noch einmal deutlich vor Augen geführt. Tu mir nur einen Gefallen, Sofie.«

»Natürlich.«

»Nimm dir die Zeit, um dich von ihm zu verabschieden. Geh nicht einfach weg, so wie dein Großvater es getan hat, und lass dadurch Ungesagtes und Ungeklärtes zurück, das im Herzen zu Groll heranwachsen kann.«

Sofie presste die Handflächen gegen das Moos der Bank. »Warum glauben Sie, dass Opa Nando im Groll gegangen ist?«

Die Señora ließ sich Zeit, dann drehte sie sich umständlich zur Seite, sodass sie Sofie direkt anblickte. »Nun, er hat Isabel la amante mitgenommen. Als Sohn Cielentes wusste er, was das für uns bedeutet. Also muss ihn etwas sehr aufgerührt haben.«

Unter anderen Umständen hätte Sofie es abgestritten. Doch dieser Morgen war so friedlich, dass es keinen Platz mehr für Versteckspiele gab. Erst recht nicht der Señora gegenüber. Auf einmal musste sie lächeln. »Und warum denken Sie, dass mein Großvater für ihr Verschwinden verantwortlich war?«

Señora Landero schob eine Hand in die Tasche ihres Kleides und zog etwas heraus: eine kleine, kupferfarbene Münze. Erschrocken tastete Sofie nach ihrem linken Handgelenk, aber das Armband lag auf dem Nachttisch in ihrem Zimmer; sie hatte nicht bemerkt, dass etwas daran fehlte. »Señor Marti hat das an der Wandnische gefunden, es hatte sich im Vorhang verhakt. Tatsächlich war das der Grund, warum er ihn noch vor dem Umzug geöffnet und die Statue entdeckt hat. Und deshalb weiß ich auch, dass du die Figur zurückgebracht hast, denn sie ist wieder in der Kirche gewesen, kurz nachdem dieses Paket aus Deutschland für dich angekommen ist. Tja.« Sie starrte in den Himmel. »Und da Santa Isabel zeitgleich mit Fernando Montejo verschwunden und zeitgleich mit seiner Enkelin wieder aufgetaucht ist, liegt der Schluss nahe, nicht wahr?«

Sofie ließ zu, dass die Señora ihr das Plättchen in die Hand drückte. »Haben Sie …?«

»Meinen Verdacht geäußert? Nein. Und mach dir keine Sorgen, außer mir wusste niemand, was das ist.« Sie tippte auf die Münze. »Wie auch? Bevor ich es dir geschenkt habe, habe ich das Armband eine halbe Ewigkeit nicht getragen.«

»Aber warum hat Señor Marti den Anhänger dann Ihnen überlassen?«, fragte Sofie.

»Ich sagte, ich fände ihn hübsch, und er wollte mir eine Freude machen nach alldem, was in letzter Zeit passiert ist. Unser Geistlicher ist kein Detektiv oder Polizist. Er hat kein Gespür für Rätsel und kein Verlangen, sie aufzudecken.«

Das war beruhigend. »Und was denken Sie?«

Die Augen der Señora schienen in ihr Inneres zu blicken und dort Antworten zu finden, deren sich Sofie noch nicht einmal selbst bewusst war. »Ich werde es dabei belassen.

457

Dein Großvater wird seine Gründe dafür gehabt haben, all diese Mühen auf sich und die Statue mit nach Deutschland zu nehmen. Irgendwas muss damals passiert sein, was ihn dazu brachte, die Konsequenzen seiner Tat zu ignorieren. Natürlich hat seine Entscheidung vielen Menschen kein Glück gebracht, aber das eigentliche Problem lag doch zum größten Teil hier.« Sie deutete auf ihre Stirn. »Es macht nichts besser, ihm im fernen Deutschland Probleme zu bereiten.«

Sofie zögerte. »Ja«, sagte sie langsam. »Daher habe ich auch nichts gesagt, als ich zum ersten Mal das Foto von Santa Isabel in der Kirche gesehen habe. Es tut mir leid, dass Sie es so erfahren mussten.«

»Es ist durchaus angebracht, seine Geheimnisse zu haben, Sofie. Aber du solltest nicht alles in dir vergraben, aus Angst, gegen verschlossene Türen zu laufen. Manchmal sind sie gar nicht unüberwindbar, weißt du? Sondern klemmen nur ein wenig.« Sie starrte in die Ferne und lächelte, als würde sie sich an etwas erinnern, und kehrte mit einem tiefen Atemzug in die Gegenwart zurück.

Sofie fühlte sich ein wenig überrumpelt. Davon, dass die Dinge so leicht und schnell ans Licht gekommen waren, aber auch, weil so viel Wahrheit in dem lag, was Señora Landero gesagt hatte. Sie musste in Ruhe darüber nachdenken. »Ich …«

»Sofieee? Wo steckst du?« Terezas Stimme schallte durch den Garten. Osito stellte die Ohren auf, japste und spurtete los.

Sofie stand auf. »Ich habe versprochen, dass ich Tereza zum Kartenlegen fahre. Wie sehen Ihre Pläne heute aus? Kann ich noch helfen, wenn ich zurückkomme, oder Ihnen irgendwas mitbringen?«

»Das ist lieb, mein Kind, aber am Tag des Umzugs rühre ich kaum einen Finger. Renata hat mir schon meine Schüsseln wiedergebracht – und lässt dir ausrichten, dass von deiner Marmelade kein einziges Glas übrig geblieben ist. Da nicht das gesamte Büfett von der Finca in die Kirche verlagert werden konnte, haben sich die Leute mit Broten und Snacks begnügt, und da kam das Rezept deines Großvaters genau richtig.«

»Das freut mich«, sagte Sofie und war froh, doch etwas zum Fest beigetragen zu haben. »Ich werde es ihm erzählen, wenn ich einen passenden Moment finde. Derzeit hält er Funkstille.«

Die Señora redete behutsam auf die Katze ein, bis die sich streckte und auf den Boden sprang. »So sind die Männer aus Cielente. Manchmal brauchen sie ihre Zeit.« Sie strich ihr Kleid glatt, als Tereza hinter ihnen auftauchte, und erinnerte sie daran, vorsichtig zu fahren, ehe sie Osito an ihre Seite rief und in Richtung der Olivenbäume davonschlenderte.

»Es war anstrengend, keine Frage, aber ich habe selten ein so klares Bild bekommen wie bei Ricarda!« Seit sie das Haus von Señorita Hernandéz verlassen hatten, redete Tereza ununterbrochen. Vielleicht war das der Ausgleich, weil sie den fünf Frauen in der extravaganten Umgebung so lange und ausführlich auf ihre Fragen bezüglich ihrer Schicksale hatte antworten müssen.

Zu dem beeindruckenden Anwesen von Ricarda Hernandéz gehörten neben einem kleinen Waldstück mehrere Reihen Olivenbäume, die allerdings nicht bewirtschaftet wurden. Die Señorita – sie hatte mit dem Tod ihres Mannes das *Señora* abgelegt – vertrieb sich die Zeit mit ausgedehnten Reisen und regelmäßigen Treffen mit ihren Freundinnen, zu denen sie Masseure, Köche oder in diesem Fall eine Kartenlegerin bestellte. Sie hatte sich äußerst begeisterungsfähig gezeigt und angekündigt, Tereza in ihrem großen Bekanntenkreis weiterzuempfehlen. »Denken Sie ja nicht daran, die Gegend so schnell wieder zu verlassen, Tereza! Allein in Valencia habe ich viele Bekannte, die bestimmt auch Interesse an einer Sitzung hätten. Und da sich das Schicksal, wie wir alle wissen, schnell ändern kann, möchte ich jetzt schon meinen nächsten Termin buchen.«

Ihre Gäste hatten ihr zugestimmt und sich bei der Bezahlung großzügig gezeigt, und so hatte Tereza entschieden, noch einige Tage in Cielente zu bleiben, falls Señora Landero einverstanden war. Falls nicht, gab es noch immer die Option, sich ein Hotelzimmer zu nehmen oder bei Lucía oder einer der Caldera-Schwestern Elena und Marisa unterzukommen. Notfalls konnte sie vielleicht sogar das Zimmer von Señor Olante mieten.

Dass Simon nicht ohne sie abreisen würde, lag auf der Hand, und daher grübelte Sofie schon die ganze Fahrt über, ob sie allein nach Deutschland zurückfliegen sollte. Terezas begeisterte Kommentare traten in den Hintergrund, als sie aufs Gas drückte. Sie spürte den Fahrtwind auf den Wangen und genoss den Anblick der hügeligen Landschaft, die in der Ferne links von einer Obstplantage und rechts von Wiesen und Wäldern bestimmt wurde.

Erst der Wagen, der vor ihr mit zu hoher Geschwindigkeit um die Kurve kam und dabei in ihre Richtung schwenkte, löschte den Zauber der Umgebung mit einem Schlag aus.

Tereza schrie, und Sofie stieg auf die Bremse, während sie eine Hand auf die Hupe presste und den Wagen so weit wie möglich nach rechts lenkte. »Verdammt!«

Der andere Fahrer hatte sein Fahrzeug allerdings im Griff, fuhr einen eleganten Schlenker und rollte dann aus, als wäre alles in bester Ordnung.

»*Jesús*, wer war das?« Tereza verrenkte sich den Hals, aber Sofie hatte ihn bereits erkannt. Sie schluckte einen Teil ihres Schreckens und Ärgers herunter – nicht alles, denn etwas Wut brauchte sie noch –, stieg aus dem Auto und marschierte auf den schwarzen Sportwagen zu. Dessen Fahrertür öffnete sich erst, als sie ihn beinahe erreicht hatte.

»Haben Sie noch nie daran gedacht, sich an das Tempolimit zu halten, um vielleicht niemanden umzubringen?«, rief sie.

Gebell antwortete ihr, so tief, dass es drohend klang, aber Sargento befand sich auf der Rückbank und würde sich wohl kaum an seinem Besitzer vorbeidrängen, um sie anzufallen.

Antonio Landero brauchte eine Weile, um auszusteigen. Offenbar hatte er doch einen kleinen Schreck erlitten. So oder so war er nicht mehr der Jüngste. »Auf diesem Teil der Straße ist nur selten jemand unterwegs«, erwiderte er anstelle einer Begrüßung oder gar einer Entschuldigung.

Sofie stemmte die Hände in die Hüften, während Tereza zu ihr trat und etwas murmelte, das nicht besonders freundlich klang. »Aha. Und die wenigen von der Straße gedrängten Verkehrsteilnehmer sind dann als Kollateralschäden zu verbuchen?«

Er schürzte die Lippen und rieb sich die Nase. »Ich hätte mir denken können, dass Sie es sind. Sie!« Mit einem Mal drosch er eine Hand gegen seinen Wagen, und Sargento legte erneut los. »Sie haben meiner Schwester diese Flausen in den Kopf gesetzt, nicht wahr?«

Sofie dachte nicht daran, auf seinen herausfordernden Tonfall einzugehen. »Ich habe ihr nicht gesagt, dass sie sich ihren Anteil an der Plantage zurückholen soll, wenn Sie das meinen. Wie denn auch, schließlich wusste niemand davon.«

»Hm«, sagte er und sah plötzlich nicht mehr so streitlustig aus, sondern eher, als hätte er mit dieser Antwort gerechnet. »Ich hatte viele Gespräche in den vergangenen Tagen zu dem Thema. Über die Plantage. Auf einmal hatte jeder eine Meinung. Hausfrauen, Halbwüchsige und solche, die gerade mal wissen, wie man eine Frucht isst, aber nicht, was vorher alles passieren muss, damit sie jemand in den Händen halten kann.« Er wandte den Kopf und schnalzte mit der Zunge. Endlich verstummte das Gebell.

Sofie zuckte die Schultern. »Sie werden schon wissen, welche Meinungen wichtig sind und welche nicht.«

»Hm.« Er musterte sie von oben bis unten und wartete eindeutig darauf, dass sie die ihre kundtat, doch sie hütete sich.

Ihr Schweigen bewirkte, dass er ebenfalls ruhiger wurde. Dies war nicht mehr der aufgebrachte Mann, den sie kennengelernt hatte. Vielmehr wirkte Antonio Landero erschöpft.

Als Tereza hinter ihr hüstelte, gab sich Sofie einen Ruck. »Wohin wollen Sie eigentlich? Der Festumzug geht bald los.«

»Ich bleibe nicht. Im Moment bin ich in Cielente nicht besonders gern gesehen; ich habe lediglich noch was mit meiner Schwester besprochen. Ihr gesagt, dass ich«, er schüttelte den Kopf, »natürlich auch an sie gedacht habe. Bei einem Verkauf der Landero-Farm ist sie abgesichert, selbst wenn ich lang vor ihr sterbe. Sie braucht das, diese Unterstützung, vor allem, seit Tico von uns gegangen ist. Er war ein Idiot, aber er hat immer gut auf sie aufgepasst. Nur hinterlassen hat er ihr nicht viel, und wer weiß, ob das in Zukunft reichen wird. Ich achte auf meine Schwester, so ist das in unserer Familie. Das muss Vorrang haben.« Mit einem Anflug seiner alten Entschlossenheit hob er das Kinn. Womöglich weil die Gefahr drohte, in eine Plauderei abzurutschen und so etwas wie Herz zu zeigen. Sofie hielt es durchaus für möglich, dass es noch für etwas anderes außer Geld schlug, aber wenn ja, dann redete ein Antonio Landero nicht darüber. »Bloß im Gegensatz zu euch Touristen habe ich nicht ewig Zeit. Meine Geschäfte warten.«

Sofie und Tereza schwiegen. Er stieg ein und hatte zumindest den Anstand, behutsam anzufahren, um sie nicht in eine Staubwolke zu hüllen. Langsam wurde sein Wagen kleiner, bis er am Horizont verschwand und all das mitnahm, was Señor Landero niemals aussprechen würde.

»Was sollte das?«, fragte Tereza.

Sofie überlegte und starrte die Straße hinab. »Er hat wohl noch Probleme, sich an seinen neuen Platz im Dorfgefüge zu gewöhnen, und wird dem Umzug nicht beiwohnen.«

Mit Bedauern blickte Tereza zum Armaturenbrett, wo ihr Kartenbündel lag. »Das ist schade, und das meine ich wirklich so. Ich habe nämlich die Karten für ihn gelegt, allein in der Finca, nachdem er den Kauf der Farm verkündet hat, und bin auf viele Probleme gestoßen. Es wäre interessant, ihm davon zu erzählen und gemeinsam rauszufinden, wie er sie lösen kann.«

Sofie zog die Tür hinter sich zu und startete den Motor. »Ich glaube, damit hat er bereits begonnen.«

27

Zu Cielente hatten schon immer die Natur, die alten Gassen aus Stein und die Spuren vieler Jahrhunderte gehört, die von unzähligen Füßen in den Boden gestampft worden waren, aber heute glich es mehr denn je einem Reich, das sich aus der Vergangenheit hierher verirrt hatte.

Die Luft war geschwängert vom Duft der unzähligen Blütenranken, die sich um jede Tür, jeden Laternenpfahl und sogar um jedes Auto schlangen. Wo sonst die Steintöne der Fassaden dominierten, traten sie jetzt hinter die fröhlichen Farbschnüre aus Gelb und Orange, Grün sowie die unzähligen Rosé- und Pinktöne zurück. Die zwei Hunde, die Sofie schon öfter begegnet waren, schnupperten aufgeregt an jeder Ecke und hoben ein Bein, wenn niemand in der Nähe war, um sie davon abzuhalten.

Da der Marktplatz heute für Fahrzeuge gesperrt war, hatten sie neben Opa Nandos altem Haus geparkt und folgten nun den Geräuschen, die an einen riesigen Bienenschwarm erinnerten. Simon und Tereza liefen hinter Sofie und Señora Landero, die sich bei ihr untergehakt hatte. Während sich ohnehin alle für die Feier am Vorabend in Schale geworfen hatten, hatten sie jetzt noch einmal zugelegt.

Bei ihrem Aufbruch hatte Sofie in Richtung Haupthaus geschielt, doch dort hatte sich nichts bewegt. Andrés würde sich das Fest der Feste nicht entgehen lassen, also drängte sie ihr Gefühlswirrwarr fürs Erste beiseite.

Señora Landero hatte darauf bestanden, dass sie sich in Rottöne hüllten – sie selbst trug ihr Kleid in Feuerfarben –, und Stoffblüten in die Frisuren geflochten: Rosen für sich, Mohn für Tereza und Sofie.

»Ich habe diesen Tag schon so oft gefeiert«, sagte sie jetzt und strich im Vorbeigehen über die Blütenblätter, »aber er verzaubert mich stets aufs Neue. Die geschmückten Straßen zu sehen, ist immer was ganz Besonderes. Als Kind haben meine Freunde und ich uns jedes Jahr was anderes ausgedacht. Einmal haben wir versucht, sämtliche Blüten zu zählen, und ein anderes Mal mit Pipetten Honigwasser hineingeträufelt, weil wir Bienen anlocken wollten. Später, als Jugendliche, haben wir diesen Anblick gezeichnet, die geschmückten Straßen und die Blüten vor den Mauern.«

»Die Blüten in Estrellas Buch!«, rief Sofie. »Ich erinnere mich. Sie haben ein Bowlenrezept eingefasst. Orangen mit Erdbeeren und Rosenblüten.«

Señora Landero warf einen Blick zum Himmel und legte die Fingerspitzen an die Brust. »Ich glaube ja an einige Dinge, die ich nicht sehen oder anfassen kann«, murmelte sie. »Und daher weiß ich, dass Estrella uns jetzt beobachtet.«

Schon von Weitem erkannten sie, dass auch die Kirche geschmückt worden war: mit den Blüten und Girlanden aus Papier, die von den Frauen in fröhlicher Runde gebastelt worden waren. Sie hingen in langen Strängen vom Dach über dem Kirchenschiff herab, und Sofie fragte sich, wer wohl dort hinaufgeklettert war, um sie zu befestigen.

Sie blieb stehen, als sie die Querstraße erreichten, von wo sie den Marktplatz überblicken konnten. Hier drängten sich die Massen, redeten und lachten. Eine gespannte Erwartung hing in der Luft. Immer wieder wurden einzelne Stimmen laut; viele konnten es kaum erwarten, die Heilige Isabel wiederzusehen, hier, in den Straßen des kleinen Dorfes, das so lange auf diesen Tag gehofft hatte, ohne zu wissen, ob er jemals eintreffen würde.

Hohe Stangen ragten rund um den Platz in die Höhe und erinnerten Sofie an die Festumzüge an Fronleichnam, die durch ihre Straße geführt hatten, als sie ein kleines Mädchen gewesen war. Weitere Papierranken schlangen sich darum, und Insekten flogen darüber hinweg, verwirrt von der Farbpracht, die teilweise ohne Duft daherkam. Große Bottiche mit echten Blüten waren auf den Platz geschafft worden, doch der eigentliche Blickfang waren die über und über mit Papierherzen geschmückten Spaliere, die von der Straße bis zum Kirchentor reichten.

»Die Prozession führt einmal rund um den Dorfkern«, sagte die Señora und zeigte zum anderen Ende des Platzes, wo eine kleine Holzbühne aufgebaut worden war, »und endet dort.«

Auch die Bühne war reichlich geschmückt – zu Sofies Erheiterung nicht nur mit Girlanden und Herzen, sondern auch mit Körben voller Zitrusfrüchte. Kleine, strahlend orangefarbene Einzelkämpfer in einem Meer aus Rottönen.

»Das gefällt mir«, sagte Simon. »Wenn jemand nach dem Festumzug hungrig ist, muss er nicht lange warten.« Er deutete auf sich.

Die Señora lachte. »Die Orangen sind im Laufe der vergangenen Jahre hinzugekommen, weil einige schlaue Köpfe auf die Idee kamen, dass es schön wäre, auch unsere Erntezeit mitzufeiern. Für viele Sorten ist sie ja nun vorbei.«

»Also ist man in Cielente doch offen für Neues«, sagte Sofie und erntete einen amüsierten Blick.

»Hin und wieder. Man muss die Leute ein wenig anspornen, aber dann ist vieles möglich.«

Der Bereich vor der Kirche war durch Blumengirlanden abgetrennt worden. Hier drängten sich die meisten Menschen und warteten darauf, dass sich die große, zweiflügelige Tür öffnete.

Die Señora warf einen Blick auf ihre Armbanduhr. »Wir haben noch ein bisschen Zeit. Suchen wir uns einen Platz an der Straße, dann können wir die Kirche sehen, ohne im Gewühl unterzugehen. Irgendwo warten auch Maria und Renata.«

Es dauerte nicht lange, bis sie die Frauen gefunden hatten, die nach einer kurzen Begrüßung gleichzeitig auf die Señora einredeten.

Sofie hörte nur mit halbem Ohr zu und fragte sich, ob es unter anderem um Antonio ging. Sie und Tereza hatten die Begegnung mit ihm für sich behalten, um an diesem Festtag keine düstere Stimmung aufkommen zu lassen. Aber Señora Landero winkte lediglich ab, während ihre Freundinnen sie bei den Händen nahmen und nach vorn zur Absperrung zogen.

»Scheint, als wäre sie beschäftigt«, sagte Simon. »Da hinten sind Yago und Lucía!« Er hob ihnen eine Hand entgegen und konnte sich dank seiner Körpergröße mühelos bemerkbar machen.

Kurz darauf stießen die zwei zu ihnen. Es war nicht zu übersehen, wie glücklich sie waren. Immer wieder warfen sie sich Blicke zu, von denen sie wohl glaubten, dass niemand sie bemerkte, und vor allem Lucías Strahlen war ansteckend. Nichts hätte an diesem Tag besser gepasst.

»*Hola!*« Sie fiel erst Sofie, dann den anderen um den Hals. »Ihr seht toll aus.« Sie zupfte an Simons knallrotem Hemd.

»Du musst aber auch nicht scheitern«, antwortete der. »Wo steckt dein Bruder, Yago?«

»Das wüsste ich auch gern. Abelia hat vorhin gemeint, dass sie seine Hilfe benötigt, wollte aber nicht mit der Sprache rausrücken, worum es geht. Er wird schon noch auftauchen.«

Während er sprach, war Lucía zu Sofie getreten. »Dank dir ist dieser Tag der schönste in meinem Leben«, flüsterte sie ihr ins Ohr. »Ich will die Heilige Isabel unbedingt beim Umzug berühren, damit sie Yago und mir Glück bringt.«

»Hallo zusammen«, sagte eine dunkle Stimme hinter ihnen und sorgte dafür, dass sich Sofies Welt für den Bruchteil einer Sekunde schneller drehte.

Es kam ihr seltsam vor, dass alle vollkommen normal reagierten, während ihr die Silben tief unter die Haut gingen.

»*Buenos días*, Chef«, sagte Simon und zog eine breit grinsende Tereza in seine Arme. Yago und Lucía nickten gut gelaunt, und Sofie schaffte es schließlich, eine neutrale Miene aufzusetzen und sich umzudrehen.

Andrés schien auf eigentümliche Weise Teil der fröhlich feiernden Menge zu sein und doch daraus hervorzustechen. Vielleicht weil er sich nicht so ausgelassen gab wie die meisten anderen. Er zeigte dieselbe Ruhe, die er vermutlich auch bei einem Raubüberfall oder einem Tornado an den Tag gelegt hätte.

Am liebsten hätte Sofie ihn in aller Ruhe betrachtet, sein dunkelrotes Hemd, das seine Augen und die Farbe seiner Haut betonte. Aber sie wollte ihn nicht anstarren, daher grüßte sie einfach wie die anderen. Im Grunde war es gar nicht so schwer. Andrés und sie konnten sich doch ganz normal unterhalten. Und wenn sie nach Deutschland zurückflog, würde sie sich von ihm verabschieden und ihm viel Glück für die Zukunft wünschen. Ihm sagen, dass sie hoffte, die Farm würde im Besitz der Landeros bleiben, damit er sich eines Tages einkaufen konnte, so wie er es stets geplant hatte.

Denn das hoffte sie wirklich.

Er wechselte einige Worte mit Yago und Lucía und wandte sich dann an sie. »Wie geht es dir, Sofia?«

Da war sie wieder, diese verdammte Betonung ihres Namens – und außerdem ein Unterton, den sie nicht einordnen konnte. Als wollte Andrés sie daran erinnern, dass sie ein Geheimnis teilten. Mit nur fünf Worten rüttelte er an der Fassade, die sie so mühsam errichtet hatte.

»Gut«, erwiderte sie einen Hauch zu schnell. »Ich freue mich auf den Festumzug. Und du? Freust du dich, dass die Heiligenfigur zurück ist? Lucía möchte sie berühren, damit sie ihr Glück bringt. Das könntest du auch tun. Ich meine, es schadet ja nicht, oder?« Himmel, was redete sie denn da? Zu ihrer Erleichterung schien den anderen nichts aufzufallen, lediglich Simon musterte sie mit hochgezogener Braue und fragte sich vermutlich, ob die Sonne bereits jetzt zu viel für sie war.

Andrés' Lippen bewegten sich, doch für ein Lächeln reichte es nicht.

Diese verdammt schönen Lippen.

Rasch sah sie woanders hin – und registrierte prompt einen frischen Kratzer auf seinem Handrücken.

Andrés schüttelte knapp den Kopf. »Du weißt, dass ich nicht abergläubisch bin.«

»Ich ja auch nicht«, sagte sie. Das wusste er natürlich bereits, und sein rasches Blinzeln verriet es ihr.

Als jemand sie am Ärmel zupfte und sie die vielsagenden Blicke ihrer Freunde bemerkte, ahnte sie, dass sie und Andrés sich vermutlich zu lange angestarrt hatten.

»Ich bin jedenfalls sehr gespannt auf alles heute«, sagte sie schnell.

Er öffnete die Lippen, schloss sie aber wieder, also wandte sie sich um, trat an die Absperrung und beugte sich vor, um nichts zu verpassen. Trotzdem war sie sich überdeutlich bewusst, dass Andrés noch immer hinter ihr stand. Seine Gegenwart brannte auf ihrem Rücken und wehte über ihre Haut wie eine Handvoll Papierblüten. Der Drang, sich umzudrehen, war fürchterlich stark, aber es gelang ihr, Lucía und Yago in eine lockere Plauderei zu verwickeln und sich auf diese Weise abzulenken. Simon bohrte ihr einen Ellenbogen in die Seite, aber sie ignorierte ihn und zeigte stattdessen nach vorn, wo sich zu ihrer großen Erleichterung etwas vor dem Portal tat.

Zwei Frauen stiegen die Treppen hinauf, elegant in langen Kleidern und mit Blüten im Haar. Als Erstes verstummten die lauten Stimmen unter den Wartenden, dann das Raunen, und als die zwei die oberste Stufe erreichten, war es totenstill.

Auch Sofie hielt den Atem an. Ja, einerseits war es bloß eine alljährliche Prozession, bei der eine Holzstatue durch einen fröhlich geschmückten Ort getragen wurde – aber zugleich war es auch so viel mehr. Die Erwartung, Freude und Hoffnung der Menschen machten diesen Tag zu etwas so Wichtigem, dass man es nicht beschreiben, sondern nur miterleben konnte.

Tereza neben ihr hibbelte vor Aufregung. *Es geht los*, formte sie mit den Lippen und schnellte auf die Zehenspitzen. Sofie erinnerte sich daran, dass sie Fotos hatte machen wollen, und zückte ihr Handy.

Ob Andrés noch immer hinter ihr stand? Sie vermutete es. Nein, sie *wusste* es. Als würden sie sich wie zwei Magneten gegenseitig anziehen, sobald sie sich in der Nähe des anderen befanden.

Die beiden Frauen oben auf der Treppe drehten sich nun der Menge zu. Sie mussten miteinander verwandt sein, so ähnlich, wie sie sich sahen mit ihrem langen, goldbraunen Haar. Mutter und Tochter möglicherweise. Die Jüngere verbeugte sich und strahlte dabei so sehr, dass ihre Zahnspange aufblitzte, dann zogen sie die Flügeltüren auf.

Obwohl in der Kirche Kerzen brannten, wirkte ihr Inneres gegenüber dem Sonnenlicht hier draußen dunkel. Sofie gefiel der Gedanke, dass die Heilige Isabel aus dem Schatten in die Helligkeit gebracht wurde, dorthin, wo Fröhlichkeit und Leben herrschten.

Gesang setzte ein, schlicht und nicht ganz einstimmig, aber dennoch wunderschön.

Eres tú la única razón de mi adoración,
eres tú la esperanza que anhelé tener.
Confié en ti, me has ayudado.

»Du bist der einzige Grund meiner Anbetung«, flüsterte Simon. »Du bist die Hoffnung nach der ich mich … entwässere?«

»Sehne«, raunte Sofie. »Nach der ich mich sehne. Ich habe dir vertraut, du hast mir geholfen.«

Mit langsamen Schritten traten in Zweierreihen zunächst Kinder, dann Frauen aus der Kirche, allesamt in weißer Kleidung, die einen schönen Kontrast zu all dem Rot unter den Wartenden bildete. Die Frauen hielten je eine Rose in der Hand, die Kinder große Körbe mit Blütenblättern, die sie im Rhythmus ihrer Schritte streuten, während sie weitersangen.

Ein Raunen ging durch die Menge, als zwei Männer hinter ihnen auftauchten. Sie trugen ein Behältnis zwischen sich, das aus einer Holzfläche mit einer Glaskuppel bestand. Darunter thronte die Heiligenfigur.

Jubel brandete auf und übertönte den Gesang. Die Zuschauer hoben die Hände und winkten Isabel la amante zu, lachten, riefen, andere fielen in den Gesang ein, und bei dem einen oder der anderen rann eine Träne über die Wange, vor Rührung oder Erleichterung.

Hinter der Figur schritt Lucías Onkel Esteban, hoch aufgerichtet und mit einem glücklichen Lächeln auf dem Gesicht. Er trug eine beigefarbene, mit goldenen Ornamenten bestickte Robe über seiner Soutane, hielt ein Gebetbuch in den Händen und sang ebenfalls.

Und dann fiel ganz Cielente mit ein.

Hoy hay gozo en mi corazón.
Con mi canto, te alabaré.

Heute ist Freude in meinem Herzen.
Mit meinem Lied will ich dich preisen.

Yago lehnte sich zur Seite und griff nach Lucía, die ihre Finger fest mit seinen verschlang. Simon hatte die Arme um Tereza gelegt, und sie streckte eine Hand nach Sofie aus. Der Wind frischte auf und ließ Blütenblätter durch die Luft tanzen. Eines landete auf Sofies Wange, und sie wollte es gerade abpflücken, doch Tereza war schneller als sie. Lachend blies sie es zurück in den Himmel, und als Sofie den Kopf wandte, um ihm hinterherzusehen, traf ihr Blick den von Andrés.

Er sah ... nachdenklich aus. Oder traurig? Aber dann blinzelte er schnell und nickte ihr zu, ehe er sich umdrehte und zwischen den Feiernden verschwand.

Sofie starrte ihm hinterher. Am liebsten wäre sie ihm gefolgt, aber im nächsten Moment ging ein Ruck durch die Menge, und wie auf ein geheimes Kommando setzten sich alle in Bewegung.

»Es geht los!«, rief Lucía. »Einmal rund um die Kirche und den Marktplatz zur Bühne!«

Sofie konnte gar nicht anders, als sich mitziehen zu lassen. Bei jedem Schritt hielt sie nach Andrés Ausschau, ahnte aber, dass sie ihn nicht mehr finden würde.

Der Gesang begleitete sie, und immer mehr Blüten bedeckten das Grau des Kopfsteinpflasters. Ihr Duft hüllte Sofie ein. Bald waren die Körbe leer, und die Kinder ließen sie am Rand des Weges stehen, um nach neuen zu greifen, die schon warteten. Dieses Mal rieselten Papierherzen zu Boden, tanzten in den sanften Böen von einer Seite zur anderen. Cielente hatte sich wahrhaftig in eine Märchenwelt verwandelt.

Sofie dachte an Opa Nando, der diesen Umzug erlebt hatte, seit er ein kleiner Junge gewesen war – bis er sein Glück in Deutschland versuchte. Dies war seine Heimat, und sie glaubte keine Sekunde, dass er nicht gefühlt hatte, was nun in ihrem gesamten Körper kribbelte: Glück.

Selbst die bittere Süße, die sich daruntermischte, wenn sie an Andrés dachte, konnte es in diesem Augenblick kaum trüben.

Hatte Opa Nando damals auch gesungen? Vielleicht sogar die Hand eines Mädchens gehalten?

Sie sah zur Kirche und entdeckte Ana vom Lebensmittelladen in der Menge. Die sonst so schroffe Frau rieb sich die geröteten Augen und wischte sich Tränen von der Wange – und sie war nicht die Einzige.

Als sie die Straßenbiegung erreichten, wiederholte sich das Lied, und dieses Mal fiel Sofie mit ein. In Gedanken streckte sie eine Hand aus, mitten hinein in die Vergangenheit, und ergriff die ihres Großvaters. Und auf einmal merkte sie, dass auch ihre Wangen feucht waren, als sie an ihn dachte – daran, wie er sein Zuhause verlassen hatte. Weil er geglaubt hatte, dass die Menschen, die stets für ihn da gewesen waren, ihn nicht mehr auffangen konnten.

Tereza zog sie an sich, und sie ließ es geschehen, pflückte ein Blütenblatt aus den widerspenstigen Locken ihrer Freundin und drückte sie ihrerseits.

Während der Prozession verlor Sofie das Zeitgefühl und hätte nicht sagen können, wie lange es dauerte, bis sie sich der Bühne näherten. Die Girlanden dort waren zu kunstvollen Kränzen geflochten, und eine wackelig aussehende Holztreppe führte an einer Seite nach oben, wo ein einsamer Holztisch stand.

Die Frauen und Kinder in Weiß, die vorhin aus der Kirche gekommen waren, fächerten sich zu beiden Seiten der Bühne auf; nur die Männer mit der Statue sowie Señor Marti balancierten über die Stufen nach oben, um den Schrein mit der Heiligenstatue auf dem Tisch zu platzieren.

Der Gesang verstummte. In der Menge wurde verhaltener Applaus laut und schickte ein Strahlen auf die süßen Gesichter der zwei kleinsten Sänger – ein Junge und ein Mädchen –, die sich an den Händen hielten.

Die Menschen bildeten einen Halbkreis um die Bühne und warteten geduldig darauf, dass die letzten Nachzügler eintrafen. Jetzt erinnerte die Atmosphäre wieder an die in einer Kirche mit der gespannten Stille, die hin und wieder durch ein Hüsteln oder Rascheln unterbrochen wurde. Señor Marti war mit Vorbereitungen beschäftigt, auch wenn Sofie nicht sah, was genau er tat.

Lucía schien ihre Gedanken zu erraten. »Er segnet ein Schälchen mit Weihwasser«, flüsterte sie. »Damit wird er gleich dem Alcalde ein Kreuz auf die Stirn zeichnen, damit der seine Rede halten kann. In den vergangenen Jahren war das immer eine recht frostige Angelegenheit.« Sie verzog das Gesicht. »Als Teenager war es mir richtig peinlich, dass man gemerkt hat, wie wenig die beiden nebeneinander auf dieser Bühne stehen wollen. Ich habe immer geglaubt, dass man diese Kühle zwischen ihnen spürt, und dass so was beim Fest der Liebe doch nicht sein darf. Eine Weile habe ich sogar geglaubt, dass Santa Isabel deshalb nicht zurückkommt. Weil unsere Familien streiten.«

Sofie drückte sanft ihren Arm.

Lucía winkte ab. »Das ist jetzt vorbei. Alles ist wieder so, wie es sein sollte. Und gleich nach der Rede geht es zurück in die Kirche, wo der eigentliche Gottesdienst folgt. Manche sind sicher froh, dass sie dann endlich sitzen können.«

Sofie entdeckte ein vertrautes Gesicht neben der Bühne – dort stand Miguel und unterhielt sich mit seiner Großmutter. Abelia stützte sich mit einer Hand auf seinem Arm ab, sie wirkte seltsam bleich. Ging es ihr nicht gut? Blieb Miguel deshalb bei ihr? Jetzt griff er nach Abelias Händen und küsste sie, und Sofie hoffte, dass alles in Ordnung war.

Der Alcalde hatte sich von der Prozession gelöst, trat zu den beiden und legte eine Hand auf Miguels Schulter. Er senkte den Kopf, und die drei redeten miteinander, zunächst ruhig, dann gleichzeitig, und Miguels Gesten wurden immer energischer.

Sofie runzelte die Stirn. Stritten sie etwa? Ging es wieder um die Familie Marti?

Abelia hob beide Hände, als wollte sie etwas abwehren, und atmete dann so tief durch, dass sich ihre Schultern hoben. Mit einem gequälten Lächeln hakte sie sich bei ihrem Sohn ein und lachte endlich doch, als Miguel ihr etwas ins Ohr flüsterte. Anschließend verschränkte er die Hände hinter dem Rücken, trat zurück und machte seiner Großmutter und seinem Vater Platz, damit sie die Bühne betreten konnten.

Die kleine Holztreppe war fast zu schmal für sie beide, aber Abelia blieb dicht an der Seite ihres Sohnes. Gut möglich, dass der Tag oder all die Vorbereitungen sie schlicht erschöpft hatten. Außerdem, fand Sofie, durfte man bei einem so emotionalen Ereignis schon einmal etwas Schwäche zeigen.

Beide blieben vor Señor Marti stehen, der einen Daumen ins Weihwasser tunkte und ein Kreuz erst auf die Stirn des Alcalde, dann auf Abelias zeichnete, die Arme ausbreitete und einen Schritt zurücktrat.

Die Menge applaudierte, erst leise, dann immer lauter, als der Alcalde seine Mutter losließ und an den Rand der Bühne trat. Rufe mischten sich unter den Applaus. Der Bürgermeister von Cielente lächelte und sah über seine Schulter zum Heiligenschrein, ehe er beide Hände hob und wartete, bis einigermaßen Stille herrschte. Allzu lange dauerte das nicht – die Menschen waren neugierig auf das, was nun kommen würde.

»Meine Freunde und Nachbarn«, rief Señor Pacheco schließlich, und seine volle Stimme hallte auch ohne Mikrofon mühelos durch die Luft. »Wie jedes Jahr habe ich die große Freude, auf unsere Gemeinschaft zu blicken und mit euch allen das Fest der Liebe zu feiern.«

Die Menschen beugten sich hinab, hoben Blüten und Herzen von der Straße auf und warfen sie in die Luft. Fröhlich wirbelten die Farbtupfer unter neuerlichem Jubel durcheinander und sanken zu Boden, zunächst die echten Blüten, dann die aus Papier. Manche verfingen sich in Kleidung und Haaren, und eine landete auf der Nase eines kleinen Mädchens, das in wildes Gekicher ausbrach.

Zuneigung und Freude lagen über allem, und Sofie merkte, dass sie schon die ganze Zeit lächelte. Trotz allem, was geschehen und nicht so gelaufen war, wie sie es sich vorgestellt hatte, war dies ein perfekter Augenblick. Sie hätte nichts daran ändern wollen, und sie wünschte jedem Cielentero von ganzem Herzen, dass er glücklich wurde. Dass die Heilige Isabel ihre Wunder wirkte und den Menschen ein Jahr voller Blüten und tanzenden Farben schenkte.

Lucía stand schräg vor ihr und schmiegte sich an Yago, der ohne zu zögern einen Arm um sie legte. Die Zeit für Versteckspiele war offiziell vorbei.

Wieder hob der Alcalde die Hände zum Zeichen, dass er weiterreden wollte. Dann deutete er auf den Schrein. »Diese Feier, dieses Jahr, diese Zusammenkunft, sie alle sind etwas

Besonderes. Denn das, woran wir in vollem Glauben festgehalten haben, ist zu uns zurückgekehrt, und nach so vielen Jahren tragen wir endlich wieder Santa Isabel durch die Straßen. Und«, rief er lauter, als erneuter Jubel aufbrandete, »und daher werde in diesem Jahr nicht ich die Rede zum Fest halten, sondern jemand, der bereits in Cielente gelebt hat, ehe die Statue für so viele Jahre verschwand.«

Dieses Mal klang das Raunen erstaunt. Der Alcalde trat zur Seite und forderte seine Mutter mit einer respektvollen Geste auf, sich zu ihm zu stellen.

Abelia Pacheco strich über ihr Sommerkleid und schien zu zögern. Ihr Blick huschte von einer Seite zur anderen, und ihre Mundwinkel zuckten vor Nervosität. Aber dann gab sie sich einen Ruck und ergriff die Hand ihres Sohnes.

Sofie lächelte. Abelia war also vor Lampenfieber so blass gewesen!

»Los, Abelia!«, brüllte Ana und schwang eine Faust, als wäre sie bei einem Boxkampf.

Andere fielen ein. »Du bist großartig, von dir kann Penélope Cruz noch was lernen!« Von links.

»Hast du deinem Sohn endlich gesagt, dass seine Reden zu lang sind?« Von rechts, gefolgt von Gelächter.

Abelia strahlte übers ganze Gesicht und wirkte wie verwandelt. Die Unsicherheit war verschwunden, und sie trat so nah an den Rand der Bühne, dass ihre Schuhspitzen ihn beinahe berührten. Ihre Haltung war kerzengerade und ihr Blick entschlossen. Was auch immer sie den Wartenden mitteilen wollte, es war wichtig und es wert, gehört zu werden.

Erst als es völlig still war, räusperte sie sich und strich sich eine Haarsträhne hinters Ohr. »Ich erinnere mich gut an meine Kindheit«, begann sie mit klarer Stimme. Sofie war noch nie zuvor aufgefallen, wie jung sie klang. »Nicht mehr an den ersten Festumzug, zu dem mich meine Eltern mitgenommen haben, aber an viele, die ich als kleines Mädchen erlebt habe. Wie ihr alle habe ich Herzen gebastelt, die nicht immer perfekt geformt waren, aber voller Liebe steckten. So wie es oft im Leben ist, nicht wahr? Nur selten verlaufen die Dinge so, wie ursprünglich geplant, und noch seltener tun andere Menschen das, was man sich wünscht. Aber deshalb lieben wir sie nicht weniger.« Nachdenklich blickte sie auf ihre Hände. »Nun, damals war es für mich ganz normal, dass Santa Isabel durch die Straßen getragen wurde. Schon Tage vorher haben wir Mädchen mit ihr geredet. Wir standen in der Kirche vor ihrer Nische und mussten kichern bei dem Gedanken, dass sie uns Liebe bringen würde, die aber anders aussehen sollte als die für unsere Familien und Freunde. Die zu einem Jungen … ja, das war für uns damals unbekanntes und manchmal auch verbotenes Territorium. Doch jedes Jahr erkannte ich mehr, wie sie sein kann, diese besondere Liebe. Tja, und eines Tages habe ich Santa Isabel bewusst darum gebeten. Um dieses Funkeln, das ein Herz gleichzeitig stolpern und so schnell schlagen lässt, dass man nicht mehr hinterherkommt.«

Links vor Sofie murmelten zwei Frauen Zustimmung, und nicht wenige Zuhörer nickten. Abelia brauchte keine Vorbereitungen oder Notizen. Sie war die geborene Rednerin, weil ihre Worte von Herzen kamen. Weil sie von etwas sprach, das ihr wichtig war.

Ihr Lächeln bekam etwas Sehnsüchtiges. »Mein Vater hat mir mal gesagt, dass man vorsichtig sein sollte mit seinen Wünschen. Und natürlich hatte er recht, auch wenn ich das damals nicht hören wollte. Denn ich bekam, worum ich

Isabel gebeten hatte. Ich verliebte mich.« Sie atmete tief ein und sah wieder nach unten. Auf einmal war das leichte Lächeln verschwunden, das an ihren Mundwinkeln gezupft hatte. »Die Liebe ist ein wichtiges Thema. Nicht nur hier in Cielente, sondern überall. Wir wollen sie, wir reden über sie. Und natürlich haben wir Meinungen über sie. Damals …«, sie spielte mit einem Armreif, »war sie oft mit Regeln verknüpft. Einige davon haben bis heute überdauert.«

Ihr Blick streifte Yago und Lucía. »Und ich erinnere mich noch genau, wie es war, als sie verschwand.« Abelia deutete auf die Heiligenfigur, aber vielleicht redete sie auch von etwas anderem. »Damals hatte ich mein Herz an einen jungen Mann verschenkt. Aber für meine Familie war er keine gute Wahl, ihrer Meinung nach hatte er mir nicht viel zu geben. Keine Zukunft. Ich sah das anders. Er gab mir die ganze Welt in nur einem Atemzug. Für mich bedeutete er alles, so wie es nun mal ist, wenn man zueinanderfindet. Und so soll es auch sein.« Ihre Worte brachten Wärme auf Sofies Haut.

Abelia drehte sich um, und zunächst sah es danach aus, als wollte sie die Bühne wieder verlassen. Dann aber schüttelte sie den Kopf und blickte zu ihrem Sohn, der ihr etwas zuflüsterte. Eine Weile stand sie still, als grübelte sie über seine Worte nach, doch dann nickte sie. Eine Geste, die nur für sie selbst bestimmt war.

»Ich will euch nicht langweilen mit Geschichten, die zu meinem Leben gehören, das vor langen Jahren ein anderes gewesen ist«, fuhr sie fort. »Sondern ich will euch sagen, dass ich damals den Wünschen nachgegeben und diesem Mann den Rücken gekehrt habe. Ich habe die Liebe verleugnet – und da ist auch er gegangen. Aber nun ist Santa Isabel zurück in unserer Mitte, und wie durch ein Wunder hat sich alles geändert.« Sie drehte sich um und streckte eine Hand aus.

Zunächst tat sich nichts. Die Leute starrten zuerst weiterhin zur Bühne, wurden unruhig und wechselten Blicke.

Der Alcalde war zu seiner Mutter getreten und redete auf jemanden ein, der vom Holz der Fläche verdeckt wurde.

»Eins muss man ihr lassen«, sagte Simon gut gelaunt. »Sie hat einen Sinn für Dramatik.«

Tereza knuffte ihn liebevoll in die Seite, und Sofie … entdeckte Andrés am Rand der Menge.

Er lehnte mit vor der Brust verschränkten Armen an einem Laternenpfahl und beobachtete die Bühne. Jetzt war sie sicher, dass er traurig wirkte. Er blinzelte und sah zu Boden, rieb sich über die Stirn und kämpfte eindeutig mit sich selbst. Und dann hob er den Kopf, als hätte er ihren Blick gespürt. Andrés musterte sie, als gäbe es außer ihr niemanden auf dem Marktplatz. Als existierten all die Menschen sowie die geschmückte Bühne nur in ihrer Vorstellung und wären auf einmal nicht mehr wichtig.

Auch wenn es über die Entfernung unmöglich war, glaubte sie, ein Funkeln im samtigen Braun seiner Augen zu erkennen. Eine Frage lag darin, die er ihr schon einmal stumm gestellt hatte – nur um dann vor der Antwort zurückzuschrecken. Seine Lippen bewegten sich, und sie wusste, dass sie ihren Namen formten. *Sofia.*

Andrés wartete, und Sofie wusste, er wartete auf ihre Reaktion. Ihr Herz schlug schneller, als sie nickte und er sich in Bewegung setzte … doch dann ging ein kollektives Luftholen durch die Menge.

Jemand hatte die Bühne betreten und stand hinter Abelia. Sie hatte sich der Person zugewandt. Ihre Hände flatterten, als wüsste sie nicht, wohin damit, fuhren durch die Luft, zu ihrem Haar, und wurden dann von fremden Fingern festgehalten.

Sofie verlor Andrés in dem Gedränge aus den Augen, und die atemlose Spannung im Publikum ging auf sie über.

»Ruhe!«, brüllte jemand, und die Menge verstummte.

Abelia trat wieder nach vorn. Etwas hatte sich verändert. Ihre Augen waren gerötet. »Nicht nur Santa Isabel ist zurückgekommen«, sagte sie mit rauer Stimme. Dann stellte sie sich neben ihren Sohn und gab den Blick auf denjenigen frei, der kurz zuvor die Bühne betreten hatte.

Sofie erstarrte.

Schlagartig veränderte sich alles: die Atmosphäre auf dem Markplatz, die Geräuschkulisse. Das Gefühl, sich bewegen zu können. Selbst ihre Gedanken veränderten sich, verschwanden, bis absolute Stille in ihrem Kopf herrschte.

Der Mann hielt sich leicht gebeugt, als fiele ihm das Stehen schwer. Er trug eine dunkle Hose und ein weißes Hemd mit blauen Streifen, das wie sie wusste, einst einen Riss im linken Ärmel gehabt hatte. Mit fast schon trotzigem Ausdruck starrte er den Menschen entgegen, das Haar nach hinten gekämmt, die Lippen lediglich ein Strich, der sich nun kräuselte, als müsste er sich mühsam beherrschen.

Simon hatte damit keine Probleme. »Opa Nando?«

28

Seine Stimme hallte über den Platz, und sämtliche Köpfe ruckten zu ihm herum.

Sämtliche bis auf einen: Sofie konnte den Blick nicht von ihrem Großvater abwenden. Fetzen von Abelias Rede tauchten in ihrem Kopf auf und verschwanden wieder, zu flüchtig, um sie zu greifen. Und doch ergab auf einmal so vieles Sinn.

Opa Nando war bleich geworden, als er seine Enkel entdeckte, aber dann nickte er in seiner militärisch-knappen Art und räusperte sich. »Hätte nicht gedacht, einige von euch noch mal zu sehen«, sagte er mürrisch, aber gut verständlich. »Meine Erinnerungen an diesen Ort sind nicht besonders gut, und ich hab das meiste hinter mir gelassen, als ich damals nach Deutschland gegangen bin. Und obwohl ich dachte, dass ich eure Visagen längst vergessen habe, erkenne ich manche doch wieder.« Er deutete auf einen Mann in der Nähe der Bühne. »Du bist noch immer genauso hässlich wie damals, Enrico. Aber ich hab gehört, dass du trotzdem eine Frau gefunden hast.«

Vereinzelt ertönte unsicheres Gelächter. Enrico antwortete etwas – zu leise, um es zu verstehen, doch dieses Mal war das Gelächter lauter.

Jemand sagte etwas zu Sofie und fasste sie behutsam an der Schulter. Sie reagierte nicht darauf. Stattdessen suchte sie nach Indizien, die bestätigten, was sie schon längst wusste: die Tatsache, wie nah Opa Nando neben Abelia Pacheco stand. Dass es seine Hand war, die vorhin ihre berührt hatte. Ihre Nervosität. Und vor allem die liebevolle und staunende Art, mit der sie ihn von der Seite musterte. Als wäre er etwas Kostbares und sie noch nicht sicher, ob sie es behalten konnte.

Ob er dieses Mal bleiben würde.

Sie sagte etwas zu ihm, und er runzelte die Stirn. Doch dann veränderte sich sein Gesichtsausdruck, wurde weicher und auf eine Weise sanft, die Sofie nur selten an ihm gesehen hatte.

Simon schnippte jetzt mit zwei Fingern vor ihrem Gesicht herum, um ihre Aufmerksamkeit auf sich zu lenken. »Was passiert da gerade?«

»Ich weiß es nicht«, sagte sie, obwohl das nicht ganz stimmte. »Offenbar hat er beschlossen, nicht mehr länger mit sich herumzuschleppen, warum er damals geflüchtet ist.«

»Es sieht eher aus, als wollte er sich etwas wiederholen, das er damals vergessen hat«, sagte Tereza neben ihnen. Sie war unübersehbar fasziniert von den Ereignissen auf der Bühne.

»Nein«, murmelte Sofie. »Nicht vergessen. Zurückgelassen.«

»Fernando!«, rief ein alter Mann, dem Sofie hier noch nie zuvor begegnet war und der sich schwer auf einen Stock stützte.

Opa Nando grüßte. »Gis. Schön, dass es dich noch gibt, du warst einer der wenigen Vernünftigen.« Er schüttelte den Kopf. »Aber ich habe lange Reden noch nie gemocht. Also sage ich, was ich zu sagen habe, und dann will ich von dem Ding hier runter. Also. Meine Enkel sind zu Besuch bei euch, aber das wisst ihr ja schon. Weil es sich vermutlich in der Stunde nach ihrer Ankunft im ganzen Dorf herumgesprochen hat. Ihr Waschweiber, alle miteinander!«

Einmal mehr richtete sich die gesammelte Aufmerksamkeit auf Sofie und Simon. Er winkte gelassen in die Menge und deutete eine Verbeugung an, während Sofie mit glühend heißen Wangen weiter zur Bühne starrte.

Lucía griff nach ihrer Hand. »Ruhig bleiben«, flüsterte sie.

Sofie atmete tief aus. »Ich versuch's.«

Opa Nando räusperte sich. Es klang wie eine kleine Explosion. »Ich habe eine tolle Familie. Ich weiß, manche von euch hätten das nicht gedacht. Die Montejos. Die hatten ja nicht viel. Waren nicht so angesehen im Dorf.« Eine wegwerfende Handbewegung. »Wer das sagte, hat nie verstanden, dass es nicht um Münzen im Geldbeutel geht oder wie viel Land einem gehört, sondern um die Liebe, die euch allen so verdammt wichtig ist!«

»Jetzt wird er wütend«, flüsterte Simon.

Abelia sagte etwas zu Nando, doch der hatte sich bereits in Rage geredet. »Als ich die Nachricht von meiner Enkelin bekommen habe, dass sie hier ist, und erfuhr, dass sich bei euch in all den Jahren nichts geändert hat, da hat mich das nicht überrascht. Trotzdem lasse ich nicht zu, dass dieses Dorf jemanden aus meiner Familie unglücklich macht, und wenn doch, dann finde ich den Verantwortlichen, denn dieses Mal werde ich nicht so einfach verschwinden!« Er hob eine Faust, und auch, wenn sein Arm dünn war und die Adern unter der Haut hervortraten, wichen die Menschen in der vordersten Reihe reflexartig zurück.

Abelia Pacheco dagegen lächelte. Dann griff sie nach Opa Nandos Hand, und mit einem Schlag schien ein Teil seiner Empörung dahinzuschmelzen. Ihm war deutlich anzusehen, dass er sich nicht wohlfühlte, dort oben auf der Bühne, wo er so vielen Menschen Einblick in sein Privatleben gewährte. Das hatte er noch nie gemocht. Er pflegte nur wenige Freundschaften und ließ sich hin und wieder zu Small Talk mit Verkäufern auf dem Markt hinreißen, die ihn gut kannten. Doch davon abgesehen behielt er seine Angelegenheiten für sich.

Es sei denn, seine Enkelin ruft weinend bei ihm an, weil sie Liebeskummer hat. O nein, Opa, du tust das doch nicht deshalb, oder? Ich schaffe das schon.

Am liebsten wäre Sofie auf die Bühne gestürmt und hätte ihn umarmt. Er musste nicht sein Inneres nach außen kehren und seine alten Wunden aufreißen, um ihr zu helfen.

Doch bevor sie auch nur daran denken konnte, sich einen Weg zur Bühne zu bahnen, hob Abelia den Kopf. Sie starrte in die Menge, und ihre Augen verengten sich zu einer Kampfansage. Die Frau, die bislang jeden umarmt und für alles Verständnis gezeigt hatte, besaß auch eine Facette, die verriet, dass man sie nicht zur Feindin haben sollte. Sie erinnerte Sofie an Señora Landero.

Offenbar brauchte es nur den passenden Auslöser, um diese Frauen wachzurütteln.

»Ja, ich habe Fernando geliebt«, rief sie. »Und ich tue es noch immer.«

Zwei, drei Sekunden lang herrschte Stille, dann begehrte Cielente auf: mit erstaunten Rufen, Luftholen, Fragen und Bemerkungen, Kommentaren und Geräuschen, die sich zu einem Klangteppich vermischten, der sämtliche Details verschluckte. Es summte, als wäre ein riesiger Bienenschwarm aufgeflogen.

Abelia ignorierte sie alle. »Damals war ich zu jung, um zu verstehen, dass man für die Liebe dankbar sein sollte«, rief sie. »Und dass man manchmal für sie kämpfen muss. Stattdessen habe ich auf meine Eltern gehört und mich von dem Mann abgewandt, zu dem ich gehörte.« Sie sah ihn an. »Aber endlich habe ich gelernt, wenn auch sehr spät, dass niemand außer mir selbst den Schlüssel zu meinem Glück in den Händen hält. Und dass es sich auch nach vielen Jahren lohnt, dafür zu kämpfen. Denn es gibt nichts Wichtigeres.«

Während ihrer Rede waren die Rufe nicht verstummt, aber ihre Stimme übertönte sie mühelos.

Sofie drückte sich eine Hand vor den Mund. Weil diese Worte so wahr waren – und weil sie verstand. Sie verstand den Schmerz ihres Großvaters, der seiner Heimat den Rücken gekehrt hatte, weil er den Eltern seiner großen Liebe nicht gut genug gewesen war und niemand im Dorf diese Haltung angezweifelt hatte. Und vor allem verstand sie, dass manches nicht unausgesprochen bleiben durfte, wenn man für das eintrat, was wichtig war. Wonach man sich aus ganzem Herzen sehnte.

Abelia, die ehemalige Bürgermeisterin und wohl eine der einflussreichsten Frauen im Ort, hatte eine Bombe platzen lassen, deren Nachwirkungen den Boden noch eine Weile erschüttern würden.

Opa Nando hustete, dieses Mal laut, und nach und nach kehrte wieder Ruhe ein. »Ja, ich habe damals diese blöde Statue mitgenommen«, sagte er und tippte so fest gegen das Glas, dass der kleine Schrein wackelte; zum Glück hielt der Alcalde ihn geistesgegenwärtig fest. »Denn mir war das einfach zu viel. Liebe hin, Liebe her. Man muss sie selbst in die Hand nehmen, und niemand sollte sich da einmischen. Keine Holzfigur, keine Familie, keine Zukunftsängste oder was auch immer ihr euch aus dem Ärmel schüttelt, weil ihr zu feige seid. So wie ich es damals war. Letztlich ist es einzig und allein eure Angelegenheit.« Sein strenger Blick streifte den Alcalde, der schuldbewusst in Yagos und Lucías Richtung schielte.

Die sahen sich an, strahlten … und plötzlich ertönte Applaus. Von nur einem Paar Hände, langsam, stetig, aber energisch: Die Señora stand hoch aufgerichtet und schlug ihre Handflächen so fest zusammen, dass ihr gesamter Körper erzitterte. Ihre Freundinnen Maria und Renata fielen mit ein, dann weitere Zuhörer, als würde die Begeisterung wie ein Feuer allmählich die ganze Menge erfassen. Schließlich wurde der Beifall ohrenbetäubend. Von mehreren Seiten riefen Menschen Abelias Namen.

Opa Nando starrte in die Menge, als hätten alle den Verstand verloren, und sah schließlich Sofie an. Ein knappes Nicken, dann drehte er sich um und verließ die Bühne, gefolgt von Abelia. Lediglich der Alcalde blieb, wo er war.

Sofie stolperte, als jemand an ihren Schultern rüttelte, dann schlang Simon einen Arm so fest um ihren Hals, dass er ihr fast die Luft abschnürte. »Hast du davon gewusst?«

Ihr Ohr klingelte von seinem Gebrüll. »Nein! Und ich hätte auch nie damit gerechnet.« Mittlerweile waren die Stimmen und der Jubel rund um sie herum so laut geworden, dass sie kaum ihr eigenes Wort verstand. Fassungslos musterte sie die begeisterte Menge. Blüten und Papierherzen stoben in die Luft, Kinder kreischten und streckten die Ärmchen zum Himmel.

Sie hielt sich an Simons Schultern fest, stellte sich auf die Zehenspitzen und suchte in der Menge nach Opa Nando. Jetzt wusste sie auch, warum er nicht mehr auf ihre Nachrichten reagiert hatte – der alte Fuchs war schon längst am Flughafen gewesen und hatte auf seinen Flieger gewartet. Wie lange er wohl schon in Cielente war?

Mittlerweile hatten Tereza, Lucía und Yago einen Kreis um sie und Simon gebildet, und hinter ihnen drängte sich Miguel durch die Menge. Sofie lächelte, als sie ihre Freunde so glücklich beisammen sah, aber vorläufig mussten sie ohne sie feiern. Zuerst wollte sie mit ihrem Opa sprechen.

Plötzlich winkte ihr jemand zu, und sie erkannte Señora Landero. Wo andere lachten und jubelten, wurde ihr Gesicht von einem Glühen erhellt, das tief aus ihrem Inneren kam. Sofie drängelte sich zu ihr durch und fand sich kurz darauf in einer festen, nach Rosen und Veilchen duftenden Umarmung wieder.

»Du hast das möglich gemacht, *querida*«, sagte die Señora dicht an ihrem Ohr. »So wie du auch andere Dinge angestoßen hast. Und dafür will ich dir danken.«

Sofie schüttelte den Kopf. »Ich habe nur eine Statue zurück in die Kirche geschmuggelt«, rief sie.

Señora Landero strich ihr über die Wange. »Das stimmt nicht ganz, und das weißt du. Ohne dich hätte ich nie ein ernstes Wort mit Tonio geredet. Kurz vorher hast du mir von deiner Großmutter Anneliese erzählt, wie sie ihr Leben in die Hand genommen hat. Das war wie ein Weckruf für mich. Manchmal, wenn sich Strukturen festsetzen, braucht es einen Anstoß von außen, und sei er auch noch so klein.« Sie ließ die Hand sinken. »Ich habe den jungen Fernando in deinem Großvater erkannt und mich an mehr erinnert«, sagte sie an Sofies Ohr. »Daran, was damals geschehen ist. Und er hat recht, das hätte so nie passieren dürfen. Man muss für etwas einstehen, wenn man es wirklich will, nicht wahr?«

Sofie blinzelte verwirrt. Sprach die Señora von Opa Nando oder … Sie öffnete den Mund, aber da wurde die alte Dame auch schon von ihren Freundinnen weitergezogen.

Allmählich zerstreuten sich die Menschen und bildeten kleine Gruppen, wodurch das Gedränge etwas abnahm. Sofie hielt sich in Richtung Kirche, unschlüssig, wo sie ihren Großvater finden würde.

Sie drehte sich zur Seite, und ihr Herz setzte einen Schlag aus: Andrés stand mitten auf dem Marktplatz und sah ihr entgegen, als hätte er nur auf sie gewartet. Die Arme waren nicht mehr vor der Brust verschränkt, sondern hingen neben dem Körper, und seine Finger bewegten sich unaufhörlich. Er schien wirklich nervös zu sein.

Eine Weile starrten sie einander nur an; die einzigen Ruhepole in der aufgeregten Menschenmenge, und doch war es so, als gäbe es niemanden sonst. Nur sie beide. Dann setzte er sich langsam in Bewegung, als wollte er ihr genügend Zeit geben, um zu verschwinden, falls sie nicht mit ihm reden wollte.

Doch Sofie dachte gar nicht daran, zu verschwinden. In den vergangenen Tagen hatten Menschen, die ihr nahestanden, zu viel gesagt, was ihr nicht aus dem Kopf ging, und wenn sie an die Reden von Opa Nando und Abelia dachte, musste sie einfach bleiben. Sie wollte nicht einfach aufgeben, was sich so gut und richtig angefühlt hatte. In Andrés' Gegenwart war es immer gewesen, als wäre sie endlich angekommen. Wieso nur hatte sie diese Empfindung unter der vermeintlich vernünftigen Überlegung, dass sie nach Deutschland zurückmusste, begraben? Das hatte es ihm ja erst so leicht gemacht, sie wegzustoßen, als sie ihm zu nahe gekommen war.

Kein Wunder, denn Andrés hatte in seinem Leben nicht oft jemanden an sich herangelassen. Wie denn auch? Seine Eltern waren gegangen, als er noch jung gewesen war, und danach hatte es nur wenige wichtige Menschen in seinem Leben gegeben. Einer davon, seine Verlobte, hatte sich ebenfalls von ihm abgewandt und ihm einmal mehr bestätigt, dass es besser war, sich ausschließlich auf sich selbst zu verlassen. Der Geist, der in Cielente herrschte, hatte den Rest erledigt. Zwar war Andrés nicht abergläubisch – dafür dachte er viel zu rational –, aber es war einfacher, sich dem allgemeinen Misstrauen gegenüber der Liebe anzuschließen.

Sie hob den Kopf, als er sie beinahe erreicht hatte, und er blieb stehen. Die Bartstoppeln an seinem Kinn waren länger geworden, und er wirkte erschöpft.

Nein, nicht erschöpft. Zögerlich.

»Hast du das gewusst?«, fragte Sofie leise. »Dass Abelia und mein Großvater ein Paar waren?«

»Nein«, sagte er. »Sie war recht nachdenklich und vor allem nervös in den vergangenen Tagen, aber wenn ich sie darauf angesprochen habe, hat sie das Thema gewechselt. Ich wusste, dass da was ist, habe aber respektiert, dass sie nicht darüber reden wollte.« Nichts anderes hatte sie von ihm erwartet. »Wie geht es dir, Sofia? Nach dieser Eröffnung gerade?«

Beide sahen zur Bühne, wo mittlerweile nur noch wenige Menschen standen und mit dem Alcalde plauderten.

Sie stieß die Luft aus. »Schwer zu sagen. Ich glaube, es hat mich ein bisschen überfahren. All die Zeit habe ich geahnt,

dass Opa Nando uns was Wichtiges verschweigt. Aber ...«
Sie seufzte. »Er tut mir so leid. Es muss schlimm für ihn
gewesen sein damals. Und für Abelia.«

Etwas tat sich in seinem Gesicht, zeichnete die Linien
neben seinem Mund weicher. »Sie war so nervös dort oben.
Aber es war ihr unglaublich wichtig, deshalb hat sie es
durchgezogen. Und ...« Er überlegte und starrte zu Boden.

Sofie hielt den Atem an und gab ihm Zeit, obwohl sie sich
mit jedem Herzschlag weiter anspannte. Aber sie wusste nur
zu gut, dass man Andrés nicht drängen konnte.

Endlich blickte er auf. »Sie haben mich zum Nachdenken
gebracht. Alle beide. Das habe ich den vergangenen Tagen
häufig getan, Sofia. Nachgedacht. Über uns und das, was ich
zu dir gesagt habe.«

Sie zwang sich zu einem Nicken. Wusste er, wie leicht es
ihm gelang, ihren Puls zu beschleunigen? »Okay«, sagte sie
leise als Hinweis, dass er weiterreden sollte. In ihr glomm ein
Funke Hoffnung auf, doch auch sie hatte gelernt, vorsichtig
zu sein.

Andrés' Augen schimmerten und baten sie um Geduld für
die Worte, die ihm alles andere als leichtfielen.

Wenn er wollte, schenkte sie ihm alle Zeit der Welt.
Wusste er das denn nicht?

Die Ader an seinem Hals pochte. »Ich hatte geglaubt,
dass es in meinem Leben nur begrenzt Raum gibt, und
in den vergangenen Monaten haben sich die Probleme ge-
häuft. Zumindest dachte ich das. Bloß stimmte das nicht.
Der Verkauf der Farm war eine Unsicherheit, ja, aber wenn
Tonio Landero sagt, er sorgt dafür, dass ich nicht ohne
Anstellung dastehen werde, dann tut er es auch. Er ist kein
so schlechter Mensch, wie du vielleicht glaubst, Sofia. Trotz

allem achtet er auf die Leute, die zu ihm gehören. Auf seine Weise.«

Sie schwieg dazu, da sie nicht seiner Meinung war. Antonio Landero mochte gute Charaktereigenschaften besitzen, aber er hatte einige Grenzen aus Gewohnheit überschritten.

Andrés fuhr sich übers Kinn. »Auf der Plantage gab es Probleme, ja, aber die gibt es immer. Ich kann mich an kein Jahr erinnern, an dem nichts Unvorhergesehenes passiert ist. Und trotzdem habe ich all das vorgeschoben, als ich dir gesagt habe, dass in meinem Leben kein Platz wäre, um noch mal etwas zu wagen, das vielleicht … vielleicht unsicher ist, aber auch wunderschön sein kann.« Jetzt klang ein Hauch von Verzweiflung in seiner Stimme mit.

»Warum?«, fragte sie leise.

Seine Brust hob und senkte sich. »Weil ich nicht mehr aufwachen und feststellen wollte, dass etwas fehlt, was kurz zuvor ein Teil meines Lebens geworden war. Du …« Er zögerte. »Du bist hier auf der Durchreise. Dein Leben findet in Deutschland statt; deine Freunde und Familie leben dort. Meines ist hier, und ich habe keine Möglichkeit gesehen, das miteinander in Einklang zu bringen, ohne dass …«

Aus dem einen Funken Hoffnung wurden viele, sie stoben in Sofies Bauch auf und breiteten sich langsam in ihrem ganzen Körper aus. »Ohne dass es irgendwann wehtut«, ergänzte sie.

»*Sí*.« Er nickte. »Doch das tut es bereits. Der Schmerz hat sich nur verlagert. Abelia hat gemerkt, dass es mir nicht gut geht, obwohl ich es nicht gezeigt habe. Manchmal ist sie mir unheimlich.«

»Sie kennt dich eben.«

Er ging nicht darauf ein und blickte in die Ferne, und

einen schrecklichen Moment lang glaubte Sofie, dass er sich erneut von ihr verabschieden wollte. »Ich habe auch gesehen, wie glücklich und sorglos du sein kannst. Mit deinen Freunden, und auch mit Miguel.«

Sie runzelte die Stirn. »Miguel?«

Andrés hob die Mundwinkel, ließ sie aber schnell wieder sinken. »Er ist ein toller Kerl. Mit deutlich ... weniger Problemen.«

»Er ist ein guter Freund, ja«, sagte sie leise. »Aber nur das.« Sie lächelte, und ihr Herz schlug einen winzigen Salto, als sich ein Echo davon auf Andrés' Lippen wiederfand. »Und, was hat Abelia dir gesagt?«

Die Sonne malte Akzente auf sein Gesicht, als er den Kopf schräg legte. »Sie hat mir gesagt, dass nicht immer alles so läuft, wie man es plant, und dass ich einen Fehler mache, wenn ich nicht mehr riskiere. Also habe ich gegrübelt, ob ich in einer Stadt leben könnte, ohne all das hier, ohne die Plantage, gebrochene Leitern, kranke Pflücker, Stunden in der Hitze und jährlich zunehmende finanzielle Probleme.« Er trat ein wenig näher und hob eine Hand.

Sofie konnte sich Andrés nirgendwo anders vorstellen als hier draußen, unter dem freien Himmel inmitten der Baumreihen. Sie wollte es auch gar nicht. »Und zu welchem Schluss bist du gekommen?«

Jetzt standen sie so nah beieinander, dass er sie mühelos hätte berühren können. Aber er wartete.

Sofie betrachtete sein Gesicht, das sie bereits in- und auswendig kannte und doch immer wieder aufs Neue ansehen konnte: die ausdrucksstarken Augen mit den dunklen Brauen, die geschwungene Linie seines Kinns, die energische Nase.

Sie selbst musste nicht weiter nachdenken. Opa Nando hatte gerade deutlich gemacht, dass niemand außer ihr diese Entscheidung treffen konnte. Dass Bedenken und Entfernungen Hindernisse waren, die man überwinden konnte.

Andrés ließ die Hände sinken. »Ich denke, ich würde es versuchen.«

Einen Moment lang empfand sie so viel gleichzeitig, dass sie die Augen schließen musste. Als sie die Lider wieder öffnete und stumm nickte, legte Andrés seine Fingerspitzen an ihr Kinn. Er hielt nur einen Herzschlag lang still, dann strich er über ihre Wange, ihr Haar, ihren Nacken und an ihrer Wirbelsäule entlang. Langsam trat er noch näher, bis sie seinen Atem auf ihren Lippen spürte, warm und unglaublich verführerisch. Andrés roch nach einem Hauch Aftershave, nach Wärme vom Aufenthalt in der Menschenmenge an einem Sommertag, aber auch nach Erde, Orangen und Sehnsucht.

Sofie schloss die Augen und neigte sich ihm entgegen. Sein Kuss war zunächst weich und nachgiebig, dann stürmischer und verlangend. Erst jetzt wurde ihr bewusst, wie stark sie sich danach gesehnt hatte, und Andrés ging es offenbar genauso, denn er zog sie so eng an sich, dass sie die harten Muskeln an Bauch und Armen spürte, doch sie merkte auch, dass er sich zurückhielt. Vermutlich, da sie mitten auf dem Marktplatz standen, aber das spielte für sie keine Rolle.

Sie hatte geglaubt, mit dem abgeschlossen zu haben, was zwischen ihnen entstanden und nie verschwunden war, aber sie hatte sich geirrt. Insgeheim hatte sie die ganze Zeit darauf gewartet.

Er lachte leise an ihrem Ohr, als sie sich von ihm löste und die pochende Stelle an seinem Hals küsste, die so empfindlich war, dass er stets zusammenzuckte. Unendlich behutsam nahm er ihr Gesicht in die Hände und legte seine Stirn an ihre. Seine langen Wimpern streiften ihre Haut, als er blinzelte.

Sofie fuhr mit einem Finger über seine Oberlippe und bemerkte, wie ein Schauer durch seinen Körper rann. Sie hatte keine Ahnung, wie ihre Zukunft aussehen würde. Aber das war vollkommen in Ordnung. In ihr kribbelte Aufregung, doch darunter lag eine tiefe Ruhe, die ihr verriet, dass sie angekommen war. Jetzt und hier war alles so, wie es sein sollte.

29

Nach dem Lärm und der Begeisterung beim gestrigen Festumzug schien die Ruhe unter dem großen Baum im hinteren Bereich von Señora Landeros Garten umso tiefer.

»Ha!« Tereza hielt ihr Handy in die Höhe. »Ich hab's gewusst!« Siegessicher blickte sie in die Runde. »Ricarda Hernandéz hat meine Sitzung mit dem Kartenlegen so gut gefallen, dass sie mich weiterempfohlen hat, und so wie es aussieht, hat sie einen sehr großen Bekanntenkreis. Der außerdem sehr ungeduldig ist. Sie fragt, ob ich in spätestens einer Stunde in Valencia sein könnte. Würdest du mich fahren, Geliebter?« Treuherzig riss sie die Augen auf und streichelte Simons Schulter.

Er deutete eine Verbeugung an. »Für dich bin ich doch gern senil.«

»Ja«, sagte Tereza und gab ihm einen Kuss, »und ich ahne bereits jetzt, wie das eines Tages sein wird. Wir sehen uns später!« Sie winkte, und die beiden machten sich auf den Weg in Richtung Haus.

»Das mit dem Kartenlegen scheint ein lukratives Geschäft zu sein«, sagte Señora Landero und nippte an ihrem Orangensaft. »Das hätte ich nicht vermutet.«

Sofie streckte sich und nahm die Katze auf den Schoß, die seit geraumer Zeit um ihre Beine gestrichen war. »Offenbar muss man nur die richtigen Klienten finden. Jemanden wie Señorita Hernandéz zum Beispiel.« Osito beobachtete sie genau, doch dieses Mal nicht aus Eifersucht – vielmehr schien er darauf zu achten, ob Sofie alles richtig machte. Gestern hatten er und die Katze entschieden, endgültig Freundschaft zu schließen, und nebeneinander im Garten gelegen. Jetzt entspannte er sich, als seine neue Wegbegleiterin ihr Köpfchen an Sofies Bauch schmiegte.

Andrés beugte sich vor, um das Tier zu kraulen – jedoch ohne es anzusehen. Seine gesamte Aufmerksamkeit galt Sofie. Ihre Finger berührten sich immer wieder für hauchzarte, flüchtige Momente, und sie war dankbar für jeden einzelnen davon. Noch immer staunte sie darüber, wie verändert er wirkte. So entspannt und mit einem Lächeln auf den Lippen.

Er war am Morgen auf der Finca aufgetaucht, nachdem sie gestern nach dem Festumzug auf der Bank vor dem Anbau am Haupthaus gesessen und geredet hatten, bis die Mondsichel über ihnen schimmerte. Sie hatten sich aus ihren Leben erzählt, von den Stationen, die sie erreicht und hinter sich gelassen hatten, von Partnern, mit denen sie einen Teil des Weges gegangen waren, um sich dann wieder von ihnen zu verabschieden.

Andrés hatte von seiner Verlobung mit Cristina berichtet und davon, dass sie lange dieselben Ziele verfolgten, bis sich ihre urplötzlich gewandelt hatten. Auf einmal war die weite Welt das Wichtigste für sie gewesen, wichtiger noch als der Mann an ihrer Seite, und jeder Tag in Cielente war für sie mehr zu einer Qual geworden.

»Das waren ihre Worte.« Andrés hatte so neutral geklungen wie jemand, der eine irgendwo aufgeschnappte Geschichte erzählte. »Zunächst wollte ich es nicht wahrhaben.

Es war ungewohnt, dass unsere Zukunftsvisionen auseinanderliefen, und ich habe nie mit dem Gedanken gespielt, Cielente zu verlassen. Ich bin neugierig auf die Welt mit all ihren Facetten, und wenn ich die Zeit dafür finde, reise ich gern, aber das hier ist meine Heimat. Ich liebe sie, und ich will mir hier ein Leben aufbauen.«

Sofie hatte den Kopf an seine Schulter gelehnt und sich in seine Umarmung geschmiegt, und der Augenblick war perfekt gewesen.

»Damals war für mich klar, dass die Plantage beruflich noch für lange Jahre meine oberste Priorität sein würde. Ich hatte weder die Energie noch den Kopf dafür, beides parallel zu handhaben, meine Beziehung und die Landero-Farm – was, wie ich heute weiß, auch eine Menge darüber aussagt. Darüber, dass etwas nicht gepasst hat, wir uns das aber nicht eingestehen wollten.« Sanft fuhr er mit den Fingern ihren Arm hoch und runter. »Und dann gab es lange Zeit nur noch die Plantage. Nach Tonios Entscheidung, sie zu verkaufen, wusste ich nicht mehr weiter. Ich habe mich gefragt, ob ich all die Jahre ein utopisches Ziel vor Augen hatte und zu viel dafür aufgegeben habe. Also habe ich versucht, eine Antwort darauf zu finden. Ich hatte mich so sehr nach Stabilität in meinem Leben gesehnt und doch auf einmal das Gefühl, dass alles über mir zusammenbricht. Und dann warst da du.«

»Ausgerechnet eine Touristin«, flüsterte Sofie.

Er hauchte ihr einen Kuss auf die Schulter. »*Sí*, und du hast mir den Kopf verdreht. Ich habe mir eingeredet, dass du die Situation nur noch schlimmer machst, und nicht gemerkt, wie sehr du mir hilfst. Einfach indem du da bist.«

Sofie schmiegte sich noch enger an ihn und schloss die Augen. Sie hatten die Sterne beobachtet, die wohl das einzig Beständige im Leben waren – zumindest aus ihrer Perspektive. Letztlich ging es doch immer darum, aus welchem Blickwinkel man etwas betrachtete. »Du hast mich auch dazu gebracht, viel nachzudenken«, sagte sie. »Darüber, ob das mit uns was Ernstes ist – und dass ich mir überlegen muss, wie ich damit umgehen will.«

Er hielt den Atem an. »Inwiefern?«

»Na ja.« Sie hob den Kopf. »Du hast die Plantage. Und ich glaube fest daran, dass es auch weiterhin so sein und Antonio Landero die richtige Entscheidung treffen wird. Meine Welt hat sich dagegen sehr gewandelt, ehe ich nach Cielente gekommen bin. Ich muss mir einen neuen Job suchen, wenn ich zurück nach Osnabrück reise. Ich habe momentan also keine festen Verpflichtungen. Und nein, ich kann mir nicht vorstellen, dass du weder mit gebrochenen Leitersprossen noch mit jammernden Gast-Pflückern zu tun hast. Du gehörst hierher, und das will ich nicht ändern.«

Andrés hauchte ihr einen Kuss auf das Haar. »Könntest du dir denn vorstellen, deine Verpflichtungen nach Spanien zu verlegen? Zumindest … für eine Weile?«

Sofie richtete sich auf und sah ihn an, ohne sich von ihm zu lösen. »Auch darüber habe ich nachgedacht.« Sie wollte noch so viel mehr sagen, aber das war gar nicht mehr nötig. Andrés küsste sie, und sie ließ sich fallen. Mit dem nächsten Atemzug hob er sie hoch, trug sie in den Anbau und trat die Tür zu, dass sie in den Rahmen donnerte. Mit schnellen Schritten brachte er Sofie ins Schlafzimmer und erreichte es mit nacktem Oberkörper, da sie ebenso wenig warten wollte wie er.

Als er sie dieses Mal auf sich gezogen hatte, war etwas zwischen ihnen entstanden, das sie noch näher zusammenbrachte. Eine stumme Übereinkunft, die Sofies Herz bei der Vorstellung einer Zukunft mit Andrés in Brand setzte.

Heute, in der hellen Sonne, die den Garten strahlen ließ und die sie gemeinsam mit der Señora und Andrés genoss, erschauerte sie bei der Erinnerung an den Abend und die Nacht. Sie war in den frühen Morgenstunden zur Finca aufgebrochen, als Andrés seine Arbeit aufgenommen hatte. Es war ein friedlicher Morgen gewesen, erfüllt von der ersten Sonnenwärme, dem Konzert der Insekten und dem Geruch nach Orangen und feuchter Erde. Ein mittlerweile vertrautes Szenario – und doch war alles anders gewesen. Ein Puzzleteilchen war an seinen Platz gerückt und hatte ein Bild geschaffen, mit dem Sofie niemals gerechnet hätte.

Sie streifte die hüfthohen Gräser mit den Fingerkuppen und dachte an Opa Nando; an die Nachricht, die er ihr geschickt hatte, während Cielente die Heilige Isabel zurück in die Kirche begleitete.

Denk nicht mal daran, mir heute Löcher in den Bauch zu fragen. Ich hatte eine weite Reise und bin müde. Eine Unterkunft habe ich bereits, also musst du dich nicht kümmern. Ich komme vorbei, wenn ich Zeit habe.

Natürlich wohnte er bei Abelia, die zwei mussten sich viel zu erzählen haben. Trotzdem würde er um das Verhör durch seine Enkel nicht herumkommen, dafür würde schon allein Simon sorgen mit seiner unbekümmerten Art.

Bis jetzt, es war kurz vor eins, hatte sich Opa Nando noch nicht gemeldet. Auch von Lucía hatte sie noch nichts gehört;

jedenfalls war ihre Freundin in der Nacht nicht zur Finca zurückgekehrt.

Sofie senkte den Kopf, strich über das weiche Fell der Katze und fuhr die rötlichen Tigerstreifen mit einem Finger nach. Am unteren Rücken hielt sie inne und strich das Fell vor und zurück, was mit einem Zucken und einem unwilligen Blick beantwortet wurde. »Señora Landero?«

»Was gibt es, *querida*?«

Sofie sah noch einmal hin – aber doch, sie hatte sich nicht geirrt. »Ich glaube, ich habe endlich einen Namen für unsere Samtpfote gefunden. Hier …« Sie deutete auf den hellen Fleck am Ende des letzten Streifens. Wenn man genau hinsah, erkannte man fünf feine Striche, die in verschiedenen Richtungen verliefen. Die Señora beugte sich vor und kniff die Augen zusammen, und Sofie veränderte ihre Position, damit sie einen besseren Blick darauf hatte. »Ein Stern. Man findet ihn nur, wenn man weiß, wo man suchen muss.«

Señora Landero streckte eine Hand aus und berührte behutsam das weiche Fell. »Estrella«, flüsterte sie.

»Estrella«, bestätigte Sofie, und ihre Stimme kratzte, als sie bemerkte, dass die Augen ihrer Gastgeberin feucht geworden waren. Sie stand auf und setzte die Katze vorsichtig auf dem Schoß der Señora ab.

Die kraulte das Tier unter dem Kinn. »Der Name ist perfekt.« Sie murmelte noch etwas, das weder an Sofie noch an Andrés gerichtet war, doch die Ohren der Katze zuckten.

Andrés griff nach Sofies Hand, hauchte einen Kuss darauf und nickte ihr zu. *Gut gemacht.*

»Wann musst du wieder los?«, fragte sie ihn leise.

Er lehnte sich zurück. »Die Kernzeit der Ernte ist vorbei. Jetzt kann ich es etwas ruhiger angehen lassen.«

»Dass ich das mal aus deinem Mund höre«, sagte Sofie – und drehte sich um, als hinter ihnen an der Finca ein Motorengeräusch ertönte und stetig lauter wurde. Kurz darauf schlug eine Wagentür, aber von hier war der Besucher nicht zu sehen.

Aufgeregt fasste Sofie Andrés an der Schulter. »Das wird Opa Nando sein.« Beruhigend legte er seine Hand auf ihre. »Ich geh ihm entgegen.«

»Er weiß, dass wir im Garten sind«, sagte die Señora und trank in aller Seelenruhe noch einen Schluck Saft. »Ich habe vorhin mit ihm telefoniert.«

30

Auch wenn sich in Andrés' Gesicht auf den ersten Blick nichts veränderte, bemerkte Sofie, dass seine natürliche Ruhe durch die geschäftliche Fassade ersetzt worden war, die er so gekonnt im Bruchteil einer Sekunde errichtete.

Antonio Landero stand hinter Opa Nando und war offenbar entschlossen, ihm die Erklärung für ihr gemeinsames Auftauchen zu überlassen. Zum ersten Mal sah Sofie ihn in legerer Kleidung. Wie auch ihr Großvater trug er eine lockere Hose und ein schlichtes Hemd mit hochgerollten Ärmeln. Nur wirkte seine Haltung so steif, als würde er auf ein Urteil warten.

Opa Nando dagegen bewegte sich so selbstverständlich, als wäre er täglich auf der Finca zu Besuch.

»Opa!«, rief Sofie und ging ihm entgegen – auch, weil sie sich so zugleich zwischen Andrés und Señor Landero positionieren konnte. »Wird auch Zeit, dass du dich endlich blicken lässt. Mit dir hätte ich hier nie gerechnet! Hattest du eine gute Reise? Warum hast du denn nichts gesagt, Simon und ich hätten dich doch vom Flughafen abholen können.«

Er runzelte die Stirn, als wollte er ihr mitteilen, dass sie keinen Unsinn reden sollte und er gut allein klarkäme, zog sie aber in eine Umarmung, um sie dann von sich zu schieben und eingehend zu mustern. »Geht's dir besser?« Typisch. Kein Wort der Erklärung über sein Auftauchen. »Du klingst besser.«

»Es geht mir gut«, sagte sie und drückte ihn noch einmal an sich. »Und dir? Das war eine beeindruckende Rede gestern.«

Ihr Opa fegte mit einer Hand durch die Luft – dicht an Antonios Gesicht vorbei. »Pah! Es musste einfach mal gesagt werden. Hätte gedacht, das wäre in all den Jahren schon passiert, aber offenbar macht hier noch immer niemand den Mund auf. So wie Tonio. Ich hab den Unsinn mit der Farm gehört. Leider nicht von dir«, sagte er und drehte sich zu Señor Landero um. »Von Abelia und mindestens fünf anderen, und alle regen sich über das auf, was sie die dümmste Idee des Jahres nennen. Des Jahres!« Er lachte. »Des Jahrhunderts, würde ich sagen.«

»Schon gut«, knurrte Landero. »Du hast es mir auf der Fahrt schon oft genug vorgehalten.«

»Mehrmals«, bestätigte Opa Nando und zeigte einen Hauch Vergnügen. »Während diese riesige Töle mir von der Rückbank aus in den Nacken gehechelt hat. Deshalb hab ich darauf bestanden, dass das Vieh am Wagen bleibt.«

»Im Schatten, hoffe ich doch«, sagte die Señora. »Fernando Montejo. Willkommen auf meinem Grund und Boden.« Sie reichte ihm eine Hand – die er zu Sofies Erstaunen mit einer leichten Verbeugung ergriff.

»Rosaria Landero. Ich muss gestehen, ich kann mich kaum an das kleine Mädchen erinnern, das du mal warst, aber das Leben hat es wirklich gut mit dir gemeint.«

Die Señora nickte knapp, als hätte sie nichts anderes erwartet, während sich Sofie möglichst unauffällig an Andrés festhielt. Sie hatte ihren Opa noch nie zuvor solche Komplimente machen hören. Ihre Hand fand die von Andrés, ihre Finger verschlagen sich miteinander, und sie war froh über den sanften Druck.

Opa Nando war das nicht entgangen. »So, und du bist also Andrés. Von dir hab ich schon einiges gehört.« Sein Tonfall war freundlich, teilte Andrés aber auch mit, dass er ihn im Auge behalten würde, bis er sich eine endgültige Meinung gebildet hatte.

Die beiden schüttelten sich die Hände.

»Auch deshalb sind wir zu zweit hier«, fuhr Opa Nando fort und deutete über seine Schulter. »Weil Antonio noch was klären muss, über das wir den halben Vormittag diskutiert haben. Mittlerweile kann ich dieses ganze Gerede über Plantagen und Zitrusfrüchte ehrlich gesagt nicht mehr hören und habe darauf bestanden, dass das ein für alle Mal mit den Beteiligten geklärt wird.« Seine Stimme war energisch geworden und scheuchte zwei Blaumeisen auf, die gerade noch in den Hecken herumgehüpft waren.

Abgesehen davon geschah … nichts. Die Landero-Geschwister starrten einander an, Andrés war nicht anzumerken, was er dachte, also gab Sofie sich einen Ruck und räusperte sich. »Ich wusste gar nicht, dass ihr euch kennt, Opa.«

»Tja.« Ihr Großvater gab eine Mischung aus Lachen und Schnauben von sich. »Früher haben wir einiges zusammen angestellt. Hätte nicht gedacht, dass so ein Idiot aus dir wird.« Letzteres galt Señor Landero.

Der knurrte, doch es klang irgendwie amüsiert. »Ich eifere dir nur nach, *estúpido*. So wie früher.«

»Unsinn redest du noch immer.« Opa Nando wandte sich wieder an die anderen und deutete über die Schulter. »Tonio war damals auf meiner Seite. Hat mir gesagt, dass ich mich nicht von den verstaubten Gemütern hier im Ort vertreiben lassen oder Abelia einfach mitnehmen soll. Deshalb hat er was gut bei mir, und ich ertrage seinen Irrsinn.« Wieder wedelte er mit einer Hand durch die Luft, und dieses Mal schlug Señor Landero sie zur Seite.

»Hättest du mal auf mich gehört«, sagte er, »dann hättest du dich gestern nicht auf dieser Bühne lächerlich machen müssen. Und außerdem hättest du sturer Bock dich damals verabschieden können, statt einfach bei Nacht und Nebel zu verschwinden.«

Opa Nando schnaubte. »Um weiter mit dir zu diskutieren?«

»Um eine Lösung zu finden, Nando!«, erwiderte Antonio Landero energisch. »Stattdessen habe ich durch die ganze Sache gelernt, dass Geld manche Dinge ermöglicht und andere verhindert. Und dass man immer darauf achten sollte, genug auf dem Konto zu haben. Glücklich hat mich das allerdings nicht gemacht, wenn ich an die Gespräche in den vergangenen Tagen denke.«

Opa Nando nickte ihm zu. »Es hat dich ein wenig *loco* gemacht, das schöne Geld«, sagte er und tippte sich an die Schläfe. »Vielleicht ist es doch ganz gut, dass ich hergekommen bin.«

»Vermutlich bist du hier, weil deine Familie in Deutschland mal Ruhe vor dir braucht«, knurrte Señor Landero.

Die beiden starrten sich an.

Sofie musste das alles erst einmal verarbeiten. Niemals wäre sie darauf gekommen, dass Antonio Landero ihr mehr über ihren Großvater hätte erzählen können! Ausgerechnet der knallharte Geschäftsmann, der seiner Schwester so viele Jahre das Entscheidungsrecht über die Plantage verwehrt hatte, die zur Hälfte ihr gehörte, hatte damals zu ihrem

Großvater gehalten – und miterlebt, dass sein Freund Fernando nicht gut genug für die Eltern seiner großen Liebe war und deshalb seine Heimat verlassen hatte.

Stattdessen habe ich durch die ganze Sache gelernt, dass Geld manche Dinge ermöglicht – und andere verhindert.

War er etwa deshalb so geworden? Hatte er geglaubt, dass man sich Sicherheit erkaufen konnte und Geld mit das Wichtigste im Leben war?

Osito unterbrach die Szene, indem er aus dem Gebüsch preschte, wild entschlossen, seine Herrin gegen die zwei Eindringlinge zu verteidigen. Die Señora fing ihn ab, nahm ihn auf den Arm und nickte ihrem Bruder zu. »Am Telefon hast du gesagt, dass wir unsere Entscheidung über die Zukunft der Plantage besprechen sollten. Ich finde, das sollten wir gleich in dieser Runde tun.«

Unsere Entscheidung.

Sofies Herz machte einen Hüpfer, aber sie wagte es nicht, Andrés anzusehen.

Señor Landero nickte und deutete auf die Stühle. »Meinetwegen. Aber nicht im Stehen. Fernando ist nicht mehr der Jüngste und seit Sonnenaufgang auf den Beinen. Ich hab Angst, dass er sonst umkippt.«

»Dich hänge ich noch immer ab«, knurrte Opa Nando, nahm aber auf der Holzbank Platz.

Sofie setzte sich neben ihn, und die Señora ließ sich wieder in ihrem Stuhl nieder. Antonio und Andrés folgten als Letzte. Es war nicht zu übersehen, wie sehr sich die Atmosphäre seit der Ankunft der beiden Männer verändert hatte.

Señor Landero fand eine Unebenheit an seiner Stuhllehne und widmete sich ihr mit ausgiebiger Intensität, bis seine Schwester mit den Fingerknöcheln auf die Bank klopfte.

»Also. Du hast nachgedacht?«

»*Sí*. Mir blieb ja nichts anderes übrig.« Er sah von ihr zu Andrés. »Seit meiner Entscheidung habe ich viele Gespräche geführt, das ist wohl kein Geheimnis mehr. Und zwar mit jedem, der auch nur einmal seine Hand in die Erde gegraben oder eine Orange geschält hat. Aber auch mit Leuten, die sich auskennen, wie dem Alcalde. Und sie haben mir klargemacht, dass ich ... nun, dass ich vielleicht etwas voreilig ...«

»Dass du ziemlich übers Ziel hinausgeschossen bist«, warf Opa Nando ein. »Das haben sie dir klargemacht. Abelia hat dir das mehrmals eingebläut, sogar heute Morgen noch. Jetzt rede das nicht wieder klein.«

»Das tue ich nicht.« Señor Landero schaffte es trotz allem, geschäftlich zu klingen. »Ich habe also die Entscheidung überdacht. Vor allem nach dem, was du mir gesagt hast, Rosa. Trotzdem bleibt eine Sache unverändert: Ich möchte mich nicht mehr allzu lange mit der Plantage befassen, da sich meine Prioritäten gewandelt haben.«

Opa Nando griff sich an die Stirn. »Dass du um den heißen Brei herumredest, hat sich wohl auch nicht geändert. Sag doch einfach, dass du zu alt wirst für derartige Geschäfte und das Ganze dem Jungen überlassen willst.«

Dem Jungen! Sofie biss die Zähne zusammen und gab ihr Bestes, um ein neutrales Gesicht zu bewahren.

»Ja, ja«, sagte Antonio Landero, räusperte sich und sah Andrés an. »Ich hätte vorab mit dir reden sollen, Andrés. Du hast dich all die Jahre so gut um die Plantage gekümmert, dass es für mich zu einer Normalität geworden ist, zu einer Selbstverständlichkeit. Manchmal ist man blind für das, was sich direkt vor einem befindet.«

»Heißer Brei«, brummelte Opa Nando Sofie zu, dann zwinkerte er.

Sie erlaubte sich ein Grinsen und schielte zu Andrés, darauf bedacht, sich unbeteiligt zu geben. Ein flüchtiger Hoffnungsschimmer war auf seinem ansonsten unbewegten Gesicht zu erahnen.

Antonio blickte in die Runde. »Das Geschäft wird nicht leichter, das wissen wir alle. Modernste Maschinen, neue Methoden. Wenn wir traditionell bleiben und deinen biologischen Ansatz beibehalten wollen, Andrés, brauchen wir ein Konzept. Einen Plan.«

»Den gibt es«, sagte Andrés ruhig. »Ich habe ihn dir Ende letzten Jahres vorgelegt.«

Antonio kratzte sich am Kopf. »Ja, und ich habe versucht, mich dran zu erinnern. Damals … ach, diese fremdländischen Begriffe, das war mir zu ungewohnt.«

»Fremdländische Begriffe?«, fragte die Señora.

Andrés nickte. »Crowdfarming beispielsweise.« Seine Finger lockerten sich, und er klang etwas weniger angespannt. »Konsumenten können direkt mit uns in Verbindung treten und bestellen. Dadurch fallen lange Lieferketten weg. Und damit Kosten.«

Sofie beugte sich vor. »Freunde von mir in Deutschland machen das bereits und bestellen bei Obst- und Gemüseanbietern. Sie mögen es, frische und gute Ware nach Hause geliefert zu bekommen. Nadja hat sogar eine Patenschaft für einen Avocadobaum übernommen, wusstest du das, Opa? Sie hat ihn Frank getauft. Nach Frank Sinatra.«

»So?« Ihr Großvater schürzte die Lippen. »Das junge Volk macht seltsame Dinge. Trotzdem, du solltest dir das genauer anhören, Tonio. Besser, eure Bäume bekommen alberne Namen verpasst, als dass hier jemand mit Chemie herumseucht und den ganzen Ort verpestet.«

»Zu dem Schluss bin ich in den vergangenen Tagen auch gelangt.« Senor Landero zögerte. »Und ich habe nach deinem Geschäftsplan gesucht, Andrés.«

Der hielt sein Pokerface. »Ich lasse ihn dir gern noch mal zukommen.«

»Wunderbar«, murmelte Antonio. »Wunderbar. Was meinst du, Rosa?«

Die Señora ließ ihn zwei, drei Atemzüge lang zappeln. »Ich weiß, was Crowdfarming ist, Tonio, und halte es für eine hervorragende Idee. Natürlich müsste Andrés uns durch die Zahlen und Schätzungen für die ersten Jahre führen, aber so wie ich ihn kenne, kann er das noch heute tun. Und danach werden wir entscheiden, was wir mit der Plantage machen.«

Sofie hielt den Atem an, während Antonio Landero darüber nachdachte und gleichzeitig versuchte, sein Erstaunen zu verbergen. »Gut«, sagte er schließlich. »Andrés?«

»Von mir aus können wir sofort loslegen.«

Innerlich jubelte Sofie, blieb aber wie die anderen ruhig sitzen. Fünf Menschen, fünf geschäftsmäßige Gesichter, wobei Andrés in dieser Disziplin mit Abstand den ersten Platz belegte, dicht gefolgt von Opa Nando.

Schließlich seufzte Antonio Landero und musterte den Himmel. »Fein. Aber wie immer bleibt es dann an mir hängen, das unbeliebte Gespräch mit den Kaufinteressenten zu führen und ihnen zu sagen, dass aus unserem Deal nun doch nichts wird.«

»Da mach dir mal keine Sorgen, alter Knabe«, sagte Opa Nando und hustete. Vielleicht lachte er auch. »Da kann ich dich unterstützen. Ich weiß, wie man was aus Cielente entfernt, das man dort nicht haben möchte.«

Die Katze gähnte, machte dabei einen Buckel und verschwand im Gebüsch. Sofie blickte ihr hinterher – und stand auf, als ihr plötzlich eine Idee kam. »Ich bin gleich wieder da«, sagte sie und lief mit bloßen Füßen über das warme Gras.

Als sie um die nächste Hecke bog, wurden die Stimmen der anderen leiser. Vogelgezwitscher begrüßte und begleitete sie. Sie genoss den Wechsel von Sonne und Schatten auf ihrer Haut und pflückte einige Blumen von dem Wiesenstreifen, der weiter vor sich hinwucherte.

Vor dem Steinsockel mit der verwitterten Statue blieb sie stehen. Die Keramikblüten und Steine lagen noch immer dort; die Blumen daneben waren verwelkt. In den letzten Tagen hatte die Señora keine neuen hergebracht.

Sofie nahm sie, ließ sie zu Boden fallen und platzierte ihren kleinen, bunten Strauß vor der Figur. »Ich glaube noch immer nicht an dich«, flüsterte sie. »Aber gestern war ein guter Tag. So wie heute.«

Die Stille der Farm drang durch das geöffnete Fenster und gesellte sich zum Kerzenlicht im Wohnzimmer. Sofie hatte sich auf dem Sofa zurückgelehnt. Obwohl heute viel geschehen war, herrschte in ihr eine tiefe Ruhe. Fragen waren geklärt worden, die ihr Kopfzerbrechen bereitet hatten, und Gespräche geführt, die so viele Jahre hatten warten müssen. Nicht nur ihr Leben, sondern gleich das einiger Menschen hatte sich innerhalb kürzester Zeit verändert. Und das war gut so; sie war bereit herauszufinden, wohin die neuen Wege führten.

Die Tür knarrte leise, und sie blinzelte: Andrés war eingetreten und hielt zwei Gläser Wein in der Hand, von denen er ihr eines reichte. »Tut mir leid, dass es so lange gedauert hat. Aber Tonio hatte noch Fragen zu einigen Unterpunkten, die ich ihm bereits heute Nachmittag erklärt habe.« Er setzte sich neben sie, so nah, dass sich ihre Beine berührten.

»Er tut sich schwer mit neuen Entwicklungen, das ist verständlich. Aber jetzt bezieht er dich und die Señora mit ein, und die ist eindeutig auf deiner Seite.« Sie nahm einen Schluck Wein. »Opa Nando übrigens auch.«

Andrés grinste. Er verstand sich gut mit dem alten Mann, vor allem, weil er ein Meister darin war, dessen grummelige Bemerkungen im selben Tonfall zu erwidern. Daher hatte er ihm – nach Rücksprache mit Antonio – auch angeboten, während seiner Zeit in Cielente im Haupthaus zu wohnen. Opa Nando hatte sich bedankt, aber angemerkt, dass er viel mit Abelia zu bereden und nicht mehr vorhatte, in dieser Hinsicht Zeit zu verschwenden. »Denkst du, er bleibt? In Cielente?«

Sie wickelte sich eine Haarsträhne um den Finger. »Ich weiß es nicht. Eine Weile sicher.«

»Und was ist mit dir?«, flüsterte er.

Sie nahm ihm das Glas ab, stellte es neben ihrem auf den Tisch und wandte sich ihm zu. Sanft strich sie mit einem Finger über seine Wange, dann über den Hals bis zu seiner Brust. Sein Herz schlug schnell und hart.

»Die Frage wollte ich dir stellen. Eventuell brauchst du Hilfe. Um das Crowdfarming zu organisieren, meine ich. Vorbereitungen zu treffen. Dir zu überlegen, was letztlich mit den Gebäuden hier passieren soll. Ob ein Hofladen mit Café nicht vielleicht doch eine großartige Idee wäre.« Ihre

Finger wanderten weiter, über seine Brust bis zu seinem Bauch. »Wie du weißt, bin ich auf Jobsuche. Für einen angemessenen Lohn wäre ich bereit, darüber nachzudenken, dir eine Weile zu helfen.«

»*Vale*.« Er legte den Kopf schräg. »Dieses Gespräch müssten wir allerdings verschieben.«

»Warum das?«

Er atmete tief ein. Dann stand er unvermittelt auf und zog sie mit sich. »Weil ich noch eine andere Idee habe, die zuallererst in die Tat umgesetzt werden muss.«

»Ich bin ganz Ohr«, flüsterte sie und küsste seine warme Haut, als sie in Richtung Schlafzimmer gingen.

Epilog

»Sofie! Andrés! Liegt ihr etwa noch bleischwer?« Simons Stimme drang durch das geöffnete Fenster.

»Er will wissen, ob wir noch in den Federn liegen«, murmelte Sofie, nicht bereit, sich auch nur einen Millimeter zu bewegen.

Sie und Andrés kuschelten sich im Bett aneinander, nachdem sie bis spät in die Nacht Pläne gewälzt, Abläufe besprochen und vor allem daran gearbeitet hatten, die Website der Landero-Farm zu bearbeiten und ihr Profil auch auf den letzten Crowdfarming-Plattformen von der Liste einzutragen, die Tereza und Simon geschrieben hatten.

Die ersten Bestellungen waren bereits vor Wochen eingetroffen – auch für die Herbstsorte Fukumoto, eine zuckersüße Orange, die ursprünglich aus Japan stammte und ungefähr um ein Drittel größer wurde als die Navelina. Andrés hatte entschieden, es damit zu versuchen, und die Vorbestellungen zeigten, dass er den richtigen Riecher gehabt hatte.

Jetzt brummte er und verstärkte seinen Griff um Sofies Taille. »Was treibt dein Bruder hier? Und warum ist er überhaupt schon wach?«

»Ich vermute, er hat Hunger und will so früh nicht hoch zur Finca und die Señora wecken.«

»Er kann sich selber Frühstück machen. Er ist ein erwachsener Mann.«

Draußen raschelte es, und Schritte näherten sich der Haustür. Sofie seufzte und drehte sich nun doch auf den Rücken. Das Armband, das die Señora ihr geschenkt hatte, klimperte leise. »Manchmal bin ich mir da nicht sicher. Außerdem hat er vermutlich mitbekommen, dass ich gestern Abend testgebacken habe, und spekuliert auf ein Stück Orangenkuchen. Ich fürchte, er wird nicht lockerlassen.«

»Hm.« Andrés rollte sich auf den Bauch und gab ihr einen zärtlichen Kuss. »Dagegen hätte ich übrigens auch nichts einzuwenden.«

»Was, Kuchen?«

Ein zweiter Kuss folgte, länger dieses Mal. »*Sí*. Ich muss immerhin wissen, was hier demnächst über die Ladentheke geht.«

»Kontrollfreak«, flüsterte sie.

»Manchmal«, gab er zurück und küsste sie ein letztes Mal, ehe er sich aus dem Bett schwang und nach seinen Klamotten suchte, die im gesamten Zimmer verstreut lagen.

Sofie verschränkte die Arme hinter dem Kopf, betrachtete seinen gebräunten Körper und lächelte. Dann stand auch sie auf und schlüpfte in ein Shirt und ein Paar Shorts. Der Oktober zeigte sich von seiner schönsten Seite, und obwohl die Sonne am Morgen bereits länger brauchte, um die Luft zu erwärmen, waren die Tage noch angenehm.

»Du kannst reinkommen«, rief sie, nachdem sie auf den Flur getreten und Andrés im Bad verschwunden war.

Sofort polterte es im Erdgeschoss. Sofie warf einen Blick in den Spiegel und brachte ein wenig Ordnung in ihre Haare, ehe sie sich auf den Weg zur Treppe machte.

Das halbe Haupthaus war noch immer eine Baustelle, aber Sofie und Andrés renovierten es in ihrem eigenen Tempo und hatten sich zunächst auf den Teil im Erdgeschoss konzentriert, der zum Hofcafé werden sollte und direkt mit der Küche verbunden war. Zuvor war dort ein Aufenthaltsraum mit einer riesigen Terrasse gewesen, der jedoch seit Jahren nicht mehr genutzt worden war.

In den vergangenen Wochen hatten sie und ihre Freunde mit der Hilfe einiger Bekannter von Miguel und Yago ihn in ein kleines Paradies aus hellem Holz und viel Glas verwandelt. Es gab eine breite Theke sowie aus Kisten gezimmerte Regale für das Angebot an Obst, Marmeladen, Gebäck und allem, was Sofie aus Orangen herstellte, sowie zwei kleine Tische für den Verzehr vor Ort. Weitere konnten bei gutem Wetter auf die Terrasse gestellt werden.

Die Eröffnung war für in zwei Wochen geplant, aber bereits jetzt kamen regelmäßig Menschen auf ein Schwätzchen vorbei, probierten Sofies Gebäck oder Opa Nandos Marmelade, deren Rezept er während eines gemütlichen Grillabends mit den Landeros, den Pachecos sowie Lucía und ihren Eltern abgesegnet hatte.

Yago und Miguel hatten die Idee gehabt, seine Unterschrift auf die Etiketten der Gläser zu drucken, und daraus war auch der Name des Geschäfts entstanden, der in großen, geschnitzten Holzbuchstaben über dem Eingang prangte: *Opa Nandos Hofladen.*

Nach all den Jahren der Abwesenheit war er in seiner Heimat präsenter als je zuvor. Und auch wenn er beim Anblick des Schriftzugs gegrummelt und sich dann mit einem Schnauben abgewandt hatte, konnte er nicht verbergen, wie geschmeichelt er war.

Zur Eröffnung hatten sich Sofies Eltern, Oma Anneliese und Herbert sowie Nadja mit ihrem neuen Freund Jakob angekündigt. Sie würden in den noch provisorisch eingerichteten Räumen übernachten, die vielleicht eines Tages zu Fremdenzimmern werden würden – das hing davon ab, wie gut der Hofladen und das Crowdfarming liefen. Um Letzteres kümmerten sich zwar vor allem Tereza und Simon, aber Sofie wollte sie unterstützen, wann immer sie die Zeit dazu fand.

Arbeit gab es genug, aber auch Platz, da Antonio Landero die Plantage offiziell auf Andrés überschrieben hatte. Es würde Jahre dauern, bis alles abbezahlt war, aber die Señora hatte bereits angedeutet, dass sie ihm ihren Anteil vererben würde – was er mit der nötigen Portion Stolz selbstverständlich ablehnte, woraus sich eine lange Diskussion entspann.

Sofie, Simon und Opa Nando hatten das Ganze beobachtet, Blicke getauscht und darauf gewartet, welcher Dickkopf sich letztlich durchsetzte.

Bis heute hatten sie keine Antwort auf diese Frage erhalten. Die kommenden Monate würden auf jeden Fall nicht langweilig werden. Vielleicht sogar die kommenden Jahre.

Sofie lächelte, als sie das Untergeschoss erreichte, wo Simon an der Wand lehnte. Er sah müde aus, und sein Haar war in genau dem Zustand, den man um kurz nach sieben bei ihm erwarten durfte. »Was ist los, hat Tereza dich rausgeworfen?«

Er stöhnte dramatisch auf. »Sie räuchert das Empfangszimmer aus, weil sie heute Nachmittag drei Karten-Sitzungen hat. Am frühen Morgen! Mir wird von diesen Stäbchen immer ganz flau, daher wollte ich mal sehen, ob ihr schon wach seid. Und ob dein Orangenkuchen von gestern gut geworden ist.«

Sofie hatte ein Rezept aus Estrellas Buch mit einer Schicht Creme und einer mit Opa Nandos Orangenmarmelade abgewandelt. Jetzt schenkte sie ihrem Bruder einen mitleidigen Blick. »So wie ich dich kenne, kochen wir am besten gleich mal eine Kanne Kaffee.«

»Bitte, ich wär dir unendlich dankbar.«

»Na, dann los.«

Simon schlurfte ihr in die Küche hinterher und kümmerte sich um den Kaffee, während Sofie Eier in die Pfanne schlug, weil es zum Frühstück nicht nur Kuchen geben sollte. Simon beschwerte sich weiter über Terezas Räucherstäbchen, doch sie hörte ihm an, dass er absichtlich übertrieb. Simon hätte für Tereza alles getan. Das hatte sich nicht geändert.

Die beiden waren in den Anbau gezogen, nachdem Sofie und Andrés das Haupthaus übernommen hatten, und Tereza legte neben ihrer Arbeit auf der Plantage die Karten und verbrachte wie auch Sofie gern Zeit im Garten von Señora Landero. Ihre beste Kundin Señorita Hernandéz und ihre Freundinnen buchten regelmäßig Sitzungen und brachten immer wieder neue Interessierte mit, sodass Tereza sich entschieden hatte, ein eigenes Arbeitszimmer einzurichten, das mit Kristallen, Samtstoffen und hübschen Naturmotiven an den Wänden geschmückt war.

Ein leises Miauen kündigte Estrella an, und als sich Sofie umdrehte, huschte die Katze durch die Küche auf sie zu und schmiegte sich an ihre Beine, wobei sie den Frühstückstisch nicht aus den Augen ließ. Sie war wie selbstverständlich mit ins Haus eingezogen, und niemand hatte sich darüber gewundert. So hatte Tereza doch noch recht behalten, als sie damals aus Sofies Karten gelesen hatte, dass sie ihre vier Wände bald mit einem kleinen Lebewesen teilen würde.

Als die Eier vor sich hinbrutzelten, holte Sofie den Kuchen aus der Speisekammer und schnitt dicke Stücke davon ab. Simon wartete nicht, bis Eier oder Kaffee fertig waren, sondern nahm sich eines und biss hinein.

»Srrrmhm«, sagte er und kaute mit vollen Wangen.

»Findest du?« Sofie schnappte sich eine Tasse und ließ sich ihm gegenüber am Holztisch nieder. »Bei dem schönen Wetter? Nicht zu riskant?«

Simon zeigte ihr einen Vogel, schluckte und deutete auf den Kuchen. »Ich sagte, der ist super, und du musst ihn auf jeden Fall in dein Sortiment aufnehmen. Was denkst du, Andrés?«

Überrascht drehte sich Sofie um. Andrés lehnte neben der Tür und betrachtete die Szene in der Küche. In der Hand hielt er ein schmales Notizheft: Estrellas Büchlein.

Para los mejores momentos de la vida.

»Hier, Sofia«, sagte er, trat hinter sie und hauchte ihr einen Kuss auf den Nacken. Sofie erschauerte, als ein Wassertropfen von seinen noch feuchten Haaren über ihre Haut perlte. »Ich dachte, du möchtest das Rezept in die Sammlung aufnehmen, wenn es Simons Test besteht.«

Behutsam schlug sie es auf und fuhr mit den Fingern die Linien entlang, die nicht mehr nur mit Estrellas, sondern zunehmend auch mit ihrer eigenen Schrift gefüllt waren. In der Tat hatte sie es genauso fortgeführt, wie die Freundin der Señora es begonnen hatte, und ihre Rezepte mit kleinen Geschichten ausgeschmückt. Sie hatte darin von der Farm erzählt, von Andrés und dem Tag im Vogelschutzgebiet, von dem Festumzug, Opa Nandos Rede und auch davon, dass sie sich dazu entschlossen hatte, ihre Zelte in Deutschland abzubrechen und nach Cielente zu ziehen.

Auf jeden Fall vorläufig. Vielleicht sogar für immer.

»Und du hattest recht«, sagte sie, nahm einen Stift von Andrés entgegen und schlug die nächste Seite auf.

Nach kurzem Überlegen schrieb sie.

Opa Nandos Orangenkuchen
Oder wie sich immer dann neue Türen auftun,
wenn sich eine alte schließt.

Danksagung

Und wieder durfte ich als Hannah Luis eine Reise in eine wunderschöne Region Europas unternehmen! Beim Schreiben war ich zwar meist allein unterwegs, aber trotzdem würde dieses Buch nicht ohne Hilfe existieren.

Daher geht ein riesiger Dank an meine *Reisegruppe*:

Sofie, weil deine großartige Idee rund um die *Devotionalie der Liebe* alles in Gang gesetzt hat,

Gesa und Kristina, weil ihr besagte Idee von Anfang an so fantastisch unterstützt habt,

Janina, weil du diese Tour mit deinem Auge fürs Detail überhaupt erst ermöglicht hast,

Martin, weil du mich immer wieder für Spanien begeistert hast,

Tamara, weil du auch die kleinen Stolpersteine gefunden hast,

Stefan, weil du der Herr des Pep Talks bist,

Nads, Anke und Britta, weil ihr mein Sicherheitsnetz wart,

Simone und Kirsten, weil ich euch auch mitten in der Nacht anrufen könnte, wenn mir eine Frage wirklich auf der Seele brennt und ich mir die Buchwelt nicht ohne euch vorstellen kann …

und Mama. Fürs Backen! Und weil ich mich freue, dass du jetzt doch mal ab und zu ein Buch liest.

Sofies Rezepte für einen spanischen Orangensommer

Opa Nandos
Orangenmarmelade

Es werden sterilisierte Gläser zum Einfüllen benötigt.

1–1,5 Kilo Orangen (so viel, dass hinterher genug für das Mischungsverhältnis mit dem Gelierzucker übrig ist)
2 Bio-Orangen
500 g Gelierzucker 3:1
Orangenlikör nach Belieben

Die Orangen filetieren, die weißen Häute entfernen und das Fruchtfleisch in feine Stücke schneiden. Mit dem Mixstab leicht pürieren.
Die Schale der Bio-Orangen in feinen Streifen abschälen und mit dem Gelierzucker zu der Orangenmasse geben.
Aufkochen und ca. 5 Minuten sprudelnd kochen lassen. Ungefähr nach der Hälfte der Kochzeit den Likör hinzugeben.
Zum Schluss die kochend heiße Masse in die vorbereiteten Gläser füllen.

Warme Schokoküchlein mit Orangensoße

Es werden kleine Formen (ca. 4) benötigt.

2 Eier
2 Eigelb
70 g Zucker
80 g Mehl
100 g Butter
100 g Zartbitterkuvertüre
Etwas Butter und Mehl für die Förmchen

4 – 6 Bio-Orangen, je nach Größe
25 g Zucker
1 Prise Zimt
Etwas Vanilleextrakt oder eine halbe Vanilleschote
Weiße Schokoladenraspel für die Dekoration

Den Backofen auf 200 °C Ober-/Unterhitze (180 °C Umluft) vorheizen.
Eier, Eigelb und Zucker schaumig schlagen, bis der Zucker gelöst ist.
Die Kuvertüre im Wasserbad schmelzen und die Butter unterrühren, bis sie sich ebenfalls aufgelöst hat. Anschließend die Schokomasse unter die Eimasse rühren.

Das Mehl sieben und vorsichtig unter die Masse heben.

Die Förmchen mit Butter ausstreichen und mit Mehl bestäuben. Zu zwei Dritteln mit Teig befüllen.

Auf der mittleren Schiene 10 – 12 Minuten backen.

Für die Soße die Schalen der Orangen abreiben. Eine oder zwei Früchte (je nach Größe) schälen, filetieren und dabei die Häute entfernen.

In einem Topf den Zucker karamellisieren lassen.

Die restlichen Orangen auspressen und den Saft, Vanille und Zimt zum Zucker geben und alles etwas einköcheln lassen. Nach dem Abkühlen die Orangenfilets hineingeben.

Die Küchlein aus den Formen lösen und mit den Orangenfilets und den Schokoraspeln garnieren.

Orangen-Prosecco-Gelee

Es werden sterilisierte Gläser zum Einfüllen benötigt.

500 ml frisch gepresster Orangensaft
250 ml Prosecco
1 guter Schuss Aperol
Etwas Zimt und Vanilleextrakt
1 kg Gelierzucker 1:1

Sämtliche Zutaten bis auf den Aperol in einen Topf geben und 5 Minuten sprudelnd kochen lassen.
Den Aperol nach der Hälfte der Zeit einrühren.
Zum Schluss die Masse in die vorbereiteten Gläser füllen.

Orangenhälften mit Zimt & Zucker

4 Orangen
1 TL Zucker
1 TL Zimt
Etwas Vanilleextrakt oder eine halbe Vanilleschote

Den Backofen auf 220 °C Ober-/Unterhitze (200 °C Umluft)
vorheizen.
Die Orangen halbieren und das Fruchtfleisch mit einem
Messer an den Rändern ansatzweise ablösen.
Zucker, Zimt und Vanille mischen und auf die Oberflächen
streuen.
Auf der obersten Schiene im Ofen so lange backen, bis der
Zucker karamellisiert (dauert einige Minuten).

Orangenkuchen
der Señora

250 g Mehl
180 g Zucker
150 g geriebene Haselnüsse (oder Mandeln)
150 g Öl
4 Eier
4 Bio-Orangen
½ Glas Orangenmarmelade
1 Pck. Backpulver
1 Pck. Vanillezucker
1 Prise Salz
500 ml Wasser
500 g Zucker

Am Vortag 2 Orangen waschen und in dünne Scheiben schneiden. In einer Pfanne 500 ml Wasser und 500 g Zucker so lange auf niedriger Temperatur köcheln lassen, bis sich der Zucker aufgelöst hat. Dann die Orangenscheiben hineingeben und ca. 20 Minuten weiterköcheln lassen, bis die Flüssigkeit zu Sirup geworden ist.

Die Scheiben auf einem Gitter oder Backpapier zum Trocknen auslegen (mindestens einen Tag lang). Gegebenenfalls lassen sich die Scheiben im Backofen bei ca. 50 °C nachtrocknen.

Für den Kuchen den Backofen auf 180 °C Ober-/Unterhitze (160 °C Umluft) vorheizen.

2 Orangen filetieren, die weißen Häute entfernen und das Fruchtfleisch pürieren.

Zucker und Eier schaumig schlagen.

Mehl, Nüsse oder Mandeln, Salz, Vanillezucker und Backpulver vermischen und anschließend unter die Zucker-Ei-Masse heben. Dann das Öl dazugeben.

In einer Kastenform für ungefähr 10 Minuten backen. Dann etwa die Hälfte der Orangenmarmelade löffelweise unterheben, sodass sie in den Teig einsinkt. Den Kuchen weiterbacken, bis der Teig die Stäbchenprobe besteht (ein Stäbchen langsam hineinstecken und wieder herausziehen: Es darf keine feuchte Teigmasse hängen bleiben – nur Krümelchen). Abkühlen lassen.

Die restliche Marmelade erwärmen und den Kuchen damit bestreichen. Mit den getrockneten kandierten Orangenscheiben verzieren.

Orangen-Avocado-Salat

4 Orangen
2 Avocados
200 g Rucola
100 g Mais
1 Handvoll Erdnüsse oder Sonnenblumenkerne, geröstet
5 EL Olivenöl
1in Spritzer Zitronensaft
¼ TL Senf
1 Prise Zucker
Salz
Schwarzer Pfeffer

Rucola waschen und trockenschütteln.
Die Orangen filetieren und die weißen Häute entfernen.
Die Avocados schälen und das Fruchtfleisch in Würfel schneiden.
Alles mit dem Mais vermischen.
Ein Dressing aus Öl, Zitronensaft, Senf, Zucker, Salz und Pfeffer rühren und darübergeben.
Die Erdnüsse oder Sonnenblumenkerne rösten und den Salat damit verzieren.

(ergibt 4 Portionen)

Orangen-Tomaten-Suppe

2 EL Butter
1 Schalotte
2 Dosen stückige Tomaten (= 800 g)
300 g frischer Orangensaft
80 ml Sahne
Etwas Speisestärke
Einige Zweige Thymian
Salz
Schwarzer Pfeffer

Die Butter in einem Topf schmelzen. Die Schalotte in feine
Stücke schneiden und darin anschwitzen. Die Speisestärke
mit etwas Tomatensaft der stückigen Tomaten anrühren und
dann gemeinsam mit diesen und den Gewürzen hinzugeben.
Alles 15 Minuten köcheln lassen. Im Anschluss mit einem
Mixstab pürieren und den Orangensaft einrühren.
Zum Schluss die Sahne unterziehen und die Suppe gegebe-
nenfalls nachwürzen.

Orangen-Bees-Knees (Cocktail)

60 ml Gin
20 ml frischer Orangensaft
3 TL flüssiger Honig
Crushed Eis
Orangenschale zum Garnieren

Honig und Gin in den Shaker geben oder verrühren, bis sich der Honig aufgelöst hat.
Eis und Orangensaft hineingeben und kräftig schütteln.
In ein Cocktailglas umgießen und mit einem Streifen Orangenschale garnieren.

Hannah Luis

Ein sinnliches Lesevergnügen, bei dem der Duft von frischgebackenem Kuchen durch die Seiten weht

978-3-453-44263-4
E-Book: 978-3-641-32663-0

978-3-453-42895-9
E-Book: 978-3-641-31243-5

978-3-453-42737-2
E-Book: 978-3-641-29955-2

978-3-453-42482-1
E-Book: 978-3-641-26615-8

Leseprobe unter **www.heyne.de**

Jana Lukas

Herzklopfen in den Bergen

978-3-453-42906-2

978-3-453-42907-9

978-3-453-42908-6